REICHERT VERLAG WIESBADEN 2010

Türkisch am Krankenbett

Rosemarie Neumann und Zühre Şahin-Schmidt

REICHERT VERLAG WIESBADEN 2010

Bibliografische Information der Deutschen Nationalbibliothek
Die Deutsche Nationalbibliothek verzeichnet diese Publikation in der Deutschen Nationalbibliografie; detaillierte bibliografische Daten sind im Internet über http://dnb.d-nb.de abrufbar.

ISBN 978-3-89500-767-5
www.reichert-verlag.de

Gedruckt auf säurefreiem Papier
(alterungsbeständig – pH7, neutral)
Printed in Germany

Inhalt

Türkisch am Krankenbett – Vorwort

Das vorliegende Lehrwerk richtet sich in erster Linie an Beschäftigte und Auszubildende im Gesundheitswesen – Ärzte verschiedener Fachrichtungen, Krankenschwestern, Pfleger, Hebammen, Arzthelferinnen, Mitarbeiter von Beratungsstellen, Medizinstudenten etc. – , die für ihren beruflichen Kontakt mit türkischen Patienten und ihren Angehörigen Türkisch lernen wollen. Es kann darüber hinaus von allen Lernern genutzt werden, die ihre Türkischkenntnisse ausweiten möchten, um auch über Fragen von Gesundheit und Krankheit sprechen zu können.

Das Lehrwerk führt systematisch in die türkische Sprache ein; es berücksichtigt dabei aber von Anfang an den spezifischen Kommunikationsbedarf zwischen Mitarbeitern im Gesundheitswesen und Patienten und deren Angehörigen. Das Gelernte kann so unmittelbar praktisch angewendet werden.

Die Arbeit mit dem Lehrwerk setzt keine Vorkenntnisse im Türkischen voraus und ist damit für Sprachanfänger geeignet. Es kann aber auch genutzt werden, um bereits vorhandene Kenntnisse für das Themenfeld „Gesundheitswesen" auszubauen. Es ist sowohl als Lehr- und Lernmaterial für Kurse als auch für Autodidakten geeignet.

Das Lehrwerk besteht aus folgenden Teilen: Materialband – Vokabeln türkisch/deutsch – Vokabeln deutsch/türkisch – Grammatikteil – Lösungen – Index.

Der Materialband enthält Texte, neue Vokabeln, grammatische und sonstige Erklärungen und vielfältige Übungen. Er ist nicht in Lektionen aufgeteilt, – über einen Index können die behandelten Themen ermittelt werden. Die beiden Vokabelteile geben neben der Übersetzung einschlägige Verwendungsbeispiele für die jeweiligen Wörter. Der Grammatikteil enthält in systematischer Form die lautlichen, morphologischen und syntaktischen Regeln, die im Materialteil eingeführt werden. Der Lösungsteil enthält die Lösungen für alle im Materialteil vorkommenden Übungen und ermöglicht Autodidakten, ihre Ergebnisse zu überprüfen.

Das Lernmaterial „Türkisch am Krankenbett" ist über viele Jahre in Kursen erprobt worden; Erfahrungen von Selbstlernern wurden bei der Erarbeitung berücksichtigt. An der Materialentwicklung waren neben den Autorinnen, die beide als Wissenschaftliche Mitarbeiterinnen an der Universität Duisburg-Essen beschäftigt sind, weitere Kollegen beteiligt, ohne die dieses Buch nicht entstanden wäre und denen an dieser Stelle herzlich gedankt sei: **Ahmed Begik**, **Gisela Blomberg**, **Heidrun Pschor-Rothbart**, **Andrea Schäfer**. Für die Unterstützung bei der Korrektur des Manuskripts danken wir **Hülya Işıklar** und **Sven Oleschko**. Die Karikaturen stammen von **Oğuz Peker**, die Fotos von **Rosemarie Neumann**.

Wir widmen das Lehrwerk **Irmgard Opretzka**, die im Februar 2010 verstorben ist. Sie hat den ersten Anstoß zu seiner Entstehung gegeben und seine Entwicklung stets mit guten Ratschlägen begleitet.

Rosemarie Neumann, Zühre Şahin-Schmidt
Juni 2010

Die Frage nach dem Namen:

Adın ne?	→	Adım...	(Rita, Otto, Ali, Nilgün, ...)
İsmin ne?	→	İsmim...	(Rita, Otto, Ali, Nilgün, ...)
Soyadın ne?	→	Soyadım...	(Müller, Uzun, ...)
Adınız ne?	→	Adım...	(Rita, Otto, Ali, Nilgün, ...)
İsminiz ne?	→	İsmim...	(Rita, Otto, Ali, Nilgün, ...)
Soyadınız ne?	→	Soyadım...	(Müller, Uzun, ...)

adlar / isimler (e = erkek):
Ali, Faruk, Ahmet, Maksut, Doğan, Burhan, Neşri, Bülent, Remzi, Selçuk, Çetin, Murat, Nizam, Nizamettin, Celal, ...

adlar / isimler (k = kız):
Nilgün, Ayşe, Hafize, Gülbahar, Hatice, Nermin, Leyla, Lütfiye, Ajda, Banu, Berrin, Macide, Zinnur, Yasemin, Ceyda, ...

adlar / isimler (e/k)[1]:
Hikmet, Ayhan, Yüksel, Uğur, Özgür, Deniz, Güneş, ...

soyadları: Uzun, Aslan, Özkan, Tokgöz, Oğuz, Dicle, Zana, Aydın, Öztürk, Karadeniz, Kişioğlu, Çiller, Demirci, Çetin, Eyüboğlu, Altıntaş, Durmuş, ...

[1] Im Türkischen gibt es eine große Zahl von Personennamen, die sowohl Mädchen als auch Jungen gegeben werden.

Übung 1:

Welche türkischen Namen kennen Sie schon? Notieren Sie.

____

____

____

____

____

Hier noch einmal auf einen Blick:

	ad
(benim)	ad-ım
(senin)	ad-ın
(sizin)	ad-ınız

	isim
(benim)	ism-im
(senin)	ism-in
(sizin)	ism-iniz

	soyadı
(benim)	soyad-ım
(senin)	soyad-ın
(sizin)	soyad-ınız

Vokabeln / Yeni kelimeler

ad; adlar	*der Name, der Vorname; die Namen*
adım	*mein Name*
Adın ne? (etc.)	*Wie ist dein Name?*
adın	*dein Name*
adınız	*Ihr Name*
benim	*mein*
erkek	*der Mann; männlich*
isim, ism-; isimler	*der Name, der Vorname; die Namen*
ismim	*mein Name*
ismin	*dein Name*
isminiz	*Ihr Name*
kelime; kelimeler	*das Wort; die Wörter*
kız	*das Mädchen*
ne	*was*
senin	*dein*
sizin	*Ihr/euer*
soyadı; soyadları	*der Familienname; die Familiennamen*
soyadın	*dein Familienname*
soyadınız	*Ihr Familienname*
yeni	*neu*

Anm.: *benim, senin, sizin* stehen im Türkischen nur, wenn *mein*, *dein*, *Ihr* im Deutschen besonders betont sind.

Konuşma 1

doktor:	Merhaba!
Abdülcanip Ağaoğuzoğlu:	Merhaba!
doktor:	Adınız ve soyadınız ne?
Abdülcanip Ağaoğuzoğlu:	Adım Abdülcanip, soyadım Ağaoğuzoğlu.
doktor:	Efendim?
Abdülcanip Ağaoğuzoğlu:	Adım ve soyadım Abdülcanip Ağaoğuzoğlu.

Übung 2:

Tauschen Sie in dem Dialog die Vor- und Nachnamen aus.

Cafer (e) Öztürk / Hatice (k) Dizin / Ömer (e) Özçelik / Sakine (k) Polat / Ayşenur (k) Çimen / Murat (e) Yeşil / Vedat (e) Karakaşoğlu

Yeni kelimeler:

doktor	*der Arzt, die Ärztin*
Efendim?	*Wie bitte?*
konuşma	*das Gespräch*
merhaba	*hallo, guten Tag*
ve	*und*

Überblick über das türkische Alphabet

Buchstabe	Lautwert (Annäherung)	Beispiel
a A	normalerweise wie in: *s**a**tt*, *k**a**lt*; in Fremdwörtern auch wie in: *N**a**se*	Akın (♂)
b B		Bülent (♂)
c C	***j**oggen*, engl: ***J**ohn*	Cafer (♂)
ç Ç	*Quet**sch**ung*	Çetin (♂)
d D		Dursun (♀, ♂)
e E	immer wie in: *B**e**tt*, ***E**mbolie*; nie wie in: ***E**sel*; *Nas**e***	Emel (♀)
f F		Fikret (♂)
g G		Güneş (♀)
ğ Ğ	(Erklärung im grammatischen Anhang)	Doğan (♂) Çiğdem (♀)
h H	am Silbenanfang wie in: ***H**and*, *Ge**h**irn* am Wort- und Silbenende ähnlich wie in: *Bru**ch***, *schwa**ch***, *erbre**ch**en*, *Knö**ch**el* (Reibung deutlich schwächer als im Deutschen)	Hasan (♂) Zehra (♀) Salih (♂) Mahmut (♂) Fettah (♂)
ı I	(kein Vorbild im Deutschen)	Işıl (♀)
i İ	*K**ie**fer*, *N**ie**re* (aber kürzer)	İpek (♀)
j J	***G**elatine*, *Banda**g**e*	Jale (♀)
k K		Kemal (♂)
l L		Lale (♀)
m M		Metin (♂)
n N		Nilgün (♀)
o O	***O**peration*, *Verst**o**pfung*	Osman (♂)
ö Ö	*Kn**ö**chel*, *r**ö**cheln*	Özgür (♀, ♂)
p P		Pınar (♀)
r R	(Zungenspitzen - **r**)	Remzi (♂)
s S	stimmloses /s/ wie in: *Dur**s**t*, *Gefä**ß***	Sevgi (♀)
ş Ş	/sch/ wie in: ***Sch**wester*, *wa**sch**en*	Şahin (♂)
t T		Turgut (♂)
u U	*Bl**u**t*, *H**u**sten* (aber kürzer)	Ufuk (♀, ♂)
ü Ü	*Verh**ü**tung*, *k**üh**len* (aber kürzer)	Ümit (♂)
v V	***V**egetarier*, ***W**ehe*	Vasıf (♂)
y Y	***j**ucken*, ***J**od*	Yüksel (♀, ♂)
z Z	stimmhaftes s wie in: ***s**augen*, *Na**s**e*	Zühre (♀)

Übung 3:

Welche Buchstaben des türkischen Alphabets kommen im deutschen Alphabet nicht vor? _______________

Welche Buchstaben des deutschen Alphabets kommen im türkischen Alphabet nicht vor? _______________

Versuchen Sie jetzt, die folgenden türkischen Namen richtig auszusprechen; vergleichen Sie ggf. mit der Übersicht auf der vorigen Seite.

Zahide Aktaş

Recep Suvak

Sabri Özdemir

Yücel Kesim

Cezmi Çelik

İrfan İzgü

Ajda Çakır

İhsan Özgü

Coşkun Kaya

Nazlı Sezen

Yıldız Aslan

Cafer Çakmak

Bahri Karakaşoğlu

Ausspracheübungen:

1. Lesen Sie die Namen zunächst in Blöcken, dann paarweise. Achten Sie dabei darauf, dass Sie deutlich zwischen /**s**/ und /**z**/, /**ç**/ und /**c**/, /**ş**/ und /**j**/, /**ç**/ und /**ş**/ und /**c**/ und /**j**/ unterscheiden:

S	**Z**
Sevgi (k)	Zafer (e)
Sabri (e)	Zeynep (k)
Serol (e)	Zühtü (e)
Sevda (k)	Zehra (k)
Semra (k)	Zülfü (e)
Sevim (k)	Zerrin (k)

Ç	**C**
Çetin (e)	Cemil (e)
Çiğdem (k)	Ceyda (k)
Çavuş (e)	Cafer (e)
Çağlar (k,e)	Cüneyt (e)
Çiçek (k)	Canan (k)
Çakır (e)	Cezmi (e)

Ş	**J**
Şengül (k)	**J**ale (k)
Şahin (e)	**J**erfi (e)
Şaban (e)	**J**iyan (k)
Şebnem (k)	Ro**j**da (k)
Şennur (k)	A**j**da (k)
Şeyda (k)	Mü**j**gan (k)

Ç	**Ş**
Çetin (e)	Şengül (k)
Çiğdem (k)	Şahin (e)
Çavuş (e)	Şaban (e)
Çağlar (k,e)	Şebnem (k)
Çiçek (k)	Şennur (k)
Çakır (e)	Şeyda (k)

C	J
Cemil (e)	**J**ale (k)
Ceyda (k)	**J**erfi (e)
Cafer (e)	**J**iyan (k)
Cüneyt (e)	Ro**j**da (k)
Canan (k)	A**j**da (k)
Cezmi (e)	Mü**j**gan (k)

2. Beachten Sie, dass /**e**/ im Türkischen in allen Positionen den gleichen Laut bezeichnet und daher immer gleich ausgesprochen werden muss:

E	E	E
Emel (k)	R**e**mzi (e)	Emin**e** (k)
Engin (e)	S**e**mra (k)	Jülid**e** (k)
Ertan (e)	S**e**vgi (k)	Naciy**e** (k)
Ender (e)	Önd**e**r (e)	Halim**e** (k)
Elmas (k)	Ş**e**nnur (k)	Cemil**e** (k)
Ekrem (e)	Haşm**e**t (e)	Remziy**e** (k)

3. Versuchen Sie, das /**r**/ korrekt auszusprechen. Es ist ein Zungenspitzen-r:

R
Reyhan (k)
Ruhi (e)
Remzi (e)
Rıdvan (e)
Recep (e)
Renan (k)

Noch mehr zur Aussprache:

Erinnern Sie sich noch an die Ausspracheregel für /**h**/? Wenn nicht, sehen Sie in der Übersicht auf Seite 4 nach:

1. /**h**/ ist ______________________________

2. /**h**/ ist ______________________________

Übung 4:

Ordnen Sie die folgenden Namen je nach Aussprache des /**h**/ in zwei Gruppen und lesen Sie sie dann laut.

Muhsin (e) / Ayhan (k/e) / Ahsen (e) / Burhan (e) / Yahya (e) / Nihat (e) / Fahrettin (e) / Salih (e) / Nihal (k) / Behice (k) / Zehra (k) / Cumhur (e) / Semih (e) / Bahri (e) / Hülya (k) / Orhan (e) / Fatih (e) / İhsan (e) / Hatice (k) / Ahmet (e) / Hüsnü (e) / Erhan (e) / İbrahim (e) / Mehmet (e) / Abdullah (e) / İlhami (e)

______________________	______________________
______________________	______________________
______________________	______________________
______________________	______________________
______________________	______________________
______________________	______________________
______________________	______________________
______________________	______________________
______________________	______________________
______________________	______________________
______________________	______________________
______________________	______________________

Lernen Sie jetzt schon einmal die Zahlen von 1 bis 6:

bir – iki – üç – dört – beş – altı

Beachten Sie: ‚iki' und ‚altı' sind mehrsilbig.
Die Betonung liegt auf der letzten Silbe.

Begrüßung

Merhaba!	Guten Tag! / Hallo!
İyi günler!	Guten Tag!
Günaydın!	Guten Morgen!
İyi akşamlar!	Guten Abend!
Selamun aleyküm!	Friede sei mit euch! (religiöse Grußformel, die man kennen, aber als Nicht-Moslem eher nicht verwenden sollte)
⇕	
(Ve) Aleyküm selam!	(obligatorische Antwort auf *Selamun aleyküm)*
Selam!	(Kurzform von *Selamun aleyküm / Ve Aleyküm selam*. Von manchen – aber nicht von allen – Sprechern viel verwendet; hat nicht die religiöse Konnotation von *Selamun aleyküm / Aleyküm selam*)

Abschied

Allaha ısmarladık!	Auf Wiedersehen! (sagt derjenige, der weggeht)
⇕	
Güle güle!	Auf Wiedersehen! (sagt derjenige, der bleibt)
Hoşça kal! Hoşça kalın!	Mach's gut! Macht's gut!
Görüşmek üzere!	Auf Wiedersehen!
İyi günler!	Guten Tag!
İyi akşamlar!	Guten Abend!
İyi geceler!	Gute Nacht!

Yeni kelimeler

akşam	*der Abend*
akşamlar	*die Abende*
aydın	*hell*
gece	*die Nacht*
geceler	*die Nächte*
görüşmek	*sich sehen, sich treffen*
gün	*der Tag*
günler	*die Tage*
hoş	*angenehm*
iyi	*gut*
selam	*der Gruß*

Die Zahlen bis 12:

Sie haben bereits die Zahlen bis 6 gelernt. Zählen Sie nun weiter bis 12. Achten Sie wieder auf die Betonung: sie liegt bei den Einern auf der letzten Silbe, bei den Zahlen über 10 auf *on*.

bir – iki – üç
dört – beş – altı
yedi – sekiz – dokuz
on – on bir – on iki

Gegenstände zählen:

Wenn man im Deutschen einem Substantiv eine Zahl über eins voranstellt, muss man den Plural des Substantivs verwenden. Im Türkischen kommt nach Zahlen nur der Singular in Frage. Es heißt also zwar: ***günler*** *Tage*, aber ***iki gün*** *zwei Tage*, ***üç gün*** *drei Tage* usw.

Übung 5:

Zählen Sie: Abende, Nächte, Wörter, Namen, Ärzte, Mädchen, Familiennamen ...

Konuşma 2

Ayla:	Merhaba!
Brigitte:	Merhaba!
Ayla:	Nasılsın?
Brigitte:	Sağ ol, iyiyim. Ya sen?
Ayla:	Ben de iyiyim. Teşekkür ederim.
Brigitte:	Adın ne?
Ayla:	Ayla.
Brigitte:	Efendim?
Ayla:	Adım Ayla. Senin adın ne?
Brigitte:	Brigitte. Soyadın ne, Ayla?
Ayla:	Soyadım Erzincanlı. Ya senin soyadın ne?
Brigitte:	Keller.
Ayla:	Nerede oturuyorsun, Brigitte?
Brigitte:	Almanya'da oturuyorum.Ya sen?
Ayla:	Ben Türkiye'de oturuyorum. Hangi şehirde oturuyorsun, Brigitte?
Brigitte:	Bottrop'ta.Ya sen?
Ayla:	Ben İzmit'te oturuyorum.
Brigitte:	Hoşça kal, Ayla.
Ayla:	Sen de hoşça kal. Görüşmek üzere.

Yeni kelimeler

Almanya	*Deutschland*
ben de	*ich auch*
-de, -da, -te, -ta	*in ...*
hangi	*welch- (-er,-e,-es)*
iyiyim	*es geht mir gut*
nasıl	*wie*
nasılsın	*wie geht es dir*
nerede	*wo*
oturmak	*wohnen*
oturuyorum; oturuyorsun	*ich wohne; du wohnst*
Sağ ol.	*Danke. (Ich danke dir.)*
şehir	*die Stadt*
sen de	*du auch*
Teşekkür ederim.	*Danke.*
Türkiye	*die Türkei*
ya	einleitend in Parallelfragen: *und*

Übung 6:

Im folgenden Text siezen sich die Gesprächspartner. Was hat sich dadurch gegenüber dem Text auf der vorigen Seite geändert?

Konuşma 3:

Ayla:	Merhaba!
Brigitte:	Merhaba!
Ayla:	Nasılsınız?
Brigitte:	Sağ olun, iyiyim. Ya siz?
Ayla:	Ben de iyiyim. Teşekkür ederim.
Brigitte	Adınız ne?
Ayla:	Ayla.
Brigitte:	Efendim?
Ayla:	Adım Ayla. Sizin adınız ne?
Brigitte:	Brigitte. Soyadınız ne, Ayla Hanım?
Ayla:	Soyadım Erzincanlı. Ya sizin soyadınız ne?
Brigitte:	Keller.
Ayla:	Nerede oturuyorsunuz, Brigitte Hanım?
Brigitte:	Almanya'da oturuyorum. Ya siz?
Ayla:	Ben Türkiye'de oturuyorum. Siz hangi şehirde oturuyorsunuz?
Brigitte:	Bottrop'ta. Ya siz?
Ayla:	Ben İzmit'te oturuyorum.
Brigitte:	Hoşça kalın, Ayla Hanım.
Ayla:	Siz de hoşça kalın. Görüşmek üzere.

Yeni kelimeler

hanım	*die Dame* (dem Vornamen nachgestellt zur höflichen Anrede für Frauen; die Angesprochene wird gesiezt)
Nasılsınız?	*Wie geht es Ihnen?*

Übung 7:

Suchen Sie aus den Dialogen auf den beiden vorigen Seiten die Ortsangaben (die Satzteile, die auf die Frage „wo?“ antworten) heraus.

Türkçe	**Almanca**
____________________	____________________
____________________	____________________
____________________	____________________
____________________	____________________
____________________	____________________
____________________	____________________

Das Verb *oturmak = wohnen*

(ben)	otur - u - yor - um
(sen)	otur - u - yor - sun
(o)	otur - u - yor
(biz)	otur - u - yor - uz
(siz)	otur - u - yor - sunuz
(onlar)	otur - u - yor - (lar)

Die Personalpronomen *ben* (*ich*), *sen* (*du*), *o* (*er, sie, es*), *biz* (*wir*), *siz* (*ihr; Sie*), *onlar* (*sie*) stehen nur, wenn *ich*, *du* etc. im Deutschen besonders betont sind.

So kann man sich bedanken und auf einen Dank reagieren:

Teşekkür ederim.	→	Bir şey değil. / Rica ederim.
Teşekkürler.	→	Bir şey değil. / Rica ederim.
Sağ ol.	→	Sen de sağ ol. / Rica ederim. / Bir şey değil.
Sağ olun.	→	Siz de sağ olun. / Rica ederim. / Bir şey değil.
Mersi.	→	Bir şey değil. / Rica ederim.

Yeni kelimeler

Almanca	*Deutsch, auf Deutsch*
Bir şey değil.	*Keine Ursache.*
Rica ederim.	*Keine Ursache.*
Sağ olun.	*Danke. (Ich danke Ihnen.)*
Teşekkürler.	*Danke.*
Türkçe	*Türkisch, auf Türkisch*

Der Lokativ:

Die Endung für die Ortsangabe (Lokativendung) hat vier mögliche Formen: -de, -da, -te, -ta. Diese Formen sind lautlich bedingte Varianten voneinander.

Konsonantenassimilation:

Die Lokativendung beginnt **nach stimmhaften** Lauten (alle Vokale und der größere Teil der Konsonanten) mit einem **/d/**; sie beginnt **nach stimmlosen Lauten** (im Türkischen 8 Konsonanten) mit einem **/t/**.
/**d**/ ist selbst stimmhaft, /**t**/ ist selbst stimmlos; daher **„Konsonantenassimilation“**.
Die **8 stimmlosen Konsonanten** des Türkischen sind im folgenden Merkspruch enthalten:

„E-f-e P-a-ş-a ç-o-k- h-a-s-t-a.“

„General Efe ist sehr krank.“

Der Wechsel zwischen /e/ und /a/ ergibt sich aus der →Vokalharmonie.

Die Vokalharmonie :

Im Türkischen gibt es 8 Vokale. Diese Vokale lassen sich aufteilen in 4 vordere und 4 hintere Vokale.
Vordere (helle/palatale) **Vokale** sind Vokale, bei denen die Zunge ihre höchste Hebung vorn im Mund hat (**i, e, ü, ö**);
hintere (dunkle/velare) **Vokale** sind Vokale, bei denen die Zunge die höchste Hebung hinten im Mund hat (**ı, a, u, o**).

vorn	hinten
i	ı
e	a
ü	u
ö	o

Vokalharmonie bedeutet: Vordere und hintere Vokale dürfen in einem Wort nicht miteinander vermischt werden.

Kommen in einem Wort gegen diese Regel vordere und hintere Vokale gemischt vor, kann das zwei Gründe haben: (a) Es handelt sich um ein Fremdwort, (b) es handelt sich um ein zusammengesetztes Wort mit zwei (oder mehr) Wortstämmen, die nicht den gleichen Vokaltypus enthalten.

Die Vokalharmonie in Endungen I:

Wenn **Endungen** Vokale enthalten, müssen diese sich an den letzten vorhergehenden Vokal anpassen. Ist dies ein vorderer Vokal, muss auch der Vokal in der Endung ein vorderer Vokal sein, ist dies ein hinterer Vokal, muss auch der Vokal in der Endung ein hinterer Vokal sein.
Bei dem ersten Endungstyp, den Sie kennen lernen, steht /e/ in der Endung nach den vier vorderen Vokalen und /a/ in der Endung nach den vier hinteren Vokalen:

vorn	hinten
i e ü ö	ı a u o

/e/ steht in der Endung nach den vorderen Vokalen **i, e, ü, ö**
/a/ steht in der Endung nach den hinteren Vokalen **ı, a, u, o**

Die Schreibweise für Endungen:

Für die Konsonantenauswahl /**d**/ bzw. /**t**/ schreiben wir abstrakt /**D**/.
Für die Vokalauswahl **/e/** bzw. /**a/** schreiben wir abstrakt /**E**/.
Also: **-DE** (Lokativendung).

Sie haben schon einige Wörter im Plural kennengelernt. Die Pluralendung ist konkret -ler oder -lar, abstrakt geschrieben **-lEr.**

Übung 8:

Kreisen Sie in den folgenden Namen zunächst einmal alle Vokale ein.
Sortieren Sie die Namen dann in solche mit
a) nur vorderen
b) nur hinteren und
c) gemischten Vokalen.

örnek / Beispiel	ince / vorn	kalın / hinten	karışık / gemischt
M**a**hm**u**t (e)		x	
T**u**nc**e**r (e)			x
Ahu (k)			
Bülent (e)			
Ali (e)			
Semih (e)			
Muharrem (k/e)			
Gönül (k)			
Tahsin (e)			
Birten (k)			
Nazım (e)			
Doğan (e)			
Sevgi (k)			
Sabri (e)			
Hasan (e)			
Osman (e)			
Akın (e)			
Burhan (e)			
Vasıf (e)			
Sevda (k)			
Ömer (e)			
Aynur (k)			

In der Liste kommen mehrere Fälle mit gemischten Vokalen vor. Das liegt daran, dass viele Namen aus dem Arabischen stammen – einer Sprache, in der es keine Vokalharmonie gibt.

Yeni kelimeler

çok	*sehr; viel*
hasta	*krank*
ince	*dünn, fein; vorn (vordere Vokale)*
kalın	*dick; hinten (hintere Vokale)*
karışık	*gemischt, durcheinander*
örnek	*das Beispiel*
paşa	*der General*

Nerede oturuyorlar?

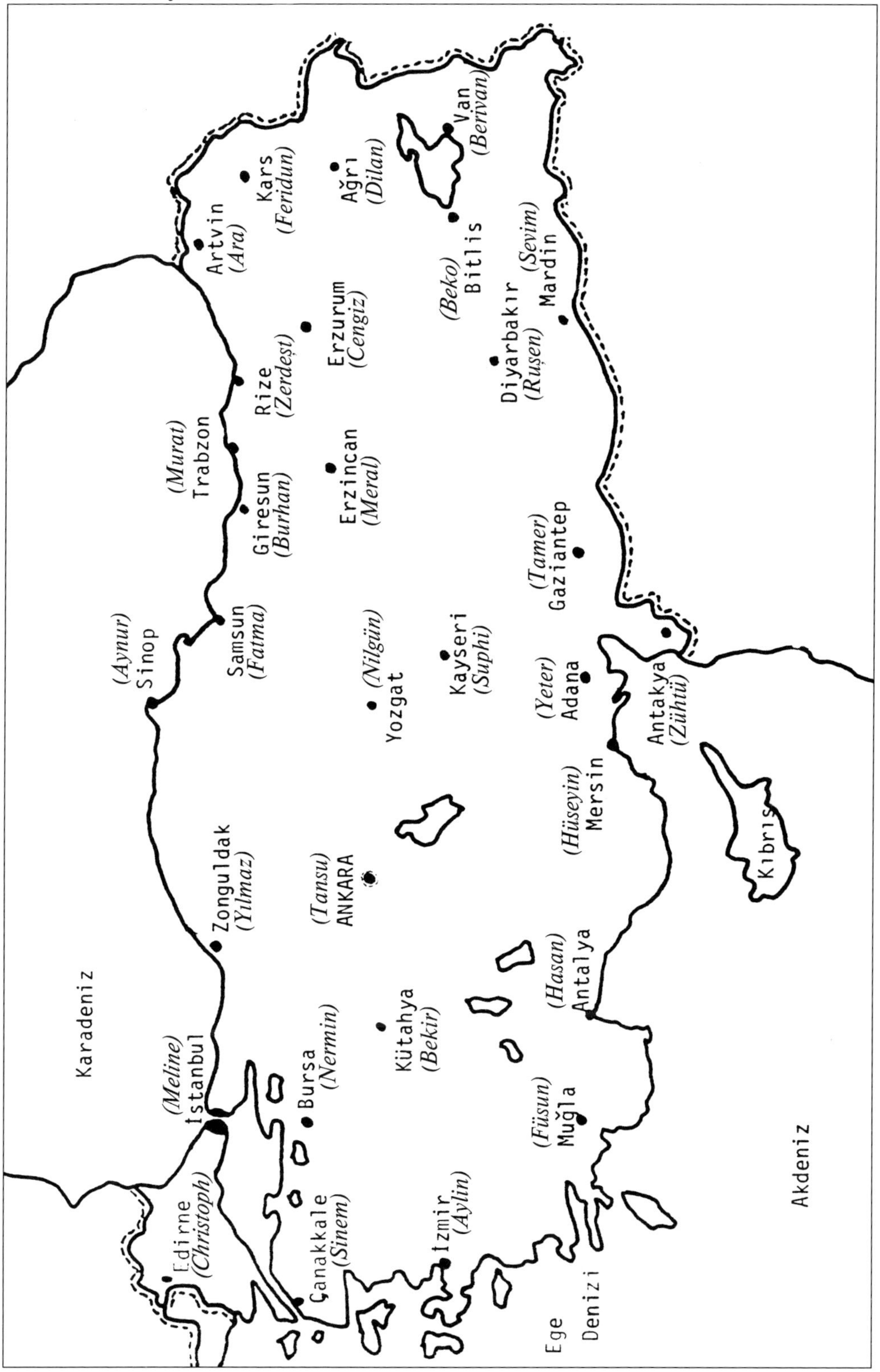

Übung 9:

Wo wohnen die verschiedenen Personen (s. S. 17)? Stellen Sie Fragen und anworten Sie.

A: Christoph nerede oturuyor?
B: Edirne'de.
A: Meline nerede oturuyor?
B: ...

Konuşma 4:

A: Nerede oturuyorsunuz, İsmail Bey?
B: Bochum'da.
A: Nerede çalışıyorsunuz?
B: Hastanede.
A: Nerede doğdunuz?
B: Türkiye'de.
A: Hangi şehirde?
B: Zonguldak'ta.

Konuşma 5:

A: Nerede oturuyorsun, Ulrike?
B: Essen'de.
A: Nerede doğdun?
B: Bremen'de.
A: Nerede çalışıyorsun?
B: Üniversitede.

Übung 10:

Fragen Sie, wo die verschiedenen Personen wohnen, wo sie arbeiten und wo sie geboren sind und beantworten Sie die Fragen.

	-DE oturmak	-DE çalışmak	-DE doğmak
Ahmet	Münster	hastane	Bremen
Yasemin	Essen	okul	Ankara
Ceyda	Samsun	eczane	Adana
Petra	İstanbul	üniversite	Düsseldorf
Burhan	Bochum	tiyatro	Muğla
Ulya	Yozgat	gözlükçü	İzmir
Ajda	Trabzon	fabrika	Edirne
Faruk	Antalya	kütüphane	Dortmund

Anm.: Bei Eigennamen wird die Endung durch ein /'/ abgetrennt.

Yeni kelimeler

bey	*der Herr* (dem Vornamen nachgestellt zur höflichen Anrede für Männer; der Angesprochene wird gesiezt)
çalışmak	*arbeiten*
doğmak	*geboren werden*
eczane	*die Apotheke*
fabrika	*die Fabrik*
gözlükçü	*der Optiker*
hastane	*das Krankenhaus*
kütüphane	*die Bibliothek*
okul	*die Schule*
tiyatro	*das Theater*
üniversite	*die Universität*

Übung 11:

Konjugieren Sie auch das Verb *oturmak.*

çalışmak (yor-Präsens)		**oturmak** (yor-Präsens)	**doğmak** (Dİ-Perfekt)	
(ben)	çalış-ı-yor-um	______________	(ben)	doğ-du-m
(sen)	çalış-ı-yor-sun	______________	(sen)	doğ-du-n
(o)	çalış-ı-yor	______________	(o)	doğ-du
(biz)	çalış-ı-yor-uz	______________	(biz)	doğ-du-k
(siz)	çalış-ı-yor-sunuz	______________	(siz)	doğ-du-nuz
(onlar)	çalış-ı-yor(-lar)	______________	(onlar)	doğ-du(-lar)

Übung 12:

Setzen Sie die fehlenden Lokativendungen ein.

Nermin Zonguldak'____ doğdu.
Ayşe İstanbul'____ oturuyor.
Cengiz hastane____ çalışıyor.
Füsun Antep' ____ oturuyor.
Hüseyin Mersin'____ oturuyor.
Brigitte Köln' ____ çalışıyor.
Ayla üniversite____ çalışıyor.
Orhan Bottrop'____ oturuyor.
Metin Giresun'____ doğdu.

Übung 13:

Fragen Sie einen Partner nach seinem Namen, seinem Wohnort, seinem Geburtsort oder -land und dem Ort, an dem er arbeitet.

In den Vokabeln finden Sie noch einige neue Ausdrücke, die Sie verwenden können.

Yeni kelimeler

Çalışmıyorum.	*Ich arbeite nicht.*
ev kadını	*die Hausfrau*
Ev kadınıyım.	*Ich bin Hausfrau.*
işsiz	*arbeitslos*
İşsizim.	*Ich bin arbeitslos.*
öğrenci	*der Schüler, der Student*
Öğrenciyim.	*Ich bin Schüler/Student.*
Sana ne?	*Was geht dich das an?*
şu anda	*im Augenblick, zur Zeit*

Übung 14:

Fragen Sie auf Türkisch, wie die verschiedenen Körperteile heißen.

Baş Almanca	ne ↓	demek?
Baş Almanca	*der Kopf*	demek.

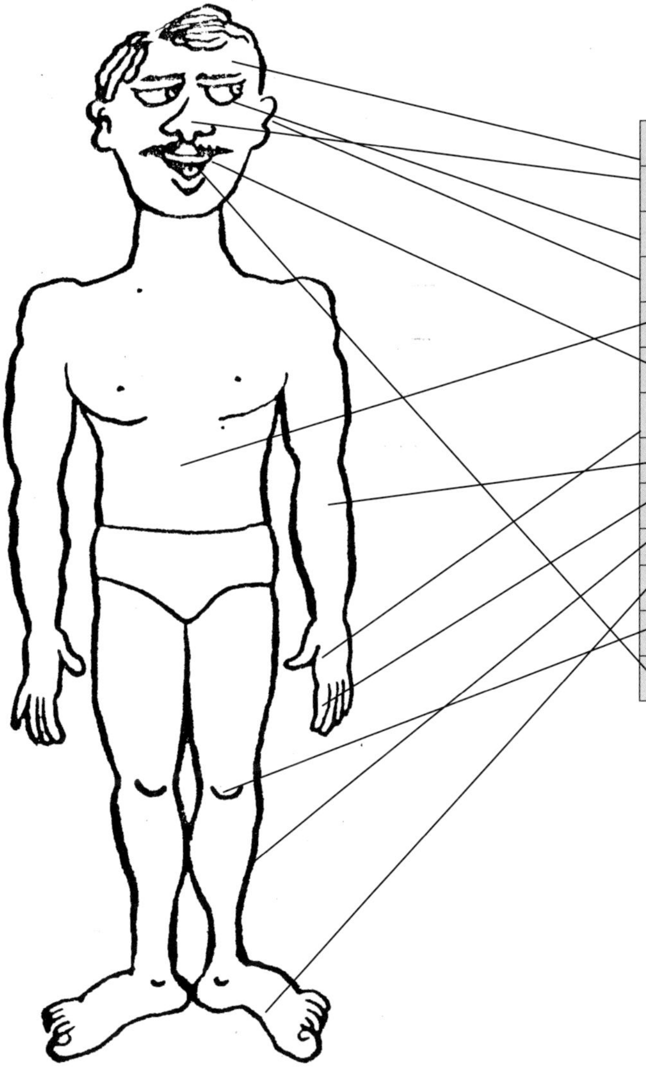

baş	
burun	
göz	
kulak	
karın	
ağız	
el	
kol	
parmak	
bacak	
ayak	
diz	
dil	

Der Plural

Es sind schon einige Beispiele für Wörter im Plural vorgekommen (kelime**ler**, ad**lar**, isim**ler**).

Im Deutschen gibt es eine Fülle von Möglichkeiten, Wörter in den Plural zu setzen. Im Türkischen gibt es nur eine einzige Pluralendung. Diese ist **-lEr**, und sie muss lediglich nach den Regeln der Vokalharmonie zu **-ler** oder **-lar** konkretisiert werden.

Übung 15:

Notieren Sie von einigen Wörtern, die Sie bereits kennen, den Singular und den Plural.

Suchen Sie dann einige für Sie wichtige neue Wörter aus dem Wörterbuch heraus und bilden Sie deren Plural.

Singular	**Plural**
____________________	____________________
____________________	____________________
____________________	____________________
____________________	____________________
____________________	____________________
____________________	____________________
____________________	____________________
____________________	____________________
____________________	____________________
____________________	____________________
____________________	____________________
____________________	____________________
____________________	____________________
____________________	____________________
____________________	____________________
____________________	____________________

Hör- und Ausspracheübung

Sie wissen inzwischen, dass es im Türkischen wichtig ist, genau zwischen hinteren und vorderen Vokalen zu unterscheiden. Das gilt natürlich auch für /**ı**/ und /**i**/.
Lassen Sie sich die Namen vorlesen. Schauen Sie währenddessen nicht auf das Blatt. Notieren Sie eine

1 – wenn Sie ein /**ı**/ hören
2 – wenn Sie ein /**i**/ hören.

İbrahim
İlknur
Işıl
Ilıcan
Yılmaz
Şahin
Birol
Birten
Yıldız
İsmail
Nazım
Cemile
Bekir
Akın
Tülin
Barış
Hıdır
Kerim
Aslı
Nazlı
Sevgi
Hikmet
Zeki
Dilan
Aydın

Die Zahlen bis 99:

0 sıfır	1 bir	2 iki	3 üç	4 dört	5 beş	6 altı	7 yedi	8 sekiz	9 dokuz
10 on	on bir	on iki							
20 yirmi									
30 otuz									
40 kırk									
50 elli					elli beş				
60 altmış									
70 yetmiş									
80 seksen									
90 doksan									

yüz = hundert

Die Zahlen von 11 bis 99 werden alle nach dem gleichen Muster gebildet: zuerst steht der Einer, dann der Zehner. Es heißt also: *on bir*, *on iki*, *on üç* etc. Die **Betonungsregel** für die Zahlen: die Betonung liegt auf der letzten Silbe, in der Zehner-Reihe auf *on.*

Übung 16:

Üben Sie mit einem Partner. Machen Sie in der Tabelle ein Kreuz für die Zahl, die Ihnen genannt wird.

Übung 17:

Fragen Sie nach dem **Alter** und der **Telefonnummer**. Beispiele:

Yaşın kaç, Ayşe?	Dokuz.
Yaşınız kaç, Haydar Bey?	Elli bir.
Yaşınız kaç, Emine Hanım?	Otuz dokuz.
Telefon numaran kaç?	Kırk dört - sıfır - sıfır - doksan beş.
Telefon numaranız kaç?	Yirmi beş - doksan dokuz - sıfır - iki.
Şehrin kod numarası kaç?	Sıfır - iki - bir - sıfır - iki.

Yeni kelimeler

kaç	*wieviel*
Şehrin kod numarası kaç?	*Wie ist die Vorwahl?*
şehrin kod numarası	*die Vorwahl (der Stadt)*
Telefon numaran kaç?	*Wie ist deine Telefonnummer?*
telefon numaran	*deine Telefonnummer*
Telefon numaranız kaç?	*Wie ist Ihre Telefonnummer?*
telefon numaranız	*Ihre Telefonnummer*
telefon numarası	*die Telefonnummer*
yaş	*das (Lebens-)Alter*
Yaşın kaç?	*Wie alt bist du? (What is your age?)*
Yaşınız kaç?	*Wie alt sind Sie?*

Übung 18:

Fragen Sie möglichst viele Personen nach ihrem Alter, ihrer Telefonnummer und ihrer Vorwahl. Notieren Sie die Angaben und überprüfen Sie, ob Sie alles richtig verstanden haben.

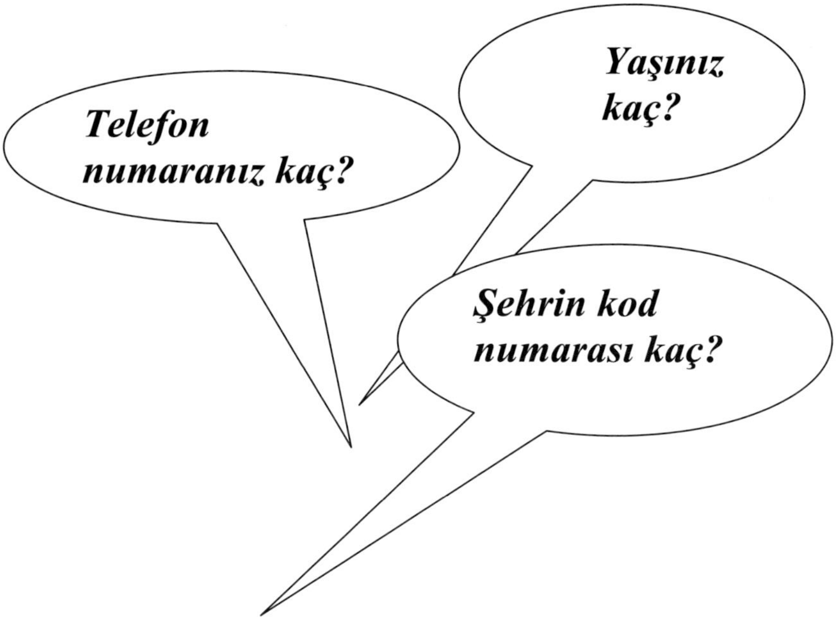

Konuşma 6:
Ali, Macide, Ömer

Ali:	Merhaba!
Macide:	Merhaba!
Ömer:	Merhaba!
Ali:	Nasılsınız, Macide Hanım?
Macide:	İyiyim, teşekkürler.
Ali:	Ya siz, Ömer Bey?
Ömer:	Sağ olun, ben de iyiyim.
Ali:	Nerede oturuyorsunuz, Macide Hanım?
Macide:	Bursa'da.
Ali:	Adresiniz ne?
Macide:	Atatürk Bulvarı 54.
Ali:	Telefon numaranız kaç?
Macide:	54 61 81.
Ali:	Nerede çalışıyorsunuz?
Macide:	Hastanede.
Ali:	Ne iş yapıyorsunuz?
Macide:	Doktorum.
Ali:	Ya siz, Ömer Bey? Siz nerede oturuyorsunuz?
Ömer:	Ben İstanbul'da oturuyorum.
Ali:	Nerede çalışıyorsunuz?
Ömer:	Ben mühendisim. Büyük bir fabrikada çalışıyorum.
Ali:	Teşekkür ederim. Allaha ısmarladık.
Macide:	Güle güle.
Ömer:	Güle güle.

Yeni kelimeler

adres	*die Adresse*
Adresiniz ne?	*Wie ist Ihre Adresse?*
adresiniz	*Ihre Adresse*
bulvar	*der Boulevard* (größere innerstädtische Straße)
büyük	*groß*
Doktorum.	*Ich bin Arzt.*
iş	*die Arbeit*
mühendis	*der Ingenieur*
Mühendisim.	*Ich bin Ingenieur.*
Ne iş yapıyorsunuz?	*Was machen/arbeiten Sie?*
yapmak	*machen*

Übung 19:

Vergleichen Sie die Endungen an *yapmak* und *doktor.* Was entspricht diesen Endungen im Deutschen?

yapmak	
(ben)	yap-ı-yor-um
(sen)	yap-ı-yor-sun
(o)	yap-ı-yor
(biz)	yap-ı-yor-uz
(siz)	yap-ı-yor-sunuz
(onlar)	yap-ı-yor(-lar)

doktor	
(ben)	doktor-um
(sen)	doktor-sun
(o)	doktor
(biz)	doktor-uz
(siz)	doktor-sunuz
(onlar)	doktor(-lar)

Übung 20:

Sie finden hier immer die Form für die 1. Pers. Sing.: *Ich bin ...*
Wie müssen die Formen für die anderen Personen heißen?

(ben) Türk'üm	(ich bin Türke / Türkin)
(ben) avukatım	(ich bin Anwalt / Anwältin)
(ben) Alman'ım	(ich bin Deutscher / Deutsche)
(ben) bekarım	(ich bin ledig)
(ben) dulum	(ich bin verwitwet / geschieden)
(ben) şoförüm	(ich bin Fahrer / Fahrerin)
(ben) işsizim	(ich bin arbeitslos)

Eine weitere Lautregel: der Gleitlaut /y/
Damit nicht zwei Vokale aufeinander stoßen, muss ggf. zwischen den Wortstamm und die Endung der Gleitlaut /y/ eingefügt werden.

hemşire	
(ben)	hemşire-y-im
(sen)	hemşire-sin
(o)	hemşire
(biz)	hemşire-y-iz
(siz)	hemşire-siniz
(onlar)	hemşire-(ler)

Anm.: In der 3. Person Plural muss **-lEr** nur dann stehen, wenn *onlar* als unbetontes Pronomen weggelassen worden ist.

Übung 21:

Bilden Sie auch hier die Formen für die anderen Personen.

hemşire:	(ben) hemşireyim	(ich bin Krankenschwester)
hasta :	(ben) hastayım	(ich bin krank)
iyi:	(ben) iyiyim	(es geht mir gut)
çocuk doktoru:	(ben) çocuk doktoruyum	(ich bin Kinderarzt / -ärztin)
öğrenci:	(ben) öğrenciyim	(ich bin Student / Studentin)
ev kadını:	(ben) ev kadınıyım	(ich bin Hausfrau)
tıp öğrencisi:	(ben) tıp öğrencisiyim	(ich bin Medizinstudent)
eczacı:	(ben) eczacıyım	(ich bin Apotheker)
ebe:	(ben) ebeyim	(ich bin Hebamme)
evli:	(ben) evliyim	(ich bin verheiratet)

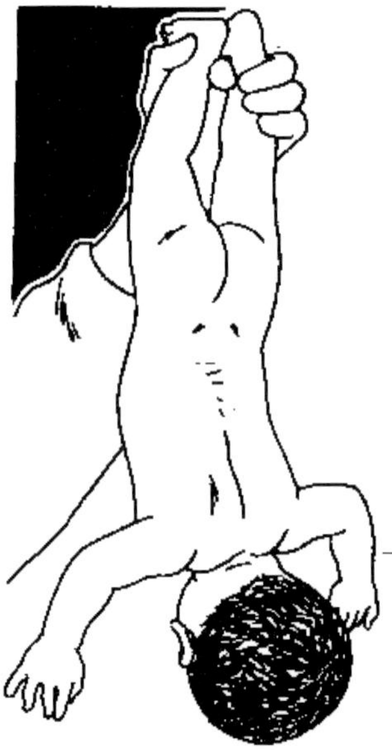

Yeni kelimeler

Alman	*der Deutsche*
avukat	*der Anwalt*
bekar	*ledig*
çocuk doktoru	*der Kinderarzt*
çocuk	*das Kind*
dul	*verwitwet; geschieden*
ebe	*die Hebamme*
eczacı	*der Apotheker*
evli	*verheiratet*
hemşire	*die Krankenschwester*
öğrenci	*der Schüler; der Student*
şoför	*der Fahrer*
tıp öğrencisi	*der Medizinstudent*
tıp	*die Medizin (das Fach)*
Türk	*der Türke*

Anm.: *Türk*, *avukat* etc. bedeutet neben *der Türke*, *der Anwalt* etc. auch immer *die Türkin*, *die Anwältin* etc. Wir geben in der Übersetzung die weibliche Form nicht mehr an.

Übung 22:

Erfragen Sie Anschrift, Telefonnummer und Berufstätigkeit.

Anna: Nerede oturuyorsunuz, Elif Hanım?
Elif: Poststraße 48'de.
Anna: Telefon numaranız kaç?
Elif: Elli üç – yetmiş iki – doksan dokuz.
Anna: Ne iş yapıyorsunuz?
Elif: Ev kadınıyım.

ad ve soyadı	**adres**	**telefon**	**meslek/iş**
Elif Tunç	Poststraße 48	53 72 99	Hausfrau
Haydar Demir	Syltstraße 17	12 44 87	arbeitslos
Meral Beşikçi	Eichenpfad 27	45 07 04	Krankenschwester
Fadime Nazlıcan	Hauptstraße 84	22 11 77	Ärztin
Hayrettin Dönmez	Bahnstraße 51	45 78 32	Medizinstudent
Ümit Yeşiltepe	Lange Straße 73	97 03 70	Kinderarzt
Ajda Okçuoğlu	Inselweg 7	30 09 41	Hebamme
Süleyman Karakaya	Lindenstraße 66	70 62 08	Apotheker

meslek – der Beruf; iş – die Arbeit; çocuk sağlığı ve hastalıkları mütehassısı – der Kinderarzt (Facharzt für die Gesundheit des Kindes und Kinderkrankheiten)

Die Vokalharmonie in Endungen II:

Sie wissen bereits, dass vordere und hintere Vokale im Türkischen innerhalb eines Wortes nicht gemischt vorkommen dürfen. Deshalb muss jede Endung, die überhaupt einen Vokal enthält, wenigstens einen vorderen und einen hinteren Vokal zur Auswahl bieten, damit an Wörter mit vorderem Vokal eine Endung mit vorderem Vokal und an Wörter mit hinterem Vokal eine Endung mit hinterem Vokal angehängt werden kann.

Bei den Endungen, die Sie bereits kennen gelernt haben (Lokativ, Plural), funktioniert das so, dass in der Endung nach vorderen Vokalen das ebenfalls vordere /**e**/ steht und nach hinteren Vokalen das ebenfalls hintere /**a**/. Der Vokal in der Endung ist ein weiter Vokal (weit geöffneter Mund, weiter Kierferabstand). Wir schreiben abstrakt /**E**/.

In einer anderen Gruppe von Endungen stehen die engen Vokale /**i**/, /**ü**/, /**ı**/ oder /**u**/ (enger Kieferabstand). Dabei stehen wieder vordere Vokale (i, ü) nach vorderen Vokalen (i, e, ü, ö) und hintere Vokale (ı, u) nach hinteren Vokalen (ı, a, u, o).

Ob /**i**/ oder /**ü**/ bzw. /**ı**/ oder /**u**/ ausgewählt werden muss, entscheidet sich folgendermaßen: Bei diesem Endungstyp dürfen nicht nur vordere und hintere Vokale, sondern auch gerundete und ungerundete Vokale nicht vermischt werden.

Gerundete Vokale werden mit gerundeten Lippen gesprochen. Es sind dies im Türkischen: /**ü**/, /**u**/, /**ö**/, /**o**/. Ungerundete Vokale werden mit ungerundeten Lippen gesprochen. Es sind dies im Türkischen: /**i**/, /**ı**/, /**e**/, /**a**/.

	vorn	hinten
ungerundet	i e	ı a
gerundet	ü ö	u o

/**i**/ in der Endung nach /**i**/ und /**e**/ (vorn/ungerundet)
/**ı**/ in der Endung nach /**ı**/ und /**a**/ (hinten/ungerundet)
/**ü**/ in der Endung nach /**ü**/ und /**ö**/ (vorn/gerundet)
/**u**/ in der Endung nach /**u**/ und /**o**/ (hinten/gerundet)

Auch für Endungen mit engem Vokal (ı, i, u, ü) verwenden wir wieder eine abstrakte Schreibweise; wir schreiben /**İ**/, also z.B. **-İm** für die Kopulaendung der 1. Pers. Sing. („ich bin").

Es gibt also im Türkischen **zwei Endungstypen**:
Endungen mit weitem Vokal (wir schreiben abstrakt /**E**/)
Endungen mit engem Vokal (wir schreiben abstrakt /**İ**/)
Zu welcher Gruppe eine bestimmte Endung gehört, kann man nicht ableiten, man muss es lernen!

Außerdem gibt es einige wenige Endungen, die nicht der Vokalharmonie unterliegen. Dazu gehört u.a. die Präsensendung /-yor/.

Zusammenfassung:

Vokalharmonie (Teil I) – Endungen mit weitem Vokal
Vokalharmonie (Teil II) – Endungen mit engem Vokal

(1) Endungen mit weitem Vokal: /E/

	e	ebe-ler
	i	işsiz-ler
e		
	ü	Türk-ler
	ö	şoför-ler

	a	avukat-lar
	ı	eczacı-lar
a		
	u	Rus-lar [1)]
	o	doktor-lar

(2) Endungen mit engem Vokal: /İ/

	e	ebe-y-im
i		
	i	işsiz-im

	a	avukat-ım
ı		
	ı	eczacı-y-ım

	ü	Türk-üm
ü		
	ö	şoför-üm

	u	Rus-um
u		
	o	doktor-um

[1)] Rus – der Russe

Die Kopula

Die Kopula ist das Verb *sein* in Sätzen, die kein weiteres Verb enthalten (*Ich bin krank. / Ali ist nicht zu Hause. / Er ist Italiener*. etc.).
Im Türkischen ist die Kopula kein eigenständiges Wort, sondern eine Endung. Die Vokale in der Kopulaendung sind enge Vokale.
Stoßen zwei Vokale aufeinander, muss -y- als Gleitlaut eingeschoben werden.
In der dritten Person ist die Kopulaendung eine Nullendung; die dritte Person Plural wird durch Anhängen der Pluralendung **-lEr** gebildet. Kopulasätze in der dritten Person haben also oberflächlich kein Verb.
Die Kopulaendungen sind identisch mit den Personalendungen, die im yor-Präsens (und den meisten anderen Tempora) zur Kennzeichnung der Person dienen. Da die Endungen im yor-Präsens immer dem unveränderlichen **-yor-** folgen, haben sie bei allen Verben die gleiche Form. Werden sie an ein Adjektiv, Substantiv oder eine Ortsangabe angehängt, müssen sie gemäß der Vokalharmonie angepasst werden.

çalış-mak arbeiten	Müslüman ol-mak Moslem sein	hemşire ol-mak Krankenschwester sein	Kopula- endung
çalış-ı-yor-**um**	Müslüman-**ım**	hemşire-**y-im**	-(y)İm
çalış-ı-yor-**sun**	Müslüman-**sın**	hemşire-**sin**	-sİn
çalış-ı-yor	Müslüman	hemşire	-∅
çalış-ı-yor-**uz**	Müslüman-**ız**	hemşire-**y-iz**	-(y)İz
çalış-ı-yor-**sunuz**	Müslüman-**sınız**	hemşire-**siniz**	-sİnİz
çalış-ı-yor-**lar**	Müslüman-**lar**	hemşire-**ler**	-lEr-∅

Die Negation der Kopula

Vollverben werden durch eine Negationsendung verneint, die unmittelbar hinter dem Verbstamm steht (s. S. 87). Die Kopula wird durch das Wort ***değil*** verneint. Die Kopulaendungen werden an ***değil*** angehängt. Vollverben und Kopula werden also unterschiedlich verneint:

çalış-**ma**-mak **nicht** arbeiten	Müslüman ol-**ma**-mak **nicht** Moslem sein	hemşire ol-**ma**-mak **nicht** Krankenschwester sein
çalış-**mı**-yor-um	Müslüman **değil**-im	hemşire **değil**-im
çalış-**mı**-yor-sun	Müslüman **değil**-sin	hemşire **değil**-sin
çalış-**mı**-yor	Müslüman **değil**	hemşire **değil**
çalış-**mı**-yor-uz	Müslüman **değil**-iz	hemşire **değil**-iz
çalış-**mı**-yor-sunuz	Müslüman **değil**-siniz	hemşire **değil**-siniz
çalış-**mı**-yor-lar	Müslüman **değil**-ler	hemşire **değil**-ler

Übung 23:

Bilden Sie die Formen für *ich bin.*

Ben Alman**ım.**
Ben Müslüman___ .
Ben çocuk hemşiresi___ .
Ben avukat___ .
Ben rahatsız___ .
Ben yorgun___ .
Ben kadın doktoru___ .
Ben çok memnun___ .

Ben Türk ___.
Ben Hıristiyan___.
Ben diş doktoru___.
Ben ev kadını___.
Ben iyi___.
Ben nezle___.
Ben taksi şoförü___.
Ben çok hasta___.

Übung 24:

Bilden Sie jetzt mündlich auch die verneinten Formen.

Übung 25:

Bilden Sie für einige Beispiele auch die Formen für alle anderen Personen.

Yeni kelimeler

çocuk hemşiresi	*die Kinderkrankenschwester*
diş doktoru	*der Zahnarzt*
Hıristiyan	*der Christ*
memnun	*zufrieden*
Müslüman	*der Moslem*
nezle olmak	*Schnupfen haben (!)*
nezle	*der Schnupfen*
rahatsız	*unwohl; krank*

Die Frage nach dem Alter:

Sie haben bereits gelernt, nach dem Alter zu fragen: *Yaşın / Yaşınız kaç?* Die Frage ist dabei ähnlich formuliert wie das englische *What is your age?* Eine zweite Möglichkeit, nach dem Alter zu fragen, benutzt ***kaç yaşında*** (etwa: *in welchem Alter*) als Prädikat, an das die Kopulaendung angefügt wird:

hemşire:	Kaç yaşındasın, Ayla?
Ayla:	16 yaşındayım.
doktor:	Kaç yaşındasınız, Volkan Bey?
Volkan Bey:	45 yaşındayım.

Übung 26:

Fragen Sie nach dem Alter und beantworten Sie die Fragen.

- Tuncay Bey, 62 Jahre
- Elif, 9 Jahre
- Pakize Hanım, 33 Jahre
- Güler, 24 Jahre
- Kemal, 11 Jahre
- Nejade Hanım, 56 Jahre
- Selçuk Bey, 37 Jahre
- Süleyman Bey, 99 Jahre
- Beyhan Hanım, 83 Jahre
- Tülin, 26 Jahre
- Salih Bey, 78 Jahre
- Birol, 18 Jahre

ben	.....	yaşında-y-ım
sen	.....	yaşında-sın
o	.....	yaşında
biz	.....	yaşında-y-ız
siz	.....	yaşında-sınız
onlar	.....	yaşında(-lar)

Konuşma 7

Röntgende I:

hemşire:	Merhaba!
Behçet:	Merhaba, abla!
hemşire:	Otur bak'im! Adın ne senin?
Behçet:	Behçet.
hemşire:	Efendim? Anlayamadım.
Behçet:	Behçet.
hemşire:	Ya soyadın?
Behçet:	Aydın.
hemşire:	Eidünn?
Behçet:	Hayır, Aydın.
hemşire:	Aydın. Böyle doğru mu?
Behçet:	Evet, doğru.
hemşire:	Peki, şimdi benimle gel. Korkma, bir şey olmaz. Kabinede belden yukarı soyun bak'im. Şimdi gel. Şöyle dur. Nefes al! Böyle. Bir daha derin nefes al! Böyle dur! Hareket etme! Şimdi nefes ver. Tamam. Aferin. Çok güzel! Şimdi giyin.

Yeni kelimeler

abla	*die (ältere) Schwester* (hier als Anrede für die Krankenschwester)
adın ne senin	(eigentl.: **senin adın ne**; die Umstellung von **senin** ist umgangssprachlich und hilft, **adın ne** hervorzuheben.)
aferin	*bravo*
almak	*nehmen*
anlamak	*verstehen*
anlayamadım	*ich habe nicht verstanden* (man spricht in der Regel*: anlıyamadım)*
bak'im	(umgangssprachliche, nicht-schriftsprachliche Form von *bakayım = ich will mal sehen;* entspricht etwa dem deutschen *mal* in *setz dich mal, komm mal* etc.)
bel	*die Taille, das Kreuz*
belden yukarı soyunmak	*den Oberkörper freimachen*
belden yukarı	*oberhalb der Taille*
benimle	*mit mir*
bir daha	*noch einmal*
bir şey olmaz	*es passiert nichts*
böyle	*so*
derin	*tief*
Doğru mu?	*Ist das richtig?*
doğru	*richtig*
durmak	*(stehen) bleiben*
evet	*ja*
giyinmek	*sich anziehen*
güzel	*schön*
Hareket etme.	*Beweg dich nicht.*
hareket etmek	*sich bewegen*
hareket	*die Bewegung*
hayır	*nein*
kabine	*die Kabine*
Korkma.	*Hab keine Angst.*
korkmak	*Angst haben, sich fürchten*
nefes almak	*einatmen*
nefes vermek	*ausatmen*
nefes	*der Atemzug*
peki	*gut, na gut* (der Sprecher deutet an, dass er ein Thema abschließen und zu einem neuen übergehen will)
şimdi	*jetzt*
soyunmak	*sich ausziehen*
şöyle	*so*
tamam	*fertig, okay*
vermek	*geben*

Der Infinitiv der Verben:

Als Infinitiv bezeichnet man die Grundform der Verben - die Form, die auch im Wörterbuch aufgeführt ist. Im Deutschen ist die Infinitivendung -en oder -n (wohn-en, lächel-n), im Türkischen ist sie **-mEk**. **-mEk** muss nach den Ihnen bereits bekannten Regeln der Vokalharmonie als **-mek** oder **-mak** konkretisiert werden.

Übung 27:

Hängen Sie die Infinitivendung an.

otur-___
çalış-___
yap-___
nefes ver-___
soyun-___
kork-___
giyin-___
nefes al-___
gel-___
dur-___
hareket et-___

Übung 28 :

Suchen Sie einige neue Verben, die für Sie wichtig sind, aus dem Wörterbuch heraus. Trennen Sie dabei Stamm und Infinitivendung voneinander. Schreiben Sie die deutsche Bedeutung daneben.

Übung 29:

Erklären Sie die folgenden Verbformen aus dem Text „Konuşma 7/ Röntgende I" auf Seite 35. Was bedeuten sie? Wie sind sie aufgebaut?

gel	
soyun	
dur	
nefes al	
nefes ver	
giyin	

Konuşma 8

Röntgende II:

hemşire:	Buyurun, sıra sizde. Adınız ve soyadınız ne?
Nebahat Hanım:	Adım Nebahat, soyadım Yalçınkaya.
hemşire:	Efendim? Anlıyamadım.
Nebahat Hanım:	Nebahat Yalçınkaya.
hemşire:	Nerede oturuyorsunuz, Nebahat Hanım?
Nebahat Hanım:	Köln'de.
hemşire:	Adresiniz ne?
Nebahat Hanım:	Bahnhofstraße.
hemşire:	Kaç numara?
Nebahat Hanım:	Beş.
hemşire:	Telefon numaranız kaç?
Nebahat Hanım:	0-2-2-1/50-40-69
hemşire:	Şimdi benimle gelin lütfen. Kabinede belden yukarı soyunun. ... Nefes alın. Derin nefes alın. Şimdi nefes alıp vermeyin. Öyle durun. Hareket etmeyin. Çok güzel. Tamam. Şimdi sağa dönün. Tekrar derin nefes alın. Nefesinizi tutun. Öyle durun. Tamam. Teşekkürler. Şimdi giyinin.

Nefes alın!

Nefes verin!

Yeni kelimeler

buyurun	*bitte* (der Sprecher bietet etwas an - einen Sitzplatz, die Möglichkeit zu sprechen etc.)
dönmek	*sich drehen*
Hareket etmeyin.	*Bewegen Sie sich nicht.*
Kaç numara?	*Welche Nummer?*
lütfen	*bitte* (der Sprecher bittet um etwas)
nefes alıp vermek	*ein- und ausatmen*
Nefes alıp vermeyin.	*Atmen Sie nicht.*
nefesini tutmak	*den (*eigtl.*: seinen) Atem anhalten*
Nefesinizi tutun.	*Halten Sie den / Ihren Atem an.*
numara	*die Nummer*
öyle	*so* (aus größerer Entfernung)
sağ	*rechts*
sağa	*nach rechts*
Sıra sizde.	*Sie sind an der Reihe. / Sie sind dran.*
sıra	*die Reihe*
tekrar	*noch einmal*
tutmak	*halten, festhalten*

Merken Sie sich auch:

nefesini tut	*halt den (deinen) Atem an*
sıra sende	*du bist an der Reihe, du bist dran*
sol	*links*
sola	*nach links*

Übung 30:

Erklären Sie die folgenden Verbformen. Was bedeuten sie? Wie sind sie gebildet? Vergleichen Sie mit den entsprechenden Formen in *Konuşma 8*.

gelin	
soyunun	
nefes alın	
durun	
dönün	
nefesinizi tutun	
giyinin	

Zur Bildung des Imperativs:

Wie Sie vermutlich bereits herausbekommen haben, wird der Imperativ im Türkischen wie folgt gebildet:

(1) Die Duz-Form ist identisch mit dem Verbstamm - d.h. mit dem Teil des Verbs, der übrigbleibt, wenn man vom Infinitiv die Endung **-mEk** abstreicht. Also: oturmak (Infinitiv); **otur**- (Verbstamm), **otur**! (Duz-Form des Imperativs).

(2) Die Siez-Form des Imperativs wird durch Anhängen der unbetonten Endung -**İn** gebildet. Also: otur! (Duz-Form), otur**un**! (Siez-Form).[1]

Übung 31:

Bilden Sie jeweils die Siez-Form.

Kalk! __________
Öksür! __________
Tekrarla! __________
Yumruk yap! __________
Sırt üstü yat! __________
Yüz üstü yat! __________
Biraz bekle! __________
Sola bak! __________
Sağa bak! __________
Benimle gel! __________
Otur! __________
Giyin! __________
Soyun! __________
Hareket et! [2] __________
Dön! __________

[1] Wenn sonst zwei Vokale aneinander stoßen würden, muss auch hier ein **-y-** als Gleitlaut eingeschoben werden. Also: *bekle!* (Duz-Form), *bekle**y**in!* (Siez-Form)

[2] Ausnahme: Bei *etmek* wird das **/t/** vor Vokal zu **/d/**.

Yeni kelimeler

bakmak	*gucken, schauen, blicken*
beklemek	*warten*
biraz	*etwas*
kalkmak	*aufstehen*
öksürmek	*husten*
sırt üstü yatmak	*sich auf den Rücken legen*
sırt	*der Rücken*
tekrarlamak	*wiederholen*
yatmak	*sich hinlegen*
yumruk yapmak	*eine Faust machen*
yumruk	*die Faust*
yüz üstü yatmak	*sich auf den Bauch legen*
yüz	*das Gesicht*

(3) Die **Verneinung des Imperativs** erfolgt, indem man die Endung **-mE-** an den Verbstamm anfügt, also: otur**ma**, otur**ma**yın; kalk**ma**, kalk**ma**yın; bekle**me**, bekle**me**yin; ye**me**, ye**me**yin etc.
Die Betonung liegt auf der Silbe vor **-mE-**, also: otur**ma**, otur**ma**yın; bekle**me**, bekle**me**yin etc.

Anm.: Wie Sie am Beispiel: **oturun**! - **oturmayın**! sehen, blockiert die Endung /-**mE**-/ ggf. die Rundung des Vokals der folgenden Silbe. Der Grund dafür liegt darin, dass Vokaleigenschaften von Silbe zu Silbe weitergegeben werden. Der Vokal /**E**/ der Endung /-**mE**-/ kann aber die Rundung einer vorhergehenden Silbe nicht annehmen und folglich auch nicht weitergeben. (Dies gilt generell für Endungen mit /**E**/!)

Übrigens: Die Negationsendung steht immer direkt hinter dem Verbstamm. Der verneinte Infinitiv lautet daher: otur**ma**mak, kalk**ma**mak, bekle**me**mek, ye**me**mek etc.

Übung 32:

Bilden Sie den negierten Imperativ wie in den Beispielen. Lesen Sie laut und achten Sie dabei auf die Betonung.

(kalkmak)	Kalk-**ma**!	Kalk-**ma**-y-ın!
(öksürmek)	Öksürme!	Öksürmeyin!
(nefes alıp vermek)	______________	______________
(sağa bakmak)	______________	______________
(yüz üstü yatmak)	______________	______________
(çok beklemek)	______________	______________
(sola bakmak)	______________	______________
(geç gelmek)	______________	______________
(oturmak)	______________	______________
(sırt üstü yatmak)	______________	______________
(hareket etmek)	______________	______________
(su içmek)	______________	______________

Übung 33:

Bilden Sie auch den verneinten Imperativ der folgenden Verben.

(ağlamak)	______________	______________
(kaşınmak)	______________	______________
(kımıldamak)	______________	______________
(bir şey içmek)	______________	______________
(alkol içmek)	______________	______________
(sigara içmek)	______________	______________
(bir şey yemek)	______________	______________

Yeni kelimeler

ağlamak	*weinen*
alkol	*der Alkohol*
bir şey	*etwas*
içmek	*trinken*
kaşınmak	*sich kratzen*
kımıldamak	*sich bewegen*
sigara içmek	*(Zigaretten) rauchen*

Übung 34:

Formulieren Sie mit Hilfe des Wörterbuchs einige weitere Aufforderungen, die für Sie besonders wichtig sind.

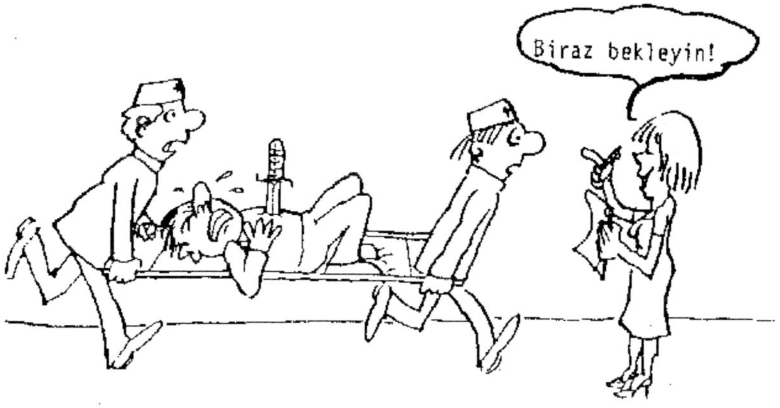

Verständigungsprobleme:

Efendim?
Ne dedin? / Ne dediniz?
Tekrarla lütfen! /
Tekrarlayın lütfen!
Anlamadım.
Anlayamadım.
Yine anlamadım.
Bir daha lütfen!
Bir daha söyle! / Bir daha söyleyin!
Çok az Türkçe biliyorum.
Yavaş konuş lütfen! / Yavaş konuşun lütfen!
Daha yüksek sesle konuş lütfen! / Daha yüksek sesle konuşun lütfen!
Harf harf söyle! / Harf harf söyleyin lütfen!
Yaz lütfen! / Yazın lütfen!

Anladın mı? / Anladınız mı?
Beni anladın mı? / Beni anladınız mı?
Şimdi anladın mı? / Şimdi anladınız mı?

Yeni kelimeler

Anladın mı?	*Hast du verstanden?*
Anladınız mı?	*Haben Sie verstanden?*
Anlamadım.	*Ich habe nicht verstanden.*
Anlayamadım.	*Ich habe nicht verstanden.* (eigentl.: *Ich konnte nicht verstehen.* gesprochen wird in der Regel: *Anlıyamadım.)*
beni	*mich*
daha yüksek sesle konuşmak	*lauter sprechen*
harf harf söylemek	*buchstabieren*
harf	*der Buchstabe*
konuşmak	*sprechen*
Ne dedin?	*Was hast du gesagt?*
Ne dediniz?	*Was haben Sie gesagt?*
ses	*die Stimme*
söylemek	*sagen*
şimdi	*jetzt*
yavaş	*langsam*
yazmak	*schreiben*
yine	*wieder*
yüksek sesle	*laut, mit lauter Stimme*

Konuşma 9

Abdurrahman:	Merhaba.
doktor:	Merhaba. Ben doktor Schneider.
	Sizin adınız ve soyadınız ne?
Abdurrahman:	Abdurrahman Bıyıklıoğlu.
doktor:	Efendim?
	Çok az Türkçe biliyorum.
	Lütfen harf harf söyleyin!
Abdurrahman:	A b d u r r a h m a n B ı y ı k l ı o ğ l u.
doktor:	Yine anlamadım.
	Yazın lütfen!
	...
	Tamam. Oldu.
	Abdurrahman Bıyıklıoğlu.
	Nerede oturuyorsunuz, Abdurrahman Bey?
Abdurrahman:	Gelsenkirchen'de, Ückendorfer Straße'de.
doktor:	Hangi doktordan geliyorsunuz?
Abdurrahman:	Doktor Müller'den.
doktor:	Hangi doktor Müller?
	Doktor Hermann Müller mi?
Abdurrahman:	Evet.
	Maşallah, doktor bey.
	Çok güzel Türkçe konuşuyorsunuz,
doktor:	Sağ olun, maalesef iyi bilmiyorum.
Abdurrahman:	Vallahi, bizden daha iyi biliyorsunuz.

Yeni kelimeler

bizden daha iyi	*besser als wir*
Bizden daha iyi biliyorsunuz.	*Sie können es besser als wir.* (gemeint ist: *Sie sprechen besser Türkisch als wir.* – als Kompliment aufzufassen)
daha iyi	*besser*
hangi doktordan gelmek	*von welchem Arzt kommen*
iyi	*gut*
maalesef	*leider*
maşallah	*großartig, wunderbar* (Ausdruck der Bewunderung; wörtl.: *Was Gott gewollt hat.)*
oldu	*okay*
tamam	*okay, in Ordnung*
Vallahi!	*Bei Gott!*

Nereden nereye?

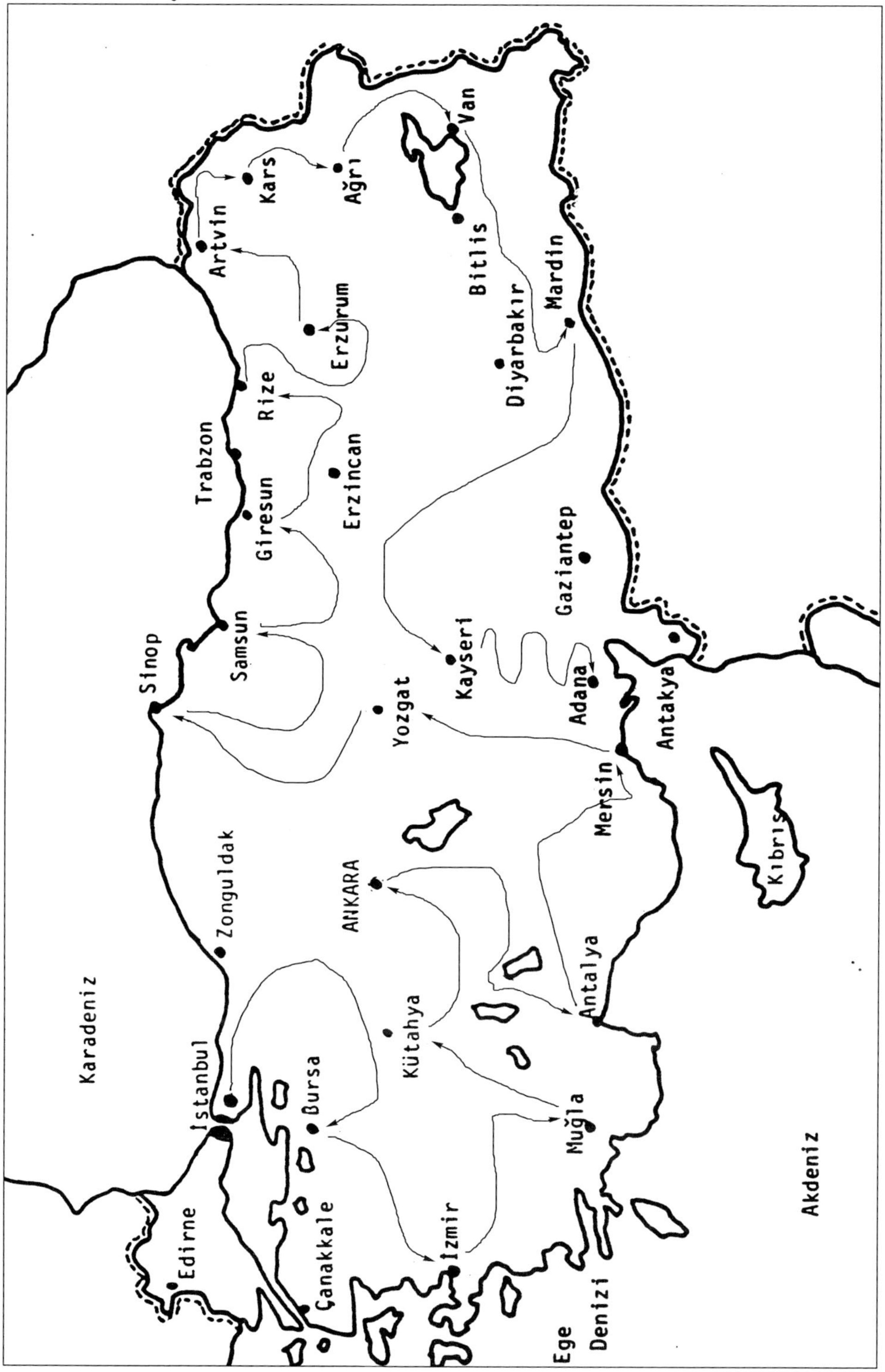

Lokativ, Ablativ und Dativ

Sie haben bereits den **Lokativ** kennen gelernt. Er antwortet im örtlichen Bereich auf die Frage ***nerede? / wo?*** Die Endung im Türkischen ist **-DE**. Neben dem Lokativ gibt es auch noch den Ablativ und Dativ.
Der **Ablativ** antwortet auf die Frage ***nereden? / woher?*** Die Endung ist **-DEn.**
Der **Dativ** antwortet auf die Frage ***nereye? / wohin?*** Die Endung ist **-E**; endet ein Wort auf Vokal, muss **-y-** als **Gleitlaut** eingeschoben werden.

Lokativ	**Ablativ**	**Dativ**
nerede? / wo?	***nereden? / woher?***	***nereye? / wohin?***
	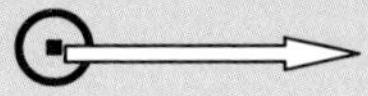	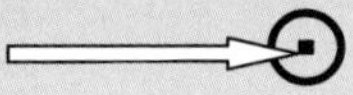

Übung 35:

Peter und Petra fahren in der Türkei von Ort zu Ort. Sie fahren in Istanbul los. Sorgen Sie dafür, dass sie in Adana ankommen.

İstanbul'dan Bursa'ya gidiyorlar.
Bursa'dan İzmir'e gidiyorlar.

aus: Gırgır/
4 Şubat 1989

Konuşma 10

hemşire: Buyurun içeri.
Sıra sizde, Hatun Hanım.
Biraz bekleyin lütfen.
Doktor daha meşgul.
...

(yarım saat sonra)

doktor: Buyurun, Hatun Hanım.
Şikayetiniz ne?

Hatun Hanım: Hiç sormayın, Doktor Bey.
Başım dönüyor.
Boğazım ağrıyor.
Gözlerim yaşarıyor.
Burnum tıkalı.
Öksürüyorum.
Ellerim titriyor.
Galiba ateşim var.
Alnım yanıyor.
Böbreklerim ağrıyor.
Her tarafım ağrıyor.
Gerçekten çok fenayım.

Yeni kelimeler

ağrımak	*weh tun, schmerzen*
alın, aln-	*die Stirn*
Alnım yanıyor.	*Meine Stirn ist heiß/glüht.*
ateş	*das Fieber*
Ateşim var.	*Ich habe Fieber.*
baş	*der Kopf*
Başım dönüyor.	*Mir ist schwindlig.*
boğaz	*der Hals, der Rachen*
böbrek	*die Niere*
burun, burn-	*die Nase*
daha	*noch*
dönmek	*sich drehen*
el	*die Hand*
fena	*schlecht, sehr/ziemlich schlecht, mies*
Fenayım.	*Es geht mir richtig schlecht/mies.*
galiba	*offenbar*
gerçekten	*wirklich*
göz	*das Auge*
Her tarafım ağrıyor.	*Mir tut alles weh.*
Hiç sormayın.	etwa: *Fragen Sie bloß nicht.*
içeri	*herein*
meşgul	*beschäftigt*
saat	*die Stunde*
sonra	*nachher, später*
sormak	*fragen*
taraf	*die Seite*
tıkalı	*verstopft*
titremek	*zittern*
yanmak	*brennen,* hier: *glühen*
yarım saat sonra	*eine halbe Stunde später*
yarım	*halb* (nur für 0,5; nicht für 1,5 etc.)
yaşarmak	*tränen*

Die Bezeichnung der Zugehörigkeit:

Zugehörigkeit / Besitz wird im Deutschen durch Possessivpronomen (besitzanzeigende Fürwörter) gekennzeichnet. Es heißt: ***mein*** *Auge,* ***dein*** *Auge* etc. Am Wort *Auge* selbst kann man nicht erkennen, um wessen Auge es sich handelt.
Im Türkischen ist das anders. Hier muss an das fragliche Substantiv eine Endung angehängt werden, die den ‚Besitzer' kenntlich macht (*Auge-**mein***, *Auge-**dein*** etc.). Man nennt diese Endungen Possessivendungen.

göz das Auge	göz-ler die Augen	abla die ältere Schwester	abla-lar die älteren Schwestern
göz-üm	göz-ler-im	abla-m	abla-lar-ım
göz-ün	göz-ler-in	abla-n	abla-lar-ın
göz-ü	göz-ler-i	abla-sı	abla-lar-ı
göz-ümüz	göz-ler-imiz	abla-mız	abla-lar-ımız
göz-ünüz	göz-ler-iniz	abla-nız	abla-lar-ınız
göz-ler-i	göz-ler-i	abla-lar-ı	abla-lar-ı

Anm.: Die Formen *göz-ler-i* und *abla-lar-ı* (und alle entsprechenden Formen) sind dreideutig. Sie gehen auf folgende Verhältnisse zurück: ein Besitzer / mehrere „Besitzgegenstände"; mehrere Besitzer / ein „Besitzgegenstand"; mehrere Besitzer / mehrere „Besitzgegenstände".
Für die Höflichkeitsform greift man im Türkischen – anders als im Deutschen – auf die 2. Person Plural zurück.

Die Form der Possessivendungen:

Wie Sie an den Beispielen oben sehen, sind die Possessivendungen etwas unterschiedlich, je nachdem, ob das Wort, an das sie angehängt werden, auf Konsonant oder auf Vokal endet.

Übung 36:

Machen Sie sich die Unterschiede in den beiden Endungsreihen klar. Notieren Sie die Endungen mit abstraktem Vokal.

Endungen nach Konsonant abstrakt	Endungen nach Vokal abstrakt

Auslautverhärtung:

Bei Wörtern wie *böbrek,* die in ihrer Grundform auf das stimmlose /**k**/ ausgehen, wird dieser Konsonant vor Vokal in der Regel zu /**ğ**/: *böbre**k*** – *böbre**ğ-i**m.*

böbre**k** *(die Niere)*
böbre**ğ-i**m
böbre**ğ-i**n
böbre**ğ-i**
böbre**ğ-i**miz
böbre**ğ-i**niz
böbre**k-l**er-i

Auch die stimmlosen Konsonanten /**p**/ und /**ç**/ werden vor vokalisch anlautenden Endungen in der Regel zu den stimmhaften Konsonanten /**b**/ bzw. /**c**/.
Bei auf /**k**/, /**p**/ und /**ç**/ auslautenden Fällen ist es daher sinnvoll, sich die Wörter zu merken, wo eine Umwandlung in einen stimmhaften Konsonanten **nicht** stattfindet.
Bei dem Lautpaar /**t**/ und /**d**/ liegen die Verhältnisse etwas anders. /**t**/ wird zwar in einem Teil der Fälle in /**d**/ umgewandelt, bleibt sehr häufig aber auch erhalten.
Anm.: Diese Lautregeln gelten nur für Nomen; Verbstämme sind von ihnen nicht betroffen.

Beispiele:

ila**ç** *(das Medikament)*	şuru**p** *(der Sirup)*	vücu**t** *(der Körper)*
ila**c**-ım	şuru**b**-um	vücu**d**-um
ila**c**-ın	şuru**b**-un	vücu**d**-un
ila**c**-ı	şuru**b**-u	vücu**d**-u
ila**c**-ımız	şuru**b**-umuz	vücu**d**-umuz
ila**c**-ınız	şuru**b**-unuz	vücu**d**-unuz
ila**ç**-lar-ı	şuru**p**-lar-ı	vücu**t**-lar-ı

In den Vokabeln werden die auf die Endkonsonanten /k/, /p/ und /ç/ ausgehenden Wörter nur gekennzeichnet, wenn die stimmlosen Konsonanten auch vor Vokal erhalten bleiben. Wörter, die auf /t/ auslauten, werden immer gekennzeichnet:

böbrek	ilaç	şurup	vücut (d)
park (k) *(der Park)*	saç (ç) *(das Haar)*	hap (p) *(die Tablette)*	avukat (t)

Schauen Sie nach, wie Ihr Wörterbuch diese Eigenschaft der Wörter kenntlich macht.

Silbenstruktur:

Wörter wie *isim* enthalten in ihrer Grundform in der letzten Silbe einen engen Vokal, der vor einer vokalisch anlautenden Endung wegfällt (***isim*** – ***ism-im***). Bei dem /**i**/ der zweiten Silbe von *isim* handelt es sich um einen sogenannten Sprossvokal, der eingeschoben worden ist, um die Konsonantenverbindung /**sm**/ aufzulösen. Die Konsonantenfolge /**sm**/ in einer Silbe entspricht nicht der Lautstruktur des Türkischen.
Tritt nun eine mit einem Vokal anlautende Endung an das Wort *isim*, ändert sich die Silbenstruktur: der zweite Konsonant wird in die folgende Silbe hinübergezogen und damit die Folge von zwei Konsonanten aufgelöst. Der Sprossvokal wird überflüssig.

Zerlegung des Wortes in Stamm und Possessivendungen	Zerlegung des Wortes in Silben
is**i**m	i-s**i**m
ism-im	is-mim
ism-in	is-min
ism-i	is-mi
ism-imiz	is-mi-miz
ism-iniz	is-mi-niz
is**i**m-ler-i	i-s**i**m-le-ri

Isolierten Wörtern kann man nicht ansehen, ob sie in ihrer letzten Silbe einen Sprossvokal enthalten oder ob der Vokal fest zum Lautbestand des Wortes gehört. Wir notieren Wörter wie *isim* daher in den Vokabeln künftig folgendermaßen: ***isim, ism-***
Schauen Sie auch hier wieder nach, wie Ihr Wörterbuch diese Eigenschaft der Wörter kenntlich macht.

Yeni kelimeler

hap (p)	*die Tablette*
ilaç	*das Medikament*
park (k)	*der Park*
saç (ç)	*das Haar*
şurup	*der Sirup*
vücut (d)	*der Körper*

Übung 37:

Bilden Sie für alle Wörter die Formen *„mein...“*, *„dein...“*, *„Ihr...“* und zusätzlich für einige Wörter das vollständige Paradigma (= die Formen für alle Personen im Singular und im Plural).

	Deutsch	mein	dein	Ihr [1)]
mide	der Magen	mide-m	mide-n	mide-niz
baş	der Kopf	baş-ım	baş-ın	baş-ınız
ad	der Name			
kulak	das Ohr			
kulaklar	die Ohren			
burun, burn-	die Nase			
eller	die Hände			
bacak	das Bein			
böbrek	die Niere			
yumruk	die Faust			
karın, karn-	der Bauch			
sırt (t)	der Rücken			
boyun, boyn-	der Hals			
çocuk	das Kind			
ayak	der Fuß			
alın, aln-	die Stirn			
saç (ç)	das Haar			
memleket (t)	die Heimat			
bademcikler	die Mandeln			

[1)] Erinnern Sie sich: Für die Siez-Form wird auf die 2. Pers. Pl. zurückgegriffen.

Übung 38:

Der Arzt fragt Sie nach Ihren Beschwerden. Antworten Sie.

A: Şikayetiniz ne?
B: Başım ağrıyor.

____________________________ (bacak)
____________________________ (mide)
____________________________ (sol kol)
____________________________ (sağ kulak)
____________________________ (karın, karn-)
____________________________ (sol göz)
____________________________ (sırt)
____________________________ (diş)
____________________________ (boyun, boyn-)
____________________________ (boğaz)

Der Arzt kann auch so nach Ihren Beschwerden fragen.

A: Nereniz ağrıyor?
B: Boğazım ağrıyor.
A: Kulaklarınız da ağrıyor mu?
B: Evet, kulaklarım da ağrıyor.
A: Ya bademcikleriniz?
B: Bademciklerim de ağrıyor.

Nereniz ağrıyor ?
Wo tut es Ihnen weh?

... ağrıyor mu?
Tut ... weh?

Übung 39:

Setzen Sie andere Wörter ein und üben Sie. Üben Sie auch die Duz-Form. Der Arzt fragt dann: *Neren ağrıyor?, Bacağın da ağrıyor mu?* etc.

A: Nereniz ağrıyor?
B: _______ ağrıyor.
A: _________ de / da ağrıyor mu?
B: Evet, _______ de / da ağrıyor.
A: Ya _________ ?
B: ________ de / da ağrıyor.

Die Konjugation der Verben im yor-Präsens:

Erinnern Sie sich noch, wie man ein Verb im Präsens konjugiert? Als Beispiele sind bereits vorgekommen:

	Stamm		Temp.	Pers. endg.
(ben)	otur	u	yor	um
(sen)	otur	u	yor	sun
(o)	otur	u	yor	
(biz)	otur	u	yor	uz
(siz)	otur	u	yor	sunuz
(onlar)	otur	u	yor	(lar)

	Stamm		Temp.	Pers. endg.
(ben)	çalış	ı	yor	um
(sen)	çalış	ı	yor	sun
(o)	çalış	ı	yor	
(biz)	çalış	ı	yor	uz
(siz)	çalış	ı	yor	sunuz
(onlar)	çalış	ı	yor	(lar)

Sobald die 3. Person eines Verbs bekannt ist, ist die Bildung der übrigen Personalformen nicht mehr schwierig: die Kopulaendungen werden an die Tempusendung /yor/ angehängt. Da /yor/ unveränderlich ist, haben auch die Kopulaendungen immer die gleiche Form:

Präsensendung yor + Kopula
-yor-um
-yor-sun
-yor
-yor-uz
-yor-sunuz
-yor-lar

Übung 40:

Konjugieren Sie jetzt auch die folgenden Verben. Die 3. Person Singular ist vorgegeben:

sormak / soruyor
titremek / titriyor
yazmak / yazıyor
söylemek / söylüyor
içmek / içiyor
konuşmak / konuşuyor

Ein Problem besteht allerdings darin, dass /**yor**/ in den meisten Fällen nicht einfach an den Wortstamm angehängt werden kann. Hier ist eine Lautregel zu beachten: vor /**yor**/ muss immer ein enger Vokal stehen (**i**, **ü**, **ı**, **u**). Wir schreiben deshalb im Folgenden /**(İ)yor**/.

Geht der Verbstamm auf einen engen Vokal aus (selten), kann /**yor**/ einfach angehängt werden.

ağr**ı**-	yor
uy**u**-	yor
ok**u**-	yor
üş**ü**-	yor
büy**ü**-	yor

Geht der Verbstamm auf einen Konsonanten aus, muss zwischen /**yor**/ und Verbstamm ein enger Vokal eingeschoben werden.

gel-	**i**	-yor
dön-	**ü**	-yor
yan-	**ı**	-yor
kork-	**u**	-yor

Der unangenehmste Fall ist der, wo der Verbstamm auf einen weiten Vokal (nur /e/ und /a/ kommen vor) ausgeht. Hier muss nämlich dieser weite Vokal in einen engen Vokal umgewandelt werden. Die Umwandlung richtet sich nach dem im Verbstamm vorhergehenden Vokal.

e	→	**i**	nach vorhergehendem **i/e** (ungerundeter vorderer Vokal)
e	→	**ü**	nach vorhergehendem **ü/ö** (gerundeter vorderer Vokal)
a	→	**ı**	nach vorhergehendem **ı/a** (ungerundeter hinterer Vokal)
a	→	**u**	nach vorhergehendem **u/o** (gerundeter hinterer Vokal)

titre-mek	titr**i**-	yor
b**e**kl**e**-mek	bekl**i**-	yor
üt**ü**l**e**-mek	ütül**ü**-	yor
s**ö**yl**e**-mek	söyl**ü**-	yor
anl**a**-mak	anl**ı**-	yor
kımıld**a**-mak	kımıld**ı**-	yor
s**u**l**a**-mak	sul**u**-	yor
oyn**a**-mak	oyn**u**-	yor

Die beiden einsilbigen Verben ***yemek*** und ***demek*** werden zu ***yiyor*** und ***diyor***.

Übung 41:

Alle Verbstämme enden auf Konsonant. Setzen Sie den richtigen Vokal ein:

yaşar-		-yor
sor-		-yor
konuş-		-yor
yap-		-yor
kalk-		-yor
öksür-		-yor
iç-		-yor
yat-		-yor
kaşın-		-yor
gel-		-yor
al-		-yor
ver-		-yor
soyun-		-yor
giyin-		-yor
tut-		-yor
dur-		-yor

Übung 42:

Bilden Sie die 3. Pers. Sing. Sie müssen dabei darauf achten, **ob** Sie /-yor/ einfach anhängen können, **ob** Sie einen Vokal einsetzen oder **ob** Sie einen Vokal verwandeln müssen.

tekrarla-		-yor
git-		-yor
oyna-		-yor
gel-		-yor
oku-		-yor
hareket et-		-yor
konuş-		-yor
sor-		-yor
ağrı-		-yor
görüş-		-yor
ağla-		-yor
ye-		-yor
çalış-		-yor
otur-		-yor
et-		-yor
bak-		-yor
yan-		-yor

Achtung:
Eine Besonderheit weisen ***etmek*** und ***gitmek*** auf. Das */t/* aus dem Stamm wird vor Vokal zu ***/d/***.
Also:
etmek → *e**d**iyor*
gitmek → *gi**d**iyor*

Yeni kelimeler

büyümek	*groß/größer werden, aufwachsen*
görüşmek	*sich sehen*
okumak	*lesen, studieren*
oynamak	*spielen*
sulamak	*bewässern*
uyumak	*schlafen, einschlafen*
üşümek	*frösteln, frieren*
ütülemek	*etwas bügeln*
yemek	*essen*

Verdecktes Subjekt:

Wie Sie an den Verb-Paradigmen und in den Texten bereits gesehen haben, wird im Türkischen das Subjekt, soweit es ein Pronomen ist, meist weggelassen, also: ***oturuyorum*** statt ***ben oturuyorum*** – für *ich wohne*. Nur wenn es hervorgehoben werden soll, wird es genannt. Diese Erscheinung bezeichnet man mit dem Ausdruck „verdecktes Subjekt".
Sie greift aber über das Subjekt hinaus. Auch bei Besitzverhältnissen steht ein Pronomen nur, wenn es besonders betont werden soll. Die Pronomen stehen hier im Genitiv und lauten: ***benim, senin, onun, bizim, sizin, onların***. Nur im betonten Fall heißt es also:

benim	annem
senin	annen
onun	annesi
bizim	annemiz
sizin	anneniz
onların	annesi[1)]

[1)] Hier wird nicht *anneleri*, sondern *annesi* gebildet, weil durch *onların* bereits zum Ausdruck gebracht wird dass es sich um mehrere „Besitzer" handelt. *onların anneleri* würde heißen *ihre Mütter*.

Wortbildung: Zusammengesetzte Substantive

Sie kennen bereits einige zusammengesetzte Substantive / Nomen:

kod numarası
soyadı
ev kadını
diş doktoru
taksi şoförü

Im Türkischen werden solche Nomen folgendermaßen gebildet: an das zweite Nomen wird eine Wortbildungsendung angehängt, die mit der Possessivendung der 3. Person identisch ist.
Die Endung ist also: **-İ** nach Konsonant, **-sİ** nach Vokal:

çocuk doktor-**u**
ev kadın-**ı**
kadın bölüm-**ü** *(die Frauenabteilung)*
kan grub-**u** *(die Blutgruppe)*
telefon numara-**sı**
tıp öğrenci-**si**
çocuk hemşire-**si**

Die Reihenfolge der beiden Nomen entspricht der im Deutschen:

çocuk doktoru	der Kinderarzt
telefon numarası	die Telefonnummer

Anders als im Deutschen werden die zusammengesetzten Nomen im Türkischen meist getrennt geschrieben. Es gibt aber auch einige Fälle von Zusammenschreibung:

soyad**ı**
buzdolab**ı** *(der Kühlschrank)*

Wortbildungsschema

Nomen Nomen-İ
Nomen Nomen-sİ
(Wortbildungsendung
= Possessivendung 3. Person)

Übung 43:

Bilden Sie aus dem unten stehenden Wortmaterial zusammengesetzte Substantive.

çocuk doktor-u	(der Kinderarzt)
çocuk hemşire-si	(die Kinderkrankenschwester)
____________________	(der Türkischkurs)
____________________	(das Kinderkrankenhaus)
____________________	(die Blinddarmoperation)
____________________	(der Taxifahrer)
____________________	(die Kopfschmerzen)
____________________	(der Geburtstag)
____________________	(die Arztpraxis)
____________________	(die Nachtschwester)
____________________	(der Verkehrsunfall)
____________________	(der Frauenarzt)
____________________	(die Zuckerkrankheit)
____________________	(der / die Magenschmerz(en))
____________________	(die Kinderkrankheit)
____________________	(der Diabetiker)
____________________	(die Krankengymnastik)
____________________	(der Hustensaft)
____________________	(die Schlaftablette)
____________________	(der / die Zahnschmerz(en))
____________________	(die Schweinegrippe)
doğum kontrol hapı	____________________

Wortmaterial:
ağrı *(Schmerz(en));* **ameliyat** *(Operation);* **apandisit** *(Blinddarmentzündung)*; **baş**; **çocuk**; **doğum** *(Geburt)*; **doktor**; **gece**; **göz**; **gün**; **doktor**; **hap** *(Tablette)*; **hasta**; **hastane**; **hastalık** *(Kankheit)*; **hemşire**; **jimnastik**; **kadın**; **kaza** *(Unfall)*; **kontrol**; **kurs**; **mide**; **muayenehane** *(Grundbedeutung: Untersuchungsraum)*; **öksürük** *(Husten)*; **şeker** *(Zucker);* **şoför**; **şurup**; **taksi**; **trafik** *(Verkehr)*; **Türkçe**; **uyku** *(Schlaf)*, **domuz** *(Schwein)*, **grip**

Wenn solche zusammengesetzten Substantive in den Plural treten, steht die Pluralendung **-lEr** vor (und nicht etwa hinter) der Possessivendung.

çocuk	doktor	-lar-ı	(die Kinderärzte)
ev	kadın	-lar-ı	(die Hausfrauen)
soy	ad	-lar-ı	(die Familiennamen)
telefon	numara	-lar-ı	(die Telefonnummern)
tıp	öğrenci	-ler-i	(die Medizinstudenten)
çocuk	hemşire	-ler-i	(die Kinderkrankenschwestern)

Wie Sie sehen, ist die Possessivendung dem durch **-lEr** geschaffenen neuen lautlichen Kontext angepasst. Als Possessivendung kommen hier nur -i und -ı infrage: -ler-i und -lar-ı.

Übung 44:

Setzen Sie einige der zusammengesetzten Substantive, die Sie gebildet haben, in den Plural.

Konuşma 11

hemşire:	Buyurun içeri, sıra sizde. Oturun lütfen. Adınız ve soyadınız ne?
Hülya:	Hülya Çınar.
hemşire:	Adresiniz ne, Hülya Hanım?
Hülya:	Gelsenkirchener Straße, Essen.
hemşire:	Ev numaranız kaç?
Hülya:	215
hemşire:	Peki Hülya Hanım, ya posta kodu?
Hülya:	45 338
hemşire:	Telefon numaranız kaç?
Hülya:	33 46 26
hemşire :	Ya şehrin kod numarası?
Hülya:	0201
hemşire:	Hülya Hanım, doğum tarihiniz kaç?
Hülya:	25 Nisan 1966.
hemşire:	Doğum yeriniz neresi?
Hülya:	Kırklareli.
hemşire:	Efendim, anlamadım. Bir daha söyleyin lütfen!
Hülya:	Kırklareli.
hemşire:	Peki, teşekkürler Hülya Hanım. Şimdi biraz bekleyin. Doktor daha meşgul.

(Die Zahlen über 100 und die Formulierung von Datumsangaben s. auf der übernächsten Seite.)

Übung 45:

Doğum tarihiniz kaç?

ocak (Januar)	nisan (April)	temmuz	ekim
şubat (Februar)	mayıs	ağustos	kasım
mart (März)	haziran	eylül	aralık

Übung 46:

Stellen Sie Fragen. <u>Wer</u> ist <u>wann</u> <u>wo</u> geboren worden, <u>welche</u> <u>Tätigkeit</u> übt er/sie aus.

adı ve soyadı	doğum tarihi	doğum yeri	mesleği / işi
Gülnur Kaya	24.12. 1970	Sivas	Frauenärztin
Rukiye Çalışkan	01.01. 1948	Bingöl	Hausfrau
Burhan Tokgöz	13.03. 1981	Yalova	Taxifahrer
Dilan Şahiner	28.07. 1956	Adıyaman	Anwältin
Ayşegül Demir	05.06. 1977	Tokat	Kinderkrankenschwester
Rıza Akgün	17.04. 1974	Kayseri	Koch *(aşçı)*
Musa Kısa	20.02. 1965	Zonguldak	Bergmann *(madenci)*
Savaş Korkmaz	09.05. 1968	Yozgat	Polizist *(polis)*
Jülide Çiçek	22.08. 1993	Bottrop	Schülerin
Ramazan İnanç	16.10. 1939	Konya	Imam *(imam)*
Hıdır Köroğlu	11.11. 1974	İstanbul	Augenarzt

Soll ein Besitz- oder Zugehörigkeitsverhältnis ausgedrückt werden, muss man im Fall zusammengesetzter Substantive vom Typ NN-$_{Poss.}$ Folgendes beachten: Die Possessivendung, die auf den Besitzer verweist, darf nicht mit der Wortbildungsendung – die ursprünglich auch eine Possessivendung ist – gemeinsam auftreten. Die Possessivendung verdrängt die Wortbildungsendung. So erklären sich Formen wie *telefon numara-nız* etc. In der Konsequenz bedeutet das, dass die Formen für die dritte Person doppeldeutig sind. *Telefon numarası* bedeutet sowohl *die Telefonnummer* als auch *seine / ihre Telefonnummer.*

Beispiel: Das 2. Nomen endet auf Vokal

telefon	numara-~~sı~~	m
telefon	numara-~~sı~~	n
telefon	numara-~~sı~~	sı
telefon	numara-~~sı~~	mız
telefon	numara-~~sı~~	nız
telefon	numara-~~sı~~	lar-ı

Beispiel: Das 2. Nomen endet auf Konsonant

Türkçe	kurs-~~u~~	um
Türkçe	kurs-~~u~~	un
Türkçe	kurs-~~u~~	u
Türkçe	kurs-~~u~~	umuz
Türkçe	kurs-~~u~~	unuz
Türkçe	kurs-~~u~~	lar-ı

Die Zahlen über 100

101	yüz bir
199	yüz doksandokuz
200	ikiyüz
999	dokuzyüz doksandokuz
1 000	bin
1 005	bin beş
1 055	bin ellibeş
1 555	bin beşyüz ellibeş
2 000	ikibin
2 003	ikibin üç
10 000	onbin

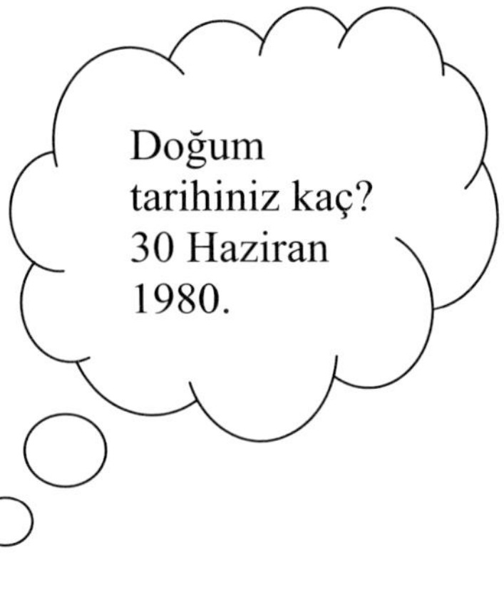

Datum

Datumsangaben werden im Türkischen ähnlich wie im Deutschen gebildet. Anders als im Deutschen wird der Tag allerdings mit der Kardinalzahl (*1, 2* etc.) angegeben (im geschriebenen Datum ohne Punkt); im Deutschen steht hier die Ordinalzahl (*1., 2.* etc.).
Die Monatsnamen werden in Datumsangaben groß geschrieben – das Datum wird quasi wie ein Eigenname behandelt.
Formen wie *achtzehnhundert..., neunzehnhundert...* etc. bei den Jahreszahlen werden nicht gebildet. Es heißt also: *bin sekizyüz ..., bin dokuzyüz ...* etc.

→ 24 Ocak 1970 *(yirmidört Ocak 1970 [bin dokuzyüz yetmiş])*
→ 16 Mart 2001 *(onaltı Mart 2001)* etc.

(Es gibt im Türkischen noch eine weit verbreitete andere Art, Datumsangaben zu formulieren. Man sagt so etwas wie: *am 24. Tag des 1. Monats*. Für diese Art, ein Datum anzugeben, fehlen bisher aber noch die grammatischen Voraussetzungen.)

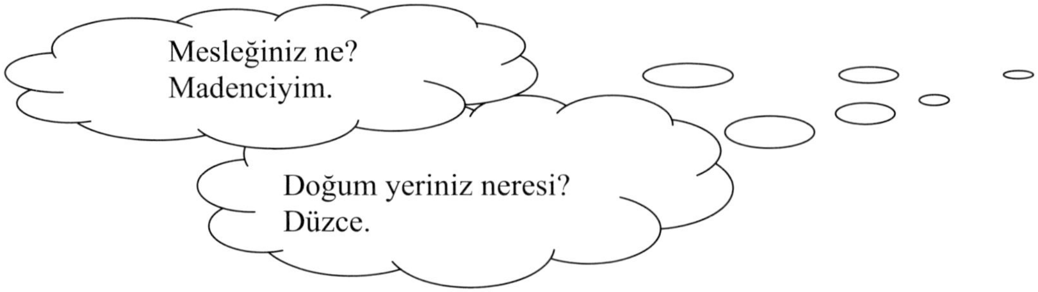

Übung 47:

Sie können jetzt schon viel über sich berichten. Beantworten Sie die Fragen.

Adınız ve soyadınız ne?
Nerede oturuyorsunuz / Hangi şehirde oturuyorsunuz?
Adresiniz ne?
Telefon numaranız kaç?
Şehrin kod numarası kaç?
Nerede doğdunuz?
Kaç yaşındasınız? / Yaşınız kaç?
Hangi yılda doğdunuz?
Doğum tarihiniz kaç?
Doğum yeriniz neresi?
Hangi ülkede doğdunuz? / Hangi memlekette doğdunuz?
Nerede çalışıyorsunuz? / Hangi şehirde çalışıyorsunuz?
Ne iş yapıyorsunuz? / Mesleğiniz ne?
Nerede okuyorsunuz?
Ne okuyorsunuz?

Übung 48:

Arbeiten Sie mit einem Partner. Versuchen Sie, durch Fragen möglichst viel über ihn herauszufinden. Erzählen Sie dann einer dritten Person, was Sie herausgefunden haben.

Übung 49:

Hangi şehirde oturuyorlar? Üben Sie noch einmal die Bildung des Lokativs.

Hatice İzmir'de oturuyor.
(Hatice / İzmir)

(Aydın Akyazılılar / Yozgat)
(İlknur Keskin / Mardin)
(Burhan Akmanoğlu / Zonguldak)
(Yurdakul Demir / Diyarbakır)
(Ahsen Sarıaslan / Giresun)
(Rıdvan Kardeş / Bitlis)
(Sabiha Yıldırım / Erzurum)
(Emine Dağcı / Gaziantep)
(Yüksel Kaya / İzmir)
(Hatun Moğultay / İstanbul)
(Nejade Tanrıkulu / Kars)
(Yıldız Önder / Muğla)

Ne zaman? Hangi yılda?

Sie haben den **Lokativ** bereits in **Ortsangaben** (***wo?***) kennengelernt: ***nerede? – Essen'de***. Auch der **Zeitpunkt** (***wann?***) wird in vielen Fällen durch Anhängen der Lokativendung angegeben: ***hangi yılda? / in welchem Jahr? – 1950'de (bin dokuzyüz ellide)***.

Übung 50:

Hangi yılda hangi şehirde doğdular?

Hatice Hanım **1950'de Mersin'de** doğdu.
(Hatice Hanım / 1950 – Mersin)

(Aydın Bey / 1958 – Rize)
(İlknur / 2003 – Frankfurt)
(Ahsen Bey / 1924 – Kütahya)
(Rıdvan Bey / 1940 – Ağrı)
(Sabiha Hanım / 1948 – Bursa)
(Emine Hanım / 1976 – Çanakkale)
(Hatun Hanım / 1919 – Bitlis)
(Nejade Hanım / 1965 – Antakya)
(Aylin / 2002 – Bottrop)

Übung 51:

Avrupa gezisi: Petra und Peter fahren in den Urlaub. Sie machen eine Tour durch Europa (s. nächste Seite). Sagen Sie, von welchem Land sie kommen und in welches Land sie fahren. Sagen Sie auch, wie lange Petra und Peter in einem Land bleiben und an welchen Wochentagen sie reisen. Die Länder sollen in der angegebenen Reihenfolge bereist werden. Wie lange Petra und Peter in einem Land bleiben, können Sie selber entscheiden.
Die Namen der **Wochentage** lauten:

HAFTANIN GÜNLERİ

pazar (günü)
pazartesi (günü)
salı (günü)
çarşamba (günü)
perşembe (günü)
cuma (günü)
cumartesi (günü)

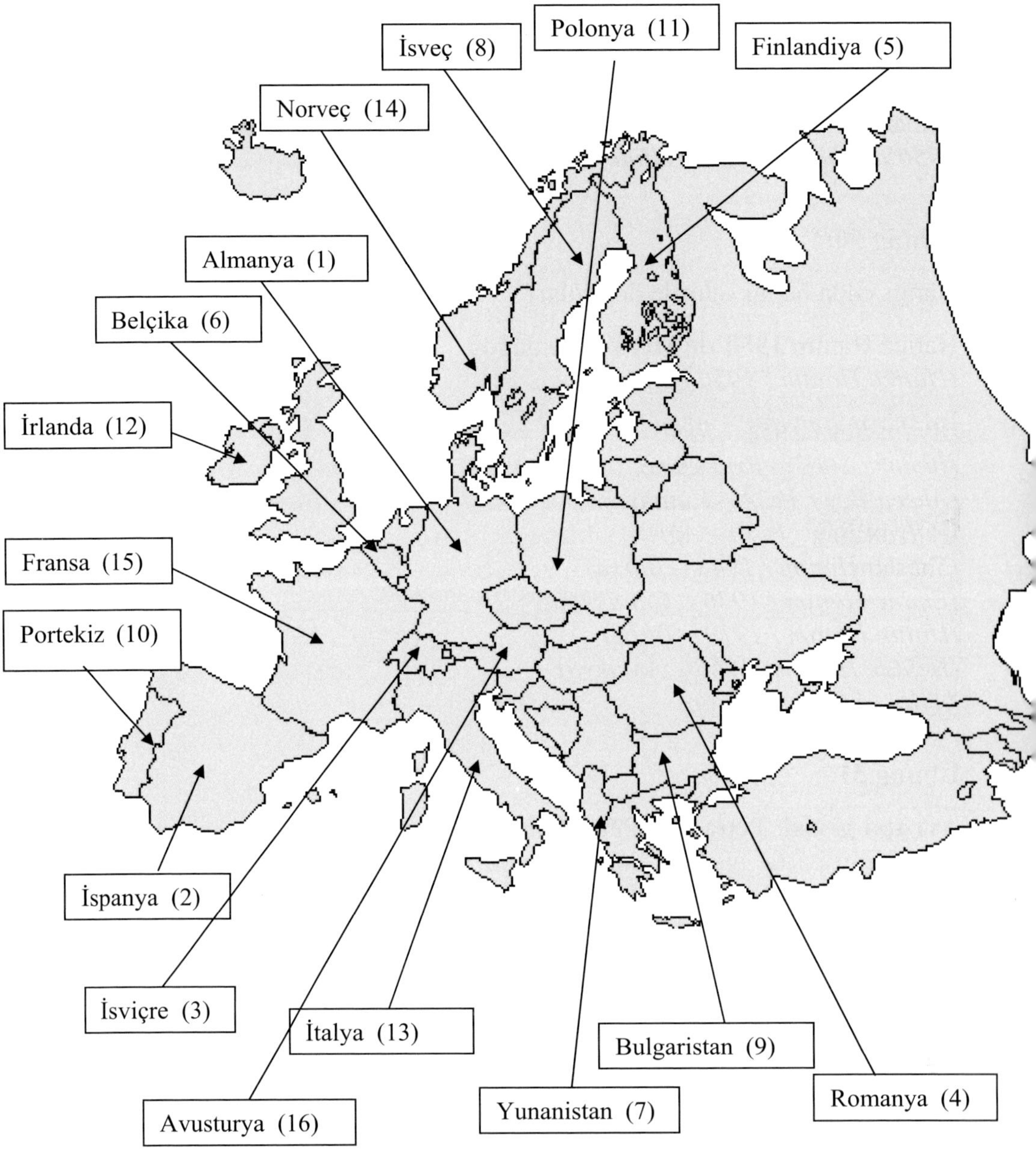

Petra ve Peter pazar günü[1)] Almanya'dan İspanya'ya gidiyorlar.
Üç gün İspanya'da kalıyorlar. Perşembe günü İsviçre'ye ...

1) Beachten Sie, dass der Zeitpunkt (*wann? → am Sonntag etc.*) hier ohne Lokativendung angegeben wird.

Lokativ, Ablativ und Dativ

Hier noch einmal die Formen des Lokativs, des Ablativs und des Dativs zur Wiederholung:

Lokativ ***nerede? / wo?***	**Ablativ** ***nereden? / woher?***	**Dativ** ***nereye? / wohin?***
	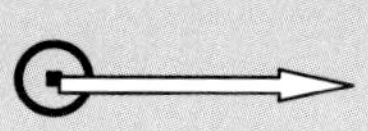	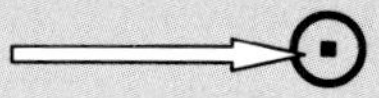

Übung 52:

Bilden Sie für die folgenden Wörter den Lokativ, Ablativ und Dativ. Machen Sie sich jeweils auch die Bedeutung klar.

Nominativ	Lokativ	Ablativ	Dativ
hastane			
ev			
lise			
doktor			
Türkiye			
avukat			
eczane			
okul			
Frankfurt			
muayenehane			
kabine			
gözlükçü			
memleket			
Almanya			
park			
Münih			
Rize			
üniversite			
taksi			

Übung 53:

Bilden Sie Lokativ, Ablativ und Dativ von zusammengesetzten Substantiven.

Wenn Kasusendungen an ein zusammengesetztes Substantiv mit der Wortbildungsendung **-İ/-sİ** angehängt werden, wird die Wortbildungsendung um ein **-n-** erweitert; sie ist dann also **-İn- / -sİn-**:

Nominativ	**Lokativ**	**Ablativ**	**Dativ**
kız lise**si**	kız lisesi**n**de	kız lisesi**n**den	kız lisesi**ne**
çocuk hastane**si**			
gençlik ev**i**			
göz doktor**u**			
erkek okul**u**			
hastane kütüphane**si**			
kadın bölüm**ü**			
Türkçe kurs**u**			
Essen Üniversite**si**			
doktor muayenehane**si**			

Übung 54:

Versehen Sie die vorgegebenen Wörter mit den korrekten Endungen und setzen Sie sie in den Satz ein. Überlegen Sie, ob es die Lokativendung, die Ablativendung oder die Dativendung sein muss. In welchen Fällen ist eine Wortbildungsendung vorhanden, so dass ein zusätzliches /-n-/ auftritt?

Leyla ________________________ gidiyor. *(göz doktoru)*

Sonra ________________ gidiyor. *(gözlükçü)*

Hasan ________________ doğdu. *(Ankara)*

Jale hasta. ________________ gidiyor. *(doktor)*

Yasemin ________________________ gidiyor. *(kadın doktoru)*

Zeynel öğretmen. ________________ çalışıyor. *(okul)*

Hilal öğrenci. ________________________ okuyor. *(kız lisesi)*

Tren ________________ ________________ gidiyor. *(Essen / Münih)*
Abdullah ________________ çalışıyor. *(hastane)*
Şu anda ________________________ çalışıyor. *(çocuk bölümü)*
Zülal ________________________ yatıyor. *(kadın bölümü)*
Zeynep ________________________ tıp okuyor. *(Köln Üniversitesi)*
Kerim ________________ doğdu, ________________ yaşıyor. *(İzmit / Bursa)*
Hikmet çarşamba günü ________________ gidiyor. *(Türkiye)*
Beş gün ________________ kalıyor. *(İstanbul)*
Sonra ________________ gidiyor. *(Ankara)*
________________ ________________ gidiyor. *(Türkiye / İtalya)*
Otobüs ________________ geliyor, ________________ gidiyor. *(Antakya / Adana)*
Peter Türkçe öğrenmek istiyor. Haftada iki kere ________________________ gidiyor. *(Türkçe kursu)*

Yeni kelimeler

Avusturya	*Österreich*
Belçika	*Belgien*
Bulgaristan	*Bulgarien*
çarşamba (günü)	*der Mittwoch, am Mittwoch*
cuma (günü)	*der Freitag, am Freitag*
cumartesi (günü)	*der Samstag, am Samstag*
Doğum yeriniz neresi?	*Wo sind Sie geboren? / Wo ist Ihr Geburtsort?*
erkek okulu	*die Jungenschule*
Essen Üniversitesi	*die Universität Essen*
Finlandiya	*Finnland*
Fransa	*Frankreich*
gençlik evi	*das Jugendhaus*
gençlik	*die Jugend*
göz doktoru	*der Augenarzt*
Hangi yılda?	*In welchem Jahr?*
hastane kütüphanesi	*die Krankenhausbibliothek*
İrlanda	*Irland*
İspanya	*Spanien*
İsveç (ç) [1)]	*Schweden*
İsviçre	*die Schweiz*
kalmak	*bleiben, sich aufhalten*
... kere	*... mal*

kız lisesi	*das Mädchengymnasium*
lise	*das Gymnasium*
Münih	*München*
ne zaman	*wann*
Norveç (ç) [1)]	*Norwegen*
otobüs	*der Bus, der Autobus*
pazar (günü)	*der Sonntag, am Sonntag*
pazartesi (günü)	*der Montag, am Montag*
perşembe (günü)	*der Donnerstag, am Donnerstag*
Polonya	*Polen*
Portekiz	*Portugal*
Romanya	*Rumänien*
salı (günü)	*der Dienstag, am Dienstag*
şahane	*großartig, toll*
yıl	*das Jahr*
Yunanistan	*Griechenland*
zaman	*die Zeit*

1) Der Dativ von *İsveç* und *Norveç* ist *İsveç'e* und *Norveç'e*. Die Aussprache entspricht der Rechtschreibung: In beiden Fallen wird das /**ç**/ vor der Endung als stimmloser Laut realisiert.

Übung 55:

Kaç yaşındalar?

Hatice Hanım 52 yaşında.
(Hatice Hanım / 52)

(Aydın Bey / 44)
(İlknur / 18)
(Burhan / 12)
(Ahsen Bey / 78)
(Rıdvan Bey / 62)
(Sabiha Hanım / 54)
(Emine Hanım / 26)
(Hatun Hanım / 83)
(Nejade Hanım / 97)
(Aylin / 1)

Übung 56:

Ne iş yapıyorlar?

A: Ne iş yapıyorsunuz,
Hatice Hanım?
B: Hemşireyim.
(Hatice Hanım / hemşire)

(Macide Hanım / ebe)
(Ahmet Bey / göz doktoru)
(Meral Hanım / avukat)
(Füsun Hanım / anestezist)
(Erdal Bey / gözlükçü)
(Nilgün / tıp öğrencisi)
(Ebru Hanım / ev kadını)
(Hasan Bey / taksi şoförü)
(Ayhan Bey / eczacı)
(Nazife / çocuk hemşiresi)
(Cumhur / işsiz)

Übung 57:

Welche Berufsbezeichnungen kennen Sie schon? Notieren Sie.
Welche weiteren Berufsbezeichnungen sind für Sie wichtig? Schlagen Sie im Wörterbuch nach und notieren Sie die gefundenen Wörter ebenfalls.

____

____

____

____

____

____

Übung 58:

Bilden Sie die Kopulaformen für alle Personen (ich bin, du bist, ...).

ebe	**avukat**	**taksi şoförü**
ebeyim		
	avukat	
		taksi şoförüler

Übung 59:

Sehen Sie sich die Fotos an. Was könnten die Wörter *uzman* und *mütehassıs* bedeuten? Sehen Sie sich auch die Fotos auf der nächsten Seite an.

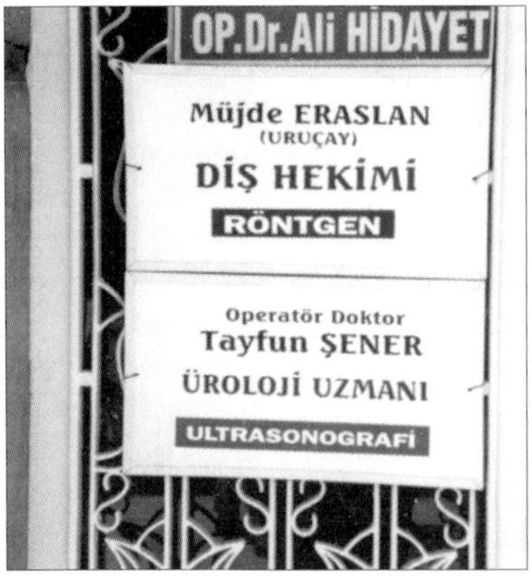

Yeni kelimeler

anestezist (t)	*der Anästhesist*
bakterioloji	*die Bakteriologie*
bilgisayar	*der Computer*
bilgisayarlı tomografi	*die computergestützte Tomographie*
biokimya	*die Biochemie*
çene	*das Kinn; der Kiefer*
çocuk sağlığı ve hastalıkları mütehassısı	*der Facharzt für die Gesundheit des Kindes und Kinderkrankheiten*
çocuk sağlığı	*die Gesundheit des Kindes*
densitometri	*die Dichtemessung*
diş hekimi	*der Zahnarzt*

doğum ve kadın hastalıkları mütehassısı	*der Facharzt für Geburt(shilfe) und Frauenkrankheiten*
efor	*die Anstrengung, die Bemühung*
eforlu EKG	*das Belastungs-EKG*
ekokardiyografi	*die Echokardiographie*
genç	*jung*
gencim	*ich bin jung*
hekim	*der Arzt*
hormon	*das Hormon*
jinekolog (g)	*der Gynäkologe*
kadın hastalıkları	*die Frauenkrankheiten*
kardiyografi	*die Kardiographie*
kemik densitometrisi (auf dem Foto: *kemik densitometri*)	*die Knochendichtemessung*
kemik	*der Knochen*
mammografi	*die Mammographie*
merkez	*das Zentrum*
mütehassıs	*der Fachmann, der Spezialist*
nükleer tıp	*die Nuklearmedizin*
operatör	*der Chirurg*
ortopedi ve travmatoloji mütehassısı	*der Facharzt für Orthopädie und Traumatologie*
ortopedi	*die Orthopädie*
ölçüm	*die Messung*
panoramik çene röntgeni	*die Panoramaaufnahme des Kiefers*
renk (reng-)	*die Farbe*
renkli doppler ultrason	*farbige Doppler-Sonographie*
renkli	*farbig, bunt*
sağlık	*die Gesundheit*
sintigrafi	*die Szintigraphie*
tahlil	*die Analyse*
tıbbi	*medizinisch*
tıp (bb)[1)]	*die Medizin (das Fach)*
tıp merkezi	*das medizinische Zentrum*
tomografi	*die Tomographie*
travmatoloji	*die Traumatologie*
ultrasonografi	*der Ultraschall*
uzman	*der Fachmann, der Spezialist*
üroloji uzmanı	*der Urologe*
üroloji	*die Urologie*
yoğun	*dicht*
yoğunluk ölçümü (auf dem Foto: *yoğunluk ölçüm*)	*die Dichtemessung*
yoğunluk	*die Dichte*

[1)] *Das /p/ in „tıp" wird vor Vokal zu /b/, außerdem wird es verdoppelt.*

Körperteile und Possessivendungen

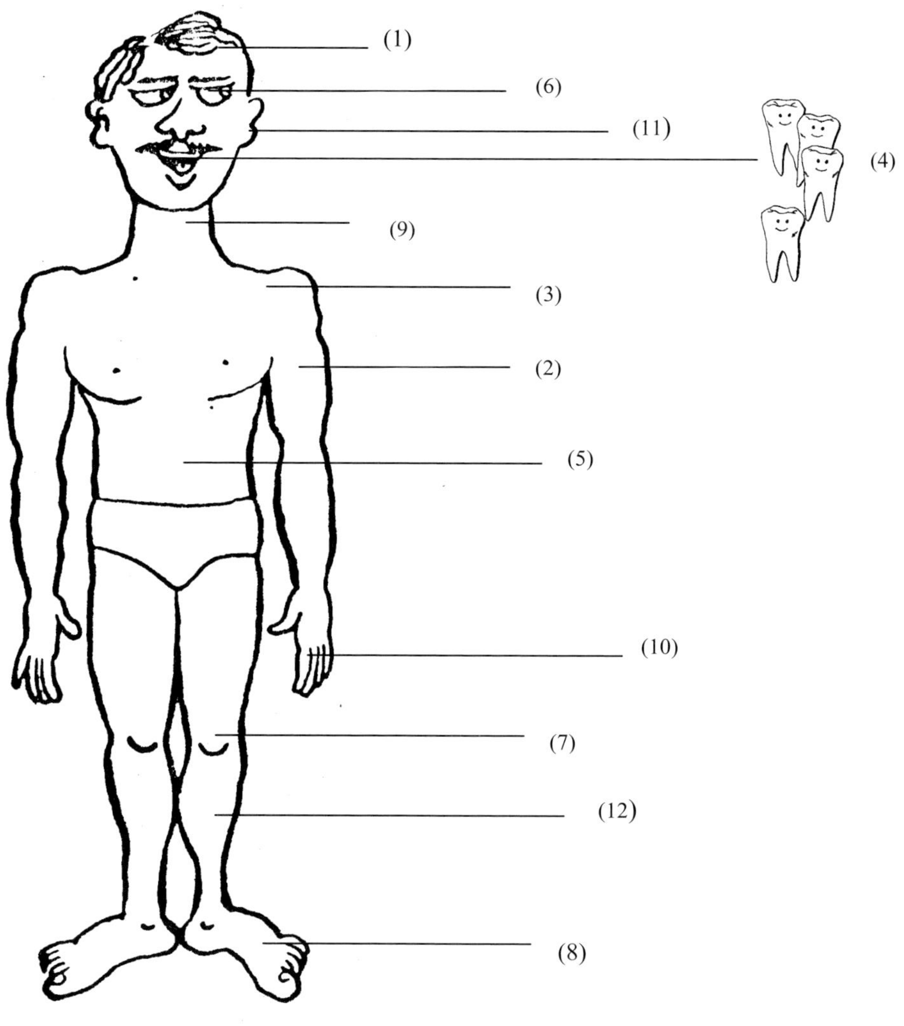

Übung 60: Wie heißen die Körperteile?

1		7	
2		8	
3		9	
4		10	
5		11	
6		12	

Übung 61:

Hängen Sie die Possessivendungen der 1., 2. und 3. Person Singular an.

diz	parmak	diş
kulak	göz	ayak
karın	omuz (die Schulter)	boğaz
ağız	bacak	parmaklar

Übung 62:

Würfelspiel (Sie benötigen zwei Würfel): Sagen Sie, dass Ihnen der gewürfelte Körperteil wehtut. Arbeiten Sie mit den Zahlen auf der vorigen Seite.

A: Nereniz ağrıyor?
B: Sol gözüm ağrıyor.

6!

Kennen Sie noch weitere Bezeichnungen für Körperteile? Notieren Sie:

___

___

___

___

___

Şule Hanım

hemşire:	Buyurun, oturun.
Şule:	Teşekkür ederim.
hemşire:	Nerede oturuyorsunuz?
Şule:	Essen'de.
hemşire:	Hangi caddede?
Şule:	Gelsenkirchener Straße'de.
hemşire:	Kaç numarada?
Şule:	15'te.
hemşire:	Çalışıyor musunuz?
Şule:	Hayır, çalışmıyorum. İşsizim.
hemşire:	Evli misiniz?
Şule:	Evet, evliyim.
hemşire:	Kocanız çalışıyor mu?
Şule:	Hayır, o da işsiz.
hemşire:	Hangi sigortaya bağlısınız?
Şule:	AOK'ya.
hemşire:	Sigara içiyor musunuz?
Şule:	Hayır, hayır.
hemşire:	Ya içki?
Şule:	Allah korusun. Elhamdülillah, biz Müslümanız. Hem de bu mübarek ayda.
hemşire:	Peki, Şule Hanım. Boyunuz kaç?
Şule:	Sanırım 1 metre 55 santim.
hemşire:	Kaç kilosunuz?
Şule:	70 kadar var.

Übung 63:

Beantworten Sie die Fragen.

Şule Hanım hangi şehirde oturuyor?
Hangi caddede oturuyor?
Ev numarası kaç?
Evli mi?
Çalışıyor mu?
Kocası çalışıyor mu?
Şule Hanım sigortalı mı?
Hangi sigortaya bağlı?
Sigara içiyor mu?
Neden içki içmiyor?
Boyu kaç?
Kilosu kaç?

Übung 64:

Beantworten Sie die folgenden Fragen für Ihre eigene Person.

Siz hangi şehirde oturuyorsunuz?
Hangi caddede oturuyorsunuz?
Ev numaranız kaç?
Evli misiniz?
Çalışıyor musunuz?
Kocanız / Karınız (da) çalışıyor mu?
Eşiniz de çalışıyor mu?
Hangi sigortaya bağlısınız?
Sigara içiyor musunuz?
Kocanız sigara içiyor mu?
İçki içiyor musunz?
Boyunuz kaç?
...

Yeni kelimeler

Allah korusun	etwa: *Gott behüte, da sei Gott davor*
ay	*der Monat*
E bağlı olmak	*mit ... verbunden sein;* hier: *bei ... versichert sein*
boy	*die Statur, die Körpergröße*
Boyun / Boyunuz kaç?	*Wie groß bist du / sind Sie?*
bu mübarek ay	(gemeint ist der Fastenmonat Ramadan)
cadde	*die Straße*
elhamdülillah	*Gott sei Lob und Preis*
eş	*der Partner; der Ehemann, die Ehefrau*

hastalık sigortası	*die Krankenversicherung*
hem de ...	hier: *und dann noch .., und dann sogar ...*
içki	*das alkoholische Getränk*
Kaç kilosun / kilosunuz?	*Wie schwer bist du? / sind Sie?*
	Wie viel wiegst du / wiegen Sie?
70 kadar var	*so um die 70 (Kilo)*
karı	*die Ehefrau, die Frau*
kilo	*das Kilo*
koca	*der Ehemann, der Mann*
metre	*der Meter*
mübarek	*gesegnet*
neden	*warum*
sanırım ...	*ich glaube ..., ich meine ...*
sanmak	*glauben, meinen, vermuten*
santim	*der Zentimeter*
sigorta	*die Versicherung*

Ergänzungsfragen

Sie können bereits eine ganze Reihe Fragen stellen, die ein Fragewort enthalten:

Kaç yaşındasınız?
Telefon numaranız **kaç**?
İsminiz **ne**?
Hangi şehirde oturuyorsunuz?

Übung 65:

Fügen Sie weitere Fragen hinzu. Verwenden Sie möglichst alle Fragewörter, die Sie kennen.

____

____

____

____

____

____

____

____

____

Fragen dieser Art nennt man **Ergänzungsfragen**. Der Fragende hat an einer bestimmten Stelle eine Lücke in seinen Informationen und möchte, dass diese Lücke durch die Antwort auf seine Frage geschlossen wird.

Entscheidungsfragen

Fragen der folgenden Art haben einen anderen Charakter:

Çalışıyor **mu**sunuz?
Evli **mi**siniz?
Almanca biliyor **mu**sunuz?
Türk **mü**sünüz?

Hier erwartet der Fragende als Antwort *ja* oder *nein*, also eine Bestätigung oder Ablehnung seiner Hypothese. Man nennt solche Fragen Entscheidungsfragen.

Entscheidungsfragen werden folgendermaßen gebildet: Vor den personenkennzeichnenden Kopulaendungen wird die Fragepartikel /**mİ**/ eingefügt.
Die Fragepartikel wird getrennt von dem Wort geschrieben, auf das sie sich bezieht, die Kopulaendung wird angehängt:

bilmek	evli olmak[3)]	Türk olmak
biliyor mu-y-um?[1)]	evli mi-y-im?	Türk mü-y-üm?
biliyor mu-sun?	evli mi-sin?	Türk mü-sün?
biliyor mu?	evli mi?	Türk mü?
biliyor mu-y-uz?	evli mi-y-iz?	Türk mü-y-üz?
biliyor mu-sunuz?	evli mi-siniz?	Türk mü-sünüz?
biliyorlar mı?[2)]	evliler mi?	Türkler mi?

1) Fragen stellt man in der Regel an eine 2. Person (du / ihr / Sie) oder über eine 3. Person (er / sie / es – sie); Fragen an eine 1. Person (ich / wir) zu stellen, wirkt auf den ersten Blick etwas seltsam. Solche Fragen lassen sich aber formulieren und es gibt durchaus auch Kontexte, in denen sie Sinn manchen: *Bin ich nun Türke oder Deutscher?* etc.

2) In der 3. Person Plural steht die Fragepartikel hinter der Pluralendung /lEr/. Das liegt daran, dass /lEr/ keine Personalendung ist.

3) Da die Kopula keinen eigenen Infinitiv hat, wird hier auf den Infinitiv von *olmak (sein, werden)* zurückgegriffen. *olmak* verschwindet in den konjugierten Formen wieder.

Übung 66:

Formulieren Sie Entscheidungsfragen wie in dem Beispiel.

Çalışıyor musunuz?
(çalışmak)

(işsiz olmak)
(Hıristiyan olmak)
(Müslüman olmak)
(sigara içmek)
(bekar olmak)
(Almanca bilmek)
(sigortalı olmak)
(içki içmek)
(Türkçe öğrenmek istemek)
(okumak)
(Alman olmak)
(anlamak)
...

Satzteilentscheidungsfragen

Die Fragepartikel kann auch eine andere Stellung haben als die vor der Kopulaendung. Dies ist dann der Fall, wenn der Fragende schon eine mögliche Antwort / Hypothese im Kopf hat und zu dieser Hypothese eine Bestätigung oder Ablehnung erwartet. Wenn man z.B. fragt *„Wohnen Sie in Essen?“* soll *„in Essen“* bestätigt oder abgelehnt werden, nicht der ganze Satz. In solchen Fällen steht die Fragepartikel hinter dem Satzteil, auf den die Hypothese sich bezieht:

Essen'de mi oturuyorsunuz?
Tıp mı okuyorsunuz?
Çay mı içiyorsunuz?
Bursa'ya mı gidiyorsunuz?

Wir nennen diese Fragen **Satzteilentscheidungsfragen**. In einem konkreten Satz kann man mehrere Teile auf diese Weise erfragen:

Şule Hanım salı günü doktora gidiyor.
Şule Hanım mı salı günü doktora gidiyor?
Şule Hanım salı günü mü doktora gidiyor?
Şule Hanım salı günü doktora mı gidiyor?

Übung 67:

Fragen Sie nach den unterstrichenen Satzteilen wie in dem Beispiel oben.

Kızlar caddede futbol oynuyor.	
Kızlar caddede futbol oynuyor.	
Kızlar caddede futbol oynuyor.	

Kocası çok içki içiyor.	
Kocası çok içki içiyor.	
Kocası çok içki içiyor.	

Hasan Bochum'da tıp okuyor.	
Hasan Bochum'da tıp okuyor.	
Hasan Bochum'da tıp okuyor.	

Die Negation der Vollverben

Sie kennen bereits den negierten Infinitiv und den negierten Imperativ und wissen daher,

– dass die Negationsendung **-mE-** ist,
– dass die Negationsendung unmittelbar hinter dem Verbstamm steht.

Infinitiv	negierter Infinitiv	Imperativ	negierter Imperativ
iç-mek	iç-**me**-mek	iç iç-in	iç-**me** iç-**me**-y-in
git-mek	git-**me**-mek	git gid-in	git-**me** git-**me**-y-in
çalış-mak	çalış-**ma**-mak	çalış çalış-ın	çalış-**ma** çalış-**ma**-y-ın
dön-mek	dön-**me**-mek	dön dön-ün	dön-**me** dön-**me**-y-in

Soll ein Verb, das im yor-Präsens steht, verneint werden, gerät der weite Vokal aus der Negationsendung unmittelbar vor ***-yor-*** und muss auf die gleiche Weise in einen engen Vokal verwandelt werden, wie das auch bei einem nicht negierten Verbstamm, der auf einen weiten Vokal ausgeht, der Fall wäre. Beachten Sie, dass immer nur der Vokal betroffen ist, der direkt vor /-yor/ steht.

Infinitiv	yor-Präsens positiv	Infinitiv negiert	yor-Präsens negiert
iç-mek	iç-i-yor	iç-me-mek	iç-mi-yor
git-mek	gid-i-yor	git-me-mek	git-mi-yor
çalış-mak	çalış-ı-yor	çalış-ma-mak	çalış-mı-yor
dön-mek	dön-ü-yor	dön-me-mek	dön-mü-yor
iste-mek	isti-yor	iste-me-mek	iste-mi-yor
anla-mak	anlı-yor	anla-ma-mak	anla-mı-yor
söyle-mek	söylü-yor	söyle-me-mek	söyle-mi-yor

Die Negation der Kopula

Anders als das Vollverb wird die Kopula mit *değil* verneint.
Die Kopulaendung wird an *değil* angefügt. Da *değil* ein eigenständiges Wort ist, hat die Folge *değil + Kopulaendung* immer die gleiche Form:

iste-**me**-mek	çalış-**ma**-mak	hasta olmamak	Türk olmamak
iste-**mi**-yor-um	çalış-**mı**-yor-um	hasta **değil**-im	Türk **değil**-im
iste-**mi**-yor-sun	çalış-**mı**-yor-sun	hasta **değil**-sin	Türk **değil**-sin
iste-**mi**-yor	çalış-**mı**-yor	hasta **değil**	Türk **değil**
iste-**mi**-yor-uz	çalış-**mı**-yor-uz	hasta **değil**-iz	Türk **değil**-iz
iste-**mi**-yor-sunuz	çalış-**mı**-yor-sunuz	hasta **değil**-siniz	Türk **değil**-siniz
iste-**mi**-yor-lar	çalış-**mı**-yor-lar	hasta **değil**-ler	Türk **değil**-ler

Übung 68:

A fragt, B antwortet positiv, C negativ.
Beachten Sie dabei, dass B kein Personalpronomen benutzt, wohl aber C.
C betont damit, dass auf ihn nicht zutrifft, was auf B zutrifft.
Achten Sie immer darauf, ob Sie ein Vollverb oder die Kopula verneinen.

A: Çalışıyor musunuz?
B: Evet, çalışıyorum.
C: Ben çalışmıyorum.

A: Evli misiniz?
B: Evet, evliyim.
C: Ben evli değilim.

ebenso

Türkçe bilmek
kahve içmek
doktor olmak
Müslüman olmak
sigara içmek
çay içmek
Türk olmak
sigortalı olmak
bekar olmak
okumak
anlamak
...

sigortalı – versichert
değil – nicht, kein (Neg. der Kopula)
çay – der Tee
kahve – der Kaffee

Übung 69:

Fragen Sie nach dem Namen, Alter, Gewicht und der Körpergröße.

Größe

Boyun kaç?
Boyunuz kaç?
Boyun ne kadar?
Boyunuz ne kadar?
Boyun kaç santim?
Boyunuz kaç santim?

Gewicht

Kaç kilosun?
Kaç kilosunuz?
Kilon kaç?
Kilonuz kaç?

Üben Sie:

(Elif / 14 Jahre / 161 / 52 Kilo)
(Ayhan Mumcu / 61 Jahre / 168 / 79 Kilo)
(Serkan Altıntop / 77 Jahre / 157 / 49 Kilo)
(Yaman Sezer / 46 Jahre / 174 / 95 Kilo)
...

Ali hasta

Ali'nin başı ağrıyor.
Boğazı da ağrıyor.
Gözleri yaşarıyor.
Alnı yanıyor. Ateşi var.
Her tarafı ağrıyor.
Kalkmak istemiyor.
Yemek yemek istemiyor.
Oyun oynamak istemiyor.
Konuşmak istemiyor.
Zavallı Ali hasta.
Annesi doktoru çağırıyor.

Yeni kelimeler

Ateşi var.	*Er hat Fieber.*
doktoru çağırmak	*den Arzt rufen*
istemek	*wollen*
mEk istemek	(Infinitiv) *wollen*
mEk istememek	(Infinitiv) *nicht wollen*
Kalkmak istemiyor.	*Er will nicht aufstehen.*
Kalkmak istiyor.	*Er will aufstehen.*
oyun oynamak	*spielen* (eigentl.: *Spiel spielen*)
oyun	*das Spiel*
yemek yemek	*essen* (eigentl.: *Essen essen – yemek (Essen)* muss stehen, wenn kein anderes Objekt vorhanden ist)
yemek	*das Essen*
zavallı	*arm, bedauernswert*

Sätze mit *istemek*:

Das Verb *istemek* entspricht dem deutschen Modalverb *wollen / mögen.* Wie *wollen / mögen* steht *istemek* mit dem Infinitiv eines Vollverbs:

kalkmak iste(me)mek	(nicht) aufstehen wollen / mögen
yemek yemek iste(me)mek	(nicht) essen wollen / mögen
oyun oynamak iste(me)mek	(nicht) spielen wollen / mögen
konuşmak iste(me)mek	(nicht) sprechen wollen / mögen
gülmek iste(me)mek	(nicht) lachen wollen / mögen

Übung 70:

Verwenden Sie die Ausdrücke unten in ganzen Sätzen. Sagen Sie, dass Peter nicht will, was Sie wollen.

Ben Türkçe öğrenmek istiyorum. **Peter** Türkçe öğrenmek istemiyor.

______________________ ______________________

______________________ ______________________

______________________ ______________________

______________________ ______________________

______________________ ______________________

______________________ ______________________

(Türkçe öğrenmek / tıp okumak / çocuk hastanesinde çalışmak / Türkiye'ye gitmek / İstanbul'da kalmak / doktoru çağırmak)

Übung 71:

Nennen Sie vier Dinge, die Sie tun möchten, und vier Dinge, die Sie nicht tun möchten.

______________________________ istiyorum.

______________________________ istiyorum.

______________________________ istiyorum.

______________________________ istiyorum.

______________________________ istemiyorum.

______________________________ istemiyorum.

______________________________ istemiyorum.

______________________________ istemiyorum.

Übung 72:

Was möchten die folgenden Personen, was möchten sie nicht?

	oyun oynamak	okula gitmek	yemek yemek	doktora gitmek	kalkmak
Seher	+	-	+	-	+
Banu	+	+	+	-	-
Salih	+	+	-	+	+
Ümit	-	-	+	-	+
Çınar	-	-	+	-	+

Doktor geliyor

Doktor öğleden sonra saat 4'te geliyor. Ali'nin annesi kapıyı açıyor.

doktor:	Merhaba! Ben Dr. Müller.
	Siz Bayan Önder misiniz?
anne:	Evet, Doktor Bey.
	Hoş geldiniz!
doktor:	Hoş bulduk.
	Oğlunuz hasta, değil mi?
anne:	Evet.
doktor:	Nesi var?
anne:	Başı ağrıyor, boğazı
	ağrıyor, yüksek ateşi var.
doktor:	Oğlunuz nerede?
anne:	Çocuk odasında.
	Buyurun.

Birlikte çocuk odasına gidiyorlar.
Doktor Ali'yi selamlıyor:

doktor:	Merhaba, yavrum.
	Adın ne?
Ali:	Ali.
doktor:	Nen var, oğlum?
Ali:	Boğazım çok ağrıyor.
	Başım da ağrıyor. Bir de dönüyor.
doktor:	Başka neren ağrıyor?
Ali:	Kollarım ve bacaklarım.
	Bazen üşüyorum, titriyorum, bazen de terliyorum.
doktor:	Miden de bulanıyor mu?
Ali:	Bulanıyor, ara sıra kusuyorum.
doktor:	Tamam.
	...
	Ali, kardeşlerin var mı? Onlar da hasta mı?
Ali:	Bilmiyorum, herhalde değil. Abim çalışıyor.
	Ablam okulda. Kızkardeşim de Kindergarten'de.
doktor:	Peki, Ali.
	Şimdi seni muayene etmek istiyorum.

Yeni kelimeler

abi	*der ältere Bruder*
İ açmak	*... aufmachen, ... öffnen*
ara sıra	*manchmal, ab und zu*
başka	hier: *sonst (noch)*
Bayan Önder	*Frau Önder*
bayan	*die Frau*
bazen	*manchmal*
bir de	*und dann noch, zusätzlich, darüber hinaus*
birlikte	*zusammen, gemeinsam*
çocuk odası	*das Kinderzimmer*
değil mi?	*nicht wahr?*
herhalde	*offenbar, wohl, wahrscheinlich*
Hoş bulduk.	obligatorische Antwort auf: *Hoş geldin(iz).*
Hoş geldin(iz).	*Willkommen. / Herzlich willkommen.*
kapı	*die Tür*
kardeşler	*die (jüngeren) Geschwister*
kızkardeş	*die jüngere Schwester*
kusmak	*erbrechen*
mide	*der Magen*
midem bulanıyor	*mir ist / wird übel*
mide-Poss. bulanmak	*übel sein / werden (jdm.)*
muayene	*die Untersuchung*
İ muayene etmek	*jdn. untersuchen*
Nen / Neyin var?	*Was hast Du? / Was fehlt Dir?*
Nesi var?	*Was hat er? / Was fehlt ihm?*
oda	*das Zimmer*
oğul, oğl-	*der Sohn*
öğle	*der Mittag*
öğleden sonra	*am Nachmittag*
İ selamlamak	*jdn. begrüßen*
terlemek	*schwitzen*
yavru	*das Junge von Tieren*
yavrum	*mein Kleiner, meine Kleine* (häufige Anrede für Kinder)
yüksek ateş	*hohes Fieber*
yüksek	*hoch*

Übung 73: Saat kaçta? Bilden Sie die Zeitangabe für alle vollen Stunden.

Der Akkusativ

In den Texten *Ali hasta* und *Doktor geliyor* kommen die folgenden Sätze vor:

Ali'nin annesi **doktoru** çağırıyor.
Ali'nin annesi **kapıyı** açıyor.
Doktor **Ali'yi** selamlıyor.
Şimdi **seni** muayene etmek istiyorum.

Die fett gedruckten Wörter in diesen Sätzen stehen im **Akkusativ**. Die Akkusativendung ist **-İ**; steht vor der Akkusativendung ein Vokal, muss nach der bekannten Regel ein **-y-** als Gleitlaut eingeschoben werden.
Die Personalpronomen im Akkusativ lauten: ***beni, seni, onu, bizi, sizi, onları***. Sie werden mit Ausnahme von ***onu*** also völlig regelmäßig gebildet.

doktor-**u**
göz-**ü**
kapı-**y-ı**
Ali'-**y-i**
sen-**i**

Stehen Wörter im Plural, folgt die Akkusativendung der Pluralendung:

doktor-**lar-ı**
göz-**ler-i**

Beachten Sie auch, dass ggf. der stimmlose Endkonsonant eines Wortes vor der Akkusativendung in einen stimmhaften Konsonanten umgewandelt werden muss:

çocu**k** → çocu**ğ**-u
kita**p** → kita**b**-ı
ila**ç** → ila**c**-ı
vücu**t** → vücu**d-**u

Bei zusammengesetzten Wörtern tritt wieder ein zusätzliches /-n-/ vor der Kasusendung auf:

çocuk doktor-u → çocuk doktor-u-**n**-u
çocuk hastane-si → çocuk hastane-si-**n**-i

Die Akkusative in den Sätzen oben sind abhängig von den Verben ***çağırmak***, ***açmak***, ***selamlamak*** und ***muayene etmek***, also von Verben, die auch im Deutschen ein Akkusativobjekt verlangen: ***wen/was rufen / öffnen / begrüßen / untersuchen***.

Übung 74:

Bilden Sie mündlich den Akkusativ der folgenden Wörter.

kız, göz, gözler, ben, hastane, oda, çocuk odası, çocuk, diş doktoru, telefon numarası, biz, parmak, doğum tarihi, doğum yeri, sen, sol kol, ateş, siz, anne, sağ ayak, sol bacak, karın, ad, isim, o, onlar

Übung 75:

Fügen Sie das Wort in der Klammer in den Satz ein und übersetzen Sie ins Deutsche.

Sevda ____________ açıyor. *(kapı)*
Profesör ____________ selamlıyor. *(öğrenciler)*
Doktor ____________ muayene ediyor. *(kız)*
Fikret ____________ açıyor. *(radyo)*
Öğretmen ____________ çağırıyor. *(sen)*
Hemşire ____________ çağırıyor. *(hasta)*
Aylin ____________ açıyor. *(lamba)*
Doktor ____________ selamlıyor. *(Ayşe)*
Ayşe ____________ selamlıyor. *(çocuk doktoru)*
Doktor ____________ muayene ediyor. *(çocuk)*
Selami ____________ açıyor. *(televizyon)*

Achtung!

Sie haben bereits eine Reihe von Sätzen gesehen, in denen das Akkusativobjekt nicht durch eine Endung gekennzeichnet war:

Peter Türkçe biliyor.
Peter Türkçe öğreniyor.

Im Türkischen hat man zu unterscheiden zwischen einem bestimmten / gekennzeichneten und einem unbestimmten / ungekennzeichneten Akkusativ.

Anne doktor çağırıyor. (Die Mutter ruft einen [beliebigen] Arzt.)
Anne doktoru çağırıyor. (Die Mutter ruft den [bestimmten, bekannten] Arzt.)

Wir gehen auf dieses Phänomen später genauer ein.

Die Genitiv-Possessiv-Konstruktion

In dem Text auf Seite 90 kommt der folgende Satz vor: *Ali'nin başı ağrıyor. Ali'nin başı* ist das Subjekt dieses Satzes: *Wer / Was tut weh? – Alis Kopf.* Das Subjekt in sich ist komplex aufgebaut: Es enthält das **Genitivattribut** *Ali'nin,* das eine nähere Erklärung zu *baş* darstellt, und das **Bezugswort** *baş*. Inhaltlich gesehen steht im Attribut der „**Besitzer**" (im weitesten Sinne), im Bezugswort der zugeordnete „**Besitz**".

Am Attribut hängt die **Genitivendung**. Sie ist im Türkischen **-nİn** nach Vokal, **-İn** nach Konsonant (Ali'**nin**, Ayla'**nın**, Elif'**in**, Doğan'**ın**, ...). An der Bezugsphrase hängt die Possessivendung der 3. Person, die auf den „Besitzer" zurückverweist. Man sagt im Türkischen also so etwas wie *„Ali's Kopf-seiner"*. (Die Possessivendung kennen Sie bereits: sie ist **-İ** nach Konsonant, **-sİ** nach Vokal.) Wir sprechen daher von einer **Genitiv-Possessiv-Konstruktion**. Im Deutschen steht das Attribut – wie im Türkischen – im Genitiv, die Bezugsphrase erhält aber keine Endung. Vgl. auch:

Hafize'**nin** mesleğ**i**	Hafize**s** Beruf
Burhan'**ın** çocuklar**ı**	Burhan**s** Kinder
Ayla'**nın** babas**ı**	Ayla**s** Vater
İbrahim'**in** anne**si**	Ibrahim**s** Mutter

Übung 76:

Übersetzen Sie ins Türkische und kennzeichnen Sie die Genitiv- und die Possessivendungen wie in den Beispielen oben.

Ayşe**s** Tochter	______________________
Bekir**s** Sohn	______________________
Eşref**s** Wohnung	______________________
Remzi**s** Arzt	______________________
Naciye**s** Geschwister	______________________
Emel**s** ältere Schwester	______________________
Osman**s** älterer Bruder	______________________
Salih**s** Frau	______________________
Necile**s** Mann	______________________
Yeter**s** Kopf	______________________
Ömer**s** Nase	______________________
Olcay**s** Hals	______________________

Oya**s** Bein ______________________

Canan**s** Arm ______________________

Ahu**s** Rücken ______________________

Nesrin**s** Oma *(nine)* ______________________

Aliye**s** Opa *(dede)* ______________________

Beachten Sie, dass **im Deutschen** Attribute sehr häufig **nicht vor**, sondern **hinter** ihrem Bezugswort stehen (nur Eigennamen und einige wenige weitere Wörter ohne Artikel stehen vor dem Bezugswort). Außerdem wird statt des Genitivattributs häufig ein nachgestelltes Präpositionalattribut mit *von* gebildet: *die Mutter von dem Mädchen.*
Im Türkischen stehen Attribute **immer vor** ihrem Bezugswort (siehe dazu auch S. 103):

kızın **annesi** — **die Mutter** des Mädchens

Übung 77:

Übersetzen Sie die folgenden Ausdrücke ins Türkische.

der Vater des Mädchens ______________________

der ältere Bruder des Ehemannes ______________________

die ältere Schwester des Mädchens ______________________

die Mutter der Ehefrau ______________________

der Vater des Kindes ______________________

die Mutter der Kinder ______________________

AKRABALAR

anne	baba
kız	oğul
karı	koca
kızkardeş	erkekkardeş
abla	abi
büyükanne	büyükbaba
anneanne	*(Entsprechung nicht gebildet)*
babaanne	*(Entsprechung nicht gebildet)*
nine	dede

Die Tilgung (Elision) des unbetonten Genitivpronomens:

Im Text *Ali hasta* kommen auch die folgenden Sätze vor:

1. Boğazı da ağrıyor.
2. Alnı yanıyor.
3. Gözleri yaşarıyor.
4. Her tarafı ağrıyor.

Die Sätze sind folgendermaßen herzuleiten:

1.a. Ali'**nin** boğaz**ı** ağrıyor.
1.b. **Onun** boğaz**ı** ağrıyor.
1.c. Boğaz**ı** ağrıyor.

2.a. Ali'**nin** aln**ı** yanıyor.
2.b. **Onun** aln**ı** yanıyor.
2.c. Aln**ı** yanıyor.

In der ersten Variante (a) ist das Attribut jeweils durch ein Substantiv im Genitiv ausgefüllt, in der zweiten Variante (b) durch ein Pronomen im Genitiv; in der dritten Variante (c) ist das Pronomen als unbetontes Pronomen weggefallen (= elidiert).

Übung 78: Leiten Sie die Sätze 3 und 4 her wie für die Sätze 1 und 2 gezeigt.

3.a. ________ ________ yaşarıyor.
3.b. ________ ________ yaşarıyor.
3.c. ________ yaşarıyor.

4.a. ________ ________ ağrıyor.
4.b. ________ ________ ağrıyor.
4.c. ________ ağrıyor.

Sie kennen das Phänomen, dass unbetonte Pronomen im Türkischen elidiert werden, bereits von den unbetonten Subjektpronomen (verdecktes Subjekt / gizli özne):

1. **Ali** kalkmak istemiyor.
2. **O** kalkmak istemiyor.
3. Kalkmak istemiyor.

Die Formen mit getilgtem Pronomen sind die häufigeren, da die Pronomen nur gesetzt werden, wenn dafür ein besonderer Grund vorliegt.

Im Deutschen sind jeweils nur die ersten beiden Varianten möglich, die dritte ist ausgeschlossen:

a) **Ali'nin**	başı ağrıyor.	a) **Ali's**	Kopf tut weh.
b) **Onun**	başı ağrıyor.	b) **Sein**	Kopf tut weh.
c)	Başı ağrıyor.	c) *	Der Kopf tut weh.

a) **Ali**	okula gitmiyor.	a) **Ali**	geht nicht zur Schule.
b) **O**	okula gitmiyor.	b) **Er**	geht nicht zur Schule.
c)	Okula gitmiyor.	c) *	Geht nicht zur Schule.

Anm.: Der Satz *Der Kopf tut weh.* an sich ist natürlich nicht falsch. Er bedeutet aber nicht das Gleiche wie *Başı ağrıyor.* Die Possessivendung an *başı* lässt den Rückschluss auf den ‚Besitzer' zu. Die deutsche Formulierung *der Kopf* lässt einen solchen Rückschluss nicht zu; daher darf das besitzanzeigende Pronomen (Possessivpronomen) im Deutschen auf keinen Fall getilgt werden.
(Den Stern * (Asterisk) verwendet man zur Kennzeichnung falscher Sätze / falscher Formen.)

Die 2. und 3. Person:

Während in der 3. Person drei Varianten möglich sind, kommen in der 1. und 2. Person nur Sätze mit Pronomen und mit getilgtem Pronomen in Frage. Auch hier ist wieder die Variante mit getilgtem Pronomen die häufigere:

a) Benim	kardeşim Essen'de oturuyor.
b)	Kardeşim Essen'de oturuyor.

a) Senin	kardeşin Essen'de oturuyor.
b)	Kardeşin Essen'de oturuyor.

a) Ali'nin	kardeşi Essen'de oturuyor.
b) Onun	kardeşi Essen'de oturuyor.
c)	Kardeşi Essen'de oturuyor.

a) Bizim	kardeşimiz Essen'de oturuyor.
b)	Kardeşimiz Essen'de oturuyor.

a) Sizin	kardeşiniz Essen'de oturuyor.
b)	Kardeşiniz Essen'de oturuyor.

a) Ali ve Ahu'nun	kardeşi Essen'de oturuyor.
b) Onların	kardeşi Essen'de oturuyor.
c)	Kardeşleri [1)] Essen'de oturuyor.

[1)] Ist das Genitivattribut oberflächlich getilgt und ist damit nicht mehr erkennbar, dass es sich um mehrere „Besitzer" handelt, muss diese Information am „Besitz / Zugeordneten" gekennzeichnet werden.

Übung 79:

Ergänzen Sie die Pronomen. Manchmal gibt es zwei Möglichkeiten.

.... annem, ... babası, ... bacağı, ... kardeşlerim, ... doktorumuz, ... babaannesi, ... kocanız, ... karısı, ... başım, ... çocukların, ... kızın, ... oğlunuz, ... dedesi, ... ablan, ... abimiz, ... kolunuz, ... odası, ... ev numaran, ... burnun, ... oğlumuz, ... çocuğu, ... kitapların, ... doğum yerin, ... kızlarımız, ... kocan, ... telefonunuz, ... parmağın, ... ismim, ... soyadın, ... gözleri, ... kulağın, ... büyükbabamız, ... bacakları

Übungsvorschlag

Sie benötigen kleine Zettel und einen Würfel. Schreiben Sie wichtige Substantive einzeln auf die Zettel. Decken Sie einen Zettel auf. Würfeln Sie nun. Hängen Sie an das Wort, das Sie aufgedeckt haben, die Possessivendung für die 1. Person Singular an, wenn Sie eine 1 gewürfelt haben, die Endung für die 2. Person Singular, wenn Sie eine 2 gewürfelt haben etc. 4, 5 und 6 stehen für die 1., 2. und 3. Person Plural. – Machen Sie sich immer auch klar, was die gebildete Form bedeutet.

Bu namazlık kimin?
Bu karpuz kimin?
Bu kolonya şişesi kimin?
Bu protez kimin?
Bu terlik kimin?
Bu rakı şişesi kimin?
RAKI
Bu tesbih kimin?
Bu köpek kimin?
Bu takma saç kimin?
SEX
Bu porno kimin?????????

Yeni kelimeler

İ açmak	(Geräte / das Licht) *anmachen / anstellen*
akraba	*der Verwandte*
anneanne	*die Großmutter* (mütterlicherseits)
babaanne	*die Großmutter* (väterlicherseits)
bir dahaki diyalog	*der nächste Dialog*
büyükanne	*die Großmutter*
büyükbaba	*der Großvater*
dede	*der Opa*
diyalog	*der Dialog*
erkekkardeş	*der jüngere Bruder*
karpuz	*die Wassermelone*
... kimin? (Gen. von: *kim)*	*Wem gehört ...? / Wessen ist ...?*
kolonya	(eine Art Kölnisches Wasser)
köpek	*der Hund*
lamba	*die Lampe*
namaz	*das (rituelle) Gebet*
namazlık	*der Gebetsteppich*
nine	*die Oma*
porno	*der Porno*
protez	*die Prothese*
radyo	*das Radio*
rakı	*der Raki* (hochprozentiger Anisschnaps)
sayfa	*die Seite* (in einem Buch etc.)
şişe	*die Flasche*
takma saç	*die Perücke*
televizyon	*der Fernseher*
terlik	*der Hausschuh*
tesbih	*die Gebetskette*

Zur Stellung des Attributs

Im Türkischen stehen grundsätzlich alle Attribute vor ihrer Bezugsphrase. Im Deutschen können Attribute – nach bestimmten Regeln, die hier nicht im Einzelnen erläutert werden können – sowohl vor als auch hinter der Bezugsphrase stehen. Es besteht aber eine starke Tendenz, sie nachzustellen, so dass sich dann ein Stellungsunterschied zum Türkischen ergibt. Präpositionale Attribute im Deutschen werden immer nachgestellt; wenn also das Genitivattribut durch ein präpositionales Attribut mit *von* ... ersetzt worden ist, ergibt sich auf jeden Fall ein Stellungsunterschied zum Türkischen.

Attribut	**Bezugs-phrase**
Ali'nin	babası
çocuğun	babası
çocuğun	babası
çocukların	babası
çocukların	babaları

Attribut	**Bezugs-phrase**	**Attribut**
Alis	Vater	-
-	der Vater	des Kindes
-	der Vater	von dem Kind
-	der Vater	der Kinder
-	die Väter	der Kinder

Übung 80:

Übersetzen Sie die folgenden türkischen Ausdrücke ins Deutsche und tragen Sie sowohl die deutsche als auch die türkische Fassung in die Tabelle oben ein.

kızın kardeşleri - Hüseyin'in karnı - Osman'ın ablası - çocukların anneannesi - Emel'in abisi - doktorun muayenehanesi - çocuğun burnu - Elif'in çocukları - kızın babası - Ali'nin odası

Übung 81:

Übersetzen Sie jetzt die folgenden deutschen Ausdrücke ins Türkische und tragen Sie dann sowohl die türkische als auch die deutsche Fassung in die Tabellen ein. Beachten Sie bei der Übersetzung, dass sowohl das Attribut als auch die Bezugsphrase im Singular oder im Plural stehen können.

Attribut	Bezugsphrase
Hayrettin'in	çocukları
kızın	gözü

Attribut	Bezugsphrase	Attribut
Hayrettins	Kinder	
	das Auge	des Mädchens

Hayrettins Kinder - das Auge des Mädchens - Omas Wohnung - die Mutter von den Kindern - Ayşes Magen - Füsuns (jüngere) Geschwister - die (jüngeren) Geschwister von Abdullah - Remzis Frau - der Mann der Patientin - Cemiles Fuß - der (ältere) Bruder von Yılmaz - die Mütter der Mädchen - Akifes Zimmer - die Mutter der Mutter - der (ältere) Bruder von Sibel - die (älteren) Schwestern von Gülnaz - der Ehemann von Nevriye - die Kinder von Yasemin

Die „haben-Konstruktion“

In dem Text auf Seite 90 kommt auch der folgende Satz vor:

Ateşi var. / Er hat Fieber.

Der Satz ist folgendermaßen herzuleiten:

a) Ali'**nin** ateş**i** var. Ali hat Fieber.
b) **Onun** ateş**i** var. Er hat Fieber.
c) Ateş**i** var. Er hat Fieber.

In den türkischen Sätzen liegt hier eine **Genitiv-Possessiv-Konstruktion** + **var** (= existent / vorhanden) vor. Man sagt also so etwas wie: *Alis Fiebers-seins existent (ist).*
Vom Deutschen her gesehen würde man hier eine andere Konstruktion erwarten, nämlich das Verb *haben* mit dem „Besitzer“ im Subjekt und dem „Besitz“ (dem Zugeordneten) im Akkusativobjekt.

Ali'nin	(„Besitzer“ / im Genitiv)	} Subjekt des Satzes
ateşi	(„Besitz“ / mit Possessivendung)	
var.	(„existent / vorhanden“)	

Ali / Er	(„Besitzer“ / Subjekt des Satzes)
hat	(Verb)
Fieber	(„Besitz / Zugeordnetes“ / Akkusativobjekt)

Im Türkischen gibt es kein Verb *haben*. Sätze, in denen ein Besitzverhältnis ausgedrückt werden soll, müssen folgendermaßen formuliert werden: Besitzer und Besitz / Zugeordnetes stehen gemeinsam im Subjekt des Satzes. Dabei steht der „Besitzer“ in einem Genitivattribut zum „Besitz / Zugeordneten“. ***var*** ist **kein Verb**, sondern **eine Art Adjektiv** mit der Bedeutung *existent / vorhanden*. Das Verb des Satzes (*ist*) hat oberflächlich keine Entsprechung.

Im Beispiel:

Ali'nin ateşi **Onun ateşi** **Ateşi**	→ ist das Subjekt des Satzes. An *ateş* hängt die Possessivendung, die auf *Ali* (= den Besitzer) zurückverweist.
Ali'nin **Onun**	→ ist Genitivattribut zu *ateş*.
var	→ bedeutet *existent / vorhanden*.

Übung 82:

Versuchen Sie jetzt, die folgenden Sätze zu verstehen. Erklären Sie ihren Aufbau.

Hatice'nin 3 çocuğu var.
Ayfer'in telefonu var.
Nermin'in 2 oğlu var.
Elif'in 5 kızı var.
Adnan'ın bisikleti var.

var wird durch ***yok*** verneint. Die entsprechende Frage wird mit der Fragepartikel **/mİ/** gebildet, die dem *var* bzw. *yok* **nachgestellt** wird.

Ali'nin ateşi **var mı**? / Ali'nin ateşi **yok mu**?
- (Ali'nin ateşi) **Var**.
- (Ali'nin ateşi) **Yok**.

Übung 83:

Bilden Sie Sätze nach folgendem Schema.

(Ali / yüksek ateş / var)	*Ali'nin yüksek ateşi var.*
(Ayşe / 5 çocuk / var)	______________________
(Ulya / telefon / yok)	______________________
(İsmail / 6 kardeş / var)	______________________
(Lale / iki abla / var)	______________________
(Mustafa / üç abi / var)	______________________
(Yücel / çok para / var)	______________________
(Emine / para / yok)	______________________
(hemşire / soru / var)	______________________
(Adnan / iş / var)	______________________
(doktor / zaman (Zeit) / yok)	______________________
(Sultan / kardeşler / yok)	______________________
(Lütfiye / bir problem / var)	______________________
(Necati / araba / yok)	______________________
(Dursun / kızkardeş / yok)	______________________

Abdurrahman Ağa

Abdurrahman Ağa çok zengin.
Onun dört köyü,
iki öküzü
ve iki büyük arabası var:
bir Mersedes, bir de BMW.
Tabii ki iki traktörü de var.
Abdurrahman Ağa'nın üç karısı
ve onaltı çocuğu var.
Hepsi kız.
Zavallı Ağa'nın çok parası var,
ama hiç oğlu yok.
Buna çok üzülüyor.
Bir daha evlenmek istiyor.

Sorular

Abdurrahman Ağa çok zengin. Siz de zengin misiniz?
Abdurrahman Ağa'nın iki arabası var. Sizin kaç arabanız var?
Mersedes'iniz var mı?
Abdurrahman Ağa evli, üç karısı var. Siz de evli misiniz?
Kaç karınız var?
Çocuğunuz var mı? Kaç tane?
Kaç kız, kaç oğlan?

Yeni kelimeler

ağa	*der Aga, der Großgrundbesitzer*
ama	*aber*
araba	*das Auto*
Buna üzülüyor.	*Darüber ist er traurig.*
E üzülmek	*über ... traurig sein*
hepsi	*alle*
köy	*das Dorf*
Mersedes	*der Mercedes*
oğlan	*der Junge*
öküz	*der Ochse*
para	*das Geld*
problem	*das Problem*
soru	*die Frage*
tabii ki	*natürlich*
traktör	*der Traktor, der Trecker*
zaman	*die Zeit*
zavallı	*arm, bedauernswert*
zengin	*reich*

Ayfer Hanım oğlu Serkan ile çocuk doktoruna gidiyor

doktor: Buyurun Ayfer Hanım, oturun.
Ayfer: Teşekkür ederim.
doktor: Çocuğun ismi ne?
Ayfer: Serkan.
doktor: Nesi var?
Ayfer: Günlerdir öksürüyor.
Dün bir de kustu.
doktor: Çocuk ishal mi?
Ayfer: Hayır, değil.
doktor: Ateşi var mı?
Ölçtünüz mü?
Ayfer: Dün akşam ölçtük, bu sabah da ölçtük.
Ateşi yok.
doktor: Serkan hangi çocuk hastalıklarını geçirdi, Ayfer Hanım?
Ayfer: Kızamık ve su çiçeği.
doktor: Ya kabakulak?
Ayfer: Hayır, kabakulak geçirmedi.
doktor: Kızamıkçık geçirdi mi?
Ayfer: Tam bilmiyorum.
doktor: Peki, ya boğmaca?
Ayfer: Belki. Geçen sene de hastalandı. Çok uzun süre öksürdü, ama neydi bilmiyorum.
doktor: O zaman doktora götürdünüz mü?
Ayfer: Götürmedik, birkaç hafta sürdü, sonra kendiliğinden geçti.
doktor: Peki, Ayfer Hanım, şimdi Serkan'ı muayene etmek istiyorum. Çocuğun üstünü çıkarın, lütfen.

Yeni kelimeler

ateşi ölçmek	*das Fieber messen*
belki	*vielleicht*
bir hastalığı geçirmek	*eine Krankheit haben / durchmachen*
birkaç	*einige*
boğmaca	*der Keuchhusten*
çocuk hastalığı	*die Kinderkrankheit*
dün	*gestern*
geçen sene	*im vergangenen Jahr*
geçmek	*vorbeigehen, vorübergehen*
E götürmek	*(hin)bringen zu ... / nach ...*
günlerdir	*seit Tagen*
hafta	*die Woche*
hastalanmak	*krank werden*
ishal (i/e)	*der Durchfall*
X ishal.	*X hat Durchfall.*
kabakulak	*der Mumps*
kendiliğinden	*von allein, von selbst*
kızamık geçirmek	*Masern haben*
kızamık	*die Masern*
kızamıkçık	*die Röteln*
kusmak	*erbrechen*
Nesi var?	*Was hat er?*
Neydi bilmiyorum.	*Ich weiß nicht, was es war.*
İ ölçmek	*etw. messen*
sene	*das Jahr*
su çiçeği	*die Windpocken*
süre	*die Zeitspanne*
sürmek	*dauern*
tam bilmemek	*es nicht genau wissen*
tam	*vollständig, genau*
uzun süre	*lange (Zeit)*
uzun	*lang*
(n)İn üstünü çıkarmak	*jdn. ausziehen*

Çocuk hastalıkları

kızamık	die Masern
kızamıkçık	die Röteln
su çiçeği	die Windpocken
boğmaca	der Keuchhusten
kabakulak	der Mumps

Das Dİ-Perfekt

Im Text auf Seite 109 kommen eine Reihe neuer Verbformen vor:

kus-**tu**
ölç-**tü**-nüz mü?
ölç-**tü**-k
geçir-**di**
geçir-me-**di**
hastalan-**dı**
öksür-**dü**
götür-**dü**-nüz mü?
götür-me-**di**-k
sür-**dü**
geç-**ti**

Die Verben stehen in einer Vergangenheitszeit, dem **Dİ-Perfekt**. Mit dem Dİ-Perfekt bezeichnet man abgeschlossene Ereignisse in der Vergangenheit. Es entspricht damit häufig dem deutschen Perfekt, teilweise auch dem Imperfekt. Die Tempusendung ist **/-Dİ/**. Zwei Lautregeln beeinflussen die Endung: das /D/ muss nach stimmhaften Lauten als /d/ und nach stimmlosen Lauten als /t/ konkretisiert werden (Konsonantenassimilation); das /İ/ muss nach den Regeln der Vokalharmonie (enger Vokal) als /i/, /ı/, /ü/ oder /u/ konkretisiert werden.

Übung 84:

Notieren Sie die 8 möglichen Formen von /-Dİ/.

___, ___, ___, ___, ___, ___, ___, ___

Welche Endungen außer der Tempusendung enthalten die Verbformen oben vermutlich zusätzlich?

Übung 85:

Bilden Sie jetzt von den folgenden Verben die 3. Person Singular des Dİ-Perfekts. Sie erhalten die Form, wenn Sie an den Stamm des Verbs die Tempusendung /-Dİ/ anhängen.

Infinitiv	Dİ-Perfekt; 3. Person Singular	Übersetzung
kusmak	kus-tu	er / sie hat erbrochen
geçirmek		
sürmek		
ölçmek		
gelmek		
öksürmek		
sormak		
oynamak		
saymak		
yazmak		
okumak		
içmek		
yemek		
yutmak		
konuşmak		
çalışmak		
anlamak		
söylemek		

Das Dİ-Perfekt - Negation

Die Negationsendung ist – wie Sie schon wissen – **/-mE-/.** Sie tritt unmittelbar hinter den Verbstamm und steht damit vor der Tempusendung. Erinnern Sie sich noch? Vor der Präsensendung /-yor/ muss der weite Vokal der Negationsendung geengt werden; vor /-Dİ/ bleibt er jedoch erhalten: *oyna-mak, oynu-yor, oyna-dı.*
Sowohl im yor-Präsens als auch im Dİ-Perfekt liegt eine deutlich hörbare **Betonung vor der Negationsendung**: *oyna-mı-yor, oyna-ma-dı.*

Übung 86:

Bilden Sie die geforderten Formen der folgenden Verben; lesen Sie die gebildeten Formen mit korrekter Betonung.

anlamak, okumak, gitmek, oynamak, yutmak, ölçmek, bakmak, söylemek, sormak, konuşmak, içmek, almak, vermek, öksürmek, çağırmak, kalkmak, yazmak, anlatmak, demek, geçirmek

Präsens 3. Pers. Singular **-(İ)yor**	**Präsens** 3. Pers. Singular negiert **-mE-(İ)yor**	**Dİ-Perfekt** 3. Pers. Singular **-Dİ**	**Dİ-Perfekt** 3. Pers. Singular negiert **-mE-Dİ**
geliyor	gelmiyor	geldi	gelmedi
anlıyor	anlamıyor	anladı	anlamadı
okumak	okumuyor		

Das Dİ-Perfekt – die Bildung der Personalformen

Erinnern Sie sich: Die Personalendungen im yor-Präsens und die Kopulaendungen (ich bin ..., du bist ... etc.) sind identisch. Die Personalendungen im Dİ-Perfekt unterscheiden sich davon. Wir werden sie in Zukunft „die kurzen Personalendungen" nennen.

(Weitere personenkennzeichnende Endungen an Verben gibt es im Türkischen nicht; d.h. alle Tempora werden entweder mit den Kopulaendungen oder mit den kurzen Personalendungen gebildet.)

yor-Präsens Kopulaendungen	**Kopula** Kopulaendungen		**Dİ-Perfekt** kurze Personalendungen	
ölç-ü-yor-um	hasta-y-ım	**(y)-İm**	ölç-tü-m	**-m**
ölç-ü-yor-sun	hasta-sın	**-sİn**	ölç-tü-n	**-n**
ölç-ü-yor	hasta	**-Ø**	ölç-tü	**-Ø**
ölç-ü-yor-uz	hasta-y-ız	**(y)-İz**	ölç-tü-k	**-k**
ölç-ü-yor-sunuz	hasta-sınız	**-sİnİz**	ölç-tü-nüz	**-nİz**
ölç-ü-yor-lar	hasta-lar	**-lEr-Ø**	ölç-tü-ler	**-lEr-Ø**

Übung 87:

Konjugieren Sie die Verben im Dİ-Perfekt.

içmek	çağırmak	okumak	bakmak

Übung 88:

Bilden Sie für die folgenden Verben zunächst die 1. Person Singular, dann die 2. Person Singular etc.

içmek, yazmak, anlamak, okumak, ölçmek, çağırmak, oynamak, gitmek, götürmek, bakmak, vermek, almak, geçirmek, yemek, öksürmek, muayene etmek

Das Dİ-Perfekt – die Bildung der Frage

Auch bei der Bildung der Frage gibt es Unterschiede zwischen dem yor-Präsens und der Kopula einerseits und dem Di-Perfekt andererseits. Im ersten Fall steht die Fragepartikel /-mİ/ vor den personenkennzeichnenden Endungen, im zweiten Fall hinter ihnen.

(Die Stellung der Fragepartikel ist gekoppelt an die Auswahl der personenkennzeichnenden Endungen: die **Fragepartikel** steht **vor den Kopulaendungen** und **hinter den kurzen Personalendungen**.)

Die Stellung der Fragepartikel: yor-Präsens und Dİ-Perfekt

gitmek **yor-Präsens**	**gitmek** **Dİ-Perfekt**
gidiyor **mu**yum?	gittim **mi**?
gidiyor **mu**sun?	gittin **mi**?
gidiyor **mu**?	gitti **mi**?
gidiyor **mu**yuz?	gittik **mi**?
gidiyor **mu**sunuz?	gittiniz **mi**?
gidiyorlar **mı**?	gittiler **mi**?

Übersicht über die bisher bekannten Verbformen

yor-Präsens

positive Form	negierte Form	Frage
ölç-ü-yor-um	ölç-mü-yor-um	ölç-ü-yor mu-y-um?
ölç-ü-yor-sun	ölç-mü-yor-sun	ölç-ü-yor mu-sun?
ölç-ü-yor	ölç-mü-yor	ölç-ü-yor mu?
ölç-ü-yor-uz	ölç-mü-yor-uz	ölç-ü-yor mu-y-uz?
ölç-ü-yor-sunuz	ölç-mü-yor-sunuz	ölç-ü-yor mu-sunuz?
ölç-ü-yor-lar	ölç-mü-yor-lar	ölç-ü-yor-lar mı?

Kopula

positive Form	negierte Form	Frage
Türk-üm	Türk değil-im	Türk mü-y-üm?
Türk-sün	Türk değil-sin	Türk mü-sün?
Türk	Türk değil	Türk mü?
Türk-üz	Türk değil-iz	Türk mü-y-üz?
Türk-sünüz	Türk değil-siniz	Türk mü-sünüz?
Türk-ler	Türk değil-ler	Türkler mi?

Dİ-Perfekt

positive Form	negierte Form	Frage
ölç-tü-m	ölç-me-di-m	ölç-tü-m mü?
ölç-tü-n	ölç-me-di-n	ölç-tü-n mü?
ölç-tü	ölç-me-di	ölç-tü mü?
ölç-tü-k	ölç-me-di-k	ölç-tü-k mü?
ölç-tü-nüz	ölç-me-di-niz	ölç-tü-nüz mü?
ölç-tü-ler	ölç-me-di-ler	ölç-tü-ler mi?

Übung 89:

Schreiben Sie kurze Gespräche. A fragt, B antwortet positiv, C negativ.

A: Ateşi ölçtünüz mü?
B: Ölçtüm.
C: Ben ölçmedim.
(ateşi ölçmek)

ebenso

kızamık geçirmek
kusmak
doktora gitmek
damlayı içmek
hapı yutmak
doktor çağırmak
doktoru çağırmak
kalkmak
hemşireyi anlamak
beni anlamak
dün çalışmak
öksürmek
bir şey yemek
sigara içmek
çok terlemek
boğmaca geçirmek

Yeni kelimeler

damla	*die Tropfen*
hap	*die Tablette*
terlemek	*schwitzen*

Seit wann?

Will man ausdrücken, seit wann etwas der Fall ist, steht dafür die folgende Konstruktion zur Verfügung: An einen Zeitbegriff wird **-DEn beri (= Ablativ plus die Postposition *beri*)** angehängt. Die entsprechende Frage lautet: ***Ne zamandan beri?***

*Ne zaman**dan beri** öksürüyor?* → *Günler**den beri** öksürüyor.*
→ *İki gün**den beri** öksürüyor.*
→ *Dün**den beri** öksürüyor.*
→ *Salı günün**den beri** öksürüyor.*

Es gibt noch eine zweite Konstruktion. Hier wird an einen Zeitbegriff **/-Dİr/** als Endung angehängt. Die Formulierung mit **/-Dİr/** kann allerdings nur dann gewählt werden, wenn es sich um eine **Zeitspanne** (5 Jahre, zwei Wochen, eine Stunde, ...) handelt, die in die Vergangenheit zurückreicht. Ist ein **Zeitpunkt** in der Vergangenheit angegeben (Dienstag, 1994, Abdurrahmans Geburtstag, 14 Uhr, ...), kommt **nur** die Formulierung mit **/-DEn beri/** infrage. /-DEn beri/ kann also immer gewählt werden, /-Dİr/ nur eingeschränkt.

*Ne zaman**dan beri** öksürüyor?* → *Günler**dir** öksürüyor.*
→ *İki gün**dür** öksürüyor.*
→ * *Dün**dür** öksürüyor.*
→ * *Salı günü**dür** öksürüyor.*

(Erinnern Sie sich: Mit dem Stern (Asterisk) kennzeichnet man falsche Sätze.)

Neben der allgemeinen Frage *Ne zamandan beri?* sind auch **spezifischere Fragen** möglich:

Kaç saattir? / Kaç saatten [1] beri?
Kaç gündür?/ Kaç günden beri?
Kaç aydır? / Kaç aydan beri?
Kaç senedir? / Kaç seneden beri?
Kaç yıldır? / Kaç yıldan beri?

[1] *saat* hat – gegen die Regeln der Vokalharmonie – in der Endung als weiten Vokal ein /e/, als engen Vokal ein /i/. Siehe dazu auch die Erläuterungen im grammatischen Anhang.

Übung 90:

Üben Sie die Formulierung mit **/-DEn beri/**.

A: Şikayetiniz ne? / Nereniz ağrıyor?
B: Boynum ağrıyor.
A: Ne zamandan beri?
B: İki günden beri (ağrıyor).
boyun - ağrımak / iki gün

ebenso

baş - ağrımak / aylar
baş - dönmek / 2 saat
gözler - yaşarmak / bir hafta
burun - akmak / 3 gün
akmak - fließen, laufen
kulaklar - ağrımak / 2 hafta
mide - yanmak / 4 - 5 ay
sırt - ağrımak / 2 sene
öksürmek / 3 - 4 hafta
gözler - yaşarmak / 2 - 3 gün
burun - tıkalı / 2 gün

Übung 91:

Üben Sie auch hier die Formulierung mit **/-DEn beri/**.

A: Ne zamandan beri Almanya'da yaşıyorsunuz?
B: 1973'ten beri.
Almanya'da yaşamak / 1973

ebenso

hastanede yatmak / salı günü
hastanede çalışmak / iki sene
hasta olmak / şubat ayı
Türkçe öğrenmek / 2009
işsiz olmak / 6 ay
sigara içmek / yıllar
AOK'ya bağlı olmak / 1979
evli olmak / 7 sene
okumak / 3 yıl
ishal olmak / perşembe günü

Übung 92:

In welchen der folgenden Sätze können Sie die Konstruktion mit **/-DEn beri/** in eine Konstruktion mit **/-Dİr/** umwandeln?

Taş ailesi 1976'dan beri Almanya'da yaşıyor.
Hüseyin Taş 6 aydan beri emekli.
Fadime Taş 3 haftadan beri hasta.
Cumartesi gününden beri hastanede yatıyor.
Sabahtan beri doktoru bekliyor.
Erhan Taş 2 seneden beri Bochum'da tıp okuyor.
Emine Taş-Stein şubat ayından beri evli.
Bir aydan beri Köln'de oturuyor.
İki aydan beri hamile.
Erkan Taş 6 aydan beri işsiz.
Küçük Elif iki haftadan beri hep öksürüyor.
3 günden beri çok yüksek ateşi var.
Dünden beri başı dönüyor.
Yılmaz Taş 1993'ten beri Fransa'da.

saniye	*die Sekunde*
dakika	*die Minute*
saat *(e/i)*	*die Stunde*
gün	*der Tag*
hafta	*die Woche*
ay	*der Monat*
yıl	*das Jahr*
sene	*das Jahr*

Übung 93:

Ergänzen Sie die fehlenden Monatsnamen.

ocak (ayı)			ekim (ayı)
	mayıs (ayı)	ağustos (ayı)	
mart (ayı)			

Übung 94:

Sagen Sie, seit wann Sie ... (studieren, arbeiten, verheiratet sind, an ihrem derzeitigen Wohnort wohnen ...).

Yeni kelimeler

aile	*die Familie*
İ beklemek	*auf ... warten*
emekli	*in Rente*
hamile	*schwanger*
hep	*immer, ständig*
Taş ailesi	*die Familie Taş*
yaşamak	*leben*

Uhrzeit und Zeitangaben

Nach der Uhrzeit fragt man: *Saat kaç? – Wie spät ist es?*
Zeitangaben erfragt man entweder allgemein mit: *Ne zaman – Wann?* oder spezifischer mit: *Saat kaçta? – Um wie viel Uhr?*

Saat kaç?	**volle Stunden**	**Saat kaçta?**
Saat 1. Saat 2. Saat 3. etc.		Saat 1'de. Saat 2'de. Saat 3'te. etc.
	halbe Stunden	
Saat yarım.[1)] Saat 1 buçuk.[1)] Saat 2 buçuk. Saat 3 buçuk. [1)] Im Türkischen steht bei allen Maßeinheiten für 0.5 *yarım;* für 1.5 etc. *buçuk.*		Saat yarımda.[1)] Saat 1 buçukta.[1)] Saat 2 buçukta. Saat 3 buçukta.
	nach	
Saat 1'i çeyrek geçiyor. Saat 2'yi çeyrek geçiyor. Saat 3'ü çeyrek geçiyor. Saat 1'i 5 geçiyor. Saat 1'i 10 geçiyor. Saat 1'i 20 geçiyor.		Saat 1'i çeyrek geçe. Saat 2'yi çeyrek geçe. Saat 3'ü çeyrek geçe. Saat 1'i 5 geçe. Saat 1'i 10 geçe. Saat 1'i 20 geçe.
	vor	
Saat 1'e çeyrek var. Saat 2'ye çeyrek var. Saat 3'e çeyrek var. Saat 2'ye 5 var. Saat 2'ye 10 var. Saat 2'ye 20 var.		Saat 1'e çeyrek kala. Saat 2'ye çeyrek kala. Saat 3'e çeyrek kala. Saat 2'ye 5 kala. Saat 2'ye 10 kala. Saat 2'ye 20 kala.

Erläuterungen siehe im grammatischen Anhang.

Emine Hanım kadın doktorunda

doktor: Buyurun, Emine Hanım.
Şikayetiniz ne?
Emine: İki haftadan beri kanamam var.
doktor: Ağrılarınız da var mı?
Emine: Ara sıra.
doktor: Tamam, anladım, Emine Hanım.
Bize ilk defa geliyorsunuz.
Onun için önce size birkaç soru sormak istiyorum.
Emine: Buyurun, sorun, Doktor Hanım.
doktor: Kaç yaşındasınız?
Emine: 33.
doktor: Çocuklarınız var mı?
Emine: Evet.
doktor: Kaç tane?
Emine: Üç tane.
doktor: Kaçı kız, kaçı erkek?
Emine: İkisi erkek, biri de kız.
doktor: Kaç yaşındalar?
Emine: Büyük oğlum 13 yaşında, küçük oğlum 8 yaşında,
kızım daha 5 yaşında.
Oğlanların isimleri Burhan ve Nazım, kızın ismi de Gülnur.
doktor: Peki, Emine Hanım.
Siz ilk defa ne zaman adet oldunuz?
Emine: Tam hatırlamıyorum.
Ama herhalde 13, 14 yaşındayken.
doktor: Hamilelikleriniz normal mi geçti?
Emine: Evet, hepsi de normaldi.
doktor: Ya doğumlarınız?
Emine: İlk doğum biraz zor oldu.
Çok uzun sürdü.
İkinci ve üçüncü doğum
kolay oldu.
doktor: Peki, Emine Hanım.
İki haftadan beri
kanamam var, dediniz.
Şimdi sizi muayene
etmek istiyorum.
Ayrıca hemşire kan
da alacak.

Sorular

Emine Hanım neden doktora gidiyor?
(neden, niye, niçin = warum)

Emine Hanım'ın şikayeti ne?

Emine Hanım kaç yaşında?

Çocukları var mı?

Kaç çocuğu var?

Çocuklarının kaçı kız, kaçı erkek?

Kızının ismi ne?

Ya oğullarının isimleri?

Emine Hanım'ın küçük oğlu kaç yaşında?

Ya büyük oğlu?

Kızı kaç yaşında?

Emine Hanım kaç yaşındayken ilk defa adet oldu?
(ilk defa, ilk kez, ilk sefer = das erste Mal)

Kaç yaşındayken ilk defa hamile kaldı?
(hamile kalmak, gebe kalmak = schwanger werden)

Kaç yaşındayken ikinci defa hamile kaldı?

Hamilelikleri nasıl geçti?
(hamilelik, gebelik = die Schwangerschaft)

Doğumları nasıl geçti?

İlk doğumu uzun mu sürdü?

İkinci doğumu da mı uzun sürdü?

Emine Hanım'ın doktoru erkek mi, kadın mı?

Yeni kelimeler

adet olmak	*die Regel bekommen, die Monatsblutung bekommen*
ağrı	*der Schmerz*
ara sıra	*manchmal, ab und zu*
ayrıca	*außerdem*
biraz	*etwas*
birkaç	*einige*
buçuk	*halb* (bei Angaben über 1)
çeyrek	*das Viertel*
gebe kalmak	*schwanger werden*
gebe	*schwanger*
gebelik	*die Schwangerschaft*
*geçe (*zu*: geçmek)*	*nach* (bei der Angabe der Uhrzeit)
İ geçmek	*vorbeigehen, vorübergehen;* (einen Zeitpunkt) *überschreiten*
hamile kalmak	*schwanger werden*
hamilelik	*die Schwangerschaft*
İ hatırlamak	*sich an ... erinnern*
İ hatırlamıyorum	*ich erinnere mich nicht, ich kann mich nicht erinnern*
hepsi normaldi	*alle waren normal*
hepsi	*alle*
herhalde	*wohl*
ilk defa	*das erste Mal*
ilk kez	*das erste Mal*
ilk sefer	*das erste Mal*
ilk	*erst-*
(onların) kaçı	*wie viele von ihnen*
*kala (*zu*: kalmak)*	*vor* (bei der Angabe der Uhrzeit)
kalmak	*bleiben*
kan almak	*Blut abnehmen*
kanama	*die Blutung*
Kanamam var.	*Ich habe Blutungen.*
kolay	*leicht*
neden	*warum*
niçin	*warum*
niye	*warum*
normal (i/e)	*normal*
normal geçmek	*normal verlaufen*
onun için	*deshalb, darum*
önce	*zuerst, zunächst, vorher*
E soru sormak	*jdn. etwas fragen, jdm. Fragen stellen*
uzun	*lang, lange*
yarım	*halb* (bei Angaben unter 1)
... yaşındayken	*als ... Jahre alt war*
zor	*schwer*

Die Teil-Ganzes-Relation

In dem Text auf S. 122 finden sich die Sätze:

(1) *Kaçı kız, kaçı erkek?*
(2) *İkisi erkek, biri de kız.*

Diese Sätze sind folgendermaßen herzuleiten:

(1a) *Çocuklarınızın kaçı kız, kaçı erkek?*
(1b) *Onların kaçı kız, kaçı erkek?*
(1c) *Kaçı kız, kaçı erkek?*

(2a) *Çocuklarımın ikisi erkek, biri de kız.*
(2b) *Onların ikisi erkek, biri de kız.*
(2c) *İkisi erkek, biri de kız.*

Inhaltlich wird durch die Sätze eine Teil-Ganzes-Relation zum Ausdruck gebracht (*wie viele von Ihren Kindern? / zwei von meinen Kindern* etc.). Formal handelt es sich um die Ihnen bekannte Genitiv-Possessiv-Konstruktion.
Auch im Deutschen verwendet man Genitivattribute (bzw. die Ersatzformen mit *von*), um solche Beziehungen auszudrücken:

(3) *Wie viele Ihrer Kinder sind Mädchen, wie viele sind Jungen?*
Wie viele von Ihren Kindern sind Mädchen, wie viele sind Jungen?

(4) *Zwei meiner Kinder sind Jungen, eins ist ein Mädchen.*
Zwei von meinen Kindern sind Jungen, eins ist ein Mädchen.

Beachten Sie, dass im Türkischen das Attribut in Form der Possessivendung auch dann eine „Spur“ an der Zahl hinterlässt, wenn es als unbetontes Pronomen oberflächlich elidiert ist. Im Deutschen hat diese Endung keine Entsprechung.

Die Possessivendung wird im Türkischen völlig regelmäßig an die Zahlen angehängt. Eine Sonderform gibt es lediglich bei *bir* - hier werden gleichbedeutend nebeneinander die Formen *biri* und *birisi* gebildet. Bei *dört* müssen Sie beachten, dass das /t/ vor Vokal zu /d/ wird (*dördü*).

Das ***de*** steht in dem Satz *İkisi erkek, biri* ***de*** *kız,* um zum Ausdruck zu bringen, dass die Gesamtzahl der Kinder drei beträgt, d.h. dass die zweite Teilmenge die Gesamtmenge abschließt.

An Stelle von Zahlen können auch andere Mengenbegriffe auftreten. Merken Sie sich auch: *çocukların bazıları – einige von den Kindern; çocukların çoğu – die meisten von den Kindern.*

Übung 95:

Bilden Sie Konstruktionen wie in dem Beispiel.

çocukların biri(si)
(çocuklar / bir)

ebenso

kızlar / iki
oğullarım / üç
öğrencilerim / dört (d)
hemşireler / beş
doktorlar / altı
hastaneler / yedi
kelimeler / sekiz
evler / dokuz
kelimeler / çok
kadınlar / bazılar

Übung 96:

Bilden Sie kurze Gespräche wie in den Beispielen.

A: Dört çocuğum var.
B: Kaçı kız, kaçı erkek?
A: İkisi kız, ikisi de erkek.
(4: 2 kız – 2 erkek)

A: Dört çocuğum var.
B: Kaçı kız, kaçı erkek?
A: Dördü de kız.[1)]
(4: 4 kız)

ebenso

(6: 2 kız – 4 erkek)
(9: 8 kız – 1 erkek)
(13: 6 kız – 7 erkek)
(2: 1 kız – 1 erkek)
(5: 5 kız)
(3: 3 erkek)
(5: 4 kız – 1 erkek)
(6: 3 kız – 3 erkek)

[1)] *dördü de* (etc.) – *alle vier* (etc.)

Die Ordinalzahlen

Die Ordinalzahlen werden im Türkischen durch Anhängen der Endung **/-İncİ/** nach Konsonant und **/-ncİ/** nach Vokal gebildet. Statt *birinci* wird häufig *ilk* verwendet.

Übung 97:

Bilden Sie die Kardinalzahlen, die Ordinalzahlen und den Ausdruck für die Teil-Ganzes-Relation.

	Kardinalzahl	Ordinalzahl	Teil-Ganzes-Relation
1	bir	bir-inci	çocukların biri(si)
2	iki	iki-nci	çocukların ikisi
3			
4			
5			
6			
7			
8			
9			
10			
20			
30			
40			
50			
60			
70			
80			
90			
100			

... yaşındayken:

... yaşındayken heißt *als ... Jahre alt war.* Beachten Sie, dass Sie an der Form *... yaşındayken* das jeweilige Subjekt nicht ablesen können. Es muss dem Sinnzusammenhang entnommen werden.

Kaç yaşındayken ilk defa adet oldunuz?
13, 14 yaşındayken ilk defa adet oldum.
21 yaşındayken Almanya'ya geldim.
17 yaşındayken ilk defa doğum yaptım.
Kaç yaşındayken evlendiniz?
Hatice 16 yaşındayken evlendi.

Weitere Ausdrücke mit /-ken/:

Die Endung **/-ken/** - nach Vokal **/-y-ken/** - kann an Nomen, Adjektive und lokale Ausdrücke angehängt werden. /-ken/ gehört zu den wenigen Endungen, die nicht der Vokalharmonie unterliegen.

Übung 98:

Was bedeuten die folgenden Ausdrücke?

çocukken, hamileyken, gebeyken, hastayken, hastanedeyken, Türkiye'deyken, kurstayken, okuldayken, ...

Übung 99:

Bilden Sie Sätze.

- Banu / 16 Jahre sein / das erste Mal schwanger werden
- Canan / 24 Jahre alt sein / nach Deutschland kommen
- Saadet / schwanger sein / nicht zum Arzt gehen
- Mahmut / im Krankenhaus sein / operiert werden *(ameliyat olmak)*
- Burhan / Kind sein / nach Deutschland kommen
- Peter / in der Türkei sein / krank werden *(hastalanmak)*
- Elif / krank sein / nicht zur Schule gehen
- Nevzat / 25 Jahre alt sein / heiraten
- Oya / 12 Jahre alt sein / das erste Mal die Regel bekommen
- Suna / 19 Jahre alt sein / das zweite Mal Mutter werden

Burhan yaralandı

Burhan bahçede oynarken, yere düşüyor ve eline paslı çivi batıyor. Eli biraz kanıyor, sonra şişiyor ve çok ağrıyor. Babası Burhan'ı doktora götürüyor.

Doktor Burhan'a soruyor:

doktor:	Ne oldu, yavrum?
Burhan:	Yere düştüm. Elime çivi battı. Şimdi de çok ağrıyor.
doktor:	Ne zaman oldu?
Burhan:	İki üç saat önce.
doktor:	Tetanoza karşı aşı oldun mu?
Burhan:	Bilmiyorum, Doktor Amca.
doktor:	Siz biliyor musunuz, İbrahim Bey?
İbrahim Bey:	Evet, oldu.
doktor:	Ne zaman?
İbrahim Bey:	Tam hatırlamıyorum.
doktor:	Çocuğun aşı cüzdanı yanınızda mı?
İbrahim Bey:	Maalesef yanımda değil.
doktor:	Peki, Burhan yaklaşık olarak ne zaman aşı oldu? Bir sene önce mi, dört sene önce mi?
İbrahim Bey:	Daha iki sene olmadı.
doktor:	O zaman aşıya gerek yok. Ama yarayı dezenfekte etmek istiyorum.
Burhan:	Baba, çok korkuyorum!
doktor:	Korkma, yavrum. Bir şey olmaz. Sadece yarayı temizleyeceğim.

Sorular

Burhan bahçede oynarken ne oldu?
Eli kanadı mı? Eli şişti mi?
Burhan'ı kim doktora götürdü?
Burhan tetanoza karşı aşı oldu mu? Ne zaman?
Doktor ne yapmak istiyor? Burhan korkuyor mu?

Yeni kelimeler

amca	*der Onkel* (väterlicherseits)
aşı cüzdanı, aşı defteri	*der Impfpass*
aşı	*die Impfung*
aşı olmak	*geimpft werden*
bahçe	*der Garten*
E batmak	*in ... eindringen*
cüzdan	hier: *der Ausweis, die Urkunde*
çivi	*der Nagel*
daha (+ Neg.)	*noch nicht*
defter	*das Heft*
İ dezenfekte etmek	*... desinfizieren*
düşmek	*hinfallen*
film	*die Röntgenaufnahme*
gerek	*die Notwendigkeit*
E gerek yok	*... ist nicht nötig*
İ E götürmek	*jdn. zu / nach ... bringen*
kan	*das Blut*
kanamak	*bluten*
E karşı	*gegen*
E karşı aşı olmak	*gegen ... geimpft sein / werden*
maalesef	*leider*
Ne oldu?	*Was ist passiert?*
olmak	*sein; werden; passieren*
oynarken	*als ... spielte*
pas	*der Rost*
paslı	*rostig*
E sormak	*jdn. fragen*
şişmek	*schwellen, anschwellen, dick werden*
İ temizlemek	*... säubern*
tetanoz	*der Tetanus, der Wundstarrkrampf*
yaklaşık olarak	*etwa, ungefähr*
yan	*die Seite*
... yanımda değil.	*Ich habe ... nicht dabei.*
... yanınızda mı?	*Haben Sie ... bei sich?*
yara	*die Wunde*
yaralanmak	*sich verletzen*
yer	*der Ort, der Platz, die Stelle*
yere düşmek	*hinfallen, auf die Erde / den Boden fallen*

-E karşı / gegen ...:

gegen ... drückt man im Türkischen mit dem **Dativ** und der **Postposition *karşı*** aus, im Deutschen mit der Präposition *gegen* und dem Akkusativ.

Übung 100:

Fragen Sie Ihre Patienten, ob sie gegen bestimmte Krankheiten geimpft sind.

A: Tetanoza karşı aşı oldunuz mu?
(tetanoz)

ebenso

kızamık; kızamıkçık; kabakulak; boğmaca; difteri (Diphtherie); çocuk felci (felç – Lähmung); polyo (Polio); grip (Grippe); hepatit (t) (Hepatitis); sarılık (sarı – gelb; sarılık – Gelbsucht)

Übung 101:

Fragen Sie Ihre Patienten, ob sie eine Allergie gegen irgendein Medikament (*herhangi bir ilaç*), irgendein Nahrungsmittel (*herhangi bir yemek*) oder irgendetwas (*herhangi bir şey*) haben.

A: Çocuğun herhangi bir şeye karşı alerjisi var mı?
(Çocuğun herhangi bir yemeğe karşı alerjisi var mı?)
(Çocuğun herhangi bir ilaca karşı alerjisi var mı?)
B: Penisiline karşı alerjisi var.

ebenso

Tetrasiklin (Tetracyclin); Aspirin; Heparin; İnsulin; süt (t) (Milch); inek sütü (inek – Kuh); karides (Krabben); fındık (Haselnuss); nikel (Nickel); krom (Chrom); ev tozu (toz – Staub); kedi tüyü (kedi – Katze; tüy – Haar); polen(ler) (Polle(n)); yumurta akı (Eiweiß)

Übung 102:

Welches Medikament *(ilaç)* / welche Behandlung *(tedavi)* hat der Arzt gegen welches Symptom *(belirti)* / gegen welche Krankheit *(hastalık)* verschrieben?

A: Doktor ne yazdı?
B: Doktor ateşe karşı
fitil yazdı.
(ateş / fitil)

ilaçlar / tedaviler:

fitil (Zäpfchen); *iğne* (Spritze); *hap (p)* (Tablette); *merhem* (Salbe); *sprey* (Spray); *Penisilin*; *damla* (Tropfen); *Aspirin*; *pudra* (Puder); *uyku hapı* (uyku – Schlaf); *çay* (Tee); *masaj* (Massage); *öksürük şurubu*; *hasta jimnastiği* (jimnastik – Gymnastik); *ağrı kesici* (Schmerzmittel)

belirtiler / hastalıklar:

grip; *ateş*; *nezle* (Schnupfen); *kabızlık* (Verstopfung); *ishal* (Durchfall); *iştahsızlık* (Appetitlosigkeit); *yüksek tansiyon* (hoher Blutdruck); *uykusuzluk* (Schlaflosigkeit); *mide bulantısı* (Übelkeit); *nefes darlığı* (Atemnot); *kaşıntı* (Jucken); *ağrı(lar)*; *baş ağrısı*; *sırt ağrısı*; *depresyon* (Depression); *şişlik(ler)* (Schwellung(en)); *iltihap* (Entzündung); *iltihaplanma* (Entzündung)

Yeni kelimeler

ağrı kesici	*das Schmerzmittel*
ak	*weiß; das Weiße*
alerji	*die Allergie*
Aspirin	*das Aspirin*
belirti	*das Symptom*
çocuk felci	*die Kinderlähmung*
dar	*eng*
darlık	*die Enge*
depresyon	*die Depression*
ev tozu	*der Hausstaub*
felç	*die Lähmung*
fındık	*die Haselnuss*
fitil	*das Zäpfchen, das Suppositorium*
hasta jimnastiği	*die Krankengymnastik*
Heparin	*das Heparin*
hepatit (t)	*die Hepatitis*
herhangi bir şey	*irgend etwas*
herhangi bir	*irgend ein*
iğne	*die Spritze*
iltihap	*die Entzündung*
iltihaplanma	*die Entzündung*
inek sütü	*die Kuhmilch*
inek	*die Kuh*
İnsulin	*das Insulin*
iştah	*der Appetit*
iştahsız	*appetitlos*
iştahsızlık	*die Appetitlosigkeit*
kabız	*verstopft*
kabızlık	*die Verstopfung*
karides	*die Krabbe*
kaşıntı	*das Jucken, der Juckreiz*
kedi tüyü	*das Katzenhaar*
kedi	*die Katze*
kesmek	*(ab)schneiden*
krom	*das Chrom*
masaj	*die Massage*
mide bulantısı	*die Übelkeit*
nefes darlığı	*die Atemnot*
nikel	*das Nickel*
öksürük şurubu	*der Hustensaft*
Penisilin	*das Penizillin*
polen(ler)	*die Polle(n)*
polyo	*Polio*
pudra	*der Puder*
sancı	*die Wehe, der kolikartige Schmerz*

sarı	*gelb*
sarılık	*die Gelbsucht*
sprey	*der / das Spray*
süt (t)	*die Milch*
şey	*die Sache, die Angelegenheit*
şişlik	*die Schwellung*
tansiyon	*der Blutdruck*
tedavi	*die Behandlung*
Tetrasiklin	*das Tetracyclin*
toz	*der Staub*
uyku hapı	*die Schlaftablette*
uykusuz	*schlaflos*
uykusuzluk	*die Schlaflosigkeit*
yumurta akı	*das Eiweiß*
yumurta	*das Ei*
yüksek tansiyon	*der Bluthochdruck*

Übung 103:

Was können Sie inzwischen über sich sagen?

Adınız ve soyadınız ne?
Nerede oturuyorsunuz?
Hangi şehirde oturuyorsunuz?
Ne zamandan beri orada oturuyorsunuz?
Nerede büyüdünüz?
Adresiniz ne?
Telefon numaranız kaç?
Şehrin kod numarası / kodu kaç?
Nerede doğdunuz?
Kaç yaşındasınız?
Yaşınız kaç?
Hangi yılda doğdunuz?
Nerelisiniz?
Doğum tarihiniz kaç?
Doğum yeriniz neresi?
Hangi ülkede doğdunuz?
Hangi memlekette doğdunuz?
Nerede çalışıyorsunuz?
Hangi şehirde çalışıyorsunuz?
Ne zamandan beri orada çalışıyorsunuz?
Ne iş yapıyorsunuz?
Mesleğiniz ne?
Nerede okuyorsunuz?
Ne okuyorsunuz?
Kaçıncı sömestirdesiniz?
Evli misiniz?
Eşiniz (karınız / kocanız) nereli?
Eşinizin (karınızın / kocanızın) ismi ne?
Eşiniz (karınız / kocanız) ne iş yapıyor?
Çocuğunuz var mı?
Çocuklarınızın kaçı kız, kaçı oğlan?
Adları ne?
Kaç yaşındalar?

memleket (t) – das Land; die Heimat
oğlan – der Junge
orada – da, dort
sömestir – das Semester
ülke – das Land

Danışmada

danışman:	İyi günler, buyrun.
Zeki:	İyi günler. Adım Zeki Kaçtı. Doktor Müller'den geliyorum.
danışman:	Tamam, Zeki Bey. İkinci kata çıkın.

İkinci katta

Zeki:	İyi günler. Adım Zeki Kaçtı. Doktor Müller'den geliyorum.
hemşire:	Tamam. İlk önce kabineye girin. Belden yukarı soyunun ve biraz bekleyin. Doktor Schmitz daha meşgul.
Zeki:	Tamam, hemşire hanım.

Duşta

1'inci hasta:	Aaaay, ne arıyorsunuz burda?
Zeki:	Şey, kabine nerede?
1'inci hasta:	Kör müsünüz? Burası duş. Hemen duştan çıkın.

Ameliyat salonunda

Zeki: Affedersiniz,
kabine nerede?
doktor: Görmüyor musunuz?
Burası ameliyathane.
Girmek yasak.
Hemen burdan çıkın.
Danışmada sorun.

Danışmada

danışman: Buyrun.
Zeki: Kabine nerede?
Bulamadım.
danışman: Bakın.
İkinci kata çıkın.
Sola dönün.
Kabine, koridorda en son oda.
Zeki: Sağ olun.

Yarım saat sonra

2'inci hasta: Nereye gidiyorsunuz?
Zeki: Şey, kabineye.
2'inci hasta: Sıra bende.
Kabineye ben giriyorum.
Zeki: Hayır, sıra bende.
2'inci hasta: Hayır, hayır, sıra bende.
Zeki: Hayıır ...
hemşire: Maalesef, Zeki Bey.
Geç kaldınız.
Bugün gidin,
yarın bir daha gelin.

Übung 104:

Unterstreichen Sie in den Texten auf S. 136 und 137 alle Lokativ-, Ablativ- und Dativendungen und überlegen Sie jeweils, warum die konkrete Endung ausgewählt werden musste.

Yeni kelimeler

Affedersiniz.	*Entschuldigen Sie.*
ameliyat (t)	*die Operation*
ameliyat salonu	*der OP*
ameliyathane	*der OP*
İ aramak	*... suchen*
bir daha gelmek	*noch einmal kommen*
bulamadım	*ich konnte nicht finden*
İ bulmak	*... finden*
bur(a)da [1)]	*hier*
burası	*das hier (dieser Ort, diese Stelle)*
buy(u)run [1)]	*bitte* (als Angebot)
DEn çıkmak	*aus ... rausgehen, aus ... verschwinden*
E çıkmak	*zu / nach / in ... hinaufgehen*
danışma	*die Information* (als Ort), *die Auskunft* (als Ort)
danışman	*der Berater; derjenige, der Auskunft erteilt*
E dönmek	*sich nach / zu ... wenden*
duş	*die Dusche*
en son	*allerletzter, -e, -es*
geç kalmak	*zu spät kommen, sich verspäten*
E girmek	*in ... (hinein)gehen, in ... eindringen*
girmek yasak	*es ist verboten einzutreten, Eintritt verboten*
İ görmek	*... sehen*
hemen	*sofort*
kat (t)	*das Stockwerk, die Etage*
koridor	*der Flur*
kör	*blind*
maalesef	*leider, bedauerlicherweise*
meşgul	*beschäftigt*
sıra bende	*ich bin dran, ich bin an der Reihe*
sıra	*die Reihe*
son	*letzter, -e, -es; das Ende*
şey	hier ein Füllwort: *also, äh*
yasak	*verboten*

[1)] *Die eingeklammerten Vokale entfallen in der Aussprache in aller Regel, werden aber im Standard geschrieben.*

Übung 105:

Sagen Sie dem Patienten, dass er zu spät gekommen ist und wann er wiederkommen soll. – Erinnern Sie sich noch an die Bezeichnungen für die Wochentage und die Monate und daran, wie ein Datum angegeben wird?

hemşire: Maalesef randevunuza geç geldiniz.
Yarın saat 8 buçukta bir daha gelin, lütfen.

morgen / 10.45 Uhr
am Donnerstag / 7.30 Uhr
am 24. Juni / 9.00 Uhr
übermorgen / 15.10 Uhr (übermorgen: öbür gün)
am 6. Januar / 15.40 Uhr
am Montag / 12.30 Uhr
am 17. Oktober / 16.30 Uhr
am Freitag / 16.45 Uhr
am Dienstag / 17.15 Uhr
morgen / 8.20 Uhr
am 3. April / 8.35 Uhr
übermorgen / 8.45 Uhr
am 30. November / 11.50 Uhr
am Mittwoch / 10.10 Uhr

Übung 106:

Sagen Sie, welcher Patient wann wiederkommen soll.

hemşire: Zeki Bey ne zaman tekrar gelsin? [1]
doktor: Zeki Bey yarın saat 3 buçukta tekrar gelsin.

hasta	gün	saat
Zeki Bey	morgen	3. 30 Uhr
Şükran Hanım	am Dienstag	7. 15 Uhr
Ferhat	am 19. Februar	7. 45 Uhr
Sinem	übermorgen	9. 20 Uhr
Süleyman Bey	am 7. Dezember	9. 30 Uhr
Gülnaz	am Mittwoch	9. 40 Uhr
Hülya Akkaya	am 16. Juli	17. 15 Uhr
Emine Işıklar	am Donnerstag	12. 30 Uhr

[1] gelsin – er soll kommen

nicht können:

Will man im Türkischen *nicht können* ausdrücken, wird in der Verbform (in allen Tempora) die Negationsendung um ein /E/ erweitert: **/EmE/**

Übung 107:

Infinitiv	Negation Präsens 3. Person Sing.	nicht können Präsens 3. Person Sing.	Negation Dİ-Perfekt 3. Person Sing.	nicht können Dİ-Perfekt 3. Person Sing.
bulmak	bul-mu-yor	bul-amı-yor	bul-ma-dı	bul-ama-dı
görmek	gör-mü-yor	gör-emi-yor	gör-me-di	gör-eme-di
uyumak				
beklemek				
anlamak				
gitmek				
çağırmak				
sormak				

Anm.: Die Form auf /EmE/ wird im Türkischen breiter verwendet als *nicht können* im Deutschen. Der Sprecher bringt zum Ausdruck, dass er sich bemüht hat und für das *nicht können* nicht verantwortlich ist: *Anlayamadım. – Ich habe nicht verstanden. / Ameliyathaneyi bulamadım. – Ich habe den OP nicht gefunden.*

Übung 108:

Schauen Sie sich das Krankenhaus auf der nächsten Seite an und sagen Sie dem Besucher / dem Patienten, in welches Stockwerk er gehen muss.

ziyaretçi: Affedersiniz, kafeterya nerede?
danışman: Sekizinci katta.
(Cafeteria / 8. Stock)

ebenso:
Kinderstation
Toilette
Intensivstation
Verwaltung
Ambulanz
Chirurgie
Neurologie
Bestrahlung
Dermatologie
Innere Abteilung
Ultraschall
Hals-, Nasen- und Ohrenabteilung
Computertomographie
Säuglingszimmer
Urologie
EKG

ziyaretçi tuvaleti	kafeterya			
bebek odası	kadın doğum bölümü	doğumhane		
ışınlama	çocuk bölümü	nöroloji		
tuvalet	sonografi	laboratuvar	EKG	röntgen / bilgisayarlı tomografi
ruh hastalıkları bölümü	kulak, burun, boğaz bölümü			
iç hastalıkları bölümü	cilt hastalıkları bölümü	bevliye		
ameliyathane	yoğun bakım	cerrahiye		
acil servis / ambulans	danışma	idare / hasta alımı		

Yeni kelimeler
(mit einigen zusätzlichen alternativen Bezeichnungen)

acil servis	*die Notaufnahme*
ambulans	*die Ambulanz*
bebek odası	*das Säuglingszimmer*
bebek	*der Säugling, das Baby*
bevliye, üroloji	*die Urologie*
cerrahiye	*die chirurgische Abteilung*
cilt (d)	*die Haut*
cilt hastalıkları bölümü	*die Abteilung für Hautkrankheiten*
cilt hastalıkları	*die Hautkrankheiten*
çocuk bölümü	*die Kinderabteilung, die Kinderstation*
dahiliye	*die Innere Abteilung*
doğum salonu	*der Kreißsaal*
doğumhane	*der Kreißsaal*
EKG (EKaGe)	*das EKG*
gelsin	*er / sie soll kommen*
hasta alımı	*die Patientenaufnahme*
ışın	*der Strahl*
ışınlama	*die Bestrahlung*
iç hastalıkları bölümü	*die Innere Abteilung*
iç hastalıkları	*die inneren Krankheiten*
idare	*die Verwaltung*
kadın doğum bölümü	*die Abteilung für Frauenheilkunde und Geburtshilfe*
kafeterya	*die Cafeteria*
kulak, burun, boğaz bölümü	*die Abteilung für Hals-, Nasen- und Ohrenerkrankungen*
laboratuvar	*das Labor*
nöroloji	*die Neurologie*
öbür gün	*übermorgen*
ruh hastalığı	*die Geisteskrankheit*
ruh hastalıkları bölümü	*die Psychiatrie*
ruh	*die Seele; die Psyche*
sonografi	*die Sonographie*
tekrar gelmek	*noch einmal kommen*
tuvalet (t)	*die Toilette*
ultrason(ografi)	*der Ultraschall*
yoğun bakım	*die Intensivstation*
ziyaretçi tuvaleti	*die Besuchertoilette*
ziyaretçi	*der Besucher*

Ali ve Ali'nin Ailesi

(s. auch den Text auf der Seite 90)

Ali iyileşti, ama bütün aile fertleri hastalandı.

Ali'nin annesi kendini iyi hissetmiyor.
Başı ağrıyor, midesi bulanıyor, ishal, iştahı yok.

Ali'nin abisi Hayrettin, **kızkardeşi Nermin** ve **ninesi** de hasta.

Hayrettin'in boğazı ağrıyor, bademcikleri şiş.
Öksürüyor, üşüyor.
Gözleri yaşarıyor ve yanıyor. Burnu tıkalı.
Her tarafı ağrıyor. Ateşi yüksek.

Ali'nin ninesi çok yaşlı ve halsiz.
Bacakları, elleri titriyor. Ayakları şiş.
Başı dönüyor ve yürüyemiyor.

Nermin dışarıda oynarken bisikletten düştü.
Sol bacağını kırdı. Beyin sarsıntısı geçirdi
ve bir dişi kırıldı.

Ali'nin kedisi Minoş
da iyi değil.
Halsiz, güçsüz.
Hep uyumak istiyor.
Bütün gün güneşte
yatıyor.
Canı fare yakalamak istemiyor.

Ali'nin babası hasta değil,
ama bütün gün çalışıyor.
Sabah kahvaltıyı hazırlıyor,
sonra işe gidiyor.
Akşam alışveriş yapıyor
ve yemek pişiriyor.
Sonra bulaşığı ve çamaşırı yıkıyor,
evi topluyor.
Çok yoruluyor ve erken yatıyor.

Yeni kelimeler

aile ferdi	*das Familienmitglied*
aile	*die Familie*
alışveriş yapmak	*einkaufen, Einkäufe machen*
bacağını kırmak	*sich das Bein brechen*
bademcikler	*die Mandeln, die Tonsillen*
beyin sarsıntısı geçirmek	*eine Gehirnerschütterung haben*
beyin sarsıntısı	*die Gehirnerschütterung*
beyin, beyn-	*das Gehirn*
bir dişi kırıldı	*ihm / ihr ist ein Zahn abgebrochen*
bisiklet (t)	*das Fahrrad*
bulaşık	*der Abwasch, das schmutzige Geschirr*
bütün gün	*den ganzen Tag*
bütün	*ganz*
can	*das Leben; die Seele; die Lebenskraft*
canı ... istemiyor	*er / sie mag nicht*
çamaşır	*die Wäsche*
dışarıda oynarken	*als ... draußen spielte*
dışarıda	*draußen*
DEn düşmek	*von ... (herunter)fallen*
erken	*früh*
evi toplamak	*aufräumen*
fare	*die Maus*
güç	*die Kraft*
güçsüz	*kraftlos*
güneş	*die Sonne*
hal (i/e)	*der Zustand*
halsiz	*kraftlos, schwach*
hastalanmak	*krank werden, erkranken*
İ hazırlamak	*... vorbereiten, ... zubereiten*
hep	*immer, ständig*
iyileşmek	*gesund werden*
kahvaltı	*das Frühstück*
kahvaltıyı hazırlamak	*das Frühstück machen, das Frühstück zubereiten*
kendini iyi hissetmemek	*sich nicht gut fühlen*
kırılmak	*zerbrechen*
İ kırmak	*... (zer)brechen*
sabah	*der Morgen, am Morgen*
şiş	*dick, geschwollen*
İ toplamak	*einsammeln*
İ yakalamak	*... fangen*
yaşlı	*alt, betagt*
yatmak	*liegen; sich (hin)legen*
yemek pişirmek	*Essen kochen*
İ yıkamak	*... waschen*
yorulmak	*ermüden, müde werden*
yürümek	*gehen, marschieren*

Übung 109:

Welche Krankheitssymptome *(belirtiler)* haben Alis Familienmitglieder? Notieren Sie.

Ali'nin annesi:	
Ali'nin abisi Hayrettin:	
Ali'nin ninesi:	
Ali'nin kızkardeşi Nermin:	
Ali'nin kedisi Minoş:	

Übung 110:

Die Familienmitglieder berichten, wie es den anderen Familienmitgliedern geht.

Ali'nin babası anlatıyor:
Karım ....
....
....
....
....
....

Ali anlatıyor:
Kedim
....
....
....
....

Ali'nin abisi anlatıyor:
Kızkardeşim ....
....
....
....
....
....

Ali'nin kızkardeşi anlatıyor:
Ninem ....
....
....
....
....
....

Einige Krankheitssymptome und wie der Kranke sie beschreibt:

Symptom / belirti	*Was sagt der Kranke? / Hasta ne diyor?*
öksürük	*Öksürüyorum.* *Öksürüğüm var.*
tıkalı burun	*Burnum tıkalı.* *Burnumdan nefes alamıyorum.*
ateş **yüksek ateş**	*Ateşim var.* *Ateşim yüksek.* *Yüksek ateşim var.* *Bende yüksek ateş var.*
baş dönmesi	*Başım dönüyor.* *Bende baş dönmesi oluyor.*
mide bulantısı	*Midem bulanıyor.* *Bende mide bulantısı oluyor.*
mide yanması	*Midem yanıyor.* *Bende mide yanması var / oluyor.*
kusma	*Kusuyorum.*
ishal	*İshalim.* *Barsaklarım bozuk.* *Çok sık tuvalete çıkıyorum.* *Çok sık dışarıya çıkıyorum.*
kabızlık	*Kabızım.* *Bende kabızlık var / oluyor.* *Büyük tuvalete çıkamıyorum.* *Büyük abdeste çıkamıyorum.* *Tuvalete çıkarken zorlanıyorum.*
iştahsızlık	*İştahım yok.* *İştahsızım.* *Bende iştahsızlık var.* *Canım bir şey yemek / içmek istemiyor.*
uykusuzluk	*Uyuyamıyorum.* *İyi uyuyamıyorum.* *Uykuya dalamıyorum.*
baş / diş / mide / ... ağrısı	*Başım / Dişim / Midem / ... ağrıyor.*
ayak şişliği / bacak şişliği / ...	*Ayaklarım / Bacaklarım / ... şiş.* *Ayaklarım / Bacaklarım / ... şişiyor.*
titreme	*Ellerim / ... titriyor.*
yüksek tansiyon	*Bende yüksek tansiyon var.* *Tansiyonum yüksek.* (akut) *Yüksek tansiyonum var.* (chronisch)
nefes darlığı	*Nefesim daralıyor.* *Bende nefes daralması var.* *Bende nefes darlığı var.* *Nefesim kesiliyor.* *Nefes alamıyorum.*

Häufigkeit und Dauer

Mit den Ausdrücken *ara sıra (ab und zu)*, *bazen (manchmal)*, *sık sık (oft, häufig)*, *hep (immer)*, *sürekli (ständig)*, *devamlı (ständig)* und *gece gündüz (Tag und Nacht)* kann man angeben, wie häufig bzw. mit welcher Dauer ein Krankheitssymptom auftritt. Die Stellung der Ausdrücke im Satz hängt von der Verwendungssituation ab:

Hasta ne diyor?

Ara sıra başım ağrıyor.
Bazen başım ağrıyor.
Sık sık başım ağrıyor.
Hep başım ağrıyor.
Sürekli başım ağrıyor.
Devamlı başım ağrıyor.
Gece gündüz başım ağrıyor.

Başınız hep mi ağrıyor?
Başınız sık sık mı ağrıyor?

Doktor soruyor:

Hasta şöyle cevap veriyor:

(Başım) Ara sıra ağrıyor.
(Başım) Bazen ağrıyor.
(Başım) Sık sık ağrıyor.
(Başım) Hep ağrıyor.
(Başım) Sürekli ağrıyor.
(Başım) Devamlı ağrıyor.
(Başım) Gece gündüz ağrıyor.

Yeni kelimeler

ara sıra	*ab und zu*
ayak şişliği	*die Schwellung der Füße*
bacak şişliği	*die Schwellung der Beine*
barsak / bağırsak	*der Darm*
baş dönmesi	*der Schwindel*
bazen	*manchmal*
Bende mide yanması var.	*Ich habe Sodbrennen.*
bozuk	*kaputt*
burundan nefes almak	*durch die Nase atmen*
canım ... istemiyor	*ich mag nicht ...*
dar	*eng*
daralmak	*eng(er) werden*
darlık	*die Enge*
devamlı	*ständig*
dışarıya çıkmak	*nach draußen (= auf die Toilette) gehen*
gece gündüz	*Tag und Nacht*
gündüz	*am Tage*
hep	*immer*
İshalim.	*Ich habe Durchfall.*
kabız olmak	*an Verstopfung leiden, Verstopfung haben*
kabızlık	*die Verstopfung*
kusma	*das Erbrechen*
mide yanması	*das Sodbrennen*
Midem yanıyor.	*Ich habe Sodbrennen.*
nefes daralması	*die Atemnot*
nefes darlığı	*die Atemnot*
nefes	*der Atem; der Atemzug*
Nefesim daraldı.	*Ich hatte Atemnot.*
Nefesim kesildi.	*Ich hatte Atemnot.*
sık sık	*oft, häufig*
sürekli	*ständig*
şişlik	*die Schwellung*
titreme	*das Zittern*
Tuvalete çıkarken zorlanıyorum.	*Wenn ich auf die Toilette gehe, habe ich Probleme.*
tuvalete çıkmak	*auf die Toilette gehen*
uykuya dalmak	*einschlafen*
yanma	*das Brennen*
yanmak	*brennen*
zorlanmak	*Probleme haben*

Übung 111:

Der Arzt fragt die Mütter nach dem **Namen** und dem **Alter** ihrer Kinder. Er will wissen, was sie für **Symptome** aufweisen *(Nesi var?)*, welche **Kinderkrankheiten** sie hatten, ob / wogegen sie **geimpft** sind und ob sie bestimmte **Allergien** haben. Sagen Sie auch, wie stark die Symptome sind bzw. wie häufig sie auftreten.

	Bora	Sibel	Can	Arzu	Dilek
Alter	4	3	6	7	5
Fieber	+++	-	+	+++	-
Erbrechen	+	+	-	++	-
Husten	++	-	+	-	-
Atembeschwerden	++	-	-	-	-
Durchfall	-	+	-	+	-
Verstopfung	-	-	-	-	+
Übelkeit	-	++	-	-	-
Masern	+	-	?	+	-
Röteln	-	-	?	+	-
Keuchhusten	-	+	+	-	?
Mumps	-	-	-	-	+
Windpocken	-	-	-	?	+
Impfung gegen Röteln	+	-	-	-	+
Impfung gegen Keuchhusten	+	-	-	-	-
Impfung gegen Wundstarrkrampf	?	+	-	+	+
Impfung gegen Kinderlähmung	?	+	+	+	?
Allergie gegen Hausstaub	-	?	+	-	+
Allergie gegen Kuhmilch	-	?	-	+	-
Allergie gegen Pollen	-	?	+	-	-
Allergie gegen Tierhaare (hayvan tüyü)	+	?	?	-	-

Zeichenerklärung: /+ ja / ++ viel, stark, oft / +++ sehr viel, sehr stark, sehr oft / - nein / ? unbekannt/

Serviste

hemşire:	Günaydın, **hanımlar**. Bugün nasılsınız?
Nermin:	Günaydın, hemşire hanım. Sağ olun.
Emine:	Teşekkür ederiz. Siz nasılsınız?
hemşire:	İyiyim, teşekkürler. Önce sizden başlayalım, **Nermin Hanım**. Ateşinizi bir ölçeyim. 38,1 (otuz sekiz virgül bir). Bu çok güzel. Düne göre bayağı düşmüş. Dünden bu yana büyük abdeste çıktınız mı?
Nermin:	Evet, bir kere.
hemşire:	Şimdi de size gelelim, **Emine Hanım**. Sizin de ateşinizi ölçeyim. Ateşiniz yok. Çok güzel. Siz büyük abdeste çıktınız mı?
Emine:	Hayır, iki günden beri hiç çıkmadım. Küçüğe çıktım ama.
hemşire:	Doktora söyleyelim. Ya siz, **Cemile Hanım**?
Cemile:	Ateşim yok.
hemşire:	Yine de bir ölçeyim. 37 derece, iyi. Gerçekten de yok. Siz büyük abdeste çıktınız mı?
Cemile:	Çıktım, ama zor oluyor.

Sorular

Nermin Hanım'ın ateşi var mı? Ateşi düştü mü, yükseldi mi? Büyük abdeste çıktı mı?	**Emine Hanım'ın** ateşi var mı? Büyük abdeste çıktı mı? Küçük abdeste çıktı mı?	**Cemile Hanım'ın** ateşi var mı? Büyük abdeste çıktı mı?

Die Endungen /-EyİIm/ und /-ElİIm/:

Im Türkischen können von den Verben Formen mit den Endungen /-**Eyİm**/ (1. Pers. Sing.) und /-**Elİm**/ (1. Pers. Pl.) am Verbstamm gebildet werden. Es handelt sich dabei um eine Art Selbstaufforderung bzw. eine Ankündigung, was der Sprecher – ggf. unter Einbeziehung seines Kommunikationspartners – zu tun gedenkt. Die Handlung steht dabei unmittelbar bevor.

*Bir çay iç-**eyim**.*	*Ich will **mal** einen Tee trinken.* *Ich trinke **mal** einen Tee.*
*Bir çay iç-**elim**.*	***Lasst uns mal** einen Tee trinken.* *Trinken wir **mal** einen Tee.*

In dem Text auf der vorigen Seite finden Sie die folgenden Beispiele:

*Önce sizden başla-**y-alım**.*	*Fangen wir zunächst **einmal** bei Ihnen an.* ***Lassen Sie uns** bei Ihnen anfangen.*
*Ateşinizi bir ölç-**eyim.***	*Ich messe **mal** bei Ihnen Fieber.* ***Ich will mal** bei Ihnen Fieber messen.*
*Şimdi de size gel-**elim.***	*Und jetzt kommen wir zu Ihnen.* ***Lassen Sie uns** jetzt zu Ihnen kommen.*

Übung 112:

Vervollständigen Sie die Verbformen und machen Sie sich klar, was die Sätze bedeuten und wann sie geäußert werden könnten.

Hemşireye **sor-ayım.**	Hemşireye **sor-alım.**
Doktorla **konuş-**	
Bak- [1)]	
Kalk-	
3'üncü kata **çık-**	
Gir-	
Doktora **söyle-** [2)]	
Tekrarla-	
Sizi jinekologa havale **ed-**	
Bir şey **yi-** [3)]	
Otur-	
Yarayı dezenfekte **ed-**	
Yarayı **temizle-**	

Biraz kan **al-**	
Doktoru **bekle-**	
Size iğne **yap-**	
Şimdi sizi muayene **ed-**	
Kalbinizi **dinle-**	
Nabzınızı **say-**	
Filminizi **çek-**	
Akciğerlerinizi **dinle-**	

[1] Die Form *bak'im*, die wir bereits früher eingeführt haben, ist eine umgangssprachliche Form von *bakayım*.

[2] Gehen Verbstämme auf die weiten Vokale /e/ oder /a/ aus, werden diese in der Schrift zwar beibehalten, in der Umgangssprache in der Regel jedoch geengt. Man spricht /i/ statt /e/ und /ı/ statt /a/. Es handelt sich dabei um eine Auswirkung des Gleitlautes /y/.

[3] Bei den Verben *yemek* und *demek* wird der weite Vokal, auf den der Stamm ausgeht, auch in der Schrift geengt: *yiyeyim, yiyelim; diyeyim, diyelim.*

Çocuk bölümünde

Emin zile basıyor. Hemşire geliyor ve soruyor:

hemşire:	Ne oldu, yavrum?
Emin:	Çişim geldi.
hemşire:	Bekle, lazımlığı getireyim.
Emin:	Çabuk lütfen.
hemşire:	Tamam, hemen getiriyorum.
Faruk:	Benim de tuvaletim geldi.
hemşire:	Çişin mi, kakan mı?
Faruk:	Kakam.
hemşire:	Sen kalkabilirsin. Tuvalete git.

← ördek

sürgü →

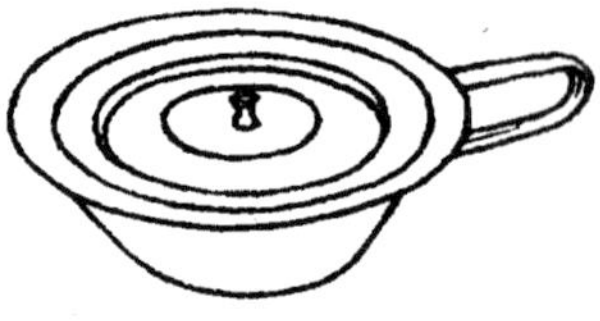

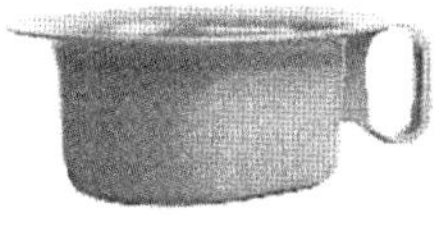

lazımlık

„Geschäftliches“

büyük / küçük abdeste çıkmak
büyük / küçük abdest(ini) yapmak
büyük / küçük tuvalet(ini) yapmak
büyük / küçük tuvalete çıkmak
tuvalete çıkmak
dışarıya çıkmak
çocuklar için: kaka(sını) yapmak
çocuklar için: çiş(ini) yapmak
idrar
dışkı

Yeni kelimeler

akciğer	*die Lunge*
akciğerleri dinlemek	*die Lunge abhören*
Ateş bayağı düşmüş.	*Das Fieber ist (offenbar) tüchtig gefallen.*
E basmak	*auf … drücken*
DEn başlamak	*mit / bei … anfangen*
bayağı	*ziemlich, tüchtig*
DEn bu yana	*seit … (bis jetzt)*
büyük abdest (t)	*der Stuhlgang*
büyük abdest(ini) yapmak	*ein „großes Geschäft“ machen*
büyük abdeste çıkmak	*ein „großes Geschäft“ machen*
büyük abdeste çıkmak	*Stuhlgang haben*
büyük tuvalet(ini) yapmak	*ein „großes Geschäft“ machen*
büyük tuvalete çıkmak	*ein „großes Geschäft“ machen*
çabuk	*schnell*
çiş	*das Pipi*
çiş(ini) yapmak	*Pipi machen*
Çişim geldi.	*Ich muss Pipi machen.*
derece	*der Grad*
dışarıya çıkmak	*nach draußen gehen (*hier*: auf die Toilette gehen)*
dışkı	*der Stuhl, der Kot*
İ dinlemek	*… (ab)hören*
düne göre	*verglichen mit gestern, im Vergleich zu gestern*
E göre	*was … anbetrifft, … zufolge*

film çekmek	*Röntgenaufnahmen machen*
gerçekten	*wirklich, tatsächlich*
İ E getirmek	*... zu ... (hin)bringen*
havale	*die Überweisung*
İ E havale etmek	*jdn. an / zu ... überweisen*
hayvan tüyü	*die Tierhaare*
hayvan	*das Tier*
... için	*für ...*
idrar	*der Urin*
kaka	*das Aa*
kaka(sını) yapmak	*Aa machen*
kalbi dinlemek	*das Herz abhören*
kalp (e/i)	*das Herz*
küçüğe (= küçük abdeste) çıkmak	*ein „kleines Geschäft" machen*
küçük abdest (t)	*das „kleine Geschäft"*
küçük abdest(ini) yapmak	*ein „kleines Geschäft" machen*
küçük abdeste çıkmak	*ein „kleines Geschäft" machen*
küçük tuvalet(ini) yapmak	*ein „kleines Geschäft" machen*
küçük tuvalete çıkmak	*ein „kleines Geschäft" machen*
küçük	*klein*
lazımlık	*der Nachttopf*
nabız, nabz-	*der Puls*
nabzı saymak	*den Puls zählen*
Ne oldu?	*Was ist los? / Was ist passiert?*
ördek	*die Ente; die Ente* (zum Urinieren)
saymak	*zählen*
sürgü	*die Bettpfanne*
tuvalete çıkmak	*auf die Toilette gehen*
Tuvaletim geldi.	*Ich muss auf die Toilette.*
virgül	*das Komma*
yine de	*trotzdem*
yükselmek	*steigen*
zil	*die Klingel*
zile basmak	*klingeln*
zor oluyor	*es ist schwierig*

Abdest

Das Wort *abdest* (auch: *aptes, aptest*) kommt aus dem Persischen und bedeutet eigentlich *„religiöse Waschung"*. *Abdest* ist vorgeschrieben vor dem Gebet (*namaz*) zur Herstellung des Zustands ritueller Reinheit. Die rituelle Reinheit kann auf folgende Weise zerstört werden (*abdest bozmak*): (1) Hautkontakt zwischen Mann und Frau, (2) die Benutzung der Toilette, (3) Ohnmacht und Schlaf und (4) das Berühren der Geschlechtsteile.
In der Umgangssprache hat sich auf der Basis des Ausdrucks *abdest bozmak* verkürzend der Gebrauch von *abdest* als Euphemismus für Körperausscheidungen herausgebildet (s. die Ausdrücke auf S. 153). *Abdest* – die religiöse Waschung – ist nach einer *„kleinen Verunreinigung"* (*küçük kirlenme*) (siehe 1–4 oben) notwendig und bedeutet, dass die Hände und Arme bis zu den Ellenbogen und die Füße bis zu den Knöcheln gewaschen werden und man sich zusätzlich mit feuchter Hand über ein Viertel des Kopfes streicht *(abdest almak)*. So wird der Zustand ritueller Reinheit wiederhergestellt. Eine *„große Verunreinigung"* (*büyük kirlenme*) tritt ein durch Geschlechtsverkehr, Samenerguss, Monatsblutung und Wochenbett. Sie macht eine Waschung des ganzen Körpers (*gusül, boy abdesti*) erforderlich.

Foto aus: Nimêj Dikim , weşanên nûbihar, İstanbul (mit freundlicher Genehmigung des Verlags)

Yeni kelimeler:

ab (Persisch)	*das Wasser*
abdest (t)	*die religiöse Waschung*
abdest almak	*die religiöse Waschung vornehmen*
abdest bozmak	(den Zustand der rituellen Reinheit zerstören)
boy abdesti	(die religiöse Waschung nach einer großen Verunreinigung)
büyük kirlenme	*die große Verunreinigung*
dest (Persisch)	*die Hand*
gusül	(die religiöse Waschung nach einer großen Verunreinigung)
kir	*der Schmutz*
kirlenme	*die Verunreinigung*
küçük kirlenme	*die kleine Verunreinigung*
namaz	*das* (rituelle) *Gebet* (5-mal am Tag)

İlaçlarınız yanınızda mı?

doktor: Düzenli olarak ilaç kullanıyor musunuz?
hasta: Evet, iki çeşit hap alıyorum.
doktor: İsimlerini hatırlıyor musunuz?
hasta: Vallahi, hatırlayamıyorum.
Biri şöyle küçük beyaz,
öbürü daha büyük ve sarı.
Beyazlardan günde bir tane alıyorum,
sarılardan da 2 kere iki tane.
doktor: İlaçlar şu anda yanınızda mı?
hasta: Maalesef.
doktor: Peki, o zaman evde adlarını bir
kağıda yazın
ve gelecek sefere birlikte getirin.
Hayır hayır,
en iyisi ilaçları getirin.

ne zaman?

sabah
öğle
akşam
aç karnına
kahvaltıdan önce
kahvaltıdan sonra
yemekten önce
yemekten sonra
yatmadan önce
günde x kere
günde x defa
günde x kez
günde x sefer

biçimler

küçük
büyük
yuvarlak

ilaçlar

hap
damla
fitil
şurup
merhem
kapsül

renkler

sarı
beyaz
yeşil
pembe
mavi

Yeni kelimeler

aç (ç)	*hungrig*
aç karnına	*auf nüchternen Magen*
beyaz	*weiß*
biçim	*die Form*
biri	*einer / eine / eins* (von mehreren)
birlikte getirmek	*mitbringen*
çeşit (d)	*die Art, die Sorte*
damla	*der Tropfen; die Tropfen* (zum Einnehmen)
düzen	*die Ordnung*
düzenli (olarak)	*regelmäßig*
en iyisi	*am besten* (von mehreren Möglichkeiten)
gelecek sefer	*das nächste Mal*
gelecek sefere	*zum nächsten Mal*
ilaç kullanmak	*Medikamente einnehmen*
kağıt (d)	*das Papier*
kapsül	*die Kapsel*
kullanmak	*verwenden, gebrauchen, benutzen*
mavi	*blau*
merhem	*die Salbe*
o zaman	*dann*
öbür	*der / die / das andere* (bei einer Auswahl von Zweien)
öbürü	*der / die / das andere* (von beiden)
pembe	*rosa*
tane	*das Stück*
yatmadan önce	*vor dem Schlafengehen*
yeşil	*grün*
yuvarlak	*rund*

Übung 113: Übersetzen Sie ins Deutsche bzw. ins Türkische.

- *Küçük haplardan günde üç kere üç tane alıyorum.*
- *Şu haplardan günde iki kere iki tane alıyorum.*
- *Büyük haplardan aç karnına iki tane alıyorum.*
- *Sarı haplardan günde üç kere yemekten sonra bir tane alıyorum.*
- *Pembe haplardan yatmadan önce iki tane alıyorum.*

- *Von den weißen Tabletten nehme ich täglich viermal zwei.*
- *Von den kleinen gelben Tabletten nehme ich nach dem Frühstück drei.*
- *Von den kleinen rosa Tabletten nehme ich auf nüchternen Magen zwei.*
- *Von den großen grünen Tabletten nehme ich vor dem Essen eine.*
- *Von den blauen Tabletten nehme ich vor dem Schlafengehen zwei.*

Übung 114: Sagen Sie, wer wann welche Medikamente einnimmt.

wer?	was?	wann? / wie oft?	wie viel?
Fatma Hanım	kleine rosa Tabletten	3-mal täglich	2
Erdoğan Bey	große runde Tabletten	auf nüchternen Magen	1
Sabri	diese Tabletten	vor dem Frühstück	2
Faruk Bey	kleine weiße Tabletten	2-mal täglich	3
Yahya	gelbe Tabletten	5-mal täglich	2
Rukiye	grüne Tabletten	vor dem Schlafengehen	3
Hülya	blaue Tabletten	6-mal täglich	2

Die Distributivzahlen

Will man ausdrücken, dass von zwei oder mehr Medikamenten die gleiche Menge eingenommen werden soll, formuliert man im Deutschen mit *je* + Kardinalzahl: *je zwei, je drei* etc. Im Türkischen gibt es eine eigene Endung zur Bildung der Distributivzahlen. Sie ist **/-Er/** nach Konsonant, **/-şEr/** nach Vokal.

- *Beyaz ve sarı haplardan aç karnına ikişer tane alın.*
- *Büyük pembe ve beyaz haplardan birer tane alın.*

Übung 115:

Bilden Sie die Distributivzahlen von 3 bis 9 und für die Zehner und formulieren Sie einige Anweisungen mit Distributivzahlen.

1′er	2′şer	3′	4′	5′	6′	7′	8′	9′
10′	20′	30′	40′	50′	60′	70′	80′	90′

haben / bei sich haben:

Im Fall von *haben* muss man zwei Fälle unterscheiden:

(1) *haben → im Besitz von ... sein*
(2) *haben → bei sich haben, dabei haben*

Die Konstruktion für den ersten Fall kennen Sie bereits, im zweiten Fall müssen Sie mit *yanında* formulieren:

(1) *Param var.*	*Ich habe Geld.*
(2a) *Yanımda para var.*	*Ich habe Geld dabei.*
(2b) *Para yanımda.*	*Ich habe das Geld dabei.*

Das Wort *yan* bedeutet *Seite.* Es geht ein in eine Genitiv-Possessiv-Konstruktion + Lokativendung. Man sagt also auf Türkisch so etwas wie *an meiner / deiner / ... Seite.*

benim	yan-	ım-	da	→ yanımda
senin	yan-	ın-	da	→ yanında
onun / Ali'nin	yan-	ı-n-	da	→ yanında
bizim	yan-	ımız-	da	→ yanımızda
sizin	yan-	ınız-	da	→ yanınızda
onların / kızların	yan-	ı-n	da	→ yanında
	yan-lar	ı-n	da	→ yanlarında

Der Unterschied zwischen (2a) und (2b) besteht darin, dass es im ersten Fall um unbestimmte Gegenstände, im zweiten Fall um bestimmte / bekannte Gegenstände geht. Im Deutschen wird dieser Unterschied durch die Verwendung des unbestimmten Artikels (2a) bzw. des bestimmten Artikels oder des Possessivpronomens (2b) zum Ausdruck gebracht; im Türkischen ändert sich die Konstruktion. Im ersten Fall sagt man so etwas wie *An meiner / deiner / ... Seite ist Geld vorhanden*, im zweiten Fall so etwas wie *Das Geld (ist) an meiner / deiner / ... Seite.*

Einige weitere Beispiele für den Fall (1) sind:

Param yok.	*Ich habe kein Geld*
Çocuğunuz var mı?	*Haben Sie Kinder?*
Beş çocuğumuz var.	*Wir haben 5 Kinder.*
Ağanın üç karısı var.	*Der Aga hat drei Frauen.*
Oğulları yok.	*Er / Sie hat / Sie haben keine Söhne.*

Einige weitere Beispiele für den Fall (2a) sind:

Yanınızda para var mı?	*Haben Sie Geld dabei?*
Yanınızda kalem var mı?	*Haben Sie einen Stift dabei?*
Yanımda kalem yok.	*Ich habe keinen Stift dabei.*
Yanınızda terlik var mı?	*Haben Sie Pantoffeln dabei?*
Yanınızda diş fırçası var mı?	*Haben Sie eine Zahnbürste dabei?*

Einige weitere Beispiele für den Fall (2b) sind:

Para yanınızda mı?	*Haben Sie das Geld dabei?*
İlaçlarınız yanınızda mı?	*Haben Sie Ihre Medikamente dabei?*
İlaçlarım yanımda değil.	*Ich habe meine Medikamente nicht dabei.*
Aşı defterim yanımda değil.	*Ich habe meinen Impfpass nicht dabei.*
Sigorta kartın yanında mı?	*Hast du deine Versichertenkarte dabei?*

Übung 116: Bilden Sie Fragen und antworten Sie wie in dem Beispiel.

A: Pasaportunuz yanınızda mı?
B: (a) Evet, yanımda.
(b) Hayır, maalesef yanımda değil.

(sigorta kartı – Versichertenkarte)
(havale kağıdı – Überweisung)
(aşı defteri – Impfpass)
(ehliyet (t) – Führerschein)
(evlilik cüzdanı – Heiratsurkunde)
(kimlik kartı / kimlik – Personalausweis)
(filmler – Röntgenaufnahmen)

Der Gegenstand, den jemand bei sich hat, muss nicht unbedingt der eigene sein, d.h. die beiden Possessivendungen müssen nicht zwangsläufig übereinstimmen. Vgl. Sie die Beispiele:

Pasaportunuz yanınızda mı? (Haben Sie Ihren Pass dabei?)
Hasan'ın pasaportu yanınızda mı? (Haben Sie Hasans Pass dabei?)
Pasaportum yanınızda mı? (Haben Sie meinen Pass dabei?)

Übung 117:

Fragen Sie die Patienten, ob sie die folgenden Gegenstände dabei haben:

Yanınızda ... var mı?

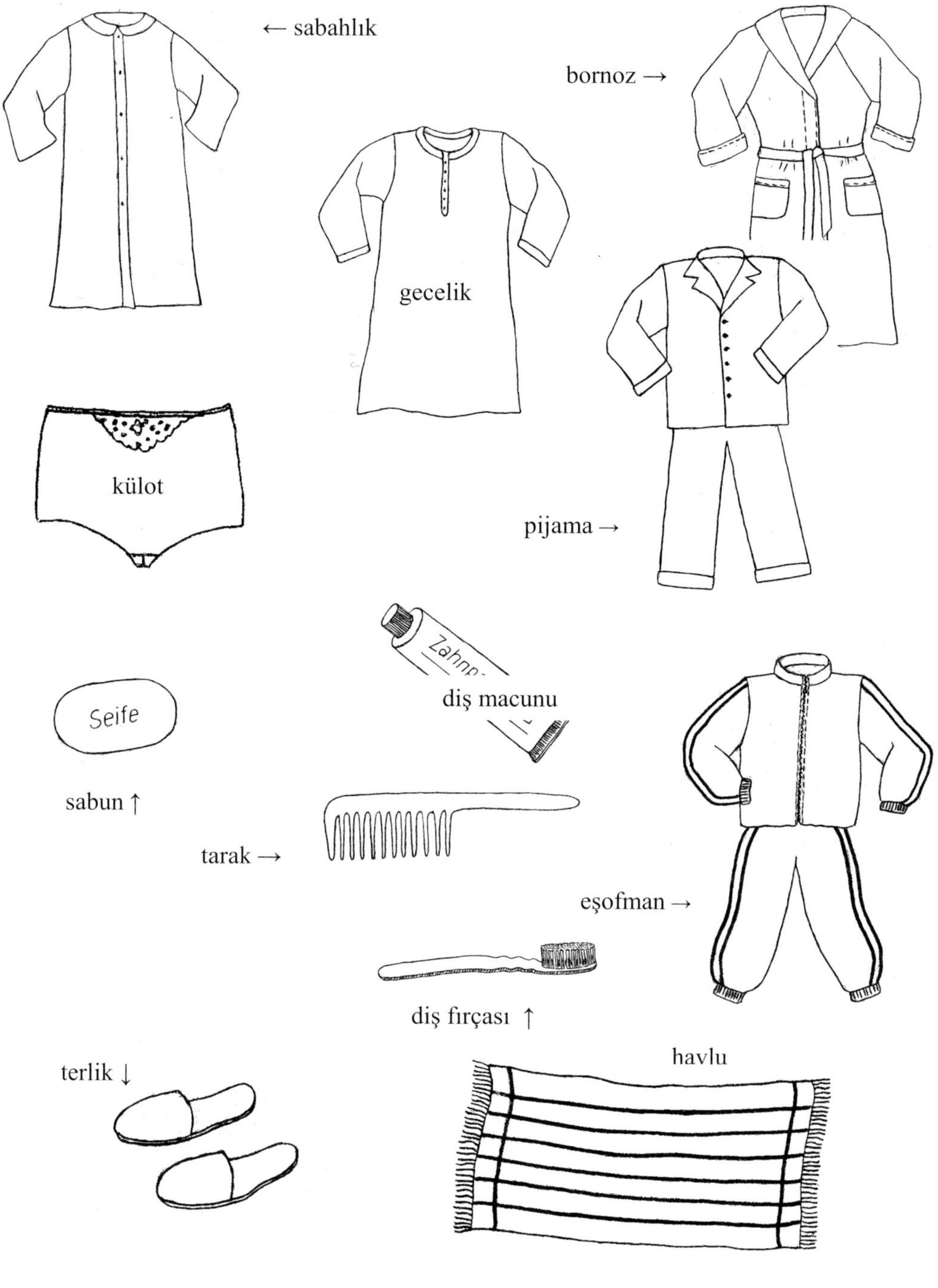

Komparativ und Superlativ

Komparativ und Superlativ werden im Türkischen sehr einfach gebildet, der **Komparativ** durch vorgestelltes ***daha***, der **Superlativ** durch vorgestelltes ***en***. Die betroffenen Adjektive selbst bleiben unverändert.

Übung 118: Füllen Sie die Lücken aus.

büyük *(groß)*	daha büyük *(größer)*	en büyük *(der / die / das größte ...)*	(groß)
küçük	daha küçük	en küçük	(klein)
iyi	daha iyi	en iyi	(gut)
kötü	....	....	(.................)
zor	....	....	(.................)
kolay	....	....	(.................)
fakir	....	....	(arm)
genç	....	....	(.................)
yaşlı	....	....	(alt, betagt)
yüksek	....	....	(.................)
yavaş	....	....	(.................)
pahalı	....	....	(teuer)

Ist im Komparativ der **Vergleichsgegenstand** genannt, wird im Deutschen mit ***als*** angeschlossen; im Türkischen steht das entsprechende Wort im **Ablativ**; *daha* kann dann stehen oder fehlen:

Beyaz ***hap pahalı****.*
Pembe ***hap daha pahalı****.*
Mavi hap ***en pahalı hap****.*

Pembe hap ***beyaz haptan (daha) pahalı****.*
Mavi hap ***pembe haptan ve beyaz haptan (daha) pahalı****.*

Übung 119: Sagen Sie, dass

- Istanbul größer ist als Hamburg
- Emine jünger ist als Can
- Türkisch leichter ist als Deutsch
- der Aga reicher ist als Fakir
- Mevlüt älter ist als Baran
- ...

Yeni kelimeler

bornoz	*der Bademantel*
diş fırçası	*die Zahnbürste*
diş macunu	*die Zahnpasta*
ehliyet (t)	*der Führerschein*
eşofman	*der Trainingsanzug*
evlilik cüzdanı	*die Heiratsurkunde*
fakir	*arm* (im Gegensatz zu *reich)*
fırça	*die Bürste*
gecelik	*das Nachthemd*
havale kağıdı	*die Überweisung* (als Formular)
havlu	*das Handtuch*
kart (t)	*die Karte*
kimlik kartı	*der Personalausweis*
kimlik	*die Identität; der Personalausweis* (für: *kimlik kartı*)
kötü	*schlecht*
külot (t)	*der Schlüpfer*
macun	*die Paste*
pahalı	*teuer*
pasaport (t)	*der Pass*
pijama	*der Schlafanzug, der Pyjama*
sabahlık	*der Morgenmantel*
sabun	*die Seife*
sigorta kartı	*die Versichertenkarte*
tarak	*der Kamm*
yaşlı	*alt, betagt*

Nalan Hanım

Nalan Hanım kendisini kötü hissediyor. Doktora gidiyor.

Nalan: Merhaba!
hemşire: Merhaba! Sigorta kartınız, lütfen.
Nalan: Buyrun.
hemşire: Muayene parası ödediniz mi, Nalan Hanım?
Nalan: Ödedim.
hemşire: Termininiz var mı?
Nalan: Maalesef yok. Birden fenalaştım, öyle geldim.
hemşire: O zaman biraz bekleyeceksiniz.
Nalan: Ne kadar?
hemşire Duruma göre. Aşağı yukarı bir saat. Sizi çağıracağız.

Nalan Hanım bir buçuk saat bekliyor. Nihayet hemşire ismini okuyor.

hemşire: Sıra sizde, Nalan Hanım. Buyrun içeri. Şöyle oturun.
Doktor biraz sonra gelecek.

Doktorun muayene odasında Nalan Hanım yine bekliyor. Yarım saat sonra doktor geliyor:

doktor: Merhaba, Nalan Hanım. Şikayetiniz ne?
Nalan: Ah, doktor bey, hiç sormayın. Çok kötüyüm.
Başım dönüyor, boğazım ağrıyor, gözlerim yaşarıyor,
burnum tıkalı, öksürüyorum, yutkunamıyorum.
Ellerim titriyor, her tarafım yanıyor.
Gerçekten çok fenayım.
doktor: Ateşiniz var mı, Nalan Hanım?
Nalan: Galiba var. Ölçmedim.
doktor: İştahınız nasıl?
Nalan Hiç yok, Doktor Bey.
doktor: Peki, sizi muayene edeyim.
Ağzınızı açın, dilinizi gösterin. Aaaa deyin.
Şimdi öksürün, lütfen.Teşekkür.
Grip olmuşsunuz, Nalan Hanım. Birkaç gün istirahat edeceksiniz.
Size rapor yazayım mı?
Nalan: Yok, Doktor Bey, lazım değil. Ben çalışmıyorum ki.
doktor: Peki, size ilaç yazıyorum.
Bu haptan günde üç kere bir tane alacaksınız.
Cuma günü kontrole gelin.
Nalan: Sağ olun, Doktor Bey. Allaha ısmarladık.
doktor: Güle güle, Nalan Hanım.

Yeni kelimeler

ağzını açmak	*den Mund aufmachen*
aşağı yukarı	*etwa, ungefähr*
biraz sonra	*kurze Zeit später, kurz danach*
birden	*plötzlich*
Çalışmıyorum ki.	*Ich arbeite doch / ja nicht.*
dilini göstermek	*die Zunge zeigen*
durum	*die Lage, die Situation, der Zustand*
duruma göre	*den Umständen entsprechend, das kommt darauf an*
fenalaşmak	*sich schlecht fühlen; sich verschlechtern*
geçmiş olsun	*gute Besserung* (wörtl.: *es möge vorbei sein;* breiter verwendet als im Deutschen, man kann für alle als unangenehm empfundenen Situationen wünschen, dass sie vorbei sein mögen)
İ göstermek	*zeigen*
Gribim.	*Ich habe (die) Grippe.*
grip olmak	*(die) Grippe haben*
Grip olmuşsunuz.	*Sie haben (offenbar) (die) Grippe.*
grip	*die Grippe*
hemşire ismini okuyor	*die Schwester ruft ihn / sie auf*
Her tarafım yanıyor.	*Ich glühe am ganzen Körper.*
his (ss)	*das Gefühl, die Empfindung*
İ hissetmek	*... empfinden, ... fühlen*
ilaç yazmak	*ein Medikament verschreiben*
istirahat (t)	*die Erholung*
istirahat etmek	*sich erholen, sich ausruhen*
kendisini kötü hissetmek	*sich schlecht fühlen*
kontrol (e/i)	*die Kontrolle*
kontrole gelmek	*zur Kontrolle kommen*
Kötüyüm.	*Es geht mir schlecht.*
lazım	*nötig, notwendig*
muayene odası	*das Untersuchungszimmer, der Untersuchungsraum*
muayene parası	*die Praxisgebühr*
ne kadar	*wie lange / wie viel*
nihayet	*endlich, schließlich*
İ ödemek	*... zahlen / bezahlen*
rapor	*das ärztliche Attest; der Bericht*
Size rapor yazayım mı?	*Soll ich Ihnen ein Attest schreiben?*
termin	*der Termin*
Termininiz var mı?	*Haben Sie einen Termin?*
yutkunmak	*schlucken (*nicht*: etwas schlucken)*

Das Futur

Der Text auf Seite 164 enthält einige neue Verbformen:

*O zaman biraz **bekle-y-ecek-siniz.***
*Sizi **çağır-acağ-ız.***
*Doktor biraz sonra **gel-ecek.***
*Birkaç gün istirahat **ed-ecek-siniz.***
*Bu haptan günde üç kere bir tane **al-acak-sınız.***

Es handelt sich dabei um das Futur. Tempuszeichen für das Futur ist **/EcEK/**; das /E/ muss – wie Sie wissen – nach den Regeln der Vokalharmonie als /e/ oder /a/ konkretisiert werden; das /K/ ist vor Konsonant und am Wortende /k/, vor Vokal /ğ/. Stoßen Vokale aufeinander, muss /y/ als Gleitlaut eingeschoben werden. Die Personalendungen sind die gleichen wie beim yor-Präsens.

Konjugationsbeispiel

çağırmak	**beklemek**	
çağır-acağ-ım	bekle-y-eceğ-im	**-(y) EcEK-İm**
çağır-acak-sın	bekle-y-ecek-sin	**-(y) EcEK-sİn**
çağır-acak	bekle-y-ecek	**-(y) EcEK-ø**
çağır-acağ-ız	bekle-y-eceğ-iz	**-(y) EcEK-İz**
çağır-acak-sınız	bekle-y-ecek-siniz	**-(y) EcEK-sİnİz**
çağır-acak-lar	bekle-y-ecek-ler [1)]	**-(y) EcEK-lEr**

[1)] Ein weiter Vokal vor /y-EcEK/ wird in der mündlichen Sprache in der Regel geengt.
Man sagt also: *bek**li**-y-ecek* statt *bek**le**-y-ecek*, *ağ**lı**-y-acak* statt *ağ**la**-y-acak* etc.
Bei den Verben *y**e**-mek* und *d**e**-mek* wird diese Verengung auch geschrieben: *y**i**-y-ecek, d**i**-y-ecek.*

Übung 120: Konjugieren Sie die Verben im Futur.

gelmek	okumak	söylemek

Übung 121:

Bilden Sie schriftlich die 3. Pers. Sing. der folgenden Verben und dann – soweit es Sinn macht – mündlich nacheinander auch die weiteren Formen. Notieren Sie immer auch die Bedeutung des Verbs.

Infinitiv	Übersetzung	Futur / 3. Pers. Sing.
sormak	fragen	sor-acak
içmek	trinken	iç-ecek
almak		
gitmek (!)		
ağlamak		
muayene etmek (!)		
vermek		
ağrımak		
tekrarlamak		
geçmek		
çalışmak		
yatmak		
olmak		
kalkmak		
ölçmek		
istirahat etmek (!)		
hatırlamak		
getirmek		
söylemek		
bakmak		
düşmek		
çıkmak		
girmek		

Die Funktion des Futurs (I)

Eine Funktion des Futurs ist es, Zukünftiges anzukündigen. In zwei von den Beispielen aus dem Text *Nalan Hanım* hat das Futur diese Funktion:

Sizi ***çağır-acağ-ız.***
Doktor biraz sonra ***gel-ecek.***

Im Deutschen verwendet man hier in der Regel statt des Futurs das Präsens und entnimmt dem Kontext, dass Zukünftiges gemeint ist. Im Türkischen ist das Ersetzen des Futurs durch das Präsens nicht im gleichen Umfang erlaubt wie im Deutschen.

Übung 122:

Der Pfleger oder die Schwester, der Arzt oder die Ärztin kündigen an, was sie tun werden bzw. was passieren wird. Vervollständigen Sie die Sätze. Überlegen Sie immer auch, welche Personalendung Sie auswählen müssen.

Şimdi sizi muayene ed-eceğ-im.
Hafif bir ağrı hissed-ecek-siniz.
Şimdi size iğne yap..........
Biraz ağrı..........
Biraz sonra ağrınız azal..........
Ateşinizi ölç..........
Bebeğinizi getir..........
Nabzınızı say..........
Kalbinizi dinle..........
Salı günü ameliyat ol..........
Sizi röntgene götür..........
Sırtınıza merhem sür..........
Akciğerlerinizi dinle..........
Hemen içecek bir şey getir..........
Sizi tuvalete götür..........
Dr. Meyer sizi ameliyat ed..........
Yarın taburcu ol..........
Sizi göz doktoruna havale ed..........
Parmak ucunuzdan biraz kan al..........

Überlegen Sie, welches Tempus Sie jeweils im Deutschen gewählt hätten.

In welchen Beispielen wird in der mündlichen Sprache ein weiter Vokal vor /y-EcEk/ geengt?

Worin besteht der Bedeutungsunterschied zwischen den Verben *getirmek* und *götürmek*?

Funktion des Futurs (II)

Im Türkischen werden im Futur auch strikte Anweisungen durch Autoritätspersonen formuliert. Das Futur ist hier eine Formulierungsalternative zum Imperativ. Es wird gesagt, was unbedingt getan werden muss. Diese Funktion hat das Futur in den folgenden Beispielen:

Birkaç gün istirahat ***ed-ecek-siniz****.*
Bu haptan günde üç kere bir tane ***al-acak-sınız****.*

Auch in dem Satz

O zaman biraz ***bekle-y-ecek-siniz****.*

kann man das Futur am besten mit *müssen* übersetzen, obwohl es sich nicht um eine Anweisung, sondern um eine Voraussage handelt.

Übung 123:

Eine Aufforderung ist im Imperativ formuliert. Formulieren Sie die gleiche Aufforderung mit dem Futur.

Beş gün istirahat edin.	Beş gün istirahat edeceksiniz.
Bu haptan günde üç kere bir tane alın.	
Perşembe kontrole gelin.	
Alkol içmeyin.	
Hiç bir şey yemeyin ve içmeyin.	
Günde üç kere ateşinizi ölçün.	
Gelecek sefere sigorta kartınızı getirin.	
Yarın telefon edin.	
Durumunuzu telefonla bildirin.	
Yarın biraz idrar getirin.	
Yaraya merhem sürün.	
Şu haplardan günde iki kere 3 tane alın.	
Haplardan yemekten sonra üçer tane için.	

Hapları düzenli alın.	
Bu hapı tam saat 5'te alın.	
Varis çoraplarını her zaman giyin.	
Yarın filmlerinizi getirin.	

Übrigens: In der türkischen Bibelübersetzung sind die Gebote im Futur formuliert; man erkennt daran deutlich, dass das Futur u. a. die Funktion hat, strikte Anweisungen zu formulieren: *Katletmiyeceksin. – Du sollst nicht töten. / Zina etmiyeceksin – Du sollst nicht ehebrechen. / Çalmıyacaksın. – Du sollst nicht stehlen.* (1.Mose 20,13–15)
Wie Sie sehen, ist der weite Vokal vor /-y-EcEK/ hier auch in der Schriftform geengt. Das war bis vor relativ kurzer Zeit noch so üblich – in etwas älteren Texten werden Sie häufig auf diese Schreibweise treffen.

Yeni kelimeler

azalmak	*weniger werden, abnehmen*
E İ bildirmek	*jdm. etwas mitteilen*
İ çalmak	*... stehlen*
çorap	*der Strumpf*
durumunu bildirmek	*mitteilen / sagen, wie es einem geht*
hafif bir ağrı	*ein leichter Schmerz*
hafif	*leicht* (bezogen auf das Gewicht)
hastaneden taburcu olmak	*aus dem Krankenhaus entlassen werden*
her zaman	*immer*
E iğne yapmak	*jdm. eine Spritze geben*
İ katletmek	*... ermorden*
parmak ucu	*die Fingerspitze*
E İ sürmek	*... auf ... auftragen*
DEn taburcu olmak	*aus ... entlassen werden*
tam saat 5'te	*genau um 5 Uhr*
E telefon etmek	*jdn. anrufen, bei jdm. anrufen*
uç	*die Spitze, das äußere Ende*
varis çorabı	*der Thrombosestrumpf*
varis	*die Krampfader*
yaraya merhem sürmek	*Salbe auf die Wunde auftragen*
yarın	*morgen*
zina etmek	*Ehebruch begehen*
zina	*der Ehebruch*

Agglutination

Man nennt das Türkische eine **agglutinierende (= anklebende) Sprache**. Das meint, dass grammatische Funktionen durch je eine (eindeutige) Endung ausgedrückt werden und diese Endungen in festgelegter Reihenfolge „aneinander geklebt“ werden.

Nomen können die folgenden drei Endungen haben:

Nomen + (Pluralendung) + (Possessivendung) + (Kasusendung)

Die folgende Tabelle gibt Ihnen eine Übersicht über die Kombinationsmöglichkeiten:

<table>
<tr><th>N</th><th>Pl.</th><th>Poss.endung</th><th>Akk.</th><th>Lok.</th><th>Abl.</th><th>Dat.</th><th>Gen.</th></tr>
<tr><td rowspan="6"></td><td rowspan="6">-lEr</td><td>-(İ)m</td><td rowspan="6">-(y)-İ [2]</td><td rowspan="6">-DE</td><td rowspan="6">-DEn</td><td rowspan="6">-(y)-E [2]</td><td rowspan="6">-(n)İn [2]</td></tr>
<tr><td>-(İ)n</td></tr>
<tr><td>-İ-n- [1] / -sİ-n- [1]</td></tr>
<tr><td>-(İ)mİz</td></tr>
<tr><td>-(İ)nİz</td></tr>
<tr><td>-(lEr)-İ-n- [1] [3]</td></tr>
</table>

1) Wird eine Kasusendung an eine Possessivendung der 3. Person Sing. oder Pl. angehängt, wird die Possessivendung um /n/ erweitert. Dies gilt für alle Kasusendungen, auch für diejenigen, die mit einem Konsonanten beginnen. /n/ ist also kein Gleitlaut, der Vokale voneinander trennt.
Die Possessivendung wird auch dann um /n/ erweitert, wenn sie als Wortbildungsendung fungiert.

2) /y/ als Gleitlaut vor einer Akkusativ- oder Dativendung tritt nur dann auf, wenn ein Nomen auf Vokal auslautet. Die Genitivendung hat in diesem Fall die Form /-nİn/. Die Possessivendungen der 3. Person, die auf Vokal auslauten, wenn sie am Wortende stehen, werden vor einer Kasusendung um /n/ erweitert (s. oben), so dass die Kasusendung dann an ein konsonantisch auslautendes Wort angehängt wird.

3) Steht ein Wort im Plural und die Possessivendung der 3. Pers. Pl. (-lEr-İ) wird angehängt, müssten eigentlich zwei Pluralendungen aufeinanderfolgen. Hier entfällt jedoch eine der Endungen. (Zwei Endungen gleichen Typs dürfen nicht aneinander gehängt werden. Sie kennen dieses Phänomen bereits von der mit der Possessivendung identischen Wortbildungsendung. Auch diese entfällt, wenn eine Possessivendung angehängt wird.) In der Konsequenz bedeutet das, dass isolierte Formen vom Typ *ev-ler-i, çocuk-lar-ı* etc. **dreideutig** sind. Sie können bedeuten: (a) Besitzer im Singular / Besitz im Plural: *evleri – seine / ihre Häuser*; (b) Besitzer im Plural / Besitz im Singular: *evleri – ihr (Pl.) Haus;* (c) Besitzer im Plural / Besitz im Plural: *evleri – ihre (Pl.) Häuser.*

Man braucht viel Übung, bis man mit dem Prinzip der Agglutination keine Schwierigkeiten mehr hat, selbst wenn man die einzelnen Endungen und die zu beachtenden Lautregeln schon kennt.

Übung 124:

Verbinden Sie die Wörter mit den angegebenen Endungen. Notieren Sie das Ergebnis und übersetzen Sie mündlich ins Deutsche.

Nomen	Pl.	Poss.	Kas.	
hastane	+	1. Pl.	Lok.	→ hastane-ler-imiz-de
hastane	-	1. Pl.	Lok.	→
hastane	-	-	Dat.	→
hap	+	-	Akk.	→
isim	-	3. Sing.	Akk.	→
isim	+	3. Pl.	-	→
anne	-	2. Sing.	-	→
anne	-	3. Sing.	Abl.	→
ilaç	+	1. Sing.	-	→
ilaç	-	-	Akk.	→
sigorta kartı	-	3. Sing.	-	→
sigorta kartı	-	3. Sing.	Akk.	→
karı	-	3. Sing.	-	→
karı	-	3. Sing.	Akk.	→
diş doktoru	+	-	-	→
diş doktoru	-	-	Abl.	→
diş doktoru	-	1. Pl.	Lok.	→
kol	-	2. Pl.	-	→
kol	-	2. Pl.	Akk.	→
oğul	-	1. Sing.	-	→
oğul	+	1. Sing.	-	→
oğul	-	3. Pl.	-	→
kız	-	2. Pl.	-	→
kız	-	2. Sing.	Akk.	→
kız	-	3. Sing.	Akk.	→

Übung 125:

Formulieren Sie Aufforderungen. Sie müssen die Nomen mit der Akkusativendung versehen und vom Verb die Imperativform oder Futurform bilden. Achten Sie bei den Nomen darauf, ob sie eine Wortbildungsendung enthalten und Sie dann vor der Akkusativendung ein /n/ einfügen müssen.

Hapı hemen yutun! / yutacaksınız!
hap - hemen yutmak

ebenso:
merhem - günde iki kere - yaraya sürmek
şu form - imzalamak
şu kağıt (d) - imzalamak
hap - çiğnememek / yutmak
hap - yutmamak / çiğnemek
haplar - düzenli olarak almak
hap - emmek
çoraplar - giymek
ameliyat çorapları - giymek
öksürük şurubu - yemekten önce almak
doktor - çağırmak
varis çorapları - her zaman giymek

Der unbestimmte Akkusativ

Erinnern Sie sich: Neben Sätzen mit bestimmtem Akkusativ gibt es auch Sätze mit unbestimmtem Akkusativ. Beachten Sie, dass ein unbestimmter Akkusativ immer unmittelbar vor dem Verb stehen muss.

Übung 126:

Unterstreichen Sie in den folgenden Sätzen den Akkusativ.

Yaraya günde üç kere merhem sürün.
Günde üç kere yaraya merhem sürün.
Alkol içmeyin.
Bir şey yemeyin içmeyin.
Yarın biraz idrar getirin.
Salı günü idrar numunesi getirin.
Yarın sabah dışkı numunesi getirin.
Gelecek hafta büyük abdest numunesi getirin.

Übung 127:

Formulieren Sie Aufforderungen. Sie müssen die Nomen zunächst mit der Possessivendung, dann mit der Akkusativendung versehen. Vom Verb müssen Sie die Imperativform bilden. Achten Sie bei den Nomen darauf, ob sie eine Wortbildungsendung enthalten.
Bilden Sie die Formen sowohl für den Fall, wo Sie einen Patienten duzen als auch für den Fall, wo Sie ihn siezen.

Dilini göster!
Dilinizi gösterin!
dil / göstermek

ebenso:
ağız, ağz- / açmak
ad / şu kağıda yazmak
isim / tekrarlamak
ateş / ölçmek
bacaklar / kaldırmak
sol bacak / kaldırmak
gömlek / biraz yukarı çekmek
sutyen / yukarı çekmek
pantolon / aşağı indirmek
parmaklar / oynatmak
baş / sola döndürmek
ayakkabılar / çıkarmak
iç çamaşır / çıkarmak
ağrı / tarif etmek
ağrılar / anlatmak
el / yine açmak
aşı defteri / getirmek
sigorta kartı / bana vermek
röntgen filmleri / göstermek
diş fırçası / unutmamak
işitme cihazı / çıkarmak
işitme cihazı / yine takmak
çay / içmek
haplar / almak
çoraplar / giymek
gözlük / çıkarmak
protez / yine takmak
ilaç / içmek

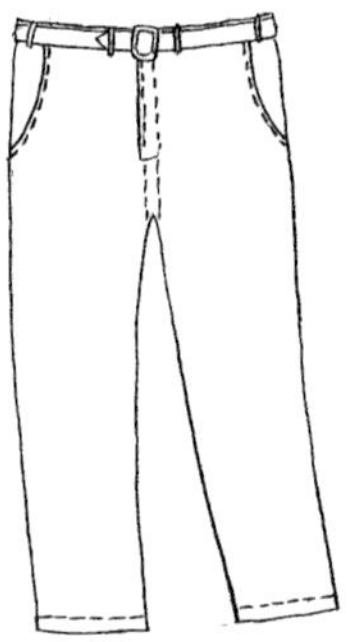
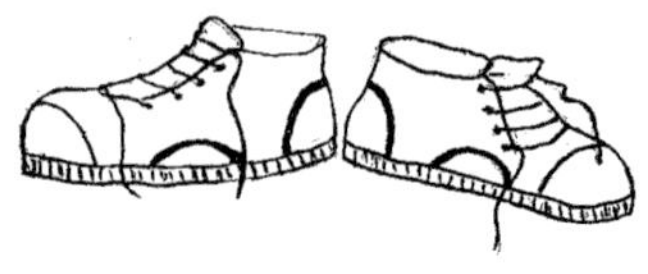

Yeni kelimeler

İ anlatmak	*... erzählen, ... erklären*
ameliyat çorabı	*der OP-Strumpf*
ayakkabı	*der Schuh*
ayakkabılarını çıkarmak	*die Schuhe ausziehen*
bacağını kaldırmak	*das Bein hochheben*
başını sola döndürmek	*den Kopf nach links drehen*
büyük abdest numunesi	*die Stuhlprobe*
cihaz	*das Gerät, der Apparat*
İ çekmek	*... ziehen*
İ çıkarmak	*... ausziehen, ... absetzen* (Brille)
İ çiğnemek	*... kauen*
dışkı numunesi	*die Stuhlprobe*
İ E döndürmek	*... nach / zu ... drehen*
İ emmek	*... lutschen*
form	*das Formular*
gelecek hafta	*die nächste Woche; in der nächsten Woche*
İ giymek	*... anziehen*
gömleği / ... giymek	*das Hemd / ... anziehen*
gömlek	*das Hemd, das Oberhemd*
gözlüğünü çıkarmak	*die Brille abnehmen*
gözlük	*die Brille*
hapı çiğnemek	*die Tablette kauen*
hapı emmek	*die Tablette lutschen*
iç çamaşır	*die Unterwäsche*
iç	*das Innere*
idrar numunesi	*die Urinprobe*
ilaç içmek	*ein Medikament / Medikamente (ein)nehmen*
imza	*die Unterschrift*
İ imzalamak	*... unterschreiben*
İ işitmek	*... hören*
işitme cihazı	*das Hörgerät*
İ kaldırmak	*... hochheben*
numune	*die Probe, das Muster*
İ oynatmak	*... bewegen*
pantolon	*die Hose*
parmaklarını oynatmak	*die Finger bewegen*
protezini takmak	*sich das Gebiss einsetzen*
sutyen	*der BH, der Büstenhalter*
İ E takmak	*... an ... befestigen,* *aufsetzen* (Brille), *anstecken* (Ring), *einsetzen* (Hörgerät, Gebiss), *tragen* (Brille)
İ tarif etmek	*... erklären, ... beschreiben*
İ unutmak	*... vergessen*
İ yukarı çekmek	*... nach oben ziehen*
İ yutmak	*... schlucken, ... runterschlucken*

Narkoz doktoru geliyor

doktor: Merhaba, Rıfat Bey. Adım Baumann. Narkoz doktoruyum.
Biliyorsunuz, yarın ameliyat olacaksınız.Tam narkoz yapılacak.
Rıfat: Evet, biliyorum, Doktor Bey.
Ama nasıl olacak? Neler yapılacak?
doktor: Bu akşam yatmadan önce size bir çeşit uyku hapı verilecek
ve ameliyata kadar hiç bir şey yemeyeceksiniz ve içmeyeceksiniz.
Sigara içmek de yasak.
Yarın sabah size yeniden az bir miktar su ile
teskin edici bir hap verilecek.
Sonra ameliyathaneye götürüleceksiniz.
Orada tansiyonunuz ölçülecek
ve bütün ameliyat boyunca kontrol edilecek.
Damardan size narkoz ilacı verilecek.
Derin bir uykuya dalacaksınız ve ağrı hissetmeyeceksiniz.
Sonra nefes borunuza bir hortum salınacak.
Bu hortum ile size narkoz ilacı ve oksijen verilecek.
Ameliyattan sonra hortum çıkarılacak.
Bu işlemlerin sonunda yutkunma zorluğu çekebilirsiniz,
boğazınız ağrıyabilir.
Narkoz etkisi ile mideniz bulanabilir ya da baş dönmesi olabilir.
Böyle şikayetlere karşı size ilaç verilecek.
Anladınız mı? Bir sorunuz var mı?
Rıfat: Ameliyat ne kadar sürecek?
doktor: Aşağı yukarı iki saat.
Başka sorunuz var mı?
Rıfat: Hayır, şu anda yok.
doktor: O zaman şurayı
imzalayın,
lütfen.

Yeni kelimeler

ağrı hisset(me)mek	*(keine) Schmerzen fühlen*
... ağrıyabilir	*es ist möglich / kann sein, dass ... weh tut*
ameliyata kadar	*bis zur Operation*
az miktar su ile	*mit wenig Wasser*
az miktar su	*eine kleine Menge Wasser*
Baş dönmesi olabilir.	*Es ist möglich / kann sein, dass Schwindel auftritt.*
bir çeşit uyku hapı	*eine Art Schlaftablette*
bir şey	*etwas*
bir şey (+Neg.)	*nichts*
boru	*das Rohr*
... boyunca	*während ..., im Verlauf ...*
bu akşam	*heute Abend*
bu işlemin sonunda	*nach dieser Prozedur*
bütün ameliyat boyunca	*während der ganzen Operation, die ganze Operation über*
çıkarılmak	*herausgeholt werden, herausgezogen werden*
İ çıkarmak	*... herausholen, herausziehen, entfernen*
damar	*die Ader*
damardan ilaç vermek	*über die Ader ein Medikament geben / zuführen*
derin bir uykuya dalmak	*in einen tiefen Schlaf fallen*
derin	*tief*
etki	*die Auswirkung, der Einfluss*
E götürülmek	*zu / nach ... gebracht werden*
hiç bir şey (+Neg.)	*überhaupt nichts, gar nichts*
hortum	*der Schlauch*
işlem	*das Verfahren, die Prozedur*
... ile	*mit ...*
E kadar	*bis ...*
kontrol edilmek	*kontrolliert werden*
İ kontrol etmek	*... kontrollieren*
Mideniz bulanabilir.	*Es ist möglich / kann sein, dass Ihnen übel wird.*
miktar	*das Quantum, die Menge*
narkoz doktoru	*der Narkosearzt*
narkoz etkisi ile	*unter dem Einfluss der Narkose*

narkoz ilacı	*das Narkosemittel*
narkoz	*die Narkose*
nefes borusu	*die Luftröhre*
neler	*was (alles)*
oksijen	*der Sauerstoff*
salınmak	*eingeführt werden*
İ salmak	*... herunterlassen,* hier: *einführen*
(n)İn sonunda	*nach ...*
su (Gen: suyun)	*das Wasser*
şurayı imzalamak	*(das) hier unterschreiben*
tam narkoz	*die Vollnarkose*
tansiyonu ölçmek	*den Blutdruck messen*
teskin edici hap	*das Beruhigungsmittel*
İ teskin etmek	*... beruhigen*
yapılmak	*gemacht werden*
yeniden	*erneut, wieder*
yutkunma zorluğu	*die Schluckbeschwerden*
yutkunma zorluğu çekmek	*Schluckbeschwerden haben*
Yutkunma zorluğu çekebilirsiniz.	*Es ist möglich / kann sein, dass Sie Schluckbeschwerden haben.*
zorluk çekmek	*Schwierigkeiten haben*
zorluk	*die Schwierigkeit*

Zusammengesetze Substantive

Der Text auf Seite 176 enthält sieben nach dem Muster N $N_{-WB/Poss.}$ zusammengesetzte Substantive. Schreiben Sie diese Substantive heraus und analysieren Sie, ob sie neben der Wortbildungsendung noch weitere Endungen enthalten.

Für *narkoz etkisi* gibt es im Deutschen keine gute Übersetzung mit einem zusammengesetzten Substantiv: *narkoz etkisi ile – unter dem Einfluss der Narkose*

Übung 128:

Tragen Sie hier die sieben zusammengesetzten Substantive aus dem Text S. 176 ein.

1	
2	
3	
4	
5	
6	
7	

Übung 129:

Bilden Sie zusammengesetzte Substantive aus den folgenden Bausteinen.

akciğer - beyan - boru - böbrek - dolaşım - iltihap - kabul - kan - kan - kağıt (d) - nakil, nakl- (i/e) - solunum - soru - yemek - yetmezlik - yol

die Speiseröhre	
die Einverständniserklärung	
die Atemwege	
die Lungenentzündung	
die Bluttransfusion	
der Fragebogen	
die Niereninsuffizienz	
der Blutkreislauf	

Übung 130:

In dem Text auf Seite 176 kommen 14 unterschiedliche Verbformen im Futur vor. Schreiben Sie diese Verbformen heraus und analysieren Sie sie bezüglich ihrer Bestandteile. Einige der Verben enhalten ein Element, das Sie bisher noch nicht kennen gelernt haben. Erkennen Sie, worum es dabei geht?

1	ameliyat ol-acak-sınız
2	
3	
4	
5	
6	
7	
8	
9	
10	
11	
12	
13	
14	

Passiv

Das Passiv wird im Türkischen nicht wie im Deutschen mit einem Hilfsverb (*machen – gemacht* <u>*werden*</u>, *geben – gegeben* <u>*werden*</u> etc.) gebildet, sondern mit einer **Passivendung**, die an den Verbstamm des Aktivverbs angehängt wird. Von Verben, die passivfähig sind, gibt es daher sowohl einen Aktiv-Infinitiv als auch einen Passiv-Infinitiv.
In den meisten Fällen ist die **Passivendung /-İl/:**

yap-mak	yap-**ıl**-mak
ver-mek	ver-**il**-mek
götür-mek	götür-**ül**-mek
ölç-mek	ölç-**ül**-mek
kontrol et-mek	kontrol ed-**il**-mek
çek-mek	çek-**il**-mek
çıkar-mak	çıkar-**ıl**-mak

Übung 131:

Bilden Sie von den folgenden Verben den Passiv-Infinitiv und notieren Sie die Bedeutung. Alle Passivformen werden hier mit der Endung /İl/ gebildet.

Infinitiv / Aktiv	Infinitiv / Passiv	Bedeutung
yazmak	yaz-ıl-mak	geschrieben werden
içmek		
açmak		
konuşmak		
anlatmak		
yutmak		
saymak		
getirmek		
göstermek		
öğrenmek		
dezenfekte etmek		
kesmek		
görmek		
pişirmek		

Verben, deren Stamm auf einen Vokal ausgeht, bilden ihr **Passiv auf /-n/:**

Infinitiv / Aktiv	Infinitiv / Passiv	Bedeutung
ye-mek	ye-n-mek	
oku-mak		
temizle-mek		
söyle-mek		
de-mek		
tekrarla-mak		
hazırla-mak		
yıka-mak		

Verben, deren Stamm auf /-l/ ausgeht, bilden ihr **Passiv auf /-İn/**:

Infinitiv / Aktiv	Infinitiv / Passiv	Bedeutung
sal-mak	sal-ın-mak	
al-mak		
bul-mak		gefunden werden
çal-mak		gestohlen werden

Passiv und Tempus

Ist von einem Verb der Passivstamm gebildet worden, kann dieser – wie jeder andere Verbstamm auch – in die verschiedenen Tempora gesetzt werden.

Übung 132: Füllen Sie die Lücken aus.

Passivstamm	Präsens 3. Pers. Sing.	di-Perfekt 3. Pers. Sing.	Futur 3. Pers. Sing.
yap-**ıl**-	yap-ıl-**ıyor**	yap-ıl-**dı**	yap-ıl-**acak**
ver-**il**-	ver-il-**iyor**	ver-il-**di**	ver-il-**ecek**
temizle-**n**-	temizle-n-	temizle-n-	temizle-n-
bul-**un**-	bulu-n-	bul-un-	bul-un-
yaz-			
aç-			
oku-			
al-			

Zum Satzbau in Aktiv- und Passivsätzen

Nicht alle Verben können ins Passiv gesetzt werden. Voraussetzung ist, dass sie ein Akkusativobjekt bei sich haben, d.h. dass sie transitive Verben sind.[1)] Dieses Akkusativobjekt wird im Passivsatz zum Subjekt, das Subjekt des Aktivsatzes – und damit der „Täter", der Träger der Handlung – braucht im Passivsatz nicht ausgedrückt zu werden.[2)]

Die Schwester bringt den Patienten nach der OP in sein Zimmer. (Subjekt) (Akkusativobjekt) Der Patient wird nach der OP in sein Zimmer gebracht. (Subjekt = Akkusativobj. des Aktivsatzes)
Hemşire hastayı ameliyattan sonra odasına getiriyor. (Subjekt) (Akkusativobjekt) Hasta ameliyattan sonra odasına getiriliyor. (Subjekt = Akkusativobj. des Aktivsatzes)

1) Ein Passiv kann man im Türkischen – begrenzt auf die 3. Person – auch von intransitiven Verben bilden. Man übersetzt in diesem Fall mit dem unpersönlichen *man* ins Deutsche:
İstasyona nasıl gidilir? – Wie geht / kommt man zum Bahnhof?
Buna gülünmez. – Darüber lacht man nicht.

2) Sowohl im Deutschen als auch im Türkischen kann im Passivsatz der „Täter", (= die Agensphrase) angegeben werden. Im Deutschen formuliert man hier mit *von ...*, im Türkischen mit *... tarafından*:
Nach der Operation wird der Patient von der Schwester in sein Zimmer gebracht.
Ameliyattan sonra hasta hemşire tarafından odasına getiriliyor.

Übung 133:

Formen Sie die folgenden Passivsätze in Aktivsätze um und beachten Sie dabei, dass das Subjekt des Passivsatzes Akkusativobjekt des Aktivsatzes ist.

Passivsatz	Aktivsatz
Hasta odasına getirilecek. (hemşire)	Hemşire hastayı odasına getirecek.
Muayene tekrarlandı. (doktor)	
Belge imzalandı. (hasta)	
Yara tekrar açıldı. (doktor)	
Doktor çağrıldı. [1)] (arkadaşlar)	

Tansiyonunuz bütün ameliyat boyunca kontrol edilecek. (biz)	
Tansiyonunuz ölçülecek. (hemşire)	
Hasta yarın ameliyat edilecek. (doktor Yılmaz)	
Hortum ameliyattan sonra çıkarılacak. (anestezist)	

[1)] Das Passiv *çağırmak* wird nicht ganz regelmäßig gebildet, das /ı/ fällt aus: *çağır-, çağr-ıl-)*

Übung 134:

Können Sie die Passivsätze so umformulieren, dass der „Täter" erkennbar ist?
(s. Anm. 2 auf der vorigen Seite)

Achtung: Das **Akkusativobjekt** in den Aktivsätzen kann **unbestimmt** sein. Es hat dann keine Endung und ist formgleich mit einem Subjekt. Der Unterschied zwischen einem Akkusativobjekt im Aktivsatz und einem Subjekt im Passivsatz kann dadurch teilweise verdeckt sein.

Hemşire size bir hap verecek.	→ *Size bir hap verilecek.*
Doktor size tam narkoz yapacak.	→ *Size tam narkoz yapılacak.*
Doktor nefes borunuza bir hortum salacak.	→ *Nefes borunuza bir hortum salınacak.*
Ağrılarınıza karşı biz size ilaç vereceğiz.	→ *Ağrılarınıza karşı size ilaç verilecek.*
Ameliyattan önce hemşire hastaya uyku hapı verir.	→ *Ameliyattan önce hastaya uyku hapı verilir.*
Hemşire doktor çağıracak.	→ *Doktor çağrılacak.*
Doktor hastaya damardan narkoz ilacı verecek.	→ *Hastaya damardan narkoz ilacı verilecek.*

Im Fall der Aktivsätze sind durchaus Sätze möglich, die sich nur durch die Verwendung des **bestimmten / gekennzeichneten Akkusativs** bzw. des **unbestimmten / ungekennzeichneten Akkusativs** von einander unterscheiden. Hier liegt dann aber immer ein Bedeutungsunterschied vor. Der bestimmte Akkusativ wird dann verwendet, wenn der Sprecher davon ausgeht, dass seinem Kommunikationspartner bekannt ist, wovon er spricht, im folgenden Beispiel also, um welche Tablette es sich handelt:
Hemşire size ***hap*** *verecek.*
Hemşire size ***hap-ı*** *verecek.*
Wenn ein Wort schon mit einer Possessivendung versehen ist, muss immer der bestimmte Akkusativ gewählt werden, da das Wort dann automatisch als bestimmt gilt:
Hemşire size ***hap-ınız-ı*** *verecek.*
* *Hemşire size* ***hap-ınız*** *verecek.*

Yeni kelimeler

akciğer iltihabı	*die Lungenentzündung*
İ ameliyat etmek	*... operieren*
arkadaş	*der Freund, der Kollege*
belge	*das Dokument*
belgeler	*die Unterlagen, die Dokumente*
böbrek yetmezliği	*die Niereninsuffizienz*
İ bulmak	*... finden*
çağrılmak (Pass. von *çağırmak*)	*gerufen werden*
E doğru	*auf ... zu, in Richtung auf ...*
dolaşım	*der Kreislauf, die Zirkulation*
gelecek ay	*der nächste Monat; im nächsten Monat*
gelecek hafta	*die nächste Woche; in der nächsten Woche*
gelecek sene / yıl	*nächstes Jahr; im nächsten Jahr*
E gülmek	*über ... lachen*
iltihap	*die Entzündung*
kabul beyanı	*die Einverständniserklärung*
kabul	*das Einverständnis*
kan dolaşımı	*der Blutkreislauf*
kan nakli	*die Bluttransfusion*
nakil, nakl- (e/i)	*der Transport, die Beförderung*
öğleye doğru	*gegen Mittag*
solunum yolları	*die Atemwege*
solunum	*die Atmung*
soru kağıdı	*der Fragebogen*
... tarafından	*von ...* (Agensphrase im Passiv)
yarın sabah	*morgen früh*
yemek borusu	*die Speiseröhre*
yetmek	*reichen, ausreichen*
yetmezlik	*das Nicht-Ausreichen, die Insuffizienz*

Narkoz

Narkoz
bilinci ve ağrı duygusunu
ortadan **kaldırır.**
Hasta uykuya benzeyen
bir duruma **girer.**
Yatmadan önce
az bir miktar su ile
teskin edici hap **alır**
ve ameliyata kadar
hiç bir şey **yemez** ve **içmez**.
Sigara içmek de **yasaktır**.
Ameliyat günü
hastaya yeniden az bir miktar su ile
teskin edici hap **verilir.**
Sonra ameliyathaneye **götürülür.**
Orada hastanın tansiyonu **ölçülür**
ve bütün ameliyat boyunca **kontrol edilir**.
Damardan narkoz ilacı **verilir**
ve hasta kısa sürede
derin bir uykuya **dalar.**
Sonra nefes borusuna
bir hortum **salınır.**
Bu hortum ile
narkoz ilacı ve oksijen **verilir.**
Bu hortum ayrıca
tükürük veya mide içeriğinin
solunum yollarına
kaçmasını da **önler.**
Bazı durumlarda ikinci bir hortum
burundan mideye kadar **salınır.**
Ameliyattan sonra
her iki hortum da **çıkarılır**.
Bu işlemlerin sonunda
hasta yutkunma zorluğu **çekebilir**,
boğazı **ağrıyabilir.**
Narkoz etkisi ile mide bulantısı
ya da baş dönmesi **olabilir.**
Bu şikayetlere karşı
hastaya ilaç **verilebilir.**

Yeni kelimeler

ağrı duygusu	*das Schmerzempfinden*
ameliyat günü	*der OP-Tag; am OP-Tag*
ayrıca	*außerdem*
bazı durumlarda	*in einigen Fällen, in manchen Fällen*
bazı	*einige, manche*
E benzemek	*... ähneln*
bilinç	*das Bewusstsein*
duygu	*die Empfindung; das Gefühl*
her iki hortum	*beide Schläuche*
içerik	*der Inhalt*
E kaçmak	*in ... hineingeraten, in ... eindringen*
kısa sürede	*innerhalb kurzer Zeit*
kısa	*kurz*
Mide bulantısı olabilir.	*Es kann Übelkeit auftreten.*
mide içeriği	*der Mageninhalt*
mide içeriğinin solunum yollarına kaçması	*das Hineingeraten von Mageninhalt in die Atemwege*
mide suyu	*der Magensaft*
İ ortadan kaldırmak	*... aufheben;* hier: *ausschalten*
İ önlemek	*... verhindern*
tükürük	*der Speichel*
uykuya benzeyen bir durum	*ein schlafähnlicher Zustand*

Aorist – Verwendung

Der Text auf S. 186 ist in einem für Sie neuen Tempus geschrieben. Wir benutzen für dieses Tempus den Terminus *Aorist*. Sie finden in der Literatur auch die Bezeichnungen **r-Präsens** und – in türkischen Büchern – **geniş zaman** („weite Zeit").
Der Aorist hat im Deutschen keine formale Entsprechung.
Im Aorist steht der Text auf S. 186 weil die getroffenen Aussagen **Allgemeingültigkeit** haben. Sie gelten unabhängig von einem konkreten Fall, wie er z.B. in dem Text auf S. 176 vorliegt.
Sie können davon ausgehen, dass wissenschaftliche Texte, in denen allgemeingültige oder verallgemeinernde Aussagen getroffen werden, in der Regel im Aorist stehen (z.B. Aussagen zu Ursachen und Verläufen von Krankheiten, zur Entstehung von Gewittern, Verhalten von Materialien unter extremen Belastungen etc.)

Achtung: Der Aorist ist – was seine Verwendung angeht – ein kompliziertes Tempus. Es gibt unterschiedliche Gründe, warum der Aorist gewählt werden muss. „Allgemeingültigkeit" ist nur einer dieser Gründe.

Aorist – Bildung der Formen

Übung 135:

Versuchen Sie, die Verbformen aus dem Text auf S. 186 in Stamm und Aoristendung zu zerlegen. Notieren Sie die Aoristendung möglichst in ihrer abstrakten Form. Können Sie ableiten, wie der Aorist gebildet wird? Welche Unklarheiten bleiben?

unanalysierte Form	Stamm	Aoristendung
kaldırır	kaldır	-ır / -İr
girer		
alır		
yemez		
içmez		
verilir		
götürülür		
ölçülür		
kontrol edilir		
dalar		
salınır		
önler		
çıkarılır		

çekebilir		
ağrıyabilir		
olabilir		
verilebilir		

Bei der **Bildung der Aoristformen** hat man zwischen **drei Fällen** zu unterscheiden:

- der Verbstamm geht auf einen **Vokal** aus:
  die Aoristendung ist **/-r/**
- der Verbstamm ist **mehrsilbig** und geht auf einen **Konsonanten** aus:
  die Aoristendung ist **/-İr/**
- der Verbstamm ist **einsilbig** und geht auf einen **Konsonanten** aus:
  die Aoristendung ist **/-İr/ oder /-Er/**

Der dritte Fall ist unangenehm, da man die Form der Endung hier nicht – wie das sonst im Türkischen in aller Regel der Fall ist – ableiten kann. Man muss sie kennen oder nachschlagen. Gute Wörterbücher geben für solche Verben an, wie ihre Aoristform zu bilden ist.

Übung 136:

Versuchen Sie, die Verbformen aus dem Text S. 186 diesen drei Fällen zuzuordnen.

Übung 137:

Überprüfen Sie in Ihrem Wörterbuch, wie es Aoristformen von Verben angibt.

Beispiel:
aus: Pons Standardwörterbuch
Türkisch-Deutsch, Deutsch-Türkisch
Stuttgart 2002

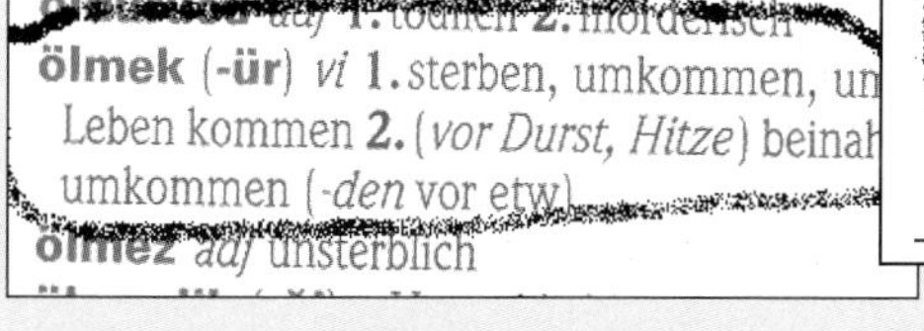
ölmek (-**ür**) *vi* **1.** sterben, umkommen, un
Leben kommen **2.** (*vor Durst, Hitze*) beinah
umkommen (*-den* vor etw)
ölmez *adj* unsterblich

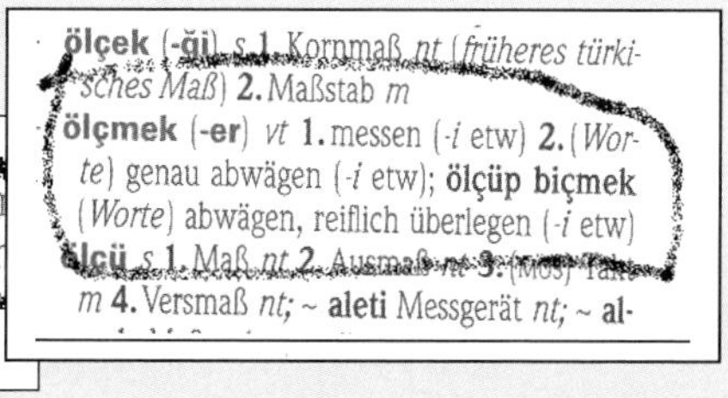
ölçek (-**ği**) *s* **1.** Kornmaß *nt* (*früheres türkisches Maß*) **2.** Maßstab *m*
ölçmek (-**er**) *vt* **1.** messen (*-i* etw) **2.** (*Worte*) genau abwägen (*-i* etw); **ölçüp biçmek** (*Worte*) abwägen, reiflich überlegen (*-i* etw)
ölçü *s* **1.** Maß *nt* **2.** Ausmaß *nt* **3.** (*Mus*) Takt *m* **4.** Versmaß *nt*; ~ **aleti** Messgerät *nt*; ~ **al-**

Übung 138:

Bilden Sie von den folgenden Verben die Aoristform. – Welche Formen können Sie nicht ableiten? Schlagen Sie ggf. im Wörterbuch nach.

vermek - götürmek - ölçmek - kontrol etmek - çıkarmak - bilmek - olmak - yapmak - temizlemek - yazmak - beklemek - konuşmak - içmek - içilmek - yemek - açmak - açılmak - yutmak - okumak - söylemek - çalmak - demek

Stämme auf Vokal	mehrsilbige Stämme auf Konsonant	einsilbige Stämme auf Konsonant

Negation des Aorist

Auch die negierten Formen des Aorist werden anders gebildet als das im Türkischen sonst üblich ist. Zu erwarten wäre, dass in den zu bildenden Formen die Aoristendung und die Negationsendung nebeneinander auftreten. Tatsächlich verschwindet die Aoristendung, die Negationsendung ist in der 3. Pers. Sing. in allen Fällen **/-mEz/**. So sind auch die Formen *içmez* und *yemez* in dem Text auf S. 186 zu erklären.

Übung 139:

Bilden Sie den negierten Aorist / 3. Pers. Sing. von folgenden Verben:

gelmek - vermek - verilmek - okumak - açmak - açılmak - olmak - konuşmak - konuşulmak - söylemek - yazmak - bilmek - beklemek

/-Ebil-/

Sowohl in dem Text auf S. 176 als auch in dem Text auf S. 186 kommen Verben vor, die **/-Ebil-/** als Element enthalten:

> *yutkunma zorluğu çek-**ebil**-ir-siniz*
> *hasta yutkunma zorluğu çek-**ebil**-ir*
> *ağrı-y-**abil**-ir*
> *bulan-**abil**-ir*
> *baş dönmesi ol-**abil**-ir*
> *hastaya ilaç ver-il-**ebil**-ir*

Die Endung **/-Ebil-/** besteht aus dem Element /-E-/ und dem Stamm des Verbs *bilmek.* /-E-/ passt sich nach den Regeln der Vokalharmonie an, /-bil-/ bleibt unverändert, weil es nicht als Endung, sondern als eigenständiges Wort gewertet wird.
/-Ebil-/ drückt die **Möglichkeit** aus. Es ist damit der positive Gegenpart zu der Endung /-**EmE**-/, die Sie bereits kennen gelernt haben und die die Unmöglichkeit, das Nicht-Können ausdrückt. Steht das Verb im Aorist, ist die Form für Nicht-Können in der 3. Person Singular /-EmEz/.
/-Ebil-/ wird an den Stamm des Verbs – ggf. den Passivstamm – angehängt, dann folgt eine Tempusendung. Im Prinzip ist /-Ebil-/ mit allen Tempusendungen verbindbar, aus semantischen Gründen ist die Verbindung mit dem Aorist, wie sie auch in den Beispielen oben vorliegt, besonders häufig.

Übung 140: Bilden Sie von den folgenden Infinitiven die Formen auf /-Ebil-/ und /-EmE-/ plus Aoristendung.

Infinitiv	**/-Ebil-/**	**/-EmE-/**
gelmek	gel-ebil-ir	gel-emez
yapmak		
okumak		
konuşmak		
olmak		
gitmek		
içmek		
yemek	yi-y-	yi-y-
öğrenmek		
kesmek		
göstermek		

Kopula in Aorist-Texten

Die Kopula im Präsens ist in der 3. Pers. Sing. – wie Sie wissen – durch eine Nullendung gekennzeichnet:

Hasan hasta. (Hasan ist krank.)
Hasan doktor. (Hasan ist Arzt.)
Hasan hastanede. (Hasan ist im Krankenhaus.)
Hastanede sigara içmek yasak. (Im Krankenhaus ist es verboten zu rauchen.)

In Texten, in denen die Verben im Aorist stehen, erhält die Kopula die Endung **/-Dİr/**. Deshalb heißt es in dem Text auf S. 176 *Sigara içmek de yasak*, in dem Text auf S. 186 *Sigara içmek de yasak**tır**.*
In einem Aufklärungsbogen könnten Sie daher z. B. die folgenden Formulierungen finden. Bedenken Sie aber, dass nicht die isolierte Form richtig oder falsch ist, sondern dass der Kontext ausschlaggebend ist.

*Bu tehlikeli**dir**. (Das ist gefährlich.)*
*Hastalık bulaşıcı**dır**. (Die Krankheit ist ansteckend.)*
*Hastalık bulaşıcı değil**dir**. (Die Krankheit ist nicht ansteckend.)*
*Bu hastalık çok bulaşıcı bir virüs hastalığı**dır**. (Diese Krankheit ist eine sehr ansteckende Viruserkrankung.)*
*Malarya tropik ülkelerde çok yaygın**dır**. (Die Malaria ist in tropischen Ländern sehr verbreitet.)*
*Çocuklara tetanoza karşı aşı yapmak önemli**dir**. (Es ist wichtig, Kinder gegen Tetanus zu impfen.)*
*Ameliyattan önce alkol yasak**tır**. (Vor einer Operation ist Alkohol verboten.)*
*Sigara içmek sağlığa zararlı**dır**. (Rauchen schadet der Gesundheit.)*
*Alkol güçlü bir uyuşturucu**dur**. (Alkohol ist eine starke Droge.)*

Merken Sie sich auch:

Mit dem Infinitiv stehen neben dem Verb *istemek* auch die Adjektive *tehlikeli*, *önemli*, *yasak* und *zararlı:*

Sigara içmek zararlı.
Burada sigara içmek yasak.
Burada sigara içmek tehlikeli.
Türkçe bilmek önemli.

Yeni kelimeler

bulaşıcı	*ansteckend*
geniş zaman	*der Aorist, die „weite" Zeit*
güçlü	*stark, kräftig*
malarya	*die Malaria*
önemli	*wichtig*
tehlikeli	*gefährlich*
tropik ülkeler	*die tropischen Länder*
tropik	*tropisch*
uyuşturucu	*das Betäubungsmittel, die Droge, das Rauschgift*
virüs hastalığı	*die Viruserkrankung*
virüs	*das / der Virus*
yaygın	*verbreitet*
E zararlı	*für ... schädlich*

Aorist - Personalformen

Wir zeigen Ihnen hier, wie Verben im Aorist konjugiert werden. Es handelt sich hierbei um einen ersten Überblick.

Aorist / positiv	Aorist / negiert	Aorist / Frage
konuşmak	konuşmamak	konuşmak?
konuş-ur-um	konuş-ma-m	konuş-ur mu-y-um?
konuş-ur-sun	konuş-maz-sın	konuş-ur mu-sun?
konuş-ur	konuş-maz	konuş-ur mu?
konuş-ur-uz	konuş-ma-y-ız	konuş-ur mu-y-uz?
konuş-ur-sunuz	konuş-maz-sınız	konuş-ur mu-sunuz?
konuş-ur-lar	konuş-maz-lar	konuş-ur-lar mı?
içmek	içmemek	içmek?
iç-er-im	iç-me-m	iç-er mi-y-im?
iç-er-sin	iç-mez-sin	iç-er mi-sin?
iç-er	iç-mez	iç-er mi?
iç-er-iz	iç-me-y-iz	iç-er mi-y-iz?
iç-er-siniz	iç-mez-siniz	iç-er mi-siniz?
iç-er-ler	iç-mez-ler	iç-er-ler mi?
beklemek	beklememek	beklemek?
bekle-r-im	bekle-me-m	bekle-r mi-y-im?
bekle-r-sin	bekle-mez-sin	bekle-r mi-sin?
bekle-r	bekle-mez	bekle-r mi?
bekle-r-iz	bekle-me-y-iz	bekle-r mi-y-iz?
bekle-r-siniz	bekle-mez-siniz	bekle-r mi-siniz?
bekle-r-ler	bekle-mez-ler	bekle-r-ler mi?

Wie Sie sehen, macht – wenn man die Aoristendung kennt – die Bildung der positiven und der Frageformen kein Problem. Im Fall der positiven Formen wird die Kopulaendung an die Aoristendung angehängt, im Fall der Frageform an die Fragepartikel /mİ/. Das entspricht den Verhältnissen beim yor-Präsens und beim Futur.
Im Fall der negierten Formen entfällt – wie bereits besprochen – die Aoristendung. In der 1. Pers. Sing. und Pl. steht /mE/, in der 2. und 3. Pers. Sing. und Pl. steht /mEz/ für die Kombination Aorist / Negation. Dann wird die Kopulaendung angehängt, wobei sie in der 1. Pers. Sing. nicht /-İm/, sondern nur /-m/ ist.

Atasözleri / Sprichwörter

Verstehen Sie die folgenden Sprichwörter?
Warum stehen sie im Aorist?

Hareketten bereket doğar.

Kalbe giden yol, mideden geçer.

Büyük balık küçük balığı yutar.

Para parayı çeker.

Ağrısız baş mezarda bulunur.

Aç ayı oynamaz.

Zorla güzellik olmaz.

Bir çiçekle yaz gelmez.

Bir koltuğa iki karpuz sığmaz.

Akıl yaşta değil, baştadır.

Ümit fakirin ekmeğidir.

El yarası geçer, dil yarası geçmez.

Balık baştan kokar.

Açık yaraya tuz ekilmez.

Yeni kelimeler

açık	*offen*
ağrısız	*ohne Schmerzen, schmerzlos*
akıl, akl-	*der Verstand*
atalar	*die Vorfahren, die Ahnen*
atasözü	*das Sprichwort*
ayı	*der Bär*
balık	*der Fisch*
bereket (t)	*der Segen*
DE bulunmak	*sich in ... befinden, in ... sein*
İ çekmek	*... anziehen*
çiçek	*die Blume; die Blüte*
DEn doğmak	*aus ... entstehen*
E ekilmek	*auf ... gestreut werden*
İ E ekmek	*... auf ... streuen*
ekmek	*das Brot*
fakir	*arm; der Arme*
DEn geçmek	*durch ... hindurchgehen*
güzellik	*die Schönheit*
hareket (t)	*die Bewegung*
kalbe giden yol	*der Weg zum Herzen*
kalp, kalb- (i/e)	*das Herz*
karpuz	*die Wassermelone*
kokmak	*riechen; duften; stinken*
koltuk	*die Achsel*
mezar	*das Grab*
oynamak	*spielen; tanzen*
E sığmak	*in ... hineinpassen, in ... hineingehen*
söz	*das Wort, der Ausspruch*
tuz	*das Salz*
ümit (d)	*die Hoffnung*
yaz	*der Sommer*
zor	*der Zwang, die Gewalt*
zorla	*mit Zwang, mit Gewalt*

Narkoz doktorunun soruları

Son zamanlarda doktor tedavisi gördünüz mü?
Bundan önce hiç hastanede yattınız mı?
Bundan önce hiç ameliyat oldunuz mu?
Bundan önce herhangi bir ameliyat geçirdiniz mi?
Sigara içiyor musunuz? Günde kaç tane?
Alkol / İçki kullanıyor musunuz?
Devamlı olarak herhangi bir ilaç kullanıyor musunuz?
Son günlerde aspirin ya da benzeri ilaç aldınız mı?
Herhangi bir şeye karşı alerjiniz var mı?
Penisiline karşı alerjiniz var mı?
Size daha önce tam narkoz yapıldı mı?
Daha önce yapılan narkozlarda probleminiz oldu mu?
Kusma? Mide bulantısı? Baş ağrısı? ...
Yüksek ateş? Boğaz ağrısı? ...
Protez takıyor musunuz?
Takma dişiniz var mı?
Sallanan dişiniz var mı?
Bulaşıcı bir hastalığınız var mı?
İşitme cihazı kullanıyor musunuz?
Lens takıyor musunuz?
Size şimdiye kadar kan verildi mi?
Sizde şeker hastalığı var mı?
Sizde astım var mı?
Sizde kalp pili var mı?
Gebe / Hamile misiniz?

Ameliyattan önceki akşam

hemşire: İyi akşamlar, Rıfat Bey. Nasılsınız?
Rıfat Bey: Sağ olun. Eh işte. İyi olmaya çalışıyorum.
hemşire: Karınız bugün ziyarete geldi mi?
Rıfat Bey: Evet, çocuklarla birlikte.
Yiyecek de getirdiler. Börek, meyve, tatlı.
Komşumuz Hatice de sucuk yolladı.
hemşire: Aman, onları saklayın!
Bundan sonra hiç bir şey yemeyin ve içmeyin!
Rıfat Bey: Biliyorum. Narkoz doktoru da söyledi.
hemşire: Biraz sonra gece hemşiresi gelip
size uyku hapı verecek.
Şimdilik iyi geceler.
Rıfat Bey: İyi geceler.

Bir şey yemeyin ve içmeyin!

Ertesi sabah, ameliyattan önce

hemşire: Günaydın, Rıfat Bey.
İyi uyudunuz mu? Kendinizi nasıl hissediyorsunuz?
Rıfat Bey: Günaydın. Şöyle böyle.
hemşire: Şimdi size iğne yapacağım.
Dönün ve pijamanızı biraz aşağıya doğru çekin.
Tamam, oldu…
Protez takıyor musunuz?
Rıfat Bey: Takmıyorum.
hemşire: Lütfen yüzüğünüzü ve saatinizi çıkarın ve bana verin.
Ben onları kilitli bir dolapta saklayacağım.
Rıfat Bey: Buyurun!
hemşire: Şimdi pijamanızı çıkarın ve bunları giyin.
Sonra sizi ameliyathaneye götüreceğim.

Pijamanızı biraz aşağıya doğru çekin!

Ameliyattan sonra (I)

hemşire:	Uyandınız mı? Beni duyuyor musunuz?
Rıfat Bey:	Hmmm.
hemşire:	Nasılsınız?
Rıfat Bey:	Neredeyim?
hemşire:	Tekrar odanızdasınız. Ameliyat iyi geçti. Her şey yolunda. Herhangi bir problem çıkmadı. Ağrılarınız var mı?
Rıfat Bey:	Hayır, yok.
hemşire:	Peki, şimdi tansiyonunuzu ölçeyim ve nabzınızı sayayım. Tamam. Her şey yolunda. Ağrılarınız veya herhangi bir probleminiz olursa zile basın. Bakın, zil burda. Ama ben zaten biraz sonra tekrar gelip size bakacağım.

Ameliyattan sonra (II)

İki buçuk saat sonra Rıfat Bey uyanıyor ve zile basıyor. Hemşire geliyor.

Rıfat Bey:	Hemşire Hanım, bakar mısınız?
hemşire:	Buyurun.
Rıfat Bey:	Bana içecek bir şey verir misiniz? Ağzım çok kuru.
hemşire:	Tabii. Çay mı, su mu getireyim?
Rıfat Bey:	Çay lütfen.
hemşire:	Buyurun Rıfat Bey, çayınız.
Rıfat Bey:	Teşekkürler. Saatimi ve yüzüğümü de verir misiniz?
hemşire:	Tabii. Ağrılarınız var mı?
Rıfat Bey:	Evet, yarım saatten beri ameliyat yeri çok ağrıyor.
hemşire:	Ağrı kesici vereyim mi?
Rıfat Bey:	Evet, lütfen.

Yeni kelimeler

ameliyat yeri	*die OP-Wunde*
ameliyattan önceki akşam	*der Abend vor der Operation; am Abend vor der Operation*
İ aşağı doğru çekmek	*... nach unten ziehen*
benzeri bir ilaç	*ein ähnliches Medikament*
benzeri	*ähnlich*
DEn beri	*seit ...*
bir ameliyat geçirmek	*eine Operation haben*
Bir probleminiz oldu mu?	*Haben Sie ein Problem gehabt? / Ist ein Problem aufgetreten?*
bundan önce	*vorher, zuvor*
bundan sonra	*danach, von jetzt an*
bunları giyin	*ziehen Sie das hier / diese Sachen an*
çocuklarla birlikte	*zusammen mit den Kindern*
daha önce	*früher, zuvor*
doktor tedavisi görmek	*in ärztlicher Behandlung sein*
doktor tedavisi	*die ärztliche Behandlung*
dolap	*der Schrank*
İ duymak	*... hören*
eh işte	*etwa: na ja*
ertesi sabah	*der folgende / nächste Morgen; am folgenden / nächsten Morgen*
hastanede yatmak	*im Krankenhaus liegen / sein*
her şey yolunda	*alles ist in Ordnung*
herhangi bir (+ Neg.) ...	*kein(e) (irgendwie gearteter, -e, -es ...)*
Herhangi bir problem çıkmadı.	*Es ist kein Problem aufgetreten. Es hat kein Problem gegeben.*
herhangi bir	*irgend ein*
hiç	*jemals, schon einmal*
Hiç hastanede yattınız mı?	*Haben Sie schon einmal im Krankenhaus gelegen?, Waren Sie schon einmal im Krankenhaus?*
içecek bir şey	*etwas zu(m) Trinken*
iyi geçmek	*gut verlaufen*
Iyi olmaya çalışıyorum.	*etwa: Ich gebe mir Mühe.*
kaç tane?	*wie viele? / wie viel Stück?*
kalp pili	*der Herzschrittmacher*
kilit	*das Schloss*
kilitli dolap	*der verschließbare / abschließbare Schrank*
kilitli	*verschlossen, abgeschlossen; verschließbar, abschließbar*
komşu	*der Nachbar*
kontaklens	*die Kontaktlinse*
kuru	*trocken*
lens takmak	*Kontaktlinsen tragen*
lens	*die Linse; die Kontaktlinse*

meyve	*das Obst*
oldu	*in Ordnung*
olursa	*wenn ... gibt, wenn ... auftritt*
önceki	*der / die / das vorhergehende ...*
pil	*die Batterie*
protez takmak	*ein künstliches Gebiss haben, eine Prothese tragen*
saat (t, e/i)	*die Uhr; die Stunde*
saatini çıkarmak	*seine Uhr ablegen*
İ saklamak	*... aufbewahren, ... aufheben*
İ DE saklamak	*... in ... aufheben / aufbewahren*
sallanan diş	*ein wackelnder Zahn*
sallanmak	*wackeln*
son zamanlarda	*in der letzten Zeit*
sucuk	*die Wurst, die Knoblauchwurst*
şimdilik	*einstweilen, vorläufig*
şimdiye kadar	*bisher, bis jetzt*
şöyle böyle	*nicht besonders, mittelmäßig, so leidlich*
tabii	*natürlich*
takma diş	*der künstliche Zahn, der Stiftzahn*
takma	*künstlich*
tatlı	*süß; die Süßigkeit; die Süßspeise*
uyanmak	*aufwachen*
yarım saatten beri	*seit einer halben Stunde*
yiyecek	*Essbares; die Nahrung; das Lebensmittel*
İ yollamak	*... schicken*
yüzük	*der Ring, der Fingerring*
ziyaret (t)	*der Besuch*
ziyarete gelmek	*zu Besuch kommen*

Aorist in höflichen Bitten

Wir haben bereits ausgeführt, dass der Aorist in unterschiedlichen Funktionen auftritt.
Eine Verwendungsweise, die sich deutlich von der beschriebenen (Allgemeingültigkeit) unterscheidet, ist diejenige in höflichen Bitten.
Höfliche Bitten formuliert man im Türkischen mit der Frageform des Aorist:

Bakar mısınız?
Bakar mısın?

Bana içecek bir şey verir misiniz?
Bana içecek bir şey verir misin?

Saatimi ve yüzüğümü verir misiniz?
Saatimi ve yüzüğümü verir misin?

Übung 141:

Formulieren Sie höfliche Bitten. Überlegen Sie, ob Sie von allen Verben die Aoristform bilden können oder ob Sie ggf. im Wörterbuch nachsehen müssen.

Yanıma gel...............?
Formu imzala...............?
Adresinizi tekrarla...............?
Ameliyat yerini göster.............?
Bir daha söyle...............?
Yolu tarif ed..............?
İçecek bir şey getir...............?
Dışarıda bekle...............?
Şuraya otur...............?
Ayağa kalk...............?
Zile bas...............?
Pencereyi aç...............?
Kapıyı kapat...............?
Aileme haber ver...............?
Pijamanızı biraz aşağıya doğru çek...............?

/-İp/:

Stehen zwei Handlungen in enger Beziehung zueinander und erfolgen gleichzeitig oder kurz nacheinander, können im Türkischen die betroffenen Verben folgendermaßen miteinander verbunden werden: Nur das zweite Verb hat eine Tempus- und eine Personalendung bzw. Imperativendung. Das erste Verb hat die Endung **/-İp/**, Tempus- und Personalendung des zweiten Verbs sind auch für das erste Verb gültig. Im Deutschen hat man hier nur die Möglichkeit, mit *und* zu formulieren.

Biraz sonra gece hemşiresi <u>gelip</u> (=gelecek ve) size uyku hapı <u>verecek</u>.	*Gleich kommt die Nachtschwester <u>und</u> gibt Ihnen eine Schlaftablette.*
Ama ben zaten biraz sonra tekrar <u>gelip</u> (=geleceğim ve) size <u>bakacağım</u>.	*Aber ich komme sowieso gleich wieder <u>und</u> schaue nach Ihnen.*
Hemşire biraz sonra tekrar <u>gelip</u> (=geldi ve) hastaya <u>baktı</u>.	*Die Schwester kam kurz darauf wieder und schaute nach dem Patienten.*

Übung 142:

Verbinden Sie auch in den folgenden Sätzen die Verben miteinander wie in den Beispielen oben.

Eczaneye gittim ve ilaç aldım.	
Kaza geçirdi ve hastaneye yatırıldı.	
Hasta uyandı ve zile bastı.	
Muayenehaneye telefon edin ve termin alın.	
Pijamanızı çıkarın ve bunu giyin.	
Yüzüğünüzü ve saatinizi çıkarın ve bana verin.	
Dönün ve pijamanızı biraz aşağı doğru çekin.	
Yatağa yattı ve hemen uykuya daldı.	
Hasta zile bastı ve hemşireyi çağırdı.	

Die Verben: *giyinmek, giymek, takmak* und *soyunmak, çıkarmak*

sich anziehen → giyinmek
Kleidungsstücke anziehen → giymek
Hilfsmittel / Schmuck tragen / aufsetzen /... → takmak
(Brille, Kontaktlinsen, Prothese, Hörgerät, Ring, Uhr, ...)

sich ausziehen → soyunmak
Kleidungsstücke ausziehen → çıkarmak
Hilfsmittel / Schmuck ablegen / herausnehmen /... → çıkarmak

Übung 143:

Sagen Sie Ihrem Patienten, dass er die mit (+) versehenen Dinge anziehen (etc.) und die mit (–) versehenen Dinge ausziehen (etc.) soll.

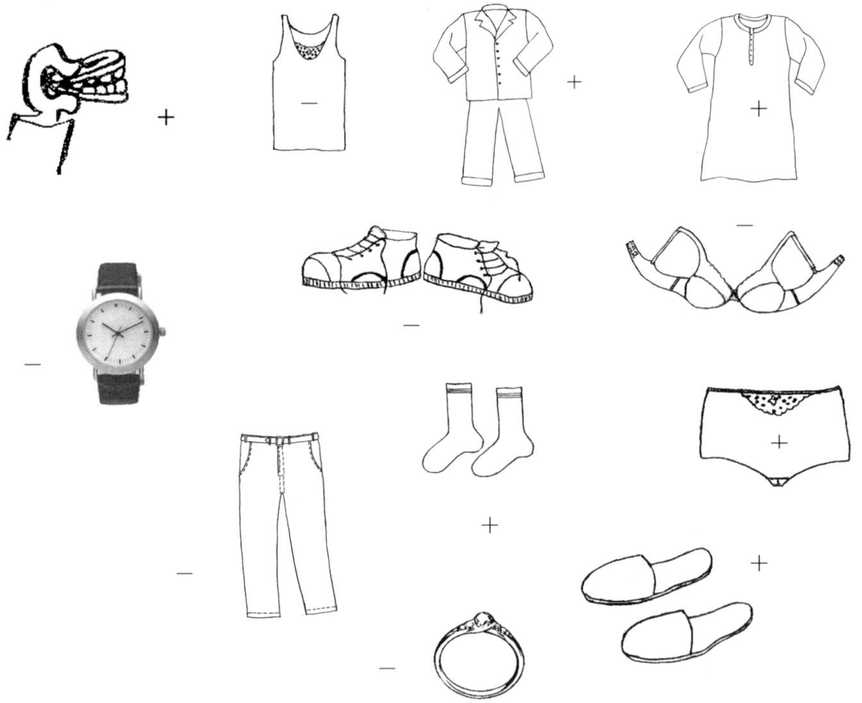

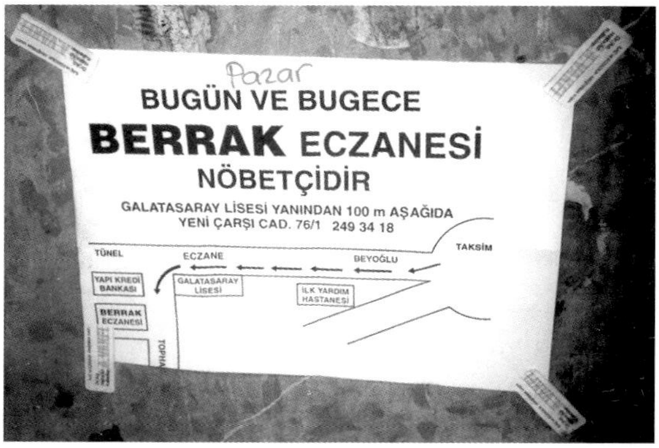

Nöbetçi eczane

Yeni kelimeler

aşağıda	*unten*
ayağa kalkmak	*aufstehen*
Berrak Eczanesi	*die Berrak-Apotheke*
bugece, eigentl.:bu gece	*heute Nacht*
bugün	*heute*
cad.	Abkürzung für*: cadde*
çarşı	*der Markt*
Galatasaray Lisesi	*das Galatasaray-Gymnasium*
Galatasaray	(Stadtteil von Istanbul)
haber	*die Nachricht*
E haber vermek	*... benachrichtigen*
hastaneye yatırılmak	*ins Krankenhaus gebracht / eingeliefert werden*
İ hastaneye yatırmak	*... ins Krankenhaus bringen,*
	... ins Krankenhaus einliefern
İ kapatmak	*... schließen, ... zumachen*
kapıyı kapatmak	*die Tür schließen, die Tür zumachen*
kaza geçirmek	*einen Unfall haben*
nöbetçi	*Dienst habend*
şuraya oturun	*setzen Sie sich hier her / hin*
şuraya	*hier her, hier hin*
Yanıma gel.	*Komm zu mir.*
yanından	*an ... vorbei*
yan-Poss.-Dat. *gelmek*	*zu ... kommen*
yatağa yatmak	*sich ins Bett legen, schlafen gehen*
yatak	*das Bett*
Yeni Çarşı Cad. (Caddesi)	*die Yeni Çarşı-Straße*

Dertli

Ali Öztürk: Erika Hemşire!
hemşire: Buyurun.
Ali Öztürk: Türkçe biliyorsunuz, değil mi?
hemşire: Evet, biraz Türkçe biliyorum.
Ali Öztürk: Allaha şükür!
Burada kimse Türkçe bilmiyor. Kimse beni anlamıyor.
Onun için size geldim. Bakın, derdim şu:
Üç haftadır sırtım ağrıyor, uyuyamıyorum.
Başım ağrıyor, karnım da ağrıyor. Aman bana bir çare bulun.
hemşire: Bir dakika, Ali Bey.
Ben Türkçe öğreniyorum, fakat henüz iyi bilmiyorum.
Çok yavaş konuşun, lütfen.
Ali Öztürk: Peki, anladım. İnanın Hemşire Hanım,
üç haftadır burda yatıyorum.
Hala hastayım. Kolum ağrıyor, bacaklarım ağrıyor.
Sırtım, başım ağrıyor. Doktorlar bir çare bulamıyorlar.
Ne yapacağım bilemiyorum.
hemşire: Affedersiniz, anlayamadım.
Lütfen bir daha söyleyin ve çok yavaş konuşun.
Ali Öztürk: Bakın, her tarafım ağrıyor -
başım, kolum, sırtım, bacaklarım.
İnanın, hepsi burda, Almanya'da başladı,
memlekette değil.
Yani buraya geldim, hastalıklar başladı.
Önce mide ağrıları. Her gün doktora git gel.
Şunu ye, bunu yeme, sinirlenme.
Sonra romatizmalarım tuttu.
Şimdi de bu ağrılar.
Ne yapacağım bilemiyorum.
Hoca da bilmiyor.
Geçenlerde kurşun döktürdüm,
okuttum, muska bile yazdırdım.
Nazar, dediler.
Nazarlık bile taktılar,
o da bir şeye yaramadı.

nazarlık

Hoca da bilmiyor.

hemşire: Kusura bakmayın, ben hiç bir şey
anlayamadım.

Yeni kelimeler

Affedersiniz.	*Entschuldigen Sie.*
Allaha şükür.	*Gott sei Dank.*
bir dakika	*einen Moment, einen Augenblick*
Bir şeye yaramadı.	*Es hat nicht geholfen.*
bunu	*dieses* (Akk. von: *bu*)
buraya	*hierher*
çare	*der Ausweg, die Lösung*
E çare bulmak	*für ... einen Ausweg / eine Lösung finden*
dert(d)	*die Sorge(n), der Kummer*
dertli	*betrübt, voller Kummer; der Betrübte*
fakat	*aber*
geçenlerde	*neulich, vor kurzem*
hala	*immer noch*
henüz (+ Neg.)	*noch nicht*
Her gün doktora git gel.	etwa: *Jeden Tag rennst du zum Arzt.*
hoca	*der Hodscha, der geistliche Lehrer*
E İ inanmak	*jdm. etwas glauben*
kimse (+ Neg.)	*niemand*
kurşun döktürmek	*Blei gießen lassen*
kurşun	*das Blei*
Kusura bakmayın.	*Entschuldigen Sie.*
muska	*das Amulett*
nazar	*der böse Blick*
nazarlık	*der Talisman, das Amulett* (gegen den bösen Blick)
nazarlık takmak	*ein Amulett anstecken*
Ne yapacağım bilemiyorum.	*Ich weiß nicht, was ich machen soll.*
okutmak	*(vor)lesen lassen; hier: besprechen lassen, mit Zaubersprüchen behandeln lassen*
önce	*zuerst*
romatizma	*das Rheuma*
Romatizmalarım tuttu.	*Dann habe ich Rheuma gekriegt. / Dann hat das mit meinem Rheuma angefangen.*
sinirlenmek	*sich aufregen*
şu	*dieser, -e, -es*
şunu	*das, das da* (Akk. von: *şu*)
tutmak	hier: *anfangen*
yani	*das heißt, also*
E yaramak	*nützen, zu ... taugen, zu / für ... gut sein*
İ yazdırmak	*... schreiben lassen*

Vokabeln türkisch– deutsch

a **a** **a**	
abdest *(t)*	*(die rituelle Waschung)*
abdest almak	*(die rituelle Waschung vornehmen)*
abdest bozmak	*(den Zustand der rituellen Reinheit zerstören)*
abi	der (ältere) Bruder *(auch als Anrede für nicht verwandte Personen)*
abla	die (ältere) Schwester *(auch als Anrede für nicht verwandte Personen, z. B. eine Krankenschwester)*
acil servis	die Notaufnahme
aç *(ç)* *aç karnına*	hungrig *auf nüchternen Magen*
açık	offen
açmak *(İ)* *kapıyı açmak* *ağzını açmak* *radyoyu açmak*	... aufmachen, ... öffnen; *(Geräte/das Licht)* anmachen, anstellen, einschalten, anschalten *die Tür aufmachen* *den Mund aufmachen* *das Radio einschalten*
ad *Adın/Adınız ne?*	der Name, der Vorname *Wie heißt du/heißen Sie?*
adet *(t)* *adet olmak*	die Regel, die Monatsblutung *die Regel bekommen, die Monatsblutung bekommen*
adres *Adresin/Adresiniz ne?*	die Adresse *Wie ist deine/Ihre Adresse?*
aferin	bravo
affedersiniz	entschuldigen Sie
ağa	der Aga, der Großgrundbesitzer
ağız, ağz- *ağzını açmak*	der Mund *den/seinen Mund aufmachen*
ağlamak	weinen
ağrı *baş ağrısı* *diş ağrısı* *mide ağrısı* *hafif bir ağrı* *ağrı hisset(me)mek*	der Schmerz *die Kopfschmerzen* *die Zahnschmerzen* *die Magenschmerzen* *ein leichter Schmerz* *(keine) Schmerzen fühlen*
ağrı duygusu	das Schmerzempfinden
ağrı kesici	das Schmerzmittel
ağrımak *... ağrıyor mu?* *Nereniz ağrıyor?* *Her tarafım ağrıyor.*	wehtun, schmerzen *Tut ... weh?* *Wo tut es Ihnen weh?* *Mir tut alles weh.*

... ağrıyabilir. *Boğazınız ağrıyabilir.*	*Es ist möglich/kann sein, dass ... weh tut.* *Es ist möglich/kann sein, dass Ihnen der Hals weh tut.*
ağrısız	ohne Schmerzen, schmerzlos
ağustos (ayı)	der August
aile *Taş ailesi*	die Familie *die Familie Taş*
aile ferdi	das Familienmitglied
ak *(k)* *yumurta akı*	weiß *(in Zusammensetzungen)*; das Weiße *das Eiweiß*
akciğer *akciğerleri dinlemek*	die Lunge *die Lunge abhören*
akciğer iltihabı	die Lungenentzündung
akıl, akl-	der Verstand
akmak *Burnum akıyor.*	fließen; laufen *(Nase)* *Meine Nase läuft.*
akraba	der Verwandte
akşam *bu akşam* *iyi akşamlar (Begrüßung und Abschied)*	der Abend *heute Abend* *guten Abend*
alerji	die Allergie
alın, aln- *Alnım yanıyor.*	die Stirn *Meine Stirn ist heiß. (wörtlich: Meine Stirn brennt.)*
alışveriş yapmak	einkaufen, Einkäufe machen
alkol *(e/ü)*	der Alkohol
Allah *Allaha ısmarladık (sagt derjenige, der weggeht)* *Allah korusun* *Allaha şükür*	Allah *auf Wiedersehen* *etwa: Gott behüte, da sei Gott davor* *Gott sei Dank*
almak *bir araba almak* *nefes almak* *nefes alıp vermek*	nehmen; kaufen *ein Auto kaufen* *einatmen* *ein- und ausatmen*
Alman	der Deutsche
Almanca	Deutsch, auf Deutsch
Almanya	Deutschland
altı	sechs
altmış	sechzig
ama	aber
ambulans	die Ambulanz
amca	der Onkel *(väterlicherseits)*
ameliyat *(t)* *apandisit ameliyatı* *bir ameliyat geçirmek*	die Operation *die Blinddarmoperation* *eine Operation haben*
ameliyat çorabı	der OP-Strumpf
ameliyat etmek *(İ)* *çocuğu ameliyat etmek*	... operieren *das Kind operieren*

ameliyat günü	der OP-Tag; am OP-Tag
ameliyat olmak *(DEn)* *mideden ameliyat olmak* *Geçen sene burundan ameliyat oldum.*	an ... operiert werden *am Magen operiert werden* *Im letzten Jahr wurde ich an der Nase operiert.*
ameliyat salonu	der OP
ameliyat yeri	die OP-Wunde
ameliyathane	der OP
an *şu anda*	der Augenblick *im Augenblick, zur Zeit*
anestezist *(t)*	der Anästhesist
anlamak *Anlamadım.* *Anlayamadım./Anlıyamadım.* *Anladın/Anladınız mı?*	verstehen *Ich habe nicht verstanden.* *Ich habe nicht verstanden. (eigentl: „Ich konnte nicht verstehen.“ Man schreibt im Standard „Anl**a**yamadım.“, spricht aber in der Regel „Anl**ı**yamadım.“)* *Hast du/Haben Sie verstanden?*
anlatmak *(İ)* *çocuklara masal anlatmak* *Bu hapları nasıl alacağım? Bir daha anlatır mısınız?*	... erzählen; ... erklären *den Kindern Märchen/ein Märchen erzählen* *Wie soll ich diese Tabletten nehmen? Können Sie mir das noch einmal erklären?*
anneanne	die Großmutter *(mütterlicherseits)*
apandis	der Blinddarm
apandisit *(t)*	die Blinddarmentzündung
apandisit ameliyatı	die Blinddarmoperation
ara sıra	manchmal, ab und zu
araba	das Auto
aralık (ayı)	der Dezember
aramak *(İ)* *Ne arıyorsun? – Gözlüğümü arıyorum.*	... suchen *Was suchst du? – Ich suche meine Brille.*
arkadaş	der Freund, der Kollege
Aspirin	das Aspirin
aşağı yukarı	etwa, ungefähr
aşağıda	unten
aşı	die Impfung
aşı cüzdanı	der Impfpass
aşı defteri	der Impfpass
aşı olmak *E karşı aşı olmak* *Tetanoza karşı aşı oldunuz mu?*	geimpft werden *gegen ... geimpft sein/werden* *Sind Sie gegen Tetanus geimpft?*
atalar	die Vorfahren, die Ahnen
atasözü	das Sprichwort
ateş *yüksek ateş* *ateşi ölçmek* *Ateşim var.* *Yüksek ateşi var.*	das Fieber *hohes Fieber* *das Fieber messen* *Ich habe Fieber.* *Er hat hohes Fieber.*

Ateş bayağı düşmüş.	*Das Fieber ist (offenbar) tüchtig gefallen.*
avukat *(t)*	der Anwalt
Avusturya	Österreich
ay	der Monat
ayağa kalkmak	aufstehen
ayak	der Fuß
ayakkabı *ayakkabılarını giymek* *ayakkabılarını çıkarmak*	der Schuh *sich die Schuhe anziehen* *sich die Schuhe ausziehen*
aydın *günaydın*	hell *guten Morgen*
ayı	der Bär
ayrıca	außerdem
azalmak *Ağrılarınız azaldı mı?*	weniger werden, abnehmen *Haben Ihre Schmerzen abgenommen?*
b **b** **b**	
babaanne	die Großmutter *(väterlicherseits)*
bacak *bacağını kırmak*	das Bein *sich das Bein brechen*
bademcikler	die Mandeln *(= die Tonsillen)*
bağlı olmak *(E)* *Hangi sigortaya bağlısınız?*	mit ... verbunden sein; *auch:* bei ... versichert sein *Wo sind Sie versichert?*
bahçe	der Garten
bakmak *bak'im*	gucken, schauen *(umgangssprachliche, nicht-schriftsprachliche Form von „bakayım“ = „ich will mal sehen“; entspricht etwa dem deutschen „mal“ in „setz dich mal“, „komm mal“ etc.)*
bakteriyoloji	die Bakteriologie
balık	der Fisch
barsak/bağırsak	der Darm
basmak *(E)* *zile basmak*	auf ... drücken *klingeln*
baş *Başım dönüyor.*	der Kopf *Mir ist schwindlig.*
baş ağrısı	die Kopfschmerzen
baş dönmesi *Baş dönmesi olabilir.*	der Schwindel *Es ist möglich/kann sein, dass Schwindel auftritt.*
başka *Başka bir arzunuz var mı?*	*hier:* sonst (noch) *Haben Sie sonst noch einen Wunsch?*
başlamak *(E/DEn)* *ameliyata başlamak* *Sizden başlayalım.*	mit/bei ... anfangen *mit der Operation anfangen* *Fangen wir mal mit Ihnen an.*
batmak *(E)*	in ... eindringen

Ayağıma çivi battı.	*Ich bin in einen Nagel getreten.*
bayağı *Bayağı iyi Türkçe biliyor.* *Çocuk bayağı büyümüş.* *Hastanın kolu bayağı şişmiş.*	ziemlich, tüchtig *Er kann ziemlich gut Türkisch.* *Das Kind ist ziemlich/tüchtig gewachsen.* *Der Arm des Patienten ist ziemlich angeschwollen.*
bayan *Bayan Önder* *Bu bayan kim?*	die Frau *Frau Önder* *Wer ist diese Frau?*
bazen	manchmal
bazı *bazı durumlarda* *Bazı hastalar hiç Almanca bilmiyor.*	einige, manche *in einigen Fällen, in manchen Fällen, manchmal* *Einige/Manche Patienten können überhaupt kein Deutsch.*
bebek	der Säugling, das Baby
bebek odası	das Säuglingszimmer
bekar	ledig
beklemek *(İ)* *Doktoru bekliyoruz.*	auf ... warten *Wir warten auf den Arzt.*
bel *belden yukarı* *belden yukarı soyunmak*	die Taille *oberhalb der Taille* *den Oberkörper freimachen*
Belçika	Belgien
belge *belgeler*	das Dokument *die Unterlagen, die Dokumente*
belirti	das Symptom
belki	vielleicht
ben *beni (Akkusativ)* *bende (Lokativ)* *benden (Ablativ)* *bana (Dativ)* *benim (Genitiv)* *benimle*	ich *mich* *bei mir* *von mir* *mir, zu mir* *mein* *mit mir*
benzemek *(E)* *Çocuk annesine benziyor.* *uykuya benzeyen bir durum*	... ähneln *Das Kind ähnelt seiner Mutter.* *ein schlafähnlicher Zustand*
benzeri *benzeri bir ilaç*	ähnlich *ein ähnliches Medikament*
bereket *(t)*	der Segen
beri *(DEn) (Postposition)* *yarım saatten beri* *günlerden beri*	seit ... *seit einer halben Stunde* *seit Tagen*
beş	fünf
bevliye	die Urologie
bey *(dem Vornamen nachgestellt zur höflichen Anrede für Männer; der Angesprochene wird gesiezt: Ali Bey)*	der Herr

beyaz	weiß
beyin, beyn-	das Gehirn
beyin sarsıntısı *beyin sarsıntısı geçirmek*	die Gehirnerschütterung *eine Gehirnerschütterung haben*
biçim	die Form
bildirmek *(E İ)* *durumunu bildirmek*	jdm. etwas mitteilen *mitteilen/sagen, wie es einem geht*
bilgisayar	der Computer
bilgisayarlı tomografi	die computergestützte Tomographie
bilinç	das Bewusstsein
bilmek *(İ)* *Türkçe bilmek* *Bizden daha iyi biliyorsunuz.* *Ne yapacağım bilemiyorum.*	... wissen; können *Türkisch können* *Sie können es besser als wir. (i.S.: „Sie sprechen besser Türkisch als wir." – als Kompliment aufzufassen)* *Ich weiß nicht, was ich machen soll.*
bin	tausend
biyokimya	die Biochemie
bir *bir şey* *bir şey değil* *Bir şey olmaz.*	eins *etwas* *nichts zu danken* *etwa: Es passiert nichts (Schlimmes).*
bir daha *bir daha gelmek*	noch einmal *noch einmal kommen*
bir de	dann noch, zusätzlich, darüber hinaus
bir şey *bir şey (+ Neg.)* *hiç bir şey (+ Neg.)* *Bir şey yediniz mi?* *Bugün daha hiç bir şey yemedim.*	etwas *nichts* *überhaupt nichts, gar nichts* *Haben Sie (schon) etwas gegessen?* *Ich habe heute überhaupt noch nichts gegessen.*
biraz *Biraz bekler misiniz?*	etwas *(eine geringe Menge)* *Würden Sie etwas warten?*
biraz sonra	kurze Zeit später, kurz danach
birden	plötzlich
biri *İki çocuğum var. Biri kız, biri oğlan.*	einer/eine/eins *(von mehreren)* *Ich habe zwei Kinder. Ein Mädchen und einen Jungen.*
birkaç	einige
birlikte *birlikte getirmek* *çocuklarla birlikte*	zusammen, gemeinsam *mitbringen* *zusammen mit den Kindern*
bisiklet *(t)*	das Fahrrad
biz *bizi (Akk.)* *bizde (Lok.)* *bizden (Abl.)* *bize (Dat.)* *bizim (Gen.)*	wir *uns* *bei uns* *von uns* *uns, zu uns* *unser*

bizimle	*mit uns*
boğaz	der Hals, der Rachen
boğmaca	der Keuchhusten
bornoz	der Bademantel
boru *nefes borusu* *yemek borusu*	das Rohr, die Röhre *die Luftröhre* *die Speiseröhre*
boy *Boyun/Boyunuz kaç?* *Boyun/Boyunuz kaç santim?* *Boyun/Boyunuz ne kadar?*	die Statur, die Körpergröße *Wie groß bist du/sind Sie?* *Wie groß bist du/sind Sie?* *Wie groß bist du/sind Sie?*
boy abdesti	*(die rituelle Waschung nach einer großen Verunreinigung)*
boyun, boyn-	der Hals *(äußerlich)*
boyunca *bütün ameliyat boyunca*	während ..., im Verlauf ... *während der ganzen Operation, die ganze Operation über*
bozuk	kaputt
böbrek	die Niere
böbrek yetmezliği	die Niereninsuffizienz
bölüm *kadın bölümü*	die Abteilung *die Frauenabteilung*
böyle	so
bu *bunu (Akk.)*	dieser, -e, -es *diesen, -e, -es*
bu akşam	heute Abend
bu gece	heute Nacht
bu yana *(DEn)*	*(seit ...)* bis jetzt
buçuk	halb *(bei Angaben größer als 1)*
bugün	heute
bulanmak → *Mideniz bulanabilir.*	 *Es ist möglich/kann sein, dass Ihnen übel wird.*
bulaşıcı	ansteckend
bulaşık	der Abwasch, das schmutzige Geschirr
Bulgaristan	Bulgarien
bulmak *(İ)* *İ bulamadım* *Gözlüğümü bulamadım.*	... finden *ich konnte ... nicht finden* *Ich konnte meine Brille nicht finden.*
bulunmak *(DE)* *Hasta iki günden beri yoğun bakımda bulunuyor.*	sich in ... befinden, in ... sein *Der Patient ist/liegt seit zwei Tagen auf der Intensivstation.*
bulvar	der Boulevard *(größere innerstädtische Straße)*
bundan önce	vorher, zuvor
bundan sonra *Bundan sonra hiç alkol içmemelisiniz.*	danach, von jetzt an *Von jetzt an dürfen Sie keinen Alkohol trinken.*
bur(a)da	hier

burası *Burası acil servis mi?*	das hier *(dieser Ort, diese Stelle)* *Ist das hier die Notaufnahme?*
buraya *Buraya gelin!*	hierher *Kommen Sie hierher!*
burun, burn- *burundan nefes almak* *Burnum tıkalı.*	die Nase *durch die Nase atmen* *Meine Nase ist verstopft.*
buy(u)run *Buyrun, içeri gelin!*	bitte *(als Angebot; der Sprecher bietet etwas an - einen Sitzplatz, die Möglichkeit zu sprechen etc.)* *Bitte, kommen Sie herein!*
buzdolabı	der Kühlschrank
bütün *bütün gün*	ganz *den ganzen Tag*
büyük	groß
büyük abdest *(t)* *büyük abdeste çıkmak* *büyük abdest(ini) yapmak*	der Stuhlgang, das „große Geschäft“ *ein „großes Geschäft“ machen, Stuhlgang haben* *ein „großes Geschäft“ machen*
büyük abdest numunesi	die Stuhlprobe
büyük kirlenme	die „große Verunreinigung“
büyük tuvalet *(t)* *büyük tuvalet(ini) yapmak* *büyük tuvalete çıkmak*	das „große Geschäft“ *ein „großes Geschäft“ machen* *ein „großes Geschäft“ machen*
büyükanne	die Großmutter
büyükbaba	der Großvater
büyümek *Nerede büyüdünüz?* *Çocuk bayağı büyümüş.*	groß werden; aufwachsen *Wo sind Sie aufgewachsen/groß geworden?* *Das Kind ist aber groß geworden.*
c **c** **c**	
cad.	*Abkürzung für:* cadde
cadde	die Straße
can *Canı ... istemiyor.* *Canım ... istemiyor.*	das Leben; die Seele; die Lebenskraft *Er/Sie mag nicht ....* *Ich mag nicht ...*
cerrahiye	die chirurgische Abteilung
cihaz *işitme cihazı*	das Gerät, der Apparat *das Hörgerät*
cilt *(d)*	die Haut
cilt hastalıkları	die Hautkrankheiten
cilt hastalıkları bölümü	die Abteilung für Hautkrankheiten
cuma (günü)	der Freitag; am Freitag
cumartesi (günü)	der Samstag; am Samstag
cüzdan *aşı cüzdanı*	der Ausweis, die Urkunde *der Impfpass*
ç	

ç **ç**	
çabuk	schnell
çağırmak *(İ)* *doktoru çağırmak* *Daha doktor çağırmadık.*	... rufen *den Arzt rufen* *Wir haben noch keinen Arzt gerufen.*
çağrılmak *(Pass. von çağırmak)*	gerufen werden
çalışmak *Huzur evinde çalışıyor.* *Çalışmıyorum.*	arbeiten *Er arbeitet im Altersheim.* *Ich arbeite nicht.*
çalmak *(İ)* *Arabamı çaldılar.*	... stehlen *Sie haben mein Auto gestohlen.*
çamaşır *iç çamaşır*	die Wäsche *die Unterwäsche*
çare *E çare bulmak*	der Ausweg, die Lösung *für ... einen Ausweg/eine Lösung finden*
çarşamba (günü)	der Mittwoch; am Mittwoch
çarşı	der Markt
çay	der Tee
çekilmek	sich zurückziehen
çekilmek *(Pass. zu: çekmek)*	herausgezogen werden, herausgeholt werden
çekmek *(İ)* *İ yukarı çekmek*	... ziehen *... nach oben ziehen*
çene *panoramik çene röntgeni*	das Kinn; der Kiefer *die Panoramaaufnahme des Kiefers*
çeşit *(d)* *bir çeşit uyku hapı*	die Art, die Sorte *eine Art Schlaftablette*
çeyrek *5'e çeyrek var.* *5'i çeyrek geçiyor.*	das Viertel *Es ist Viertel vor 5.* *Es ist Viertel nach 5.*
çıkarılmak *(Pass. zu çıkarmak)*	herausgezogen/ herausgeholt werden *(Schlauch)*
çıkarmak *(İ)* *ayakkabılarını çıkarmak* *gözlüğünü çıkarmak* *saatini çıkarmak* *hortumu çıkarmak*	... ausziehen *(Kleidungsstücke)*, ... absetzen *(Brille)* ... herausholen, ... herausziehen *die/seine Schuhe ausziehen* *die/seine Brille absetzen* *die/seine Uhr ablegen* *den Schlauch herausziehen*
çıkmak *(DEn)* **çıkmak** *(E)* *evden çıkmak* *2'nci kata çıkmak*	aus ... rausgehen, aus ... verschwinden zu/nach/in ... hinaufgehen *aus dem Haus rauskommen/rausgehen* *in die 2. Etage gehen/fahren*
çiçek	die Blume; die Blüte
çiğnemek *(İ)* *hapı çiğnemek*	... kauen *die Tablette kauen*
çiş *çiş yapmak*	das Pipi *Pipi machen*

Çişim geldi.	*Ich muss Pipi machen.*
çivi	der Nagel *(nicht: der Finger-/Fußnagel)*
çocuk	das Kind
çocuk bölümü	die Kinderabteilung, die Kinderstation
çocuk doktoru	der Kinderarzt
çocuk felci	die Kinderlähmung
çocuk hastalığı	die Kinderkrankheit
çocuk hastanesi	das Kinderkrankenhaus
çocuk hemşiresi	die Kinderkrankenschwester
çocuk odası	das Kinderzimmer
çocuk sağlığı	die Gesundheit des Kindes
çocuk sağlığı ve hastalıkları mütehassısı	der Facharzt für (die Gesundheit des Kindes und) Kinderkrankheiten
çok *Çok parası var.* *Çok iyi Türkçe biliyor.*	viel; sehr *Er hat viel Geld.* *Er kann sehr gut Türkisch.*
çorap *ameliyat çorabı* *varis çorabı*	der Strumpf *der OP-Strumpf* *der Thrombosestrumpf*
d **d** **d**	
da, de	auch
daha *daha meşgul olmak* *daha iyi* *bizden daha iyi* *Bizden daha iyi biliyorsunuz.* *daha yüksek sesle konuşmak* *bir daha*	noch *(bes. zur Bildung des Komparativs)* *noch beschäftigt sein* *besser* *besser als wir* *Sie können es besser als wir. (i.S.: „Sie sprechen besser Türkisch als wir." – als Kompliment aufzufassen)* *lauter sprechen* *noch einmal*
daha *(+ Neg.)* *Daha gelmedi.*	noch nicht *Er ist noch nicht gekommen.*
daha önce	früher, zuvor
dahiliye	die Innere Abteilung
dakika *bir dakika*	die Minute *einen Moment, einen Augenblick*
damar *damardan ilaç vermek*	die Ader *über die Ader ein Medikament geben/zuführen*
damla	der Tropfen; die Tropfen *(zum Einnehmen)*
danışma	die Information *(als Ort),* die Auskunft *(als Ort)*
danışman	der Berater; derjenige, der Auskunft erteilt
dar	eng
daralmak *Nefesim daraldı.*	eng(er) werden *Ich hatte Atemnot.*
darlık	die Enge

nefes darlığı	*die Atemnot*
de, da *Ayşe de geldi.*	auch *Ayşe ist auch gekommen.*
dede	der Opa
defa *... defa*	das Mal *... mal*
defter *aşı defteri*	das Heft *der Impfpass*
değil *(Neg. der Kopula)*	nicht, kein
değil mi?	nicht wahr?
demek *Ne dedin/dediniz?* *... ne demek?* *„Deri" Amlanca ne demek?* *„Deri" Almanca „Haut" demek.*	sagen *Was hast du/haben Sie gesagt?* *Was bedeutet/heißt ...?* *Was heißt „deri" auf Deutsch?* *„Deri" heißt auf Deutsch „Haut".*
densitometri *kemik densitometrisi*	die Dichtemessung *die Knochendichtemessung*
depresyon	die Depression
derece	der Grad
derin *derin nefes almak* *derin bir uykuya dalmak*	tief *tief einatmen* *in einen tiefen Schlaf fallen*
dert *(d)*	die Sorge(n), der Kummer
dertli	betrübt, voller Kummer; der Betrübte
devamlı	ständig
dezenfekte etmek *(İ)* *yarayı dezenfekte etmek*	... desinfizieren *die Wunde desinfizieren*
dışarıda	draußen
dışarıya çıkmak	nach draußen gehen; *in einschlägigen Kontexten:* auf die Toilette gehen
dışkı	der Stuhl, der Kot
dışkı numunesi	die Stuhlprobe
difteri	die Diphtherie
dil *dil yarası*	die Zunge; die Sprache *(eine durch Worte hervorgerufene Verletzung)*
dinlemek *(İ)* *müzik dinlemek* *akciğerleri dinlemek*	... hören; ... (ab)hören *(Herz, Lunge)* *Musik hören* *die Lunge abhören*
diş *takma diş* *sallanan diş*	der Zahn *der künstliche Zahn, der Stiftzahn* *ein wackelnder Zahn*
diş ağrısı	die Zahnschmerzen
diş doktoru	der Zahnarzt
diş fırçası	die Zahnbürste
diş hekimi	der Zahnarzt
diş macunu	die Zahnpasta
diyalog *bir dahaki diyalog*	der Dialog *der nächste Dialog*

diz	das Knie
doğmak	geboren werden
doğmak *(DEn)* *Bu fikir nereden doğdu?*	aus ... entstehen *Wo kommt diese Idee/dieser Gedanke her?*
doğru *Doğru mu?*	richtig *Ist das richtig?*
doğru *(E)* *öğleye doğru* *İ aşağı doğru çekmek*	auf ... zu, in Richtung auf ... *gegen Mittag* *... nach unten ziehen*
doğum	die Geburt
doğum günü	der Geburtstag
doğum odası	der Kreißsaal
doğum salonu	der Kreißsaal
doğum tarihi	das Geburtsdatum
doğum ve kadın hastalıkları mütehassısı	der Facharzt für Geburt(shilfe) und Frauenkrankheiten
doğum yeri *Doğum yeriniz neresi?*	der Geburtsort *Wo sind Sie geboren?, Wo ist Ihr Geburtsort?*
doğumhane	der Kreißsaal
doksan	neunzig
doktor *çocuk doktoru* *diş doktoru* *kadın doktoru*	der Arzt *der Kinderarzt* *der Zahnarzt* *der Frauenarzt*
doktor muayenehanesi	die Arztpraxis
doktor tedavisi *doktor tedavisi görmek*	die ärztliche Behandlung *in ärztlicher Behandlung sein*
dokuz	neun
dolap *kilitli dolap*	der Schrank *ein verschließbarer/abschließbarer Schrank*
dolaşım *kan dolaşımı*	der Kreislauf, die Zirkulation *der Blutkreislauf*
domuz *domuz gribi*	das Schwein *die Schweinegrippe*
döndürmek *(İ E)* *başını sola döndürmek*	... nach/zu ... drehen *den/seinen Kopf nach links drehen*
dönmek *(E)* *Başım dönüyor.* *sağa dönmek*	sich nach/zu ... drehen/wenden *Mir ist schwindlig. (wörtl.: Mein Kopf dreht sich.)* *sich nach rechts drehen*
dört *(d)*	vier
dul	verwitwet; geschieden
durmak *Böyle dur.* *Böyle durun.* *Otobüs aniden durdu.*	(stehen)bleiben *Bleib so (stehen).* *Bleiben Sie so (stehen).* *Der Bus blieb plötzlich stehen/hielt plöztlich an.*

durum *duruma göre* *bazı durumlarda*	die Lage, die Situation, der Zustand *den Umständen entsprechend* *in einigen Fällen, in manchen Fällen, manchmal*
duş	die Dusche
duygu *ağrı duygusu*	die Empfindung; das Gefühl *das Schmerzempfinden*
duymak *(İ)* *Beni duyuyor musunuz?* *Duydunuz mu? Ali kaza yapmış.*	... hören *Hören Sie mich?* *Haben Sie gehört? Ali hatte einen Unfall.*
dün *düne göre*	gestern *verglichen mit gestern, im Vergleich zu gestern*
düşmek *(DEn)* *yere düşmek* *bisikletten düşmek* *Ateş düştü.* *Ateş bayağı düşmüş.*	fallen, hinfallen, von ... (herunter)fallen *hinfallen, auf die Erde fallen, auf den Boden fallen* *vom Fahrrad fallen* *Das Fieber ist gefallen.* *Das Fieber ist (offenbar) tüchtig gefallen.*
düzen	die Ordnung
düzenli (olarak)	regelmäßig
e **e** **e**	
ebe	die Hebamme
eczacı	der Apotheker
eczane	die Apotheke
efendim?	wie bitte?
eforlu EKG	das Belastungs-EKG
ehliyet *(t)*	der Führerschein
EKG (= EKaGe) *eforlu EKG*	das EKG *das Belastungs-EKG*
ekilmek *(E)*	*Pass. zu „ekmek“:* auf ... gestreut werden
ekim (ayı)	der Oktober
ekmek	das Brot
ekmek *(E İ)* *yemeğe tuz ekmek*	auf ... streuen *Salz auf das Essen streuen*
ekokardiyografi	die Echokardiographie
el	die Hand
elhamdülillah	Gott sei Lob und Preis
elli	fünfzig
emekli	der Rentner; in Rente, im Ruhestand
emmek *(İ)* *hapı emmek*	... lutschen *die Tablette lutschen*
en *en son* *en iyisi*	*(zur Bildung des Superlativs)* *allerletzt-* *am besten (von mehreren Möglichkeiten)*
erkek	der Mann; männlich
erkek okulu	die Jungenschule

erkekkardeş	der (jüngere) Bruder
erken	früh
erstesi sabah	der folgende/nächste Morgen; am folgenden/nächsten Morgen
Essen Üniversitesi	die Universität Essen
eş	der Partner; der Ehemann; die Ehefrau
eşofman	der Trainingsanzug
etki *narkoz etkisi ile*	die Auswirkung, der Einfluss *unter dem Einfluss der Narkose*
ev *gençlik evi*	das Haus; die Wohnung *das Jugendhaus*
ev kadını	die Hausfrau
ev tozu	der Hausstaub
evet	ja
evi toplamak	aufräumen
evlenmek *(ile)* *Ali Ayşe ile evlendi.*	... heiraten *Ali hat Ayşe geheiratet.*
evli *(ile)*	verheiratet mit ...
evlilik cüzdanı	die Heiratsurkunde
eylül (ayı)	der September
f **f** **f**	
fabrika	die Fabrik
fakat	aber
fakir	arm *(im Gegensatz zu „reich“)*; der Arme *(im Gegensatz zu „der Reiche“)*
fare	die Maus
felç *çocuk felci*	die Lähmung *die Kinderlähmung*
fena *Fenayım.*	schlecht, sehr/ziemlich schlecht *Es geht mir richtig schlecht., Es geht mir mies.*
fenalaşmak	sich schlecht(er) fühlen; sich verschlechtern
fındık	die Haselnuss
fırça *diş fırçası*	die Bürste *die Zahnbürste*
film	der Film; die Röntgenaufnahme
film çekmek	Röntgenaufnahmen machen
Finlandiya	Finnland
fitil	das Zäpfchen, das Suppositorium
form	das Formular
Fransa	Frankreich
g **g** **g**	

Galatasaray *Galatasaray Lisesi*	Galatasaray *(Stadtteil von Istanbul)* das Galatasaray-Gymnasium
galiba	offenbar
gebe *gebe kalmak*	schwanger *schwanger werden*
gebelik	die Schwangerschaft
gece *iyi geceler*	die Nacht *gute Nacht*
gece gündüz	Tag und Nacht
gece hemşiresi	die Nachtschwester
gecelik	das Nachthemd
geç kalmak	zu spät kommen, sich verspäten
geçe *(*zu: *geçmek)* *saat 5'i 10 geçe*	nach *(bei der Angabe der Uhrzeit)* *10 nach 5*
geçen sene	das vergangene Jahr; im vergangenen Jahr
geçenlerde	neulich, vor kurzem
geçirmek *(İ)* *beyin sarsıntısı geçirmek* *bir ameliyat geçirmek* *ağır bir hastalık geçirmek*	durchmachen *(eine Krankheit etc.)*, haben *(eine Krankheit)* *eine Gehirnerschütterung haben* *eine Operation haben* *eine schwere Krankheit* *haben/durchmachen*
geçmek *(DEn)* *Otobüs Diyarbakır'dan geçiyor.*	durch ... hindurchgegen/hindurchfahren *Der Bus fährt durch Diyarbakir.*
geçmek *(İ)* *geçen sene* *iyi geçmek* *normal geçmek* *Saat 1'i 10 geçiyor.* *Tatil çok çabuk geçti.*	vorbeigehen *(Zeit)*, vorübergehen; verlaufen;*(einen Zeitpunkt)* überschreiten *das vergangene Jahr; im vergangenen* *Jahr* *gut verlaufen* *normal verlaufen* *Es ist 10 nach 1.* *Der Urlaub ist sehr schnell* *vorbeigegangen.*
geçmiş olsun	gute Besserung *(wörtl.: „es möge vorbei sein"; breiter verwendet als im Deutschen, man kann für alle als unangenehm empfundenen Situationen wünschen, dass sie vorbei sein mögen)*
gelecek *gelecek hafta* *gelecek ay* *gelecek sene/yıl* *gelecek sefer* *gelecek sefere*	nächster, -e, -es, kommender, -e, -es *die nächste Woche; in der* *nächsten Woche* *der nächste Monat; im nächsten* *Monat* *nächstes Jahr; im nächsten Jahr* *das nächste Mal* *bis zum nächsten Mal*
gelmek *gelsin*	kommen *er/sie soll kommen*
genç *Daha gencim.*	jung; der Jugendliche *Ich bin noch jung.*

gençlik	die Jugend
gençlik evi	das Jugendhaus
geniş zaman	der Aorist, die „weite" Zeit
gerçekten *Bu konu gerçekten çok önemli.*	wirklich, tatsächlich *Dieses Thema ist wirklich sehr wichtig.*
gerek *gerek yok (E)* *Ameliyata gerek yok.*	die Notwendigkeit *... ist nicht nötig, zu ... besteht keine Notwendigkeit* *Eine Operation ist nicht notwendig.*
getirmek *(İ E)*	... zu ... (hin)bringen
girmek *(E)* *Ameliyathaneye girmek yasak.* *Girmek yasak.*	in ... (hinein)gehen, in ... eindringen *Es ist verboten, den OP zu betreten.* *Es ist verboten einzutreten. Eintritt verboten.*
gitmek	gehen; fahren
giyinmek *Yine giyinebilirsiniz.*	sich anziehen *Sie können sich wieder anziehen.*
giymek *(İ)* *gömleği/ ... giymek* *Bunları giyin.*	... anziehen *das Hemd/... anziehen* *Ziehen Sie das hier/diese Sachen an.*
gömlek	das Hemd, das Oberhemd
göre *(E)* *duruma göre* *Doktora göre ameliyata gerek yok.*	was ... anbetrifft, ... zufolge *den Umständen entsprechend, das kommt darauf an* *Dem Arzt zufolge ist keine OP notwendig.*
görmek *(İ)* *doktor tedavisi görmek*	... sehen *in ärztlicher Behandlung sein*
görüşmek *görüşürüz* *görüşmek üzere*	sich sehen, sich treffen *auf Wiedersehen* *auf Wiedersehen*
göstermek *(İ)* *dilini göstermek*	... zeigen *die Zunge zeigen*
götürmek *(İ E)* *hastayı ameliyathaneye götürmek*	jdn. zu/nach ... (hin)bringen *den Patienten in den OP bringen*
götürülmek *(E) (Pass. zu götürmek)*	zu/nach ... gebracht werden
göz *Gözlerim yaşarıyor.*	das Auge *Meine Augen tränen., Mir tränen die Augen.*
göz doktoru	der Augenarzt
gözlük *gözlük takmak* *gözlüğünü takmak* *gözlüğünü çıkarmak*	die Brille *eine Brille tragen* *sich die Brille aufsetzen* *die/seine Brille abnehmen*
gözlükçü	der Optiker
grip *domuz gribi* *grip olmak* *Gribim.* *Grip olmuşsunuz.*	die Grippe *die Schweinegrippe* *(die) Grippe haben* *Ich habe (die) Grippe.* *Sie haben (offenbar) (die) Grippe.*

grup *kan grubu*	die Gruppe *die Blutgruppe*
gusül	*(die religiöse Waschung nach einer großen Verunreinigung)*
güç	die Kraft
güçlü	stark, kräftig
güçsüz	kraftlos
güle güle *(sagt derjenige, der bleibt)*	auf Wiedersehen
gülmek *(E)*	über ... lachen
gün *günaydın* *iyi günler* *doğum günü* *günlerdir*	der Tag *guten Morgen* *guten Tag (Begrüßung und Abschied)* *der Geburtstag* *seit Tagen*
gündüz *gece gündüz* *Gece gündüz çalışıyor.*	am Tage *Tag und Nacht* *Er arbeitet Tag und Nacht*
güneş	die Sonne
güzel	schön
güzellik	die Schönheit
h **h** **h**	
haber	die Nachricht
haber vermek *(E)* *hastanın yakınlarına haber vermek*	... benachrichtigen *die Angehörigen des Patienten benachrichtigen*
hafif *hafif bir ağrı*	leicht *(bezogen auf das Gewicht)* *ein leichter Schmerz*
hafta *gelecek hafta*	die Woche *die nächste Woche; in der nächsten Woche*
hal *(i/e)*	der Zustand
hala	immer noch
halsiz	kraftlos, schwach
hamile *hamile kalmak*	schwanger *schwanger werden*
hamilelik	die Schwangerschaft
hangi	welcher, -e,-es
hanım *(dem Vornamen nachgestellt zur höflichen Anrede für Frauen; die Angesprochene wird gesiezt: Ayşe Hanım)*	die Dame
hap *(p)* *uyku hapı* *hapı çiğnemek* *hapı emmek*	die Tablette *die Schlaftablette* *die Tablette kauen* *die Tablette lutschen*
hareket *(t)*	die Bewegung
hareket etmek	sich bewegen
harf *harf harf söylemek*	der Buchstabe *buchstabieren*

hasta *şeker hastası*	krank; der Kranke, der Patient *der Diabetiker, der Zuckerkranke*
hasta alımı	die Patientenaufnahme
hasta jimnastiği	die Krankengymnastik
hastalanmak	krank werden, erkranken
hastalık *çocuk hastalığı* *kadın hastalıkları* *şeker hastalığı* *virüs hastalığı* *bulaşıcı bir hastalık*	die Krankheit *die Kinderkrankheit* *die Frauenkrankheiten* *der Diabetes, die Zuckerkrankheit* *die Viruserkrankung* *eine ansteckende Krankheit*
hastalık sigortası	die Krankenversicherung
hastane *çocuk hastanesi*	das Krankenhaus *das Kinderkrankenhaus*
hastane kütüphanesi	die Krankenhausbibliothek
hastanede yatmak *Hiç hastanede yattınız mı?*	im Krankenhaus liegen/sein *Haben Sie schon einmal im Krankenhaus gelegen?, Waren Sie schon einmal im Krankenhaus?*
hastaneye yatırılmak *(Pass. zu: yatmak)* *Ali dün hastaneye yatırıldı.*	ins Krankenhaus gebracht/eingeliefert werden *Ali wurde gestern ins Krankenhaus gebracht/eingeliefert.*
hastaneye yatırmak *(İ)* *Dün annemi hastaneye yatırdık.*	... ins Krankenhaus bringen, ... ins Krankenhaus einliefern *Gestern haben wir meine Mutter ins Krankenhaus gebracht.*
hatırlamak *(İ)* *Babamı hatırlamıyorum.* *Hatırlamıyorum.*	sich an ... erinnern *Ich erinnere mich nicht an meinen Vater.* *Ich erinnere mich nicht.*
havale	die Überweisung
havale etmek *(İ E)* *hastayı uzman doktora havale etmek*	jdn. an/zu ... überweisen *den Patienten an einen Facharzt überweisen*
havale kağıdı	die Überweisung *(das Formular)*
havlu	das Handtuch
hayır	nein
hayvan	das Tier
hayvan tüyü	das Tierhaar, die Tierhaare
hazırlamak *(İ)* *kahvaltıyı hazırlamak*	... vorbereiten, ... zubereiten *das Frühstück machen, das Frühstück zubereiten*
haziran (ayı)	der Juni; im Juni
hekim *diş hekimi*	der Arzt *der Zahnarzt*
hemen	sofort
hemşire *çocuk hemşiresi* *gece hemşiresi*	die Krankenschwester *die Kinderkrankenschwester* *die Nachtschwester*

henüz *(+ Neg.)* *Doktor henüz gelmedi.*	noch nicht *Der Arzt ist noch nicht gekommen.*
hep *Evde çocuklarla hep Türkçe konuşuyoruz.*	immer, ständig *Wir sprechen zu Hause mit den Kindern immer Türkisch.*
Heparin	das Heparin
hepatit *(t)*	die Hepatitis
hepsi	alle
her *her iki hortum* *her şey yolunda* *her zaman* *Her tarafım yanıyor.* *Her gün doktora git gel.*	jeder, -e, -es *beide Schläuche* *alles ist in Ordnung* *immer* *Ich glühe am ganzen Körper.* *etwa: Jeden Tag rennst du zum Arzt.*
herhalde	offenbar, wohl, wahrscheinlich
herhangi bir *Herhangi bir şey ister misiniz?* *herhangi bir (+ Neg.) ...* *Herhangi bir problem çıkmadı.*	irgend ein; irgend etwas *Haben Sie irgend einen Wunsch?, Möchten Sie irgend etwas?* *kein(e) (irgendwie gearteter,-e,-es) ...* *Es ist kein Problem aufgetreten., Es hat kein Problem gegeben.*
Hıristiyan	der Christ
hiç *Hiç hastanede yattınız mı?*	jemals, schon einmal *Haben Sie schon einmal im Krankenhaus gelegen?, Waren Sie schon einmal im Krankenhaus?*
hiç + Neg. *Hiç bir şey söylemedi.* *Hiç sormayın.*	*(„hiç" verstärkt die Negation)* *Er hat nichts/überhaupt nichts gesagt.* *etwa: Fragen Sie bloß nicht.*
his, hiss-	das Gefühl, die Empfindung
hissetmek *(İ)* *kendini iyi hissetmemek* *kendini kötü hissetmek* *ağrı hisset(me)mek* *Şimdi kendinizi nasıl hissediyorsunuz.*	... empfinden, ... fühlen *sich nicht gut fühlen* *sich schlecht fühlen* *(keine) Schmerzen fühlen/empfinden* *Wie fühlen Sie sich jetzt?*
hoca	der Hodscha, der geistliche Lehrer
hormon	das Hormon
hortum	der Schlauch
hoş *Hoşça kal.* *Hoşça kalın.*	angenehm *Mach's gut.* *Macht's gut.*
hoş bulduk	*obligatorische Antwort auf:* hoş geldin(iz)
hoş geldin(iz)	willkommen, herzlich willkommen
ı **ı** **ı**	
ışın	der Strahl
ışınlama	die Bestrahlung
i	

i **i**	
iç	das Innere
iç çamaşır	die Unterwäsche
iç hastalıkları	die inneren Krankheiten
iç hastalıkları bölümü	die Innere Abteilung
içeri	herein
içerik *mide içeriği*	der Inhalt *der Mageninhalt*
için *(Postposition)* *Ali için* *senin/sizin için* *Yardımınız için teşekkür ederim.*	für ... *für Ali* *für dich/Sie* *Vielen Dank für Ihre Hilfe.*
içki	das alkoholische Getränk
içmek *(İ)* *su içmek* *ilaç içmek* *sigara içmek* *içecek bir şey* *Çok içiyor.*	... trinken, einnehmen *(Medikamente)* *Wasser trinken* *ein Medikament (ein)nehmen,* *Medikamente (ein)nehmen* *rauchen* *etwas zu(m)Trinken* *Er trinkt viel.; Er säuft.*
idare	die Verwaltung
idrar	der Urin
idrar numunesi	die Urinprobe
iğne *E iğne yapmak*	die Nadel; die Spritze *jdm. eine Spritze geben*
iki	zwei
ilaç *ilaç içmek* *ilaç kullanmak* *ilaç yazmak*	das Medikament, die Medizin, die Arznei *ein Medikament (ein)nehmen,* *Medikamente (ein)nehmen* *Medikamente (ein)nehmen* *ein Medikament verschreiben*
ile *(Postposition)* *Ali ile* *araba ile* *az miktar su ile*	mit ... *mit Ali* *mit dem Auto* *mit wenig Wasser*
ilk *ilk defa* *ilk kez* *ilk sefer*	erst- *das erste Mal* *das erste Mal* *das erste Mal*
iltihap *akciğer iltihabı*	die Entzündung *die Lungenentzündung*
iltihaplanma	die Entzündung
imza	die Unterschrift
imzalamak *(İ)* *formu imzalamak* *şurayı imzalamak*	... unterschreiben *das Formular unterschreiben* *(das) hier unterschreiben*
inanmak *(E)* *Buna inanmıyorum.*	*(jdm.)(etwas)* glauben *Das glaube ich nicht.*

Size inanmıyorum.	*Ich glaube Ihnen nicht.*
ince *ince ünlü*	dünn; fein *vorderer Vokal*
inek	die Kuh
inek sütü	die Kuhmilch
İnsulin	das Insulin
İrlanda	Irland
ishal *(e/i)* *Arzu ishal.* *İshalim.*	der Durchfall *Arzu hat Durchfall.* *Ich habe Durchfall.*
isim, ism- *İsmin/İsminiz ne?*	der Name, der Vorname *Wie heißt du?/Wie heißen Sie?*
İspanya	Spanien
istemek *(İ)* *-mEk iste(me)mek*	wollen *(nicht) wollen*
istirahat *(t)*	die Erholung
istirahat etmek	sich erholen, sich ausruhen
İsveç *(ç)*	Schweden
İsviçre	die Schweiz
iş *Ne iş yapıyorsunuz?*	die Arbeit *Was machen Sie (beruflich)?, Was arbeiten Sie?*
işitme cihazı	das Hörgerät
işitmek *(İ)*	... hören
işlem	die Prozedur, das Verfahren
işsiz	arbeitslos
iştah	der Appetit
iştahsız	appetitlos
iştahsızlık	die Appetitlosigkeit
iyi *iyi akşamlar (Begrüßung und Abschied)* *iyi geceler* *iyi günler (Begrüßung und Abschied)* *iyi geçmek* *en iyisi* *bizden daha iyi* *İyiyim.* *İyi olmaya çalışıyorum.*	gut *guten Abend* *gute Nacht* *guten Tag* *gut verlaufen* *am besten (von mehreren Möglichkeiten)* *besser als wir* *Es geht mir gut.* *etwa: Ich gebe mir Mühe. (= Ich bemühe mich, es mir gut gehen zu lassen.)*
iyileşmek *Üzülmeyin, yakında iyileşeceksiniz.*	gesund werden *Machen Sie sich keine Sorgen, Sie werden bald wieder gesund.*
j **j** **j**	
jimnastik *hasta jimnastiği*	die Gymnastik *die Krankengymnastik*
jinekolog *(g)*	der Gynäkologe
k	

k **k**	
kaba	grob
kabakulak	der Mumps
kabız → *kabız olmak* *Kabızım.*	 *an Verstopfung leiden, Verstopfung haben* *Ich habe Verstopfung.*
kabızlık	die Verstopfung
kabine	die Kabine
kabul	das Einverständnis
kabul beyanı	die Einverständniserklärung
kaç *kaç tane?* *(onların) kaçı?* *Yaşın kaç?/Yaşınız kaç?* *Kaç yaşındasın/yaşındasınız ?* *Şehrin kod numarası kaç?* *Telefon numaran/Telefon numaranız kaç?* *Boyun/Boyunuz kaç?* *Kaç kilosun/kilosunuz?* *Kilon/Kilonuz kaç?* *Saat kaç?* *saat kaçta?*	wie viel *wie viele?, wie viel Stück?* *wie viele von ihnen?* *Wie alt bist du/sind Sie?* *Wie alt bist du/sind Sie?* *Wie ist die Vorwahl?* *Wie ist deine/Ihre Telefonnummer?* *Wie groß bist du/sind Sie?* *Wie schwer bist du/sind Sie? / Wie viel wiegst du/wiegen Sie?* *Wie schwer bist du/sind Sie? / Wie viel wiegst du/wiegen Sie?* *Wie spät ist es?* *wann?, um wie viel Uhr?*
kaçmak *(E)*	in ... eindringen, in ... hineingeraten
kadar *70 kadar var (auf die Frage nach dem Gewicht)*	etwa, ungefähr *so um die 70 (Kilo)*
kadar *(E)* *ameliyata kadar* *şimdiye kadar*	bis ... *bis zur Operation* *bisher, bis jetzt*
kadın *ev kadını*	die Frau *die Hausfrau*
kadın bölümü	die Frauenabteilung
kadın doğum bölümü	die Abteilung für Frauenheilkunde und Geburtshilfe
kadın doktoru	der Frauenarzt
kadın hastalıkları	die Frauenkrankheiten
kafeterya	die Cafeteria
kağıt *(d)* *havale kağıdı* *soru kağıdı*	das Papier *die Überweisung (das Formular)* *der Fragebogen*
kahvaltı *kahvaltıyı hazırlamak*	das Frühstück *das Frühstück machen/zubereiten*
kahve	der Kaffee
kaka *kaka yapmak*	das Aa Aa machen
kala *(zu: kalmak)*	vor *(bei der Angabe der Uhrzeit)*

saat 5'e 10 kala	*10 vor 5*
kaldırmak *(İ)* *bacağını kaldırmak* *Ağır bir şey kaldırdınız mı?*	... hochheben *das/sein Bein hochheben* *Haben Sie etwas Schweres (hoch)gehoben?*
kalın *kalın bir kitap*	dick; hinten *(hintere Vokale)* *ein dickes Buch*
kalkmak *ayağa kalkmak*	aufstehen *aufstehen*
kalmak	bleiben; sich aufhalten
kalp *(i/e)* *kalbim* *kalbi dinlemek* *kalbe giden yol*	das Herz *mein Herz* *das Herz abhören* *der Weg zum Herzen*
kalp pili	der Herzschrittmacher
kan	das Blut
kan almak	Blut abnehmen
kan dolaşımı	der Blutkreislauf
kan grubu	die Blutgruppe
kan nakli	die Bluttransfusion
kanama *Kanamam var.*	die Blutung *Ich habe Blutungen.*
kanamak	bluten
kapatmak *(İ)* *kapıyı kapatmak*	... schließen, ... zumachen *die Tür schließen, die Tür zumachen*
kapı	die Tür
kapsül	die Kapsel
kardeşler *erkekkardeş* *kızkardeş*	die (jüngeren) Geschwister *der (jüngere) Bruder* *die (jüngere) Schwester*
kardiyografi *ekokardiyografi*	die Kardiographie *die Echokardiographie*
karı	die Ehefrau, die Frau
karın, karn-	der Bauch
karışık	gemischt, durcheinander
karides	die Krabbe
karpuz	die Wassermelone
karşı *(E)* *E karşı aşı olmak*	gegen ... *gegen ... geimpft sein/werden*
kart *(t)* *kimlik kartı* *sigorta kartı*	die Karte *der Personalausweis* *die Versichertenkarte*
kasım (ayı)	der November; im November
kaşınmak	sich kratzen
kaşıntı	das Jucken, der Juckreiz
kat *(t)*	das Stockwerk, die Etage
katletmek *(İ)*	... ermorden
kaza *trafik kazası*	der Unfall *der Verkehrsunfall*

iş kazası	*der Arbeitsunfall*
kaza geçirmek *Geçen yıl Hasan ağır bir kaza geçirdi.*	einen Unfall haben *Hasan hatte letztes Jahr einen schweren Unfall.*
kedi	die Katze
kedi tüyü	das Katzenhaar
kelime	das Wort
kemik	der Knochen
kemik densitometrisi	die Knochendichtemessung
kendi- *kendini iyi hissetmemek* *kendini kötü hissetmek*	sich *(reflexiv)* *sich nicht gut fühlen* *sich schlecht fühlen*
kendiliğinden *Bu kaşıntınız kendiliğinden geçer.*	von allein, von selbst *Das Jucken geht von allein vorbei.*
kere *iki kere iki*	das Mal *zwei mal zwei*
kesmek *(İ)* *ekmek kesmek* *parmağını kesmek*	schneiden, ... abschneiden *Brot (ab)schneiden* *sich in den Finger schneiden*
kez *... kez*	das Mal *... mal*
kımıldamak	sich bewegen
kırılmak *Saat kırıldı.* *Bir dişi kırıldı.*	zerbrechen *Die Uhr ist zerbrochen.* *Ihm/Ihr ist ein Zahn abgebrochen.*
kırk	vierzig
kırmak *(İ)* *bacağını kırmak* *bardağı kırmak*	... (zer)brechen *sich das Bein brechen* *das Glas zerbrechen/kaputtmachen*
kısa *kısa sürede*	kurz *innerhalb kurzer Zeit*
kız	das Mädchen; die Tochter
kız adı	der Mädchenname
kız lisesi	das Mädchengymnasium
kızamık *kızamık geçirmek*	die Masern *(die) Masern haben*
kızamıkçık *kızamıkçık geçirmek*	die Röteln *(die) Röteln haben*
kızkardeş	die (jüngere) Schwester
ki *Çalışmıyorum ki.*	*hier*: doch, ja *(Appell an das Vorwissen des Hörers)* *Ich arbeite doch/ja nicht.*
kilit *(d)*	das Schloss
kilitli *kilitli dolap*	verschlossen, abgeschlossen; verschließbar, abschließbar *ein verschließbarer/abschließbarer Schrank*
kilo *Kaç kilosun/kilosunuz?*	das Kilo *Wie schwer bist du/sind Sie?, Wie viel*

Kilon/Kilonuz kaç?	*wiegst du/wiegen Sie?* *Wie schwer bist du/sind Sie?, Wie viel wiegst du/wiegen Sie?*
kim *Bu kim?* *kimin? (Gen.)* *Bu gömlek kimin?*	wer *Wer ist das?* *wessen* *Wem gehört dieses Hemd?, Wessen Hemd ist das?*
kimlik	die Identität; der Personalausweis (*kurz für: kimlik kartı)*
kimlik kartı	der Personalausweis
kimse *(+ Neg.)*	niemand
kir	der Schmutz
kirlenme *büyük kirlenme*	die Verunreinigung *die „große Verunreinigung"*
koca	der Ehemann, der Mann
kod numarası *Şehrin kod numarası kaç?*	die Vorwahl(nummer) *Wie ist die Vorwahl?*
kokmak	riechen; duften; stinken
kol	der Arm
kolay	leicht, einfach
kolonya	Kölnisch Wasser
koltuk	die Achsel
komşu	der Nachbar
kontaklens	die Kontaktlinse
kontrol *(e/ü)* *kontrole gelmek*	die Kontrolle *zur Kontrolle kommen*
kontrol edilmek *(Pass. zu kontrol etmek)*	kontrolliert werden
kontrol etmek *(İ)* *tansiyonu kontrol etmek*	... kontrollieren *den Blutdruck kontrollieren*
konuşma	das Gespräch
konuşmak *daha yüksek sesle konuşmak* *Türkçe/Almanca konuşmak*	sprechen *lauter sprechen* *Türkisch/Deutsch sprechen*
koridor	der Flur
korkmak *(DEn)*	Angst haben, sich fürchten vor ...
köpek	der Hund
kör	blind
kötü *kendini kötü hissetmek* *Kötüyüm.*	schlecht *sich schlecht fühlen* *Es geht mir schlecht.*
köy	das Dorf
krom	das Chrom
kulak *kabakulak*	das Ohr *der Mumps*
kulak, burun, boğaz bölümü	die Abteilung für Hals-, Nasen- und Ohrenerkrankungen
kullanmak *(İ)*	... verwenden, ... gebrauchen, ... benutzen

ilaç kullanmak	*Medikamente (ein)nehmen*
kurs *Türkçe kursu*	der Kurs *der Türkischkurs*
kurşun *kurşun döktürmek*	das Blei *Blei gießen lassen*
kuru	trocken
kusma	das Erbrechen
kusmak	erbrechen
kusura bakmayın	entschuldigen Sie
küçük *küçük abdest (t)*	klein das „kleine Geschäft"
küçük abdest *(t)* *küçük abdeste çıkmak* *küçük abdest(ini) yapmak* *küçüğe (= küçük abdeste) çıkmak*	*das „kleine Geschäft"* *ein „kleines Geschäft" machen* *ein „kleines Geschäft" machen* *ein „kleines Geschäft" machen*
küçük kirlenme	die „kleine Verunreinigung"
küçük tuvalet *(t)* *küçük tuvalet(ini) yapmak* *küçük tuvalete çıkmak*	das „kleine Geschäft" *ein „kleines Geschäft" machen* *ein „kleines Geschäft" machen*
külot *(t)*	der Schlüpfer
kütüphane *hastane kütüphanesi*	die Bibliothek *die Krankenhausbibliothek*
l **l** **l**	
laboratuvar	das Labor
lamba	die Lampe
lazım	nötig, notwendig
lazımlık	der Nachttopf
lens *lens takmak*	die Linse; die Kontaktlinse *Kontaktlinsen tragen*
lise *kız lisesi*	das Gymnasium *das Mädchengymnasium*
lütfen *Lütfen bana yardım eder misiniz?*	bitte *(der Sprecher bittet um etwas)* *Würden Sie mir bitte helfen?*
m **m** **m**	
maalesef	leider, bedauerlicherweise
macun *diş macunu*	die Paste *die Zahnpasta*
madenci	der Bergmann
malarya	die Malaria
mam(m)ografi	die Mammographie
mart *(t)* **(ayı)**	der März
masaj	die Massage
maşallah *(Ausdruck der Bewunderung; wörtlich: was Gott gewollt hat)*	großartig, wunderbar
mavi	blau

mayıs (ayı)	der Mai
memleket *(t)*	das Land; die Heimat
memnun	zufrieden
merhaba	hallo, guten Tag
merhem	die Salbe
merkez *tıp merkezi*	das Zentrum *das medizinische Zentrum*
Mersedes	der Mercedes
mersi	danke
meslek *Mesleğiniz ne?*	der Beruf *Was sind Sie von Beruf?*
meşgul *daha meşgul olmak* *Doktor daha meşgul.* *Telefon meşgul.*	beschäftigt; besetzt *noch beschäftigt sein* *Der Arzt ist noch beschäftigt.* *Das Telefon ist besetzt.*
metre	der Meter
meyve	das Obst
mezar	das Grab
mide *Midem bulanıyor.* *Midem yanıyor.* *Mideniz bulanabilir.*	der Magen *Mir ist/wird übel.* *Ich habe Sodbrennen.* *Es ist möglich/kann sein, dass Ihnen übel wird.*
mide ağrısı	die Magenschmerzen
mide bulantısı *Mide bulantısı olabilir.*	die Übelkeit *Es kann Übelkeit auftreten.*
mide içeriği	der Mageninhalt
mide suyu	der Magensaft
mide yanması *Bende mide yanması var.*	das Sodbrennen *Ich habe Sodbrennen.*
miktar *az miktar su*	das Quantum, die Menge *eine kleine Menge Wasser*
muayene	die Untersuchung
muayene etmek *(İ)* *hastayı muayene etmek*	... untersuchen *den Patienten untersuchen*
muayene odası	das Untersuchungszimmer, der Untersuchungsraum
muayenehane	die Praxis
muayene parası	die Paxisgebühren
muska	das Amulett
mübarek *mübarek ay*	gesegnet *der gesegnete Monat (= der Fastenmonat Ramadan)*
mühendis	der Ingenieur
Münih	München
Müslüman	der Moslem
mütehassıs *çocuk sağlığı ve hastalıkları mütehassısı*	der Fachmann, der Spezialist *der Facharzt für (die Gesundheit des Kindes und) Kinderkrankheiten*

doğum ve kadın hastalıkları mütehassısı *ortopedi ve travmatoloji mütehassısı*	*der Facharzt für Geburt(shilfe) und Frauenkrankheiten* *der Facharzt für Orthopädie und Traumatologie*
n **n** **n**	
nabız, nabz- *nabzı saymak*	der Puls *den Puls zählen*
nakil, nakl- *(e/i)* *kan nakli*	der Transport, die Beförderung *die Bluttransfusion*
namaz	das *(rituelle)* Gebet *(5-mal am Tag)*
namazlık	der Gebetsteppich
narkoz *tam narkoz*	die Narkose *die Vollnarkose*
narkoz doktoru	der Narkosearzt
narkoz ilacı	das Narkosemittel
nasıl *Nasılsın/Nasılsınız?* *Bu ilaç nasıl içilir?* *nasıl bir hastalık*	wie; was für ... *Wie geht es dir?/Wie geht es Ihnen?* *Wie nimmt man dieses Medikament?* *was für eine Krankheit*
nazar	der böse Blick
nazarlık *nazarlık takmak*	der Talisman, das Amulett *(gegen den bösen Blick)* *ein Amulett anstecken/tragen*
ne *ne zaman?* *Ne oldu?* *Nen/Neyin var?* *Nesi var?* *Neydi bilmiyorum.* *Ne iş yapıyorsunuz?*	was *wann?* *Was ist passiert?* *Was hast Du?/Was fehlt Dir?* *Was hat er?/Was fehlt ihm?* *Ich weiß nicht, was es war.* *Was machen Sie (beruflich)? Was arbeiten Sie?*
ne kadar	wie lange?; wie viel?
ne zaman	wann
neden	warum
nefes *Nefesim daraldı.* *Nefesim kesildi.*	der Atem; der Atemzug *Ich hatte Atemnot.* *Ich hatte Atemnot.*
nefes alıp vermek *Derin nefes alıp verin.* *Şimdi nefes alıp vermeyin.*	ein- und ausatmen *Atmen Sie tief ein und aus.* *Atmen Sie jetzt nicht.*
nefes almak *burundan nefes almak* *Derin nefes alın.*	atmen; einatmen *durch die Nase atmen* *Atmen Sie tief ein.*
nefes borusu	die Luftröhre
nefes daralması	die Atemnot
nefes darlığı	die Atemnot
nefes vermek	ausatmen

Şimdi nefes verin.	*Atmen Sie jetzt aus.*
nefesini tutmak *Şimdi nefesinizi tutun.*	den/seinen Atem anhalten *Halten Sie jetzt den Atem an.*
neler	was (alles)
nerede	wo
nereden	woher
neresi *Doğum yeriniz neresi?*	welcher Ort *Wo (= an welchem Ort) sind Sie geboren?*
nereye	wohin
nezle *nezle olmak*	der Schnupfen *Schnupfen haben*
niçin	warum
nihayet	endlich, schließlich
nikel	das Nickel
nine	die Oma
nisan (ayı)	der April
niye	warum
normal *(i/e)* *normal geçmek* *Ameliyat normal geçti.*	normal *normal verlaufen* *Die Operation ist normal verlaufen.*
Norveç *(ç)*	Norwegen
nöbetçi	Dienst habend
nöroloji	die Neurologie
numara *kod numarası* *telefon numarası*	die Nummer *die Vorwahl(nummer)* *die Telefonnummer*
numune *dışkı numunesi* *büyük abdest numunesi* *idrar numunesi*	die Probe, das Muster *die Stuhlprobe* *die Stuhlprobe* *die Urinprobe*
nükleer tıp	die Nuklearmedizin
o **o** **o**	
o *onu (Akk.)* *onun (Genitiv)*	er, sie, es *ihn* *sein, ihr (Singular)*
o zaman	dann
ocak (ayı)	der Januar
oda *çocuk odası* *muayene odası* *odayı toplamak*	das Zimmer *das Kinderzimmer* *das Untersuchungszimmer,* *der Untersuchungsraum* *das Zimmer aufräumen*
oğlan	der Junge
oğul, oğl-	der Sohn
oksijen	der Sauerstoff
okul *erkek okulu*	die Schule *die Jungenschule*

okumak *(İ)* *kitap okumak* *tıp okumak* *Hemşire ismini okuyor.*	... lesen; ... vorlesen; studieren *ein Buch/Bücher lesen* *Medizin studieren* *Die Schwester ruft ihn/sie auf.*
okutmak	(vor)lesen lassen; *hier*: besprechen lassen, mit Zaubersprüchen behandeln lassen
olmak *oldu* *olursa* *Ne oldu?*	sein; werden *okay, in Ordnung* *wenn ... gibt, wenn ... auftritt* *Was ist passiert?*
omuz	die Schulter
on	zehn
onlar *onların (Genitiv)*	sie (Plural) *ihr (Plural)*
onun için	deshalb, darum
operatör	der Chirurg
orada	da, dort
ortopedi	die Orthopädie
ortopedi ve travmatoloji mütehassısı	der Facharzt für Orthopädie und Traumatologie
otobüs	der Bus, der Autobus
oturmak *yatakta oturmak* *yatağa oturmak*	wohnen; sich hinsetzen; sitzen *auf dem Bett sitzen* *sich auf das Bett setzen*
otuz	dreißig
oynamak *dışarıda oynarken*	spielen; tanzen *als ... draußen spielte*
oynatmak *(İ)* *parmaklarını oynatmak*	... bewegen *die/seine Finger bewegen*
oyun	das Spiel
oyun oynamak	spielen *(eigentl.: Spiel spielen)*
ö **ö** **ö**	
öbür *öbürü* *İki kızım var. Biri mühendis, öbürü doktor.*	der/die/das andere *(bei einer Auswahl von Zweien)* *der/die/das andere (von beiden)* *Ich habe zwei Töchter. Eine ist Ingenieurin, die andere Ärztin.*
öbür gün	übermorgen
ödemek *(İ)* *muayene parası ödemek*	... zahlen/bezahlen *die Praxisgebühren bezahlen*
öğle	der Mittag
öğleden sonra	der Nachmittag; am Nachmittag
öğrenci *tıp öğrencisi*	der Schüler, der Student *der Medizinstudent*
öksürmek	husten
öksürük	der Husten
öksürük şurubu	der Hustensaft

öküz	der Ochse
ölçmek *(İ)* *ateşi ölçmek* *tansiyonu ölçmek*	... messen *das Fieber messen* *den Blutdruck messen*
ölçüm *yoğunluk ölçümü*	die Messung *die Dichtemessung*
önce *daha önce*	zuerst *früher, zuvor*
önceki *(DEn)* *ameliyattan önceki akşam*	der/die/das vor ... liegende ... *der Abend vor der Operation; am Abend vor der Operation*
önemli	wichtig
önlemek *(İ)* *kazayı önlemek*	... verhindern *den Unfall verhindern*
ördek	die Ente; die Ente *(zum Urinieren)*
örnek	das Beispiel
öyle	so
p **p** **p**	
pahalı	teuer
panoramik çene röntgeni	die Panoramaaufnahme des Kiefers
pantolon	die Hose
para	das Geld
park *(k)*	der Park
parmak	der Finger
parmak ucu	die Fingerspitze
pas	der Rost
pasaport *(t)*	der Pass
paslı	rostig
paşa	der General
pazar (günü)	der Sonntag; am Sonntag
pazartesi (günü)	der Montag; am Montag
peki *(der Sprecher deutet an, dass er ein Thema abschließen und zu einem neuen übergehen will)* *Peki, Ayşe Hanım. Şimdi giyinin.*	gut, na gut *Gut, Ayşe. Ziehen Sie sich jetzt an.*
pembe	rosa
Penisilin	das Penizillin
perşembe (günü)	der Donnerstag; am Donnerstag
pijama	der Schlafanzug, der Pyjama
pil *kalp pili*	die Batterie *der Herzschrittmacher*
pişirmek *(İ)*	... kochen
polen(ler)	die Polle(n)
Polonya	Polen
polyo	die Polio(myelitis)
porno	der Porno

Portekiz	Portugal
problem *Bir problem oldu mu?* *Herhangi bir problem çıkmadı.*	das Problem *Hat es ein Problem gegeben?/Ist ein Problem aufgetreten?* *Es ist kein Problem aufgetreten./Es hat kein Problem gegeben.*
protez *protez takmak* *protezini takmak*	die Prothese *ein künstliches Gebiss haben; eine Prothese tragen* *sich das Gebiss einsetzen*
pudra	der Puder
r **r** **r**	
radyo	das Radio
rahatsız	unwohl; krank
rakı	der Raki *(= hochprozentiger Anisschnaps)*
rapor *Size rapor yazayım mı?*	das ärztliche Attest; der Bericht *Soll ich Ihnen ein Attest schreiben?*
renk, reng-	die Farbe
renkli	farbig, bunt
renkli doppler ultrason	farbige Doppler-Sonographie
rica *Rica ederim.*	die Bitte *Nichts zu danken.*
Romanya	Rumänien
romatizma	das Rheuma
ruh	die Seele; die Psyche
ruh hastalığı	die Geisteskrankheit
ruh hastalıkları bölümü	die Psychiatrie *(als Ort)*
Rus	der Russe
s **s** **s**	
saat *(e/i; t)* *saat kaçta?* *yarım saat* *yarım saat sonra* *saatini çıkarmak* *Saat kaç?*	die Uhr; die Stunde *wann?/um wie viel Uhr?* *die halbe Stunde* *eine halbe Stunde später* *die/seine Uhr ablegen* *Wie spät ist es?*
sabah *yarın sabah* *ertesi sabah*	der Morgen; am Morgen *morgen früh* *der folgende/nächste Morgen; am folgenden/nächsten Morgen*
sabahlık	der Morgenmantel
sabun	die Seife
saç *(ç)*	das Haar
sağ *sağa dönmek* *sağ kol*	rechter, -e, -es; rechts; gesund; unversehrt *sich nach rechts drehen* *der rechte Arm*

sağ ol/sağ olun	*danke (dir)/danke (euch/Ihnen)*
sağlık	die Gesundheit
saklamak *(İ DE)*	... in ... aufheben/aufbewahren
salı (günü)	der Dienstag; am Dienstag
salınmak *(Pass. zu salmak)*	eingeführt werden *(Schlauch)*
sallanmak *sallanan diş*	wackeln *ein wackelnder Zahn*
salmak *(İ)*	... herunterlassen; ... einführen
sana *(Dativ)* *Sana ne?*	dir *Was geht dich das an?*
sancı	die Wehe; der kolikartige Schmerz
saniye	die Sekunde
sanmak *Sanırım ...* *Sanırım yarın gelemeyeceğim.* *Sanırım bu konuda haklısınız.*	glauben, meinen, vermuten *Ich glaube ..., Ich meine ...* *Ich glaube, ich kann morgen nicht kommen.* *Ich glaube/vermute, da haben Sie recht.*
santim	der Zentimeter
sarı	gelb
sarılık	die Gelbsucht
sayfa	die Seite *(in einem Buch etc.)*
saymak *(İ)* *nabzı saymak*	... zählen *den Puls zählen*
sefer *... sefer*	das Mal *... mal*
sekiz	acht
seksen	achtzig
selam *selamun aleyküm* *(ve aleyküm selam)*	der Gruß; guten Tag *Friede sei mit Euch (religiöse Grußformel)* *(obligatorische Antwort auf „selamun aleyküm")*
selamlamak *(İ)*	... begrüßen
sen *senin (Genitiv)*	du *dein*
sene	das Jahr
ses *yüksek sesle* *daha yüksek sesle konuşmak*	die Stimme *laut, mit lauter Stimme* *lauter sprechen*
sığmak *(E)*	in ... hineinpassen, in ... hineingehen
sık sık	oft, häufig
sıra *Sıra kimde?* *Sıra sende/sizde.* *Sıra bende.*	die Reihe *Wer ist dran?* *Du bist an der Reihe./Sie sind an der Reihe.* *Ich bin dran./Ich bin an der Reihe.*
sırt *(t)* *sırt üstü yatmak*	der Rücken *(oberer Teil)* *sich auf den Rücken legen*
sigara *sigara içmek*	die Zigarette *rauchen*

sigorta *hastalık sigortası*	die Versicherung *die Krankenversicherung*
sigorta kartı	die Versichertenkarte
sigortalı *Sigortalı mısınız?*	versichert *Sind Sie versichert?*
sinirlenmek	sich aufregen
sintigrafi	die Szintigraphie
siz *sizin (Genitiv)*	Sie/ihr *Ihre/eure*
sol *sola dönmek* *sol kol*	linker, -e, -es; links *sich nach links drehen* *der linke Arm*
solunum	die Atmung
solunum yolları	die Atemwege
son *son zamanlarda*	letzt-; das Ende *in der letzten Zeit*
sonografi	die Sonographie
sonra *(DEn)* *biraz sonra* *yarım saat sonra* *bundan sonra*	dann; danach, nach, nachher, später *kurze Zeit später, kurz danach* *eine halbe Stunde später* *danach, von jetzt an*
sonunda *(-(n)İn)* *bu işlemin sonunda*	nach ... *nach dieser Prozedur*
sormak *(E)* *ebeye sormak* *Sana bir şey sorabilir miyim?* *Hiç sormayın.*	... fragen *die Hebamme fragen* *Kann ich dich etwas fragen?* *etwa: Fragen Sie bloß nicht.*
soru	die Frage
soru kağıdı	der Fragebogen
soru sormak *(E)*	jdn. etwas fragen, jdm. Fragen stellen
soyadı	der Familienname
soyunmak	sich ausziehen
sömestir	das Semester
söylemek *harf harf söylemek*	sagen *buchstabieren*
söz *atasözü*	das Wort, der Ausspruch *das Sprichwort*
sprey	der/das Spray
su *(Gen.: suyun; Poss.: suyu)* *mide suyu*	das Wasser; der Saft *der Magensaft*
su çiçeği	die Windpocken
sucuk	die Wurst, die Knoblauchwurst
sulamak *(İ)*	... bewässern
sutyen	der BH, der Büstenhalter
süre *uzun süre* *kısa sürede*	die Dauer, die Zeitspanne *lange (Zeit)* *innerhalb kurzer Zeit*
sürekli	ständig
sürgü	die Bettpfanne

sürmek *Ameliyat ne kadar sürer?*	dauern *Wie lange wird die OP dauern?*
sürmek *(E İ)* *yaraya merhem sürmek*	... auf ... auftragen *Salbe auf die Wunde auftragen*
süt *(t)* *inek sütü*	die Milch *die Kuhmilch*
ş **ş** **ş**	
şahane	großartig, toll
şehir, şehr-	die Stadt
şeker	der Zucker
şeker hastalığı	der Diabetes, die Zuckerkrankheit
şeker hastası	der Diabetiker, der Zuckerkranke
şey *bir şey* *herhangi bir şey* *Bir şey değil.* *Bir şey olmaz.*	die Sache, die Angelegenheit *etwas* *irgend etwas* *Nichts zu danken.* *etwa: Es passiert nichts (Schlimmes).*
şey *Bana o şeyi verir misin?* *Unuttum, şey ...*	die Sache, das Ding; *Füllwort:* „also, äh" *Kannst du mir das da mal geben?* *Ich habe es vergessen, äh ...*
şikayet *(t)* *Şikayetiniz ne?*	die Beschwerde(n) *Was haben Sie für Beschwerden?*
şimdi	jetzt
şimdilik	einstweilen, vorläufig
şimdiye kadar	bisher, bis jetzt
şiş	dick, geschwollen
şişe	die Flasche
şişlik *ayak şişliği* *bacak şişliği*	die Schwellung *die Schwellung der Füße* *die Schwellung der Beine*
şişmek	schwellen, anschwellen, dick werden
şoför *taksi şoförü*	der Fahrer *der Taxifahrer*
şöyle	so
şöyle böyle	nicht besonders; mittelmäßig; so leidlich
şu *şunu (Akk.)*	der (da), die (da), das (da) *den (da), die (da), das (da)*
şu anda	im Augenblick, zur Zeit
şubat *(t)* **(ayı)**	der Februar
şur(a)da	da
şuraya *Şuraya oturun.*	da hin *Setzen Sie sich da hin.*
şurup *öksürük şurubu*	der Saft, der Sirup *der Hustensaft*
t **t**	

t	
tabii, tabii ki *Tabii ki doktora gittim.*	natürlich *Natürlich bin ich zum Arzt gegangen.*
taburcu olmak *(DEn)* *hastaneden taburcu olmak*	aus ... entlassen werden *aus dem Krankenhaus entlassen werden*
tahlil	die Analyse
takma *takma diş*	künstlich *der künstliche Zahn, der Stiftzahn*
takma saç *(ç)*	die Perücke
takmak *(İ E)* *gözlük takmak* *yüzük takmak* *işitme cihazı takmak* *lens takmak* *protez takmak*	... an ... befestigen, *eine Brille tragen/aufsetzen* *einen Ring anstecken* *ein Hörgerät einsetzen/haben* *Kontaktlinsen tragen* *eine Prothese haben/tragen*
taksi	das Taxi
taksi şoförü	der Taxifahrer
tam *tam saat 1'de* *tam bilmemek*	vollständig, genau *genau um 1 Uhr* *es nicht genau wissen*
tam narkoz	die Vollnarkose
tamam	fertig, okay
tane *kaç tane?*	das Stück *wie viele?, wie viel Stück?*
tansiyon *yüksek tansiyon* *düşük tansiyon*	der Blutdruck *der Bluthochdruck, der hohe Blutdruck* *der niedrige Blutdruck*
tansiyonu ölçmek *Tansiyonunuzu ölçmek istiyorum.*	den Blutdruck messen *Ich möchte Ihren Blutdruck messen.*
taraf *Her tarafım ağrıyor.*	die Seite *Mir tut alles weh.*
tarafından *Dr. Müller tarafından ameliyat olmak*	von ... *(Agensphrase im Passiv)* *von Dr. Müller operiert werden*
tarak	der Kamm
tarif etmek *(İ)* *yolu tarif etmek*	... erklären, ... beschreiben *den Weg beschreiben*
tarih *doğum tarihi*	das Datum *das Geburtsdatum*
tatlı	süß; die Süßigkeit; die Süßspeise
tedavi	die Behandlung
tehlike	die Gefahr
tehlikeli	gefährlich
tekrar *tekrar gelmek*	noch einmal *noch einmal kommen*
tekrarlamak *(İ)* *soruyu tekrarlamak*	... wiederholen *die Frage wiederholen*
telefon	das Telefon
telefon etmek *(E)* *Bize yarın telefon edin.*	jdn. anrufen, bei jdm. anrufen *Rufen Sie uns morgen an.*

telefon numarası *Telefon numaran/Telefon numaranız kaç?*	die Telefonnummer *Wie ist deine/Ihre Telefonnummer?*
televizyon	der Fernseher
temizlemek *(İ)*	... säubern, ... reinigen
temmuz (ayı)	der Juli
terlemek	schwitzen
terlik	der Hausschuh
termin *Termininiz var mı?*	der Termin *Haben Sie einen Termin?*
tesbih	die Gebetskette
teskin etmek *(İ)* *teskin edici hap*	... beruhigen *das Beruhigungsmittel*
teşekkür *teşekkürler* *teşekkür ederim*	der Dank *vielen Dank* *danke (= ich danke)*
tetanoz	der Tetanus, der Wundstarrkrampf
Tetrasiklin	das Tetracyclin
tıbbi	medizinisch
tıkalı *burnum tıkalı*	verstopft *meine Nase ist verstopft*
tıp *(bb)* *nükleer tıp*	die Medizin *(das Fach)* *die Nuklearmedizin*
tıp merkezi	das medizinische Zentrum
tıp öğrencisi	der Medizinstudent
titreme	das Zittern
titremek *Ellerim titriyor.*	zittern *Meine Hände zittern.*
tiyatro	das Theater
TL (Türk lirası)	die Türkische Lira
tomografi *bilgisayarlı tomografi*	die Tomographie *die computergestützte Tomographie*
toplamak *(İ)* *para toplamak* *evi toplamak*	... einsammeln; ... aufräumen *Geld einsammeln* *aufräumen*
toz *ev tozu*	der Staub *der Hausstaub*
trafik	der Verkehr
trafik kazası	der Verkehrsunfall
traktör	der Traktor, der Trecker
travmatoloji	die Traumatologie
tropik	tropisch
tropik ülkeler	die tropischen Länder
tutmak *(İ)* *Çocuğu sıkı tutun.* *nefesini tutmak* *Sonra romatizmalarım tuttu.*	... halten, ... festhalten *Halten Sie das Kind gut fest.* *den Atem anhalten* *Dann habe ich Rheuma gekriegt.*
tuvalet *(t)* *tuvalete çıkmak* *Tuvaletim geldi.*	die Toilette *auf die Toilette gehen* *Ich muss auf die Toilette.*

tuz	das Salz
tükürük	der Speichel
Türk *(k)*	der Türke
Türk lirası (TL)	Türkische Lira
Türkçe	Türkisch, auf Türkisch
Türkçe kursu	der Türkischkurs
Türkiye	die Türkei
u **u** **u**	
uç *parmak ucu*	die Spitze, das äußere Ende *die Fingerspitze*
ultrason(ografi)	der Ultraschall
unutmak *(İ)*	... vergessen
uyanmak	aufwachen
uyku *uykuya dalmak* *derin bir uykuya dalmak*	der Schlaf *einschlafen* *in einen tiefen Schlaf fallen*
uyku hapı	die Schlaftablette
uykusuz	schlaflos
uykusuzluk	die Schlaflosigkeit
uyumak	schlafen, einschlafen
uyuşturucu	die Droge, das Rauschgift, das Betäubungsmittel
uzman *üroloji uzmanı* *çocuk hastalıkları uzmanı* *dil uzmanı*	der Fachmann, der Spezialist *der Urologe* *der Facharzt für Kinderkrankheiten* *der Sprachwissenschaftler*
uzun *uzun süre*	langer, -e, -es; lang *lange (Zeit)*
ü **ü** **ü**	
üç *(ç)*	drei
ülke *tropik ülkeler*	das Land *die tropischen Länder*
ümit *(d)*	die Hoffnung
üniversite	die Universität
üroloji	die Urologie
üroloji uzmanı	der Urologe
üst *(t)* *(n)İn üstünü çıkarmak*	das Obere, der obere Teil *jdn. ausziehen*
üşümek	frösteln, frieren
ütülemek *(İ) (immer mit Objekt)* *gömleği ütülemek*	... bügeln *das Hemd bügeln*
üzülmek *(E)* *Buna üzülüyor.*	über ... traurig sein *Er ist darüber traurig.*
v **v**	

v	
vallahi	bei Gott
varis	die Krampfader
varis çorabı	der Thrombosestrumpf
ve	und
vermek *nefes vermek* *Şimdi nefes verin.*	geben *ausatmen* *Atmen Sie jetzt aus.*
virgül	das Komma
virüs	das/der Virus
virüs hastalığı	die Viruserkrankung
vizite	die Visite
vücut *(d)*	der Körper
y y y	
ya *Ali 7 yaşında. – Ya Hasan?*	und *(einleitend in Parallelfragen)* *Ali ist 7 Jahre alt. – Und Hasan?*
yakalamak *(İ)*	... fangen
yaklaşık olarak	etwa, ungefähr
yan *... yanınızda mı?* *Sigorta kartınız yanınızda mı?* *... yanımda değil.* *Sigorta kartım yanımda değil.*	die Seite *Haben Sie ... bei sich?* *Haben Sie Ihre Versichertenkarte dabei?* *Ich habe ... nicht dabei.* *Ich habe meine Versichertenkarte nicht dabei.*
yan*(-Poss.-Dat.)* **gelmek** *Yanıma gel.* *Yanımıza gel.*	zu ... kommen *Komm zu mir.* *Komm zu uns.*
yan*(-Poss.-Abl.)* **geçmek** *Ali yanımdan geçti.*	an ... vorbeigehen/vorbeifahren *Ali ist an mir vorbeigegangen/ vorbeigefahren.*
yani	das heißt, also
yanma	das Brennen
yanmak *Alnım yanıyor.*	brennen; glühen *Meine Stirn ist heiß/glüht.*
yapılmak (*Pass. zu yapmak)*	gemacht werden
yapmak *(E İ)* *E iğne yapmak* *Ne iş yapıyorsunuz?*	... machen *jdm. eine Spritze geben* *Was machen Sie (beruflich)?, Was arbeiten Sie?*
yara *dil yarası*	die Wunde *(eine durch Worte herbeigeführte Verletzung)*
yaralanmak *Merdivenden düşüp ağır yaralanmış.*	sich verletzen *Er ist von der Treppe gefallen und hat sich schwer verletzt.*
yaramak *(E)* *bir şeye yaramamak*	nützen, zu ... taugen, zu/für ... gut sein *nicht nützen, nicht helfen*

yarım *yarım saat* *yarım saat sonra* *yarım kilo*	halb *(= 0,5)* *die halbe Stunde* *eine halbe Stunde später* *ein halbes Kilo*
yarın	morgen
yarın sabah	morgen früh
yasak *Girmek yasak.*	verboten *Es ist verboten einzutreten./Eintritt verboten.*
yaş *Yaşın/Yaşınız kaç?* *Kaç yaşındasın/yaşındasınız?*	das (Lebens-)Alter *Wie alt bist du/sind Sie?* *Wie alt bist du/sind Sie?*
yaşamak	leben
yaşarmak *Gözlerim yaşarıyor.*	tränen *Meine Augen tränen.*
yaşlı	alt, betagt
yatağa yatmak *Hemen yine yatağa yatın.* *Git, hemen yatağa yat.*	sich ins Bett legen, schlafen gehen *Legen Sie sich sofort wieder ins Bett.* *Geh, leg dich sofort ins Bett.*
yatak	das Bett
yatmak *yatakta yatmak* *yatağa yatmak* *yatmadan önce*	liegen; sich (hin)legen *im Bett liegen* *sich ins Bett legen* *vor dem Schlafengehen*
yavaş	langsam
yavru	das Junge *(von Tieren)*
yavrum *(häufige Anrede für Kinder)*	mein Kleiner, meine Kleine
yaygın	verbreitet
yaz	der Sommer
yazdırmak *(İ)*	... schreiben lassen
yazmak *(İ)* *ilaç yazmak*	... schreiben; ... verschreiben *(Medikamente)* *ein Medikament verschreiben*
yedi	sieben
yemek *Yemek çok güzeldi.*	das Essen *Das Essen war sehr gut.*
yemek borusu	die Speiseröhre
yemek pişirmek	Essen kochen
yemek yemek *Bugün saat 5'te yemek yedik.*	etwas essen *(wörtl.: Essen essen)* *Heute haben wir um 5 Uhr gegessen.*
yeni	neu
Yeni Çarşı Cad. (Caddesi)	die Yeni Çarşı-Straße
yeniden	erneut, wieder
yer *doğum yeri* *ameliyat yeri*	der Ort, der Platz, die Stelle *der Geburtsort* *die OP-Wunde*
yere düşmek *Çocuk yere düştü.*	hinfallen, auf die Erde fallen, auf den Boden fallen *Das Kind ist hingefallen.*

Bardak yere düştü.	*Das Glas ist auf den Boden gefallen/runtergefallen.*
yeşil	grün
yetmek *(E)*	zu/für ... reichen, zu/für ... ausreichen
yetmezlik *böbrek yetmezliği*	das Nicht-Ausreichen *die Niereninsuffizienz*
yetmiş	siebzig
yıkamak *(İ)* *hastayı yıkamak* *ellerini yıkamak* *çamaşırı yıkamak*	... waschen *den Patienten waschen* *sich die Hände waschen* *(die) Wäsche waschen*
yıl *hangi yılda?*	das Jahr *in welchem Jahr?*
yine	wieder
yine de *Çok hasta. Yine de doktora gitmiyor.*	trotzdem *Er ist sehr krank. Trotzdem geht er nicht zum Arzt.*
yirmi	zwanzig
yiyecek	die Nahrung; das Lebensmittel
yoğun	dicht
yoğun bakım	die Intensivstation
yoğunluk	die Dichte
yoğunluk ölçümü	die Dichtemessung
yol *yolu tarif etmek* *solunum yolları* *kalbe giden yol* *her şey yolunda*	der Weg *den Weg beschreiben* *die Atemwege* *der Weg zum Herzen* *alles ist in Ordnung*
yollamak *(İ)* *mektup yollamak*	... schicken *einen Brief schicken*
yorgun *Çok yorgunum.*	müde *Ich bin sehr müde.*
yorulmak *Bugün çok çalıştım, yoruldum.*	ermüden, müde werden *Heute habe ich sehr viel gearbeitet, ich bin ganz erschöpft.*
yukarı çekmek *(İ)*	... nach oben ziehen
yumruk *yumruk yapmak*	die Faust *eine Faust machen*
yumurta	das Ei
yumurta akı	das Eiweiß
Yunanistan	Griechenland
yutkunma zorluğu *yutkunma zorluğu çekmek* *Yutkunma zorluğu çekebilirsiniz.*	die Schluckbeschwerden *Schluckbeschwerden haben* *Es ist möglich/kann sein, dass Sie Schluckbeschwerden bekommen.*
yutkunmak	schlucken *(nicht: etwas schlucken)*
yutmak *(İ)* *hapı yutmak*	... schlucken, ... runterschlucken *die Tablette (runter)schlucken*
yuvarlak	rund

yüksek *yüksek ateş* *yüksek tansiyon*	hoch *hohes Fieber* *der Bluthochdruck, der hohe Blutdruck*
yüksek sesle *yüksek sesle konuşmak*	laut, mit lauter Stimme *laut/mit lauter Stimme sprechen*
yüksek tansiyon	der Bluthochdruck
yükselmek	steigen, ansteigen
yürümek	gehen, marschieren
yüz *yüz üstü yatmak*	das Gesicht; hundert *sich auf den Bauch legen*
yüzük	der Ring, der Fingerring
z **z** **z**	
zaman *ne zaman?* *son zamanlarda*	die Zeit *wann?* *in der letzten Zeit*
zararlı *(E)* *Sigara sağlığa zararlı.*	für ... schädlich *Rauchen ist schädlich für die Gesundheit.*
zavallı	arm, bedauernswert
zengin	reich
zil *zile basmak*	die Klingel *klingeln*
zina	der Ehebruch
zina etmek	Ehebruch begehen
ziyaret *(t)* *ziyarete gelmek* *Dün annem ziyarete geldi.*	der Besuch *zu Besuch kommen* *Gestern ist meine Mutter zu Besuch gekommen.*
ziyaretçi *Ziyaretçi geldi mi?* *Bugün çok ziyaretçim geldi.*	der Besucher *Haben Sie (schon) Besuch bekommen?* *Ich hatte heute viel Besuch.*
ziyaretçi tuvaleti	die Besuchertoilette
zor *Türkçe zor mu?* *zor oluyor* *zorla*	schwer, schwierig; der Zwang, die Gewalt *Ist Türkisch schwer?* *es ist schwierig* *mit Zwang, mit Gewalt*
zorlanmak *Tuvalete çıkarken zorlanıyorum.*	Probleme haben *Wenn ich zur Toilette gehe, habe ich Probleme.*
zorluk *zorluk çekmek*	die Schwierigkeit *Schwierigkeiten haben*

Vokabeln deutsch – türkisch

a **a** **a**	
Aa *(n)* Aa machen	kaka *kaka yapmak*
ab und zu	ara sıra
abbrechen *(Zahn)* *Ihm/Ihr ist ein Zahn abgebrochen.*	kırılmak *Bir dişi kırıldı.*
Abend *(m)* *heute Abend* *guten Abend*	akşam *bu akşam* *iyi akşamlar (Begrüßung und Abschied)*
aber	ama, fakat
abgeschlossen	kilitli
abhören *(Akk.) (Herz, Lunge)* *die Lunge abhören*	dinlemek *(İ)* *akciğerleri dinlemek*
ablegen *(Akk.)* *die/seine Uhr ablegen*	çıkarmak *(İ)* *saatini çıkarmak*
abnehmen *(= weniger werden)* *Meine Schmerzen haben abgenommen/sind weniger geworden.*	azalmak *Ağrılarım azaldı.*
abschneiden *(Akk.)* *Brot abschneiden*	kesmek *(İ)* *ekmek kesmek*
absetzen *(Akk.) (Brille)* *die/seine Brille absetzen*	çıkarmak *(İ)* *gözlüğünü çıkarmak*
Abteilung *(f)*	bölüm
Abteilung für Frauenheilkunde und Geburtshilfe *(f)*	kadın doğum bölümü
Abteilung für Hals-, Nasen- und Ohrenerkrankungen *(f)*	kulak, burun, boğaz bölümü
Abteilung für Hautkrankheiten *(f)*	cilt hastalıkları bölümü
Abwasch *(m) (= das schmutzige Geschirr)*	bulaşık
Achsel *(f)*	koltuk
acht	sekiz
achtzig	seksen
Ader *(f)* *über die Ader ein Medikament geben/zuführen*	damar *damardan ilaç vermek*
Adresse *(f)*	adres
Aga *(m)*	ağa
äh *(Füllwort)*	şey
ähneln (Dat.) *Murat ähnelt seiner Mutter.*	benzemek *(E)* *Murat annesine benziyor.*
Ahnen *(Pl.)*	atalar
ähnlich *ein ähnliches Medikament* *ein schlafähnlicher Zustand*	benzeri *benzeri bir ilaç* *uykuya benzeyen bir durum*

Alkohol *(m)*	alkol
Allah	Allah
alle	hepsi
Allergie *(f)*	alerji
also *Mein Vater ist 1973, also vor 32 Jahren nach Deutschland gekommen.*	yani *(schlussfolgernd);* şey *(Füllwort)* *Babam 1973'te, yani 32 sene önce Almanya'ya geldi.*
alt *Wie alt bist du/sind Sie?*	yaşlı *(= betagt)* *Yaşın/Yaşınız kaç?* *Kaç yaşındasın/yaşındasınız?*
Alter *(n)*	yaş
Ambulanz *(f)*	ambulans
Amulett *(n)* *ein Amulett anstecken/tragen*	muska; nazarlık *(gegen den bösen Blick)* *nazarlık takmak*
an ... vorbei	yanından
Analyse *(f)*	tahlil
Anästhesist *(m)*	anestezist *(t)*
andere (der, die, das) *(bei einer Auswahl von zwei Exemplaren)* *der/die/das andere (von beiden)*	öbür *öbürü*
anfangen *(mit/bei ...)* *mit der OP anfangen* *mit/bei dir anfangen* *mit/bei Ihnen anfangen* *Fangen wir mal bei Ihnen an.*	başlamak *(E/DEn)* *ameliyata başlamak* *senden başlamak* *sizden başlamak* *Sizden başlayalım.*
Angelegenheit *(f)*	şey
angenehm	hoş
Angst haben	korkmak
anmachen *(Akk.) (Geräte/das Licht)* *das Radio/das Licht/... anmachen*	açmak *(İ)* *radyoyu/ışığı/... açmak*
anrufen *(Akk./bei ...)*	telefon etmek *(E)*
anschalten *(Akk.) (Geräte/das Licht)* *das Radio/das Licht/... anschalten*	açmak *(İ)* *radyoyu/ışığı/... açmak*
anschwellen	şişmek
anstecken *(Ring)*	takmak
ansteckend *eine ansteckende Krankheit*	bulaşıcı *bulaşıcı bir hastalık*
anstellen *(Akk.) (Geräte)*	açmak *(İ)*
Anwalt *(m)*	avukat *(t)*
anziehen *(Akk.)* *das/sein Hemd... anziehen* *die/seine Schuhe... anziehen* *Ziehen Sie das hier/diese Sachen an.*	giymek *(İ)* *gömleğini... giymek* *ayakkabılarını... giymek* *Bunları giyin.*
anziehen, sich	giyinmek
Aorist *(m)*	geniş zaman
Apotheke *(f)* *die Berrak-Apotheke*	eczane *Berrak Eczanesi*
Apotheker *(m)*	eczacı
Apparat *(m)*	cihaz

Appetit *(m)*	iştah
appetitlos	iştahsız
Appetitlosigkeit *(f)*	iştahsızlık
April *(m)* *im April*	nisan (ayı) *nisanda, nisan ayında*
Arbeit *(f)* *Was arbeiten/machen Sie?*	iş *Ne iş yapıyorsunuz?*
arbeiten *Ich arbeite nicht.*	çalışmak *Çalışmıyorum.*
arbeitslos	işsiz
arm	fakir *(im Gegensatz zu „reich"*); zavallı *(= bedauernswert)*
Arm *(m)*	kol
Arme *(m) (im Gegensatz zu „der Reiche")*	fakir
Art *(f)* *eine Art Schlaftablette*	çeşit *(d)* *bir çeşit uyku hapı*
Arznei *(f)*	ilaç
Arzt *(m)* *Frauenarzt (m)* *Kinderarzt (m)* *Zahnarzt (m)*	doktor, hekim *kadın doktoru* *çocuk doktoru* *diş doktoru*
ärztliches Attest *(n)* *Soll ich Ihnen ein Attest schreiben?*	rapor *Size rapor yazayım mı?*
Arztpraxis *(f)*	doktor muayenehanesi, muayenehane
Aspirin *(n)*	Aspirin
Atem *(m)*, **Atemzug** *(m)* *den/seinen Atem anhalten*	nefes *nefesini tutmak*
Atemnot *(f)* *Ich hatte Atemnot.*	nefes darlığı, nefes daralması *Nefesim daraldı./Nefesim kesildi.*
Atemwege (Pl.)	solunum yolları
atmen *durch die Nase atmen*	nefes almak *burundan nefes almak*
Atmung *(f)*	solunum
auch	da, de
auf ... zu *(in Richtung auf)*	doğru *(E)*
auf Wiedersehen	Allaha ısmarladık *(sagt derjenige, der weggeht);* güle güle *(sagt derjenige, der bleibt);* görüşürüz; görüşmek üzere
aufbewahren *(Akk. in ...)*	saklamak *(İ DE)*
aufhalten, sich *(an einem Ort)*	kalmak *(DE)*
aufheben *(Akk. in ...)(= aufbewahren)*	saklamak *(İ DE)*
aufmachen *(Akk.)* *den/seinen Mund aufmachen*	açmak *(İ)* *ağzını açmak*
aufräumen *(Akk.)*	evi, odayı *(etc.)* toplamak
aufregen, sich über ...	sinirlenmek *(E)*
aufrufen *(Akk.)*	birisinin ismini okumak

Die Schwester ruft sie/ihn auf.	*Hemşire ismini okuyor.*
aufsetzen *(Brille)* *die/seine Brille aufsetzen*	takmak *gözlüğünü takmak*
aufstehen	kalkmak, ayağa kalkmak
auftragen *(Akk. auf ...)* *Salbe auf die Wunde auftragen*	sürmek *(İ E)* *yaraya merhem sürmek*
aufwachen	uyanmak
aufwachsen	büyümek
Auge *(n)* *Meine Augen tränen.*	göz *Gözlerim yaşarıyor.*
Augenarzt *(m)*	göz doktoru
Augenblick *(m)* *im Augenblick* *einen Augenblick*	an *şu anda* *bir dakika*
August *(m)* *im August*	ağustos (ayı) *ağustosta, ağustos ayında*
ausatmen	nefes vermek
Auskunft *(f) (als Ort)*	danışma
ausreichen *(für .../zu ...)*	yetmek *(E)*
ausruhen, sich	istirahat etmek
außerdem	ayrıca; bir de
Ausspruch *(m)*	söz
Ausweg *(m)* *für ... einen Ausweg/eine Lösung finden*	çare *E çare bulmak*
Ausweis *(m)*	cüzdan
Auswirkung *(f)*	etki
ausziehen *(Akk. = jdn.)* *das Kind ausziehen*	(n)İn üstünü çıkarmak *çocuğun üstünü çıkarmak*
ausziehen *(Akk.) (Kleidungsstücke)* *die/seine Hose/Schuhe ausziehen*	çıkarmak *(İ)* *pantalonunu/ayakkabılarını çıkarmak*
ausziehen, sich	soyunmak
Auto *(n)*	araba
Autobus *(m)*	otobüs
b **b** **b**	
Baby *(n)*	bebek
Bademantel *(m)*	bornoz
Bakteriologie *(f)*	bakteriyoloji
Bär *(m)*	ayı
Batterie *(f)*	pil
Bauch *(m)* *auf dem Bauch liegen*	karın, karn- *yüz üstü yatmak*
bedauerlicherweise	maalesef
bedauernswert	zavallı
bedeuten → *Was bedeutet/heißt ...?*	 *... ne demek?*
befestigen *(Akk. an ...)*	takmak *(İ E)*
befinden, sich *(in ...)*	bulunmak *(DE)*

Ich befinde mich im Moment im Krankenhaus.	*Şu anda hastanede bulunuyorum.*
Beförderung *(f) (= Transport)*	nakil, nakl- *(e/i)*
begrüßen *(Akk.)* *den Patienten begrüßen*	selamlamak *(İ)* *hastayı selamlamak*
Behandlung *(f)* *die ärztliche Behandlung* *in ärztlicher Behandlung sein*	tedavi *doktor tedavisi* *doktor tedavisi görmek*
bei Gott	vallahi
bei sich haben → *Haben Sie ... bei sich?* *Haben Sie Ihre Versichertenkarte bei sich?* *Ich habe ... nicht bei mir.* *Ich habe meine Versichertenkarte nicht bei mir.*	 *... yanınızda mı?* *Sigorta kartınız yanınızda mı?* *... yanımda değil.* *Sigorta kartım yanımda değil.*
beide *beide Schläuche*	her iki *her iki hortum*
Bein *(n)* *sich das Bein brechen*	bacak *bacağını kırmak*
Beispiel *(n)*	örnek
Belastungs-EKG *(n)*	eforlu EKG
Belgien	Belçika
benachrichtigen *(Akk.)* *Wenn sich der Zustand Ihres Mannes verschlechtert, benachrichtigen wir Sie sofort.*	haber vermek *(E)* *Kocanızın durumu kötüleşirse size hemen haber veririz.*
benutzen *(Akk.)* *ein Präservativ benutzen*	kullanmak *(İ)* *prezervatif kullanmak*
Berater *(m)*	danışman
Bergmann *(m)*	madenci
Bericht *(m)*	rapor
Beruf *(m)* *Was sind Sie von Beruf?*	meslek *Mesleğiniz ne?*
beruhigen *(Akk.)* *die Angehörigen des Patienten beruhigen*	teskin etmek *(İ)* *hastanın yakınlarını teskin etmek*
Beruhigungsmittel *(n)*	teskin edici hap
beschäftigt *noch beschäftigt sein*	meşgul *daha meşgul olmak*
beschreiben *(Akk.)* *den Weg beschreiben*	tarif etmek *(İ)* *yolu tarif etmek*
Beschwerde *(f)* *Was haben Sie für Beschwerden?*	şikayet *(t)* *Şikayetiniz ne?*
besprechen lassen *(= mit Zaubersprüchen behandeln lassen)*	okutmak
Bestrahlung *(f)*	ışınlama
Besuch *(m)* *zu Besuch kommen*	ziyaret *(t)* *ziyarete gelmek*
Besucher *(m)*	ziyaretçi

Besuchertoilette *(f)*	ziyaretçi tuvaleti
betagt	yaşlı
Betäubungsmittel *(n)*	uyuşturucu
betrübt	dertli
Betrübte *(m)*	dertli
Bett *(n)* *sich ins Bett legen*	yatak *yatağa yatmak*
Bettpfanne *(f)*	sürgü
bewässern	sulamak
bewegen *(Akk.)* *die/seine Finger bewegen*	oynatmak *(İ)* *parmaklarını oynatmak*
bewegen, sich	hareket etmek, kımıldamak
Bewegung *(f)*	hareket *(t)*
Bewusstsein *(n)*	bilinç
BH *(m)*	sutyen
Bibliothek *(f)* *Krankenhausbibliothek (f)*	kütüphane *hastane kütüphanesi*
Biochemie *(f)*	biyokimya
bis *bis zur Operation*	kadar *(E)* *ameliyata kadar*
bis jetzt	şimdiye kadar
bisher	şimdiye kadar
bitte *Bitte, kommen Sie herein!* *Bitte, nehmen Sie Platz!* *Bitte sprechen Sie langsam!* *Bitte helfen Sie mir!*	buy(u)run *(der Sprecher bietet etwas an – einen Sitzplatz, die Möglichkeit zu sprechen etc.)*; lütfen *(der Sprecher bittet um etwas)* *İçeri buyrun!* *Buyrun, oturun!* *Yavaş konuşun, lütfen!* *Lütfen bana yardım edin!*
Bitte *(f)*	rica
blau	mavi
Blei *(n)* *Blei gießen lassen*	kurşun *kurşun döktürmek*
bleiben *Ich bin 4 Tage im Krankenhaus geblieben.* *Bleib so (stehen).* *Bleiben Sie so (stehen).*	kalmak *4 gün hastanede kaldım.* *Böyle dur.* *Böyle durun.*
blind	kör
Blinddarm *(m)*	apandis
Blinddarmentzündung *(f)*	apandisit *(t)*
Blinddarmoperation *(f)*	apandisit ameliyatı
bloß nicht *Stehen Sie bloß nicht alleine auf.*	sakın *(+ Neg.)* *Sakın yalnız başınıza kalkmayın.*
Blume *(f)*	çiçek
Blut *(n)* *Blut abnehmen*	kan *kan almak*
Blutdruck *(m)* *hoher Blutdruck*	tansiyon *yüksek tansiyon*

den Blutdruck messen	*tansiyonu ölçmek*
Blüte *(f)*	çiçek
bluten	kanamak
Blutgruppe *(f)*	kan grubu
Bluthochdruck *(m)*	yüksek tansiyon
Blutkreislauf *(m)*	kan dolaşımı
Bluttransfusion *(f)*	kan nakli
Blutung *(f)* *Ich habe Blutungen.*	kanama *Kanamam var.*
böser Blick *(m)*	nazar
Boulevard *(m)*	bulvar
bravo	aferin
brechen *(sich den Arm etc.)* *sich den Arm/das Bein brechen*	kırmak *(İ)* *kolunu/bacağını kırmak*
brennen	yanmak
Brennen *(n)*	yanma
Brille *(f)* *eine Brille tragen* *sich die Brille aufsetzen* *die/seine Brille abnehmen*	gözlük *gözlük takmak* *gözlüğünü takmak* *gözlüğünü çıkarmak*
bringen *(Akk. zu/nach Dat.)*	götürmek *(İ E)*
Brot *(n)*	ekmek
Bruder *(m)*	abi *(= der ältere Bruder)* erkekkardeş *(= der jüngere Bruder)*
Buchstabe *(m)*	harf
buchstabieren	harf harf söylemek
bügeln *(Akk.)* *das Hemd/die Hose bügeln*	ütülemek *(İ) (immer mit Objekt)* *gömleği/pantolonu ütülemek*
Bulgarien	Bulgaristan
bunt	renkli
Bürste *(f)* *die Zahnbürste*	fırça *diş fırçası*
Bus *(m)*	otobüs
Büstenhalter *(m)*	sutyen
c **c** **c**	
Cafeteria *(f)*	kafeterya
Chirurg *(m)*	operatör
chirurgische Abteilung *(f)*	cerrahiye
Christ *(m)*	Hıristiyan
Chrom *(n)*	krom
Computer *(m)*	bilgisayar
computergestützte Tomographie *(f)*	bilgisayarlı tomografi
d **d** **d**	
da	orada; şur(a)da
da hin	şuraya

Setzen Sie sich da hin.	*Şuraya oturun.*
dabei haben → *Haben Sie ... dabei ?* *Haben Sie Ihre Versichertenkarte dabei?* *Ich habe ... nicht dabei.* *Ich habe meine Versichertenkarte nicht dabei.*	 *... yanınızda mı?* *Sigorta kartınız yanınızda mı?* *... yanımda değil.* *Sigorta kartım yanımda değil.*
Dame *(f)*	hanım *(dem Vornamen nachgestellt zur höflichen Anrede für Frauen; die Angesprochene wird gesiezt)*
Dank *(m)* *vielen Dank*	teşekkür *teşekkürler*
danke *danke gleichfalls* *nichts zu danken*	teşekkür ederim; mersi; sağ ol *(= danke dir)*/sağ olun *(= danke euch/Ihnen)* *sen de sağ ol/siz de sağ olun (als Reaktion auf: sağ ol/olun)* *bir şey değil, rica ederim*
dann	o zaman *(Zeitpunkt);* sonra *(danach)*
Darm *(m)*	barsak/bağırsak
darüber hinaus *Er kann Arabisch, Persisch und (darüber hinaus) auch Türkisch.*	bir de *Arapça, Farsça, bir de Türkçe biliyor.*
darum	onun için
das (da) *das, das da (Akk.)*	şu *şunu*
das heißt	yani
das hier	burası
Datum *(n)* *Geburtsdatum (n)*	tarih *doğum tarihi*
Dauer *(f)*	süre
dauern	sürmek
Depression *(f)*	depresyon
der (da), die (da), das (da)	şu *(Demonstrativpronomen: weiter entfernt als „bu", näher als „o")*
deshalb	onun için
desinfizieren *(Akk.)*	dezenfekte etmek *(İ)*
Deutsch *(die Sprache)*, **auf Deutsch**	Almanca
Deutsche *(m)*	Alman
Deutschland	Almanya
Dezember *(m)* *im Dezember*	aralık (ayı) *aralıkta, aralık ayında*
Diabetes *(m)*	şeker hastalığı
Diabetiker *(m)*	şeker hastası
Dialog *(m)* *der nächste Dialog*	diyalog *bir dahaki diyalog*
dicht	yoğun
Dichte *(f)*	yoğunluk

Dichtemessung *(f)* *Knochendichtemessung (f)*	densitometri, yoğunluk ölçümü *kemik densitometrisi*
dick	şiş
dick werden	şişmek
die (da)	şu
Dienst habend	nöbetçi
Dienstag *(m)* *am Dienstag*	salı (günü) *salı (günü)*
dieser, -e, -es *diesen, -e, -es (Akk.)*	bu bunu
Ding *(n)*	şey
doch *(Appell an das Vorwissen des Hörers)* *Ich arbeite doch nicht.*	ki *Çalışmıyorum ki.*
Dokument *(n)*	belge
Donnerstag *(m)* *am Donnerstag*	perşembe (günü) *perşembe (günü)*
Doppler-Sonographie *(f)* *farbige Doppler-Sonographie*	doppler ultrason *renkli doppler ultrason*
Dorf *(n)*	köy
dort	orada
dran sein → *Wer ist dran?* *Sie sind dran.* *Ich bin dran.*	 *Sıra kimde?* *Sıra sizde.* *Sıra bende.*
draußen *nach draußen gehen*	dışarıda *dışarıya çıkmak (in einschlägigen Kontexten: auf die Toilette gehen)*
drehen *(Akk. zu/nach ...)* *den/seinen Kopf nach links drehen*	döndürmek *(İ E)* *başını sola döndürmek*
drehen, sich	dönmek
drei	üç
dreißig	otuz
Droge *(f)*	uyuşturucu
drücken *(auf ...)* *klingeln*	basmak *(E)* *zile basmak*
du	sen
duften	kokmak
dünn	ince
durcheinander	karışık
Durchfall *(m)* *Ich habe Durchfall.* *Arzu hat Durchfall.*	ishal *(i/e)* *İshalim.* *Arzu ishal.*
durchmachen *(eine Krankheit etc.)* *Im letzten Jahr hat er eine sehr schwere Krankheit durchgemacht/gehabt.* *Hat Ihre Tochter die Masern durchgemacht/gehabt?*	geçirmek *(İ)* *Geçen yıl çok ağır bir hastalık geçirdi.* *Kızınız kızamık geçirdi mi?*
Dusche *(f)*	duş

e e e	
Echokardiographie *(f)*	ekokardiyografi
Ehebruch *(m)* *Ehebruch begehen*	zina *zina etmek*
Ehefrau *(f)*	karı, eş *(eigentl.: Partner)*
Ehemann *(m)*	koca, eş *(eigentl.: Partner)*
Ei *(n)*	yumurta
einatmen *ein- und ausatmen*	nefes almak *nefes alıp vermek*
eindringen *(in ...)*	girmek *(E);* kaçmak *(E);* batmak *(E)*
einer/eine/eins *(von mehreren)* *Gestern wurde einer der Patienten entlassen.* *Im Urlaub ist eins meiner Kinder plötzlich krank geworden.*	biri *Dün hastalardan biri taburcu oldu.* *Tatilde çocuklarımdan biri aniden hastalandı.*
einfach	kolay
Einfluss *(m)* *unter dem Einfluss der Narkose*	etki *narkoz etkisi ile*
einführen *(Schlauch)*	salmak *(İ)*
eingeführt werden *(Schlauch)*	*salınmak (Pass. zu salmak)*
einige *in einigen Fällen*	bazı *bazı durumlarda*
einige	birkaç
Einkäufe machen	alışveriş yapmak
einkaufen	alışveriş yapmak
einmal → *noch einmal*	 *bir daha*
einnehmen *(Medikamente)* *ein Medikament (ein)nehmen, Medikamente (ein)nehmen*	içmek *(İ)* *ilaç içmek*
eins	bir
einsammeln *(Akk.)*	toplamak *(İ)*
einschalten *(Akk.) (Geräte/das Licht)*	açmak *(İ)*
einschlafen	uyumak, uykuya dalmak
einsetzen *(Akk.) (Hörgerät, Prothese, künstliches Gebiss)*	takmak *(İ)*
einstweilen	şimdilik
eintreten *(in ...)* *Es ist verboten einzutreten./Eintritt verboten.*	girmek *(E)* *Girmek yasak.*
Einverständnis *(n)*	kabul
Einverständniserklärung *(f)*	kabul beyanı
Eiweiß *(n)*	yumurta akı
EKG *(n)* *Belastungs-EKG (n)*	EKG *(sprich: EKaGe)* *eforlu EKG*
empfinden *(Akk.)* *(keine) Schmerzen empfinden*	hissetmek *(İ)* *ağrı hisset(me)mek*

Empfinden *(n)* *das Schmerzempfinden*	duygu *ağrı duygusu*
Empfindung *(f)*	duygu; his, hiss-
Ende *(n)*	son
endlich	nihayet
eng	dar
eng(er) werden	daralmak
Enge *(f)*	darlık
Ente *(f) (das Tier; auch: Gefäß zum Urinieren)*	ördek
entlassen werden *(aus ...)* *aus dem Krankenhaus entlassen werden*	taburcu olmak *(DEn)* *hastaneden taburcu olmak*
entschuldigen Sie	affedersiniz, kusura bakmayın
entstehen *(aus ...)*	doğmak *(DEn)*
Entzündung *(f)* *die Lungenentzündung*	iltihap, iltihaplanma *akciğer iltihabı*
er	o
erbrechen	kusmak
Erbrechen *(n)*	kusma
erholen, sich	istirahat etmek
Erholung *(f)*	istirahat *(t)*
erinnern, sich *(an Akk.)* *Ich erinnere mich nicht.*	hatırlamak *(İ)* *Hatırlamıyorum.*
erklären *(Akk.)* *Wie muss ich diese Tabletten nehmen? Können Sie mir noch einmal erklären?* *den Weg erklären/beschreiben*	anlatmak *(İ)*; tarif etmek *(İ)* *Bu hapları nasıl alacağım? Bir daha anlatır mısınız?* *yolu tarif etmek*
erkranken	hastalanmak
Erkrankung *(f)* *die Viruserkrankung*	hastalık *virüs hastalığı*
ermorden *(Akk.)*	katletmek *(İ)*
ermüden	yorulmak
erneut	yeniden
erst- *erste Mal (n)* *erste Mal (n)* *erste Mal (n)*	ilk *ilk defa* *ilk kez* *ilk sefer*
erzählen *(jdm. Akk.)* *den Kindern Märchen erzählen*	anlatmak *(E İ)* *çocuklara masal anlatmak*
es	o
Essbare *(n)* *Im Kühlschrank ist nichts Essbares.*	yiyecek *Buzdolabında yiyecek bir şey yok.*
essen *(Akk.)* *Wir haben heute um 5 Uhr gegessen.* *Hast du etwas gegessen?* *Ja, ich habe gerade eben Kuchen gegessen.*	yemek *(İ)* yemek yemek *(wenn kein anderes Objekt vorhanden ist: „Essen essen")* *Bu gün saat 5'te yemek yedik.* *Bir şey yedin mi?* *Evet, biraz önce pasta yedim.*

Essen *(n)* *Essen kochen*	yemek *yemek pişirmek*
Etage *(f)*	kat *(t)*
etwa *Ich habe etwa 5 Kilo zugenommen.* *Zu der Demonstration sind etwa/annähernd 3000 Personen gekommen.*	aşağı yukarı; yaklaşık olarak *Aşağı yukarı 5 kilo aldım.* *Yürüyüşe yaklaşık olarak 3000 kişi geldi.*
etwas *irgend etwas*	biraz *(geringe Menge) ;* bir şey *(indefinit)* *herhangi bir şey*
f **f** **f**	
Fabrik *(f)*	fabrika
Facharzt *(m)* *Facharzt (für die Gesundheit des Kindes und) Kinderkrankheiten (m)* *Facharzt für Geburt(shilfe) und Frauenkrankheiten (m)* *Facharzt für Orthopädie und Traumatologie (m)*	uzman doktor *çocuk sağlığı ve hastalıkları mütehassısı/uzmanı* *doğum ve kadın hastalıkları mütehassısı/uzmanı* *ortopedi ve travmatoloji mütehassısı/uzmanı*
Fachmann *(m)*	mütehassıs, uzman
fahren	gitmek
Fahrer *(m)* *Taxifahrer (m)*	şoför *taksi şoförü*
Fahrrad *(n)*	bisiklet *(t)*
fallen *auf die Erde fallen, auf den Boden fallen* *vom Fahrrad fallen* *Das Fieber ist gefallen.*	düşmek *yere düşmek* *bisikletten düşmek* *Ateş düştü.*
Familie *(f)* *die Familie Taş*	aile *Taş ailesi*
Familienmitglied *(n)*	aile ferdi
Familienname *(m)*	soyadı
fangen *(Akk.)*	yakalamak *(İ)*
Farbe *(f)*	renk (g)
farbig	renkli
Faust *(f)* *eine Faust machen*	yumruk *yumruk yapmak*
Februar *(m)* *im Februar*	şubat *(t)* (ayı) *şubatta, şubat ayında*
fein	ince
Fernseher *(m)*	televizyon
fertig	tamam
festhalten	tutmak
Fieber *(n)* *hohes Fieber* *Fieber messen* *Ich habe Fieber.*	ateş *yüksek ateş* *ateşi ölçmek* *Ateşim var.*

Er hat hohes Fieber. *Das Fieber ist (offenbar) tüchtig gefallen.*	*Yüksek ateşi var.* *Ateş bayağı düşmüş.*
Film *(m)*	film
finden *(Akk.)* *ich konnte ... nicht finden* *Ich konnte meine Brille nicht finden.*	bulmak *(İ)* *İ bulamadım* *Gözlüğümü bulamadım.*
Finger *(m)*	parmak
Fingerring *(m)*	yüzük
Fingerspitze *(f)*	parmak ucu
Finnland	Finlandiya
Fisch *(m)*	balık
Flasche *(f)*	şişe
fließen	akmak
Flur *(m)*	koridor
Form *(f)*	biçim
Formular *(n)*	form
Frage *(f)*	soru
Fragebogen *(m)*	soru kağıdı
fragen *(Akk. = jdn. etwas); (Akk. = jdn.)* *Haben Sie den Arzt gefragt?* *Ich habe den Arzt nach dem Zustand meiner Mutter gefragt.* *Er hat viel gefragt/viele Fragen gestellt.* *Fragen Sie bloß nicht.*	sormak *(E İ)*; soru sormak *(E)* *Doktora sordunuz mu?* *Doktora annemin durumunu sordum.* *Çok soru sordu.* *Hiç sormayın.*
Frankreich	Fransa
Frau *(f)* *Hausfrau (f)* *Bei dem Unfall sind zwei Frauen und zwei Männer ums Leben gekommen.* *Frau Önder* *Wer ist diese Frau?* *Hasan's Frau ist mit Hüseyin abgehauen.*	kadın; bayan; karı *(Ehefrau)* *ev kadını* *Kazada iki kadın, iki erkek öldü.* *Bayan Önder* *Bu bayan kim?* *Hasan'ın karısı Hüseyin'le kaçtı.*
Frauenabteilung *(f)*	kadın bölümü
Frauenarzt *(m)*	kadın doktoru
Frauenkrankheiten *(Pl.)*	kadın hastalıkları
Freitag *(m)* *am Freitag*	cuma (günü) *cuma (günü)*
Freund *(m)*	arkadaş
frieren	üşümek
frösteln	üşümek
früh	erken
früher	daha önce
Frühstück *(n)* *das Frühstück machen, das Frühstück zubereiten*	kahvaltı *kahvaltıyı hazırlamak*
fühlen *(Akk.)* *(keine) Schmerzen fühlen*	hissetmek *(İ))* *ağrı hisset(me)mek*
fühlen, sich *sich nicht gut fühlen*	hissetmek *(kendini)* *kendini iyi hissetmemek*

sich schlecht fühlen	*kendini kötü hissetmek*
Führerschein *(m)*	ehliyet *(t)*
fünf	beş
fünfzig	elli
für *(Präposition)*	için *(Postposition)*
fürchten, sich	korkmak
Fuß *(m)*	ayak
g **g** **g**	
Galatasaray	Galatasaray *(Stadtteil von Istanbul)*
Galatasaray-Gymnasium *(n)*	Galatasaray Lisesi
ganz *den ganzen Tag*	bütün *bütün gün*
Garten *(m)*	bahçe
geben *(Akk. Dat.)* *dem Patienten das Medikament geben* *dem Patienten ein Medikament/Medikamente geben*	vermek *(İ E)* *ilacı hastaya vermek* *hastaya ilaç vermek*
Gebet *(n)*	namaz *(das rituelle Gebet, 5-mal am Tag)*
Gebetskette *(f)*	tesbih
Gebetsteppich *(m)*	namazlık
geboren werden *Wo sind Sie geboren?* *Wo (an welchem Ort) sind Sie geboren?*	doğmak *Nerede doğdunuz?* *Doğum yeriniz neresi?*
gebracht werden *(zu/nach ...)* *Nach dem Unfall wurde er sofort ins Krankenhaus gebracht.*	götürülmek *(E) (Pass. zu: götürmek)* *Kazadan sonra hemen hastaneye götürüldü.*
gebrauchen *(Akk.)*	kullanmak *(İ)*
Geburt *(f)*	doğum
Geburtsdatum *(n)*	doğum tarihi
Geburtsort *(m)* *Wo ist Ihr Geburtsort?*	doğum yeri *Doğum yeriniz neresi?*
Geburtstag *(m)*	doğum günü
Gefahr *(f)*	tehlike
gefährlich	tehlikeli
Gefühl *(n)*	duygu; his *(ss)*
gegen *(Akk.)* *gegen ... geimpft sein/werden*	karşı *(E)* *E karşı aşı olmak*
gehen	gitmek; yürümek
gehen *(in ...)*	girmek *(E)*
Gehirn *(n)*	beyin, beyn-
Gehirnerschütterung *(f)* *eine Gehirnerschütterung haben*	beyin sarsıntısı *beyin sarsıntısı geçirmek*
geimpft sein/werden	aşı olmak
Geisteskrankheit *(f)*	ruh hastalığı
geistlicher Lehrer *(m)*	hoca
gelb	sarı
Gelbsucht *(f)*	sarılık

Geld *(n)*	para
gemacht werden	yapılmak *(Pass. zu: yapmak)*
gemeinsam	birlikte
gemischt	karışık
genau *genau um 1 Uhr* *es nicht genau wissen*	tam *tam saat 1'de* *tam bilmemek*
General *(m)*	paşa
Gerät *(n)* *das Hörgerät*	cihaz *işitme cihazı*
gerufen werden	çağrılmak *(Pass. zu: çağırmak)*
Geschäft *(n)* → *ein „großes Geschäft" machen* *ein „kleines Geschäft" machen*	 *büyük abdeste çıkmak,* *büyük abdest(ini) yapmak,* *büyük tuvalet(ini) yapmak,* *büyük tuvalete çıkmak* *küçük abdeste çıkmak,* *küçük abdest(ini) yapmak,* *küçük tuvalet(ini) yapmak,* *küçük tuvalete çıkmak*
geschieden	dul
Geschirr *(n)* → *das schmutzige Geschirr*	 bulaşık
Geschwister *(Pl.)* *der (jüngere) Bruder* *der (ältere) Bruder* *die (jüngere) Schwester* *die (ältere) Schwester*	kardeşler *(= die jüngeren Geschwister)* *erkekkardeş* *abi* *kızkardeş* *abla*
geschwollen	şiş
gesegnet *der gesegnete Monat (= der Fastenmonat Ramadan)*	mübarek *mübarek ay*
Gesicht *(n)*	yüz
Gespräch *(n)*	konuşma
gestern *verglichen mit gestern, im Vergleich zu gestern*	dün *düne göre*
gesund	sağ
gesund werden	iyileşmek
Gesundheit *(f)* *die Gesundheit des Kindes*	sağlık *çocuk sağlığı*
Getränk *(n)*	içki *(= das alkoholische Getränk)*
Gewalt *(f)* → *mit Gewalt*	 *zorla*
glauben *Ich glaube ...* *Ich glaube, ich kann morgen nicht kommen.*	sanmak *Sanırım ...* *Sanırım yarın gelemeyeceğim.*
glauben *(jdm.) (etwas)*	inanmak *(E İ)*

Ich glaube dir nicht. *Das konnte ich nicht glauben.*	*Sana inanmıyorum.* *Buna inanamadım.*
Gott *(m)* → *Gott behüte* *Gott sei Lob und Preis* *Gott sei Dank*	 *Allah korusun* *Elhamdülillah* *Allaha şükür*
Grab *(n)*	mezar
Grad *(m)*	derece
Griechenland	Yunanistan
Grippe *(f)* *die Schweinegrippe* *(die) Grippe haben* *Ich habe (die) Grippe.* *Sie haben (offenbar) (die) Grippe.*	grip *domuz giribi* *grip olmak* *Gribim.* *Grip olmuşsunuz.*
grob	kaba
groß *Wie groß bist du/sind Sie?*	büyük *Boyun/Boyunuz kaç?* *Boyun/Boyunuz kaç santim?* *Boyun/Boyunuz ne kadar?*
groß werden *Ich bin in der Türkei groß geworden/aufgewachsen.* *Das Kind ist aber groß geworden!*	büyümek *Türkiye'de büyüdüm.* *Çocuk bayağı büyümüş!*
großartig	şahane; maşallah *(Ausdruck der Bewunderung; wörtlich: was Gott gewollt hat)*
großes Geschäft *(n)* *ein „großes Geschäft" machen*	büyük abdest *(t)*, büyük tuvalet *(t)* *büyük abdeste çıkmak* *büyük abdest(ini) yapmak* *büyük tuvalet(ini) yapmak* *büyük tuvalete çıkmak*
Großgrundbesitzer *(m)*	ağa
Großmutter *(f)*	büyükanne, anneanne *(die Mutter der Mutter)*, babaanne *(die Mutter des Vaters)*
Großvater *(m)*	büyükbaba
grün	yeşil
Gruppe *(f)* *Blutgruppe (f)*	grup *kan grubu*
Gruß *(m)*	selam
gucken	bakmak
gut *guten Abend* *gute Nacht* *guten Tag* *mach's gut/macht's gut* *besser als wir* *gut verlaufen* *am besten (von mehreren Möglichkeiten)* *gut sein zu/für ... (= nützen)*	iyi *iyi akşamlar (Begrüßung und Abschied)* *iyi geceler* *iyi günler (Begrüßung und Abschied)* *hoşça kal/hoşça kalın* *bizden daha iyi* *iyi geçmek* *en iyisi* *E yaramak*

Hörgerät *(n)*	işitme cihazı
Hormon *(n)*	hormon
Hose *(f)*	pantolon
Hund *(m)*	köpek
hundert	yüz
hungrig	aç *(ç)*
husten	öksürmek
Husten *(m)*	öksürük
Hustensaft *(m)*	öksürük şurubu
i **i** **i**	
ich	ben
Identität *(f)*	kimlik
ihr	siz
immer	hep, her zaman
immer noch	hala
Impfpass *(m)*	aşı cüzdanı, aşı defteri
Impfung *(f)* *gegen ... geimpft sein/werden*	aşı *E karşı aşı olmak*
in Ordnung → *In Ordnung./Okay.* *Alles ist in Ordnung.*	 *Oldu.* *Her şey yolunda.*
Information *(f) (als Ort)*	danışma
Ingenieur *(m)*	mühendis
Inhalt *(m)* *der Mageninhalt*	içerik *mide içeriği*
Innere *(n)*	iç
Innere Abteilung *(f)*	dahiliye, iç hastalıkları bölümü
innere Krankheiten *(f)*	iç hastalıkları
Insuffizienz *(f)* *Niereninsuffizienz (f)*	yetmezlik *böbrek yetmezliği*
Insulin *(n)*	İnsulin
Intensivstation *(f)*	yoğun bakım
irgend ein *kein(e) (irgendwie gearteter,-e,-es) ...* *Es ist kein Problem aufgetreten./Es hat kein Problem gegeben.*	herhangi bir *herhangi bir (+ Neg.) ...* *Herhangi bir problem çıkmadı.*
irgend etwas	herhangi bir şey
Irland	İrlanda
j **j** **j**	
ja *Ich arbeite ja nicht.*	evet; ki *(Appell an das Vorwissen des Hörers)* *Çalışmıyorum ki.*
Jahr *(n)* *in welchem Jahr*	sene, yıl *hangi yılda*
Januar *(m)*	ocak (ayı)

im Januar	*ocakta, ocak ayında*
jeder, -e, -es *jeden Tag* *Jeden Tag rennst du/rennt man zum Arzt.*	her *her gün* *Her gün doktora git gel.*
jemals *Waren Sie jemals im Krankenhaus?*	hiç *Hiç hastanede yattınız mı?*
jetzt	şimdi
Jucken *(n)*	kaşıntı
Juckreiz *(m)*	kaşıntı
Jugend *(f)*	gençlik
Jugendhaus *(n)*	gençlik evi
Jugendliche *(m)*	genç
Juli *(m)* *im Juli*	temmuz (ayı) *temmuzda, temmuz ayında*
jung *Ich bin noch jung.*	genç *Daha gencim.*
Junge *(m)*	oğlan
Junge *(n) (von Tieren)*	yavru
Jungenschule *(f)*	erkek okulu
Juni *(m)* *im Juni*	haziran (ayı) *haziranda, haziran ayında*
k **k** **k**	
Kabine *(f)*	kabine
Kaffee *(m)*	kahve
Kamm *(m)*	tarak
Kapsel *(f)*	kapsül
kaputt	bozuk
Kardiographie *(f)* *die Echokardiographie*	kardiyografi *ekokardiyografi*
Karte *(f)* *die Versichertenkarte*	kart *(t)* *sigorta kartı*
Katze *(f)*	kedi
Katzenhaar *(n)*	kedi tüyü
kauen *(Akk.)* *die Tablette kauen*	çiğnemek *(İ)* *hapı çiğnemek*
kein *Ich bin kein Arzt.*	değil *(Neg. der Kopula)* *Doktor değilim.*
Keuchhusten *(m)*	boğmaca
Kiefer *(m)* *Panoramaaufnahme des Kiefers (f)*	çene *panoramik çene röntgeni*
Kilo *(n)*	kilo
Kind *(n)*	çocuk
Kinderabteilung *(f)*	çocuk bölümü
Kinderarzt *(m)*	çocuk doktoru
Kinderkrankenhaus *(n)*	çocuk hastanesi
Kinderkrankenschwester *(f)*	çocuk hemşiresi
Kinderkrankheit *(f)*	çocuk hastalığı

Kinderlähmung *(f)*	çocuk felci
Kinderstation *(f)*	çocuk bölümü
Kinderzimmer *(n)*	çocuk odası
Kinn *(n)*	çene
klein *mein Kleiner, meine Kleine*	küçük *yavrum*
kleines Geschäft *(n)* *ein „kleines Geschäft" machen*	küçük abdest *(t)*, küçük tuvalet *(t)* *küçük abdeste çıkmak* *küçük abdestini yapmak* *küçüğe (=küçük abdeste) çıkmak* *küçük tuvaletini yapmak* *küçük tuvalete çıkmak*
kleine Verunreinigung *(f)(im rituellen Sinne)*	küçük kirlenme
Klingel *(f)*	zil
klingeln	zile basmak
Knie *(n)*	diz
Knoblauchwurst *(f)*	sucuk
Knochen *(m)*	kemik
Knochendichtemessung *(f)*	kemik densitometrisi
Kollege *(m)*	arkadaş
Kölnisch Wasser *(n)*	kolonya
Komma *(n)*	virgül
kommen *Er/Sie soll sofort kommen.*	gelmek *Hemen gelsin.*
kommen *(zu ...)* *Komm zu mir.*	yan(*+Poss. +Dat.*) gelmek *Yanıma gel.*
kommender, -e, -es *die kommende Woche,* *in der kommenden Woche,* *der kommende Monat,* *im kommenden Monat* *das kommende Jahr,* *im kommenden Jahr*	gelecek *gelecek hafta* *gelecek ay* *gelecek sene/yıl*
können *Sie können es besser als wir.* *(i. S.: „Sie sprechen besser Türkisch als wir." – als Kompliment aufzufassen)*	bilmek *Bizden daha iyi biliyorsunuz.*
Kontaktlinse *(f)* *Kontaktlinsen tragen*	lens, kontaklens *lens takmak*
Kontrolle *(f)* *zur Kontrolle kommen*	kontrol *(e/ü)* *kontrole gelmek*
kontrollieren *(Akk.)*	kontrol etmek *(İ)*
kontrolliert werden	kontrol edilmek *(Pass. zu: kontrol etmek)*
Kopf *(m)*	baş
Kopfschmerzen *(Pl.)*	baş ağrısı
Körper *(m)*	vücut *(d)*
Körpergröße *(f)*	boy
Kot *(m)*	dışkı

Krabbe *(f)*	karides
Kraft *(f)*	güç
kräftig	güçlü
kraftlos	güçsüz; halsiz
Krampfader *(f)*	varis
krank	hasta; rahatsız
krank werden	hastalanmak
Kranke *(m)* *Zuckerkranke (m)*	hasta *şeker hastası*
Krankengymnastik *(f)*	hasta jimnastiği
Krankenhaus *(n)* *im Krankenhaus liegen/sein* *ins Krankenhaus bringen/einliefern* *ins Krankenhaus gebracht/eingeliefert werden* *Kinderkrankenhaus (n)* *Haben Sie schon einmal im Krankenhaus gelegen?/Waren Sie schon einmal im Krankenhaus?*	hastane *hastanede yatmak* *hastaneye yatırmak (İ)* *hastaneye yatırılmak* *çocuk hastanesi* *Hiç hastanede yattınız mı?*
Krankenhausbibliothek *(f)*	hastane kütüphanesi
Krankenschwester *(f)* *Kinderkrankenschwester (f)* *Nachtschwester (f)*	hemşire *çocuk hemşiresi* *gece hemşiresi*
Krankenversicherung *(f)*	hastalık sigortası, sağlık sigortası
Krankheit *(f)* *eine ansteckende Krankheit* *Kinderkrankheit (f)* *Zuckerkrankheit (f)* *Frauenkrankheiten (Pl.)* *eine Krankheit haben/durchmachen*	hastalık *bulaşıcı bir hastalık* *çocuk hastalığı* *şeker hastalığı* *kadın hastalıkları* *bir hastalığı geçirmek*
kratzen, sich	kaşınmak
Kreislauf *(m)* *der Blutkreislauf*	dolaşım *kan dolaşımı*
Kreißsaal *(m)*	doğum odası, doğum salonu, doğumhane
Kuh *(f)*	inek
Kühlschrank *(m)*	buzdolabı
Kuhmilch *(f)*	inek sütü
Kummer *(m)* *voller Kummer*	dert *(d)* *dertli*
künstlich *der künstliche Zahn, der Stiftzahn*	takma *takma diş*
künstliches Gebiss *(n)* *ein künstliches Gebiss haben*	protez *protez takmak*
Kurs *(m)* *Türkischkurs (m)*	kurs *Türkçe kursu*
kurz *innerhalb kurzer Zeit* *kurze Zeit später, kurz danach* *vor kurzem*	kısa *kısa sürede* *biraz sonra* *geçenlerde*

l **l** **l**	
Labor *(n)*	laboratuvar
lachen *(über ...)*	gülmek *(E)*
Lage *(f)* *der Lage/den Umständen entsprechend*	durum *duruma göre*
Lähmung *(f)* *Kinderlähmung (f)*	felç *çocuk felci*
Lampe *(f)*	lamba
Land *(n)* *die tropischen Länder*	memleket *(t);* ülke *tropik ülkeler*
lang	uzun
langer, -e, -es *lange (Zeit)*	uzun *uzun süre*
langsam	yavaş
laufen *(die Nase)* *Burnum akıyor.*	akmak *Meine Nase läuft./Mir läuft die Nase.*
laut, mit lauter Stimme *lauter sprechen*	yüksek sesle *daha yüksek sesle konuşmak*
leben	yaşamak
Leben(skraft) *(n/f)*	can
Lebensalter *(n)*	yaş
Lebensmittel *(n)*	yiyecek
ledig	bekar
leicht *(= einfach)*	kolay
leicht *(bezogen auf das Gewicht)* *ein leichter Schmerz*	hafif *hafif bir ağrı*
leider	maalesef
lesen *(Akk.)* *lesen lassen*	okumak *(İ)* *okutmak*
letzter,-e,-es *in der letzten Zeit*	son *son zamanlarda*
liegen	yatmak
linker, -e, -es; links *der linke Arm* *sich nach links drehen*	sol *sol kol* *sola dönmek*
Linse *(f)*	lens
Lösung *(f)* *für ... eine Lösung/einen Ausweg finden*	çare *E çare bulmak*
Luftröhre *(f)*	nefes borusu
Lunge *(f)* *die Lunge abhören*	akciğer *akciğerleri dinlemek*
Lungenentzündung *(f)*	akciğer iltihabı
lutschen *(Akk.)* *die Tablette lutschen*	emmek *(İ)* *hapı emmek*
m **m** **m**	

machen *(Akk.)* *Was machen/arbeiten Sie?* *Mach's gut.* *Macht's gut.*	yapmak *(İ)* *Ne iş yapıyorsunuz?* *Hoşça kal.* *Hoşça kalın.*
Mädchen *(n)*	kız
Mädchengymnasium *(n)*	kız lisesi
Magen *(m)* *auf nüchternen Magen*	mide *aç karnına*
Mageninhalt *(m)*	mide içeriği
Magensaft *(m)*	mide suyu
Magenschmerzen *(Pl.)*	mide ağrısı
Mai *(m)* *im Mai*	mayıs (ayı) *mayısta, mayıs ayında*
Mal *(n)* *... mal*	defa, kere, kez, sefer *... defa, ... kere, ... kez, ... sefer*
Malaria *(f)*	malarya
Mammographie *(f)*	mam(m)ografi
manche *in manchen Fällen*	bazı *bazı durumlarda*
manchmal	ara sıra, bazen
Mandeln *(Pl.)(= Tonsillen)*	bademcikler
Mann *(m)*	erkek
Mann *(m) (= Ehemann)*	koca
männlich	erkek
Markt *(m)*	çarşı
marschieren	yürümek
März *(m)* *im März*	mart *(t)* (ayı) *martta, mart ayında*
Masern *(Pl.)* *Masern haben*	kızamık *kızamık geçirmek*
Massage *(f)*	masaj
Maus *(f)*	fare
Medikament *(n)* *ein Medikament/Medikamente (ein)nehmen* *ein Medikament verschreiben*	ilaç *ilaç içmek, ilaç kullanmak* *ilaç yazmak*
Medizin *(f)* *Nuklearmedizin (f)*	tıp *(bb) (das Fach);* ilaç *(das Medikament)* *nükleer tıp*
medizinisch *medizinisches Zentrum (n)*	tıbbi *tıp merkezi*
Medizinstudent *(m)*	tıp öğrencisi
meinen *Ich meine ...* *Ich meine, Hasan ist ein sehr guter Arzt.*	*sanmak* *Sanırım ...* *Sanırım Hasan çok iyi bir doktor.*
Menge *(f)* *eine kleine Menge Wasser*	miktar *az miktar su*
Mercedes *(m)*	Mersedes
messen *(Akk.)* *das Fieber messen*	ölçmek *(İ)* *ateşi ölçmek*

den Blutdruck messen	*tansiyonu ölçmek*
Messung *(f)* *Dichtemessung (f)*	ölçüm *yoğunluk ölçümü, densitometri*
Meter *(m)*	metre
Milch *(f)* *die Kuhmilch*	süt *(t)* *inek sütü*
Minute *(f)* *eine Minute, einen Augenblick*	dakika *bir dakika*
mit *(Präposition)* *mit wenig Wasser* *mit Zwang, mit Gewalt*	ile *(Postposition)* *az miktar su ile* *zorla*
mitbringen *(Akk.)*	birlikte getirmek *(İ)*
Mittag *(m)*	öğle
mitteilen *(jdm. etwas)* *mitteilen/sagen, wie es einem geht*	bildirmek *(E İ)* *durumunu bildirmek*
mittelmäßig *(auf die Frage nach dem Befinden)*	şöyle böyle
Mittwoch *(m)* *am Mittwoch*	çarşamba (günü) *çarşamba (günü)*
mögen → *er/sie mag nicht ...* *ich mag nicht ...*	 *canı ... istemiyor* *canım ... istemiyor*
Moment *(m)* → *einen Moment*	 *bir dakika*
Monat *(m)*	ay
Monatsblutung *(f)* *die Monatsblutung bekommen*	adet *(t)* *adet olmak*
Montag *(m)* *am Montag*	pazartesi (günü) *pazartesi (günü)*
morgen *morgen früh*	yarın *yarın sabah*
Morgen *(m)* *am Morgen* *der folgende/nächste Morgen; am folgenden/nächsten Morgen*	sabah *sabah* *erstesi sabah*
Morgenmantel *(m)*	sabahlık
Moslem *(m)*	Müslüman
müde	yorgun
müde werden	yorulmak
Mumps *(m)*	kabakulak
München	Münih
Mund *(m)* *den/seinen Mund aufmachen/öffnen*	ağız, ağz- *ağzını açmak*
Muster *(n)*	numune
n **n** **n**	
na ja	eh işte
nach	sonra *(DEn)*, sonunda *(mit Genitiv)*

kurz danach *danach* *nach dieser Prozedur* *bei der Angabe der Uhrzeit: um 10 nach 2* *Es ist 10 nach 2.*	*biraz sonra* *bundan sonra* *bu işlemin sonunda* *2'yi 10 geçe* *2'yi 10 geçiyor.*
Nachbar *(m)*	komşu
nachher	sonra
Nachmittag *(m)* *am Nachmittag*	öğleden sonra *öğleden sonra*
Nachricht *(f)*	haber
nächster, -e, -es *die nächste Woche, in der nächsten Woche* *der nächste Monat, im nächsten Monat* *nächstes Jahr, im nächsten Jahr* *bis zum nächsten Mal*	gelecek *gelecek hafta* *gelecek ay* *gelecek sene/yıl* *gelecek sefere*
Nacht *(f)* *heute Nacht* *gute Nacht*	gece *bu gece* *iyi geceler*
Nachthemd *(n)*	gecelik
Nachtschwester *(f)*	gece hemşiresi
Nachttopf *(m)*	lazımlık
Nadel *(f)*	iğne
Nagel *(m)*	çivi
Nahrung *(f)*	yiyecek
Name *(m)* *Familienname (m)* *Wie ist dein/Ihr Name?/Wie heißt du/ heißen Sie?*	ad; isim, ism- *soyadı* *Adın/Adınız ne?/İsmin/İsminiz ne?*
Narkose *(f)* *die Vollnarkose*	narkoz *tam narkoz*
Narkosearzt *(m)*	narkoz doktoru
Narkosemittel *(n)*	narkoz ilacı
Nase *(f)* *durch die Nase atmen* *Meine Nase ist verstopft.*	burun, burn- *burundan nefes almak* *Burnum tıkalı.*
natürlich	tabii, tabii ki
nehmen *Dieses Hemd gefällt mir, ich nehme es.* *Ich nehme meine Medikamente regelmäßig.*	almak; kullanmak *Şu gömleği beğendim, alacağım.* *İlaçlarımı düzenli alıyorum/kullanıyorum.*
nein	hayır
neu	yeni
neulich	geçenlerde
neun	dokuz
neunzig	doksan
Neurologie *(f)*	nöroloji
nicht	değil *(Neg. der Kopula)*

Ich bin heute nicht zu Hause. *Ich bin nicht krank.*	*Bugün evde değilim.* *Hasta değilim.*
nicht besonders *(auf die Frage nach dem Befinden)* *Wie geht es dir? – Nicht besonders.*	şöyle böyle *Nasılsın? – Eh, şöyle böyle.*
nicht wahr? *Du bist morgen zu Hause, nicht wahr?*	değil mi? *Yarın evdesin, değil mi?*
Nicht-Ausreichen *(n)*	yetmezlik
nichts *überhaupt nichts, gar nichts*	bir şey *(+ Neg.)* *hiç bir şey (+ Neg.)*
Nickel *(n)*	nikel
niemand	kimse *(+ Neg.)*
Niere *(f)*	böbrek
Niereninsuffizienz *(f)*	böbrek yetmezliği
noch *noch beschäftigt sein* *und dann noch ...* *noch nicht*	daha *daha meşgul olmak* *hem de ...* *daha (+ Neg.)*
noch einmal *noch einmal kommen*	bir daha, tekrar *bir daha/tekrar gelmek*
noch nicht	henüz *(+ Neg.)*
normal *normal verlaufen*	normal *(i/e)* *normal geçmek*
Norwegen	Norveç *(ç)*
Notaufnahme *(f)*	acil servis
nötig *... ist nicht nötig*	lazım *gerek yok (E)*
notwendig	lazım
Notwendigkeit *(f)* *zu ... besteht keine Notwendigkeit*	gerek *gerek yok (E)*
November *(m)* *im November*	kasım (ayı) *kasımda/kasım ayında*
nüchtern → *auf nüchternen Magen*	 *aç karnına*
Nuklearmedizin *(f)*	nükleer tıp
Nummer *(f)* *Vorwahl(nummer) (f)* *Telefonnummer (f)*	numara *kod numarası* *telefon numarası*
nützen *(zu ...)* *nicht/zu nichts nützen*	yaramak *(E)* *E yaramamak*
o **o** **o**	
Obere *(n)*	üst *(t)*
oberer Teil *(m)*	üst *(t)*
Oberhemd *(n)*	gömlek
Oberkörper → *den Oberkörper freimachen*	 *belden yukarı soyunmak*
Obst *(n)*	meyve

Ochse *(m)*	öküz
offen	açık
offenbar	herhalde, galiba
öffnen *(Akk.)* *den/seinen Mund öffnen* *die Tür öffnen*	açmak *(İ)* *ağzını açmak* *kapıyı açmak*
oft	sık sık
Ohr *(n)*	kulak
okay	oldu, tamam
Oktober *(m)* *im Oktober*	ekim (ayı) *ekimde, ekim ayında*
Oma *(f)*	nine
Onkel *(m)*	amca *(= der Onkel väterlicherseits)*
OP *(m)*	ameliyat salonu, ameliyathane
Opa *(m)*	dede
Operation *(f)* *eine Operation haben*	ameliyat *(t)* *bir ameliyat geçirmek*
operieren *(Akk.)*	ameliyat etmek *(İ)*
operiert werden	ameliyat olmak
OP-Strumpf *(m)*	ameliyat çorabı
OP-Tag *(m)* *am OP-Tag*	ameliyat günü *ameliyat günü*
Optiker *(m)*	gözlükçü
OP-Wunde *(f)*	ameliyat yeri
Ordnung *(f)* *in Ordnung* *alles ist in Ordnung*	düzen *oldu* *her şey yolunda*
Ort *(m)* *Geburtsort (m)*	yer *doğum yeri*
Orthopädie *(f)*	ortopedi
Österreich	Avusturya
p **p** **p**	
Panoramaaufnahme des Kiefers *(f)*	panoramik çene röntgeni
Papier *(n)*	kağıt *(d)*
Park *(m)*	park *(k)*
Partner *(m)*	eş
Pass *(m)*	pasaport *(t)*
passieren *Was ist passiert?* *Es passiert nichts (Schlimmes).*	olmak *Ne oldu?* *Bir şey olmaz.*
Paste, Pasta *(f)* *die Zahnpasta*	macun *diş macunu*
Patient *(m)*	hasta
Patientenaufnahme *(f)*	hasta alımı
Penizillin *(n)*	Penisilin
Personalausweis *(m)*	kimlik kartı, *kurz:* kimlik
Perücke *(f)*	takma saç

Pipi *(n)* *Pipi machen* *Ich muss Pipi machen.*	çiş *çiş yapmak* *Çişim geldi.*
Platz *(m)*	yer
plötzlich	birden
Polen	Polonya
Polio(myelitis) *(f)*	polyo
Polle(n) *(f/Pl.)*	polen(ler)
Porno *(m)*	porno
Portugal	Portekiz
Praxis *(f)*	muayenehane
Probe *(f)* *die Stuhlprobe* *die Urinprobe*	numune *dışkı numunesi, büyük abdest numunesi* *idrar numunesi*
Problem *(n)* *Hat es ein Problem gegeben?/* *Ist ein Problem aufgetreten?* *Es ist kein Problem aufgetreten./* *Es hat kein Problem gegeben.* *Wenn ich auf die Toilette gehe,* *habe ich Probleme.*	problem *Bir problem oldu mu?* *Herhangi bir problem çıkmadı.* *Tuvalete çıkarken zorlanıyorum.*
Prothese *(f)* *eine Prothese haben/tragen*	protez *protez takmak*
Prozedur *(f)*	işlem
Psyche *(f)*	ruh
Psychiatrie *(f) (als Ort)*	ruh hastalıkları bölümü
Puder *(m)*	pudra
Puls *(m)* *den Puls zählen*	nabız, nabz- *nabzı saymak*
Pyjama *(m)*	pijama
q **q** **q**	
Quantum *(n)*	miktar
r **r** **r**	
Rachen *(m)*	boğaz
Radio *(n)*	radyo
Raki *(m)*	rakı *(= hochprozentiger Anisschnaps)*
rauchen	sigara içmek
Raum *(m)* *der Untersuchungsraum*	oda *muayene odası*
Rauschgift *(n)*	uyuşturucu
rausgehen *(aus ...)*	çıkmak *(DEn)*
rechter, -e, -es; rechts *der rechte Arm* *sich nach rechts drehen*	sağ *sağ kol* *sağa dönmek*
Regel *(f) (= Monatsblutung)*	adet *(t)*

die Regel bekommen	*adet olmak*
regelmäßig	düzenli (olarak)
reich	zengin
reichen *(für.../zu ...)*	E yetmek
Reihe *(f)* *Wer ist an der Reihe?* *Du bist an der Reihe.* *Sie sind an der Reihe.* *Ich bin an der Reihe.*	sıra *Sıra kimde?* *Sıra sende.* *Sıra sizde.* *Sıra bende.*
reinigen *(Akk.)*	temizlemek *(İ)*
Rente *(f)* → *in Rente*	 *emekli*
Rentner *(m)*	emekli
Rheuma *(n)*	romatizma
richtig *Ist das richtig?*	doğru *Doğru mu?*
riechen *(intransitiv)*	kokmak *(intransitiv)*
Ring *(m)*	yüzük
rituelle Reinheit *(f)* → *(den Zustand der rituellen Reinheit zerstören)*	abdest bozmak
rituelle Waschung *(f)* *die rituelle Waschung vornehmen*	abdest *(t) (nach einer kleinen Verunreinigung)* boy abdesti, gusül *(nach einer großen Verunreinigung)* *abdest almak*
Rohr *(n)*	boru
Röhre *(f)* *die Luftröhre* *die Speiseröhre*	boru *nefes borusu* *yemek borusu*
Röntgenaufnahme *(f)* *Röntgenaufnahmen machen*	film, röntgen filmi *film çekmek*
rosa	pembe
Rost *(m)*	pas
rostig	paslı
Röteln *(Pl.)* *die Röteln haben*	kızamıkçık *kızamıkçık geçirmek*
Rücken *(m) (oberer Teil)* *sich auf den Rücken legen*	sırt *(t)* *sırt üstü yatmak*
rufen *(Akk.)* *den Arzt rufen*	çağırmak *(İ)* *doktoru çağırmak*
Ruhestand *(m)* → *im Ruhestand*	 *emekli*
Rumänien	Romanya
rund	yuvarlak
runterschlucken *(Akk.)* *die Tablette (runter)schlucken*	yutmak *(İ)* *hapı yutmak*
Russe *(m)*	Rus
S	

S **s**	
Sache *(f)*	şey
Saft *(m)* *Hustensaft (m)* *der Magensaft*	şurup; su *(Gen: suyun)* *öksürük şurubu* *mide suyu*
sagen *Was hast du gesagt?* *Was haben Sie gesagt?*	demek; söylemek *Ne dedin?* *Ne dediniz?*
Salbe *(f)*	merhem
Salz *(n)*	tuz
Samstag *(m)* *am Samstag*	cumartesi (günü) *cumartesi (günü)*
säubern *(Akk.)*	temizlemek *(İ)*
Sauerstoff *(m)*	oksijen
Säugling *(m)*	bebek
Säuglingszimmer *(n)*	bebek odası
schädlich *(für ...)*	zararlı *(E)*
schauen	bakmak
schicken *(Akk.)*	yollamak *(İ)*
Schlaf *(m)* *in einen tiefen Schlaf fallen*	uyku *derin bir uykuya dalmak*
Schlafanzug *(m)*	pijama
schlafen	uyumak
schlafen gehen	yatmak
Schlafengehen *(n)* → *vor dem Schlafengehen*	 *yatmadan önce*
schlaflos	uykusuz
Schlaflosigkeit *(f)*	uykusuzluk
Schlaftablette *(f)*	uyku hapı
Schlauch *(m)*	hortum
schlecht *sich schlecht fühlen* *Es geht mir schlecht.* *Es geht mir richtig schlecht./Es geht mir mies.*	kötü, fena *kendini kötü hissetmek* *Kötüyüm.* *Fenayım.*
schlechter fühlen, sich	fenalaşmak
schließen *(Akk.)* *die Tür schließen*	kapatmak *(İ)* *kapıyı kapatmak*
schließlich	nihayet
Schloss *(n)*	kilit *(d)*
Schluckbeschwerden *(Pl.)* *Schluckbeschwerden haben* *Es ist möglich/kann sein, dass Sie Schluckbeschwerden haben werden.*	yutkunma zorluğu *yutkunma zorluğu çekmek* *Yutkunma zorluğu çekebilirsiniz.*
schlucken *(Akk.)* *die Tablette (runter)schlucken*	yutmak *(İ)* *hapı yutmak*
schlucken *(intransitiv; nicht: etwas schlucken)*	yutkunmak

Schlüpfer *(m)*	külot *(t)*
Schmerz *(m)* *ein leichter Schmerz* *(keine) Schmerzen fühlen* *ohne Schmerzen*	ağrı; sancı *(= der kolikartige Schmerz, auch: die Wehe)* *hafif bir ağrı* *ağrı hisset(me)mek* *ağrısız*
Schmerzempfinden *(n)*	ağrı duygusu
schmerzen	ağrımak
schmerzlos	ağrısız
Schmerzmittel *(n)*	ağrı kesici
Schmutz *(m)*	kir
schneiden *sich in den Finger/in die Hand/... schneiden*	kesmek *(İ)* *parmağını/elini/ ... kesmek*
schnell	çabuk
Schnupfen *(m)* *Schnupfen haben*	nezle *nezle olmak*
schön	güzel
schon einmal *Haben Sie schon einmal im Krankenhaus gelegen?/Waren Sie schon einmal im Krankenhaus?*	hiç *Hiç hastanede yattınız mı?*
Schönheit *(f)*	güzellik
Schrank *(m)* *ein verschließbarer/abschließbarer Schrank*	dolap *kilitli dolap*
schreiben *(Akk.)*	yazmak *(İ)*
schreiben lassen *(jemanden etwas)*	yazdırmak *(E İ)*
Schuh *(m)* *sich die Schuhe anziehen* *sich die Schuhe ausziehen*	ayakkabı *ayakkabılarını giymek* *ayakkabılarını çıkarmak*
Schule *(f)* *Jungenschule (f)*	okul *erkek okulu*
Schüler *(m)*	öğrenci
Schulter *(f)*	omuz
schwach	halsiz
schwanger *schwanger werden*	gebe, hamile *gebe/hamile kalmak*
Schwangerschaft *(f)*	gebelik, hamilelik
Schweden	İsveç *(ç)*
Schweiz *(f)*	İsviçre
schwellen	şişmek
Schwellung *(f)* *die Schwellung der Füße* *die Schwellung der Beine*	şişlik *ayak şişliği* *bacak şişliği*
schwer *(= schwierig)* **schwer** *(= bezogen auf das Gewicht)* *Ist Türkisch schwer?* *Wie schwer bist du?*	zor *Türkçe zor mu?* *Kaç kilosun?/Kilon kaç?*

Wie schwer sind Sie?	*Kaç kilosunuz?/Kilonuz kaç?*
Schwester *(f)*	abla *(die ältere Schwester, auch Anrede für nicht verwandte Personen, z.B. eine Krankenschwester);* kızkardeş *(= die jüngere Schwester)*
schwierig *es ist schwierig*	zor *zor oluyor*
Schwierigkeit *(f)* *Schwierigkeiten haben*	zorluk *zorluk çekmek*
Schwindel *(m)* *Es ist möglich/kann sein, dass Schwindel auftritt.*	baş dönmesi *Baş dönmesi olabilir.*
schwindlig → *Mir ist schwindlig.*	 *Başım dönüyor. (wörtl.: Mein Kopf dreht sich.)*
schwitzen	terlemek
sechs	altı
sechzig	altmış
Seele *(f)*	ruh
Segen *(m)*	bereket *(t)*
sehen *(Akk.)*	görmek *(İ)*
sehen, sich	görüşmek
sehr	çok
Seife *(f)*	sabun
sein	olmak
sein *(in ...)*	bulunmak *(DE)*
seit *seit einer halben Stunde*	beri *(DEn)* *yarım saatten beri*
seit ... (bis jetzt) *seit gestern (bis heute)*	bu yana *(DEn)* *dünden bu yana*
Seite *(f)*	taraf; yan; sayfa *(in einem Buch etc.)*
Sekunde *(f)*	saniye
Semester *(n)*	sömestir
September *(m)* *im September*	eylül (ayı) *eylülde, eylül ayında*
sich *(reflexiv)* *sich nicht gut fühlen* *sich schlecht fühlen*	kendi- *kendini iyi hissetmemek* *kendini kötü hissetmek*
sie	o *(Singular);* onlar *(Plural)*
Sie	siz *(Höflichkeitsform)*
sieben	yedi
siebzig	yetmiş
Sirup *(m)*	şurup
Situation *(f)*	durum
so *so leidlich (auf die Frage nach dem Befinden)*	böyle; şöyle; öyle *şöyle böyle*
Sodbrennen *(n)* *Ich habe Sodbrennen.*	mide yanması *Bende mide yanması var.*

sofort	hemen
sogar → *und dann sogar ...*	 *hem de ...*
Sohn *(m)*	oğul, oğl-
Sommer *(m)*	yaz
Sonne *(f)*	güneş
Sonntag *(m)* *am Sonntag*	pazar (günü) *pazar (günü)*
Sonographie *(f)*	sonografi
sonst → *sonst noch*	 *başka*
Sorge(n) *(f, Pl.)*	dert *(d)*
Sorte *(f)*	çeşit *(d)*
Spanien	İspanya
spät *zu spät kommen* *Wie spät ist es?*	geç *geç kalmak* *Saat kaç?*
später *eine halbe Stunde später*	sonra *yarım saat sonra*
Speichel *(m)*	tükürük
Speiseröhre *(f)*	yemek borusu
Spezialist *(m)*	mütehassıs, uzman
Spiel *(n)*	oyun
spielen *draußen spielen*	oynamak, oyun oynamak *(eigentl.: Spiel spielen)* *dışarıda oynamak*
Spitze *(f)* *die Fingerspitze*	uç *parmak ucu*
Sprache *(f)*	dil
Spray *(m/n)*	sprey
sprechen *lauter sprechen* *Türkisch/Deutsch sprechen*	konuşmak *daha yüksek sesle konuşmak* *Türkçe/Almanca konuşmak*
Sprichwort *(n)*	atasözü
Spritze *(f)* *jdm. eine Spritze geben*	iğne *E iğne yapmak*
Stadt *(f)*	şehir, şehr-
ständig	devamlı, hep, sürekli
stark	güçlü
Statur *(f)*	boy
Staub *(m)* *Hausstaub (m)*	toz *ev tozu*
stehen, stehenbleiben	durmak
stehlen *(Akk.)*	çalmak *(İ)*
steigen *Das Fieber ist gestiegen.*	yükselmek *Ateş yükseldi.*
Stelle *(f)*	yer
Stimme *(f)* *laut, mit lauter Stimme*	ses *yüksek sesle*

lauter (mit lauterer Stimme) sprechen	*daha yüksek sesle konuşmak*
stinken	kokmak
Stirn *(f)* *Meine Stirn ist heiß.*	alın, aln- *Alnım yanıyor. (wörtlich: Meine Stirn brennt.)*
Stockwerk *(n)*	kat *(t)*
Strahl *(m)*	ışın
Straße *(f)* *die Yeni Çarşı-Straße*	cadde, *Abkürzung:* cad. *Yeni Çarşı Cad. (Caddesi)*
streuen *(auf ...)* *auf ... gestreut werden*	ekmek *(E)* *E ekilmek*
Strumpf *(m)* *der OP-Strumpf* *der Thrombosestrumpf*	çorap *ameliyat çorabı* *varis çorabı*
Stück *(n)* *wie viel (Stück)?*	tane *kaç tane?*
Student *(m)* *Medizinstudent (m)*	öğrenci *tıp öğrencisi*
studieren	okumak
Stuhl *(m)(= Kot)*	dışkı
Stuhlgang *(m)* *Stuhlgang haben*	büyük abdest *(t)* *büyük abdeste çıkmak* *büyük abdest(ini) yapmak*
Stuhlprobe *(f)*	büyük abdest numunesi, dışkı numunesi
Stunde *(f)* *die halbe Stunde* *eine halbe Stunde später*	saat *(t; i/e)* *yarım saat* *yarım saat sonra*
suchen *(Akk.)*	aramak *(İ)*
Suppositorium *(n)*	fitil
süß	tatlı
Süßigkeit *(f)*	tatlı
Süßspeise *(f)*	tatlı
Symptom *(n)*	belirti
Szintigraphie *(f)*	sintigrafi
t **t** **t**	
Tablette *(f)* *Schlaftablette (f)* *die Tablette kauen* *die Tablette lutschen* *die Tablette schlucken*	hap *(p)* *uyku hapı* *hapı çiğnemek* *hapı emmek* *hapı yutmak*
Tag *(m)* *Geburtstag (m)* *guten Tag* *am Tage* *Tag und Nacht* *seit Tagen*	gün *doğum günü* *iyi günler (Begrüßung und Abschied)* *gündüz* *gece gündüz* *günlerdir*
Taille *(f)*	bel

oberhalb der Taille	*belden yukarı*
Talisman *(m) (gegen den bösen Blick)*	nazarlık
tanzen	oynamak
tatsächlich	gerçekten
taugen *(zu ...)*	yaramak *(E)*
tausend	bin
Taxi *(n)*	taksi
Taxifahrer *(m)*	taksi şoförü
Tee *(m)*	çay
Telefon *(n)*	telefon
Telefonnummer *(f)* *Wie ist deine/Ihre Telefonnummer?*	telefon numarası *Telefon numaran/Telefon numaranız kaç?*
Termin *(m)* *Haben Sie einen Termin?*	termin *Termininiz var mı?*
Tetanus *(m)*	tetanoz
Tetracyclin *(n)*	Tetrasiklin
teuer	pahalı
Theater *(n)*	tiyatro
Thrombosestrumpf *(m)*	varis çorabı
tief *in einen tiefen Schlaf fallen* *tief einatmen*	derin *derin bir uykuya dalmak* *derin nefes almak*
Tier *(n)*	hayvan
Tierhaar *(n)*, **Tierhaare** *(Pl.)*	hayvan tüyü
Tochter *(f)*	kız
Toilette *(f)* *auf die Toilette gehen* *Ich muss auf die Toilette.*	tuvalet *(t)* *tuvalete çıkmak* *Tuvaletim geldi.*
toll	şahane
Tomographie *(f)* *computergestützte Tomographie (f)*	tomografi *bilgisayarlı tomografi*
Tonsillen *(Pl.)*	bademcikler
tragen *(Brille, Ring)* *eine Brille tragen* *einen Ring tragen*	takmak *gözlük takmak* *yüzük takmak*
Trainingsanzug *(m)*	eşofman
Traktor *(m)*	traktör
tränen *Meine Augen tränen.*	yaşarmak *Gözlerim yaşarıyor.*
Transport *(m)*	nakil, nakl- *(e/i)*
Traumatologie *(f)*	travmatoloji
traurig sein *(über Akk.)* *Er ist darüber traurig.*	üzülmek *(E)* *Buna üzülüyor.*
Trecker *(m)*	traktör
treffen, ***sich***	görüşmek
trinken *(Akk.)* *etwas zu(m) Trinken*	içmek *(İ)* *içecek bir şey*
trocken	kuru
Tropfen *(m, Pl.)*	damla

tropisch *die tropischen Länder*	tropik *tropik ülkeler*
trotzdem	yine de
tüchtig *(= ziemlich, kräftig)*	bayağı
Tür *(f)*	kapı
Türke *(m)*	Türk *(k)*
Türkei *(f)*	Türkiye
Türkisch *(die Sprache)*, **auf Türkisch**	Türkçe
Türkische Lira *(f)*	TL (Türk lirası)
Türkischkurs *(m)*	Türkçe kursu
u **u** **u**	
übel → *Mir ist/wird übel.* *Es ist möglich/kann sein, dass Ihnen übel wird.*	 *Midem bulanıyor.* *Mideniz bulanabilir.*
Übelkeit *(f)* *Es kann Übelkeit auftreten.*	mide bulantısı *Mide bulantısı olabilir.*
übermorgen	öbür gün
überschreiten *(einen Zeitpunkt)*	geçmek *(İ)*
überweisen *(jdn. an/zu ...)*	havale etmek *(İ E)*
Überweisung *(f)*	havale; havale kağıdı *(Formular)*
Uhr *(f)* *die/seine Uhr ablegen* *um wie viel Uhr?*	saat *(t; i/e)* *saatini çıkarmak* *saat kaçta?*
Ultraschall *(m)*	ultrason(ografi)
und	ve; ya *(einleitend in Parallelfragen)*
Unfall *(m)* *einen Unfall haben*	kaza *kaza geçirmek*
ungefähr	aşağı yukarı, yaklaşık olarak
Universität *(f)*	üniversite
Universität Essen *(f)*	Essen Üniversitesi
unten	aşağıda
Unterlagen *(Pl.)*	belgeler
unterschreiben *(Akk.)* *das Formular unterschreiben* *(das) hier unterschreiben*	imzalamak *(İ)* *formu imzalamak* *şurayı imzalamak*
Unterschrift *(f)*	imza
untersuchen *(Akk.)*	muayene etmek *(İ)*
Untersuchung *(f)*	muayene
Untersuchungsraum *(m)*	muayene odası
Untersuchungszimmer *(n)*	muayene odası
Unterwäsche *(f)*	iç çamaşır
unwohl	rahatsız
Urin *(m)*	idrar
Urinprobe *(f)*	idrar numunesi
Urkunde *(f)*	cüzdan
Urologe *(m)*	üroloji uzmanı

Urologie *(f)*	bevliye, üroloji
v **v** **v**	
verboten *Es ist verboten einzutreten./Eintritt verboten.*	yasak *Girmek yasak.*
verbreitet	yaygın
verbunden sein *(mit Dat.)*	bağlı olmak *(E)*
Verfahren *(n)*	işlem
vergangene Jahr *(n)* *im vergangenen Jahr*	geçen sene *geçen sene*
vergehen *(Zeit)*	geçmek
vergessen *(Akk.)*	unutmak *(İ)*
verheiratet	evli
verhindern *(Akk.)*	önlemek *(İ)*
Verkehr *(m)*	trafik
Verkehrsunfall *(m)*	trafik kazası
verlaufen *gut verlaufen*	geçmek *iyi geçmek*
verletzen, sich	yaralanmak
vermuten	sanmak
verschlechtern, sich	fenalaşmak
verschlossen *ein verschließbarer Schrank*	kilitli *kilitli dolap*
verschreiben *(Medikamente)* *ein Medikament verschreiben*	yazmak *(İ)* *ilaç yazmak*
verschwinden (aus ...)	çıkmak *(DEn)*
versichert *bei ... versichert sein*	sigortalı *bağlı olmak (E)*
Versichertenkarte *(f)*	sigorta kartı
Versicherung *(f)* *Krankenversicherung (f)*	sigorta *hastalık sigortası*
verspäten, sich	geç kalmak
Verstand *(m)*	akıl, akl-
verstehen *Ich habe nicht verstanden.* *Hast du/Haben Sie verstanden?*	anlamak *Anlayamadım./Anlıyamadım. (eigentl: Ich konnte nicht verstehen. Man schreibt im Standard „Anlayamadım.", spricht aber in der Regel „Anlıyamadım.")* *Anladın/Anladınız mı?*
verstopft *Meine Nase ist verstopft.*	tıkalı *Burnum tıkalı.*
Verstopfung *(f)* *an Verstopfung leiden, Verstopfung haben* *Ich habe Verstopfung.*	kabızlık *kabız olmak* *Kabızım.*
Verunreinigung *(f)* *die „große Verunreinigung" (im rituellen Sinne)*	kirlenme *büyük kirlenme*

Verwaltung *(f)*	idare
Verwandte *(m, f)*	akraba
verwenden *(Akk.)*	kullanmak *(İ)*
verwitwet	dul
viel	çok
vielleicht	belki
vier	dört *(d)*
Viertel *(n)* *um Viertel vor 4* *Es ist Viertel vor 4.* *um Viertel nach 3* *Es ist Viertel nach 3.*	çeyrek *(= bei der Angabe der Uhrzeit)* *4'e çeyrek kala* *4'e çeyrek var.* *3'ü çeyrek geçe* *3'ü çeyrek geçiyor.*
vierzig	kırk
Virus *(n/m)*	virüs
Viruserkrankung *(f)*	virüs hastalığı
Visite *(f)*	vizite
Vollnarkose *(f)*	tam narkoz
vollständig	tam
von *(Agensphrase im Passiv)* *von Dr. Müller operiert werden*	tarafından *Dr. Müller tarafından ameliyat olmak*
von allein	kendiliğinden
von jetzt an	bundan sonra
von selbst	kendiliğinden
vor *um 5 Minuten vor 2* *Es ist 5 Minuten vor 2.*	kala *(bei der Angabe der Uhrzeit)*; var *(bei der Angabe der Uhrzeit)* *2'ye 5 kala* *2'ye 5 var.*
vor (... liegend) *der Abend vor der Operation; am Abend vor der Operation*	önceki *(DEn)* *ameliyattan önceki akşam*
vor kurzem	geçenlerde
vorbeigehen	geçmek
vorbereiten *(Akk.)*	hazırlamak *(İ)*
Vorfahren *(Pl.)*	atalar
vorläufig	şimdilik
vorlesen *(Akk.)*	okumak *(İ)*
vorn *(vordere Vokale)*	ince
Vorname *(m)* *Wie ist dein/Ihr (Vor-)Name?/Wie heißt du/heißen Sie (mit Vornamen)?*	ad; isim, ism- *Adın/Adınız ne?/İsmin/İsminiz ne?*
vorübergehen	geçmek
Vorwahl(nummer) *(f)* *Wie ist die Vorwahl?*	kod numarası *Şehrin kod numarası kaç?*
w **w** **w**	
wackeln *ein wackelnder Zahn*	sallanmak *sallanan diş*
während	boyunca

während der ganzen Operation	*bütün ameliyat boyunca*
wahrscheinlich	herhalde
wann	ne zaman?; saat kaçta? *(= um wie viel Uhr?)*
warten *(auf Akk.)*	beklemek *(İ)*
warum	neden, niçin, niye
was *was (alles)* *was ... anbetrifft* *Was ist los?/Was ist passiert?* *Was machen/Was arbeiten Sie?* *Was bedeutet/heißt .....?* *Was hast Du?/Was fehlt Dir?* *Was hat er?/Was fehlt ihm?* *Ich weiß nicht, was es war.*	ne *neler* *E göre (Postposition)* *Ne oldu?* *Ne iş yapıyorsunuz?* *.... ne demek?* *Nen/Neyin var?* *Nesi var?* *Neydi bilmiyorum.*
Wäsche *(f)* *die Unterwäsche*	çamaşır *iç çamaşır*
waschen *(Akk.)*	yıkamak *(İ)*
Wasser *(n)*	su *(Gen: suyun)*
Wassermelone *(f)*	karpuz
Weg *(m)* *die Atemwege* *den Weg beschreiben* *der Weg zum Herzen*	yol *solunum yolları* *yolu tarif etmek* *kalbe giden yol*
weh tun *Wo tut es Ihnen weh?* *Tut ... weh?* *Tut Ihnen der Arm noch weh?* *Es ist möglich/kann sein, dass Ihnen der Hals weh tut.* *Mir tut alles weh.*	ağrımak *Nereniz ağrıyor?* *... ağrıyor mu?* *Kolunuz hala ağrıyor mu?* *Boğazınız ağrıyabilir.* *Her tarafım ağrıyor.*
Wehe *(f)*	sancı
weinen	ağlamak
weiß	beyaz; ak *(k) (in Zusammensetzungen)*
Weiße *(n)* *Eiweiß (n)*	ak *(k)* *yumurta akı*
weite Zeit *(f) (= Aorist)*	geniş zaman
welcher, -e, -es	hangi
welcher Ort	neresi
wenden, sich *(nach/zu ...)*	dönmek *(E)*
weniger werden	azalmak
wenn → *wenn es ... gibt, wenn ... auftritt* *Wenn Sie Schmerzen haben, benachrichtigen Sie die Krankenschwester.*	 *olursa* *Ağrınız olursa hemşireye haber verin.*
wer	kim
werden	olmak
wichtig	önemli

wie *Wie geht es dir?* *Wie geht es Ihnen?* *Wie groß bist du/sind Sie?*	nasıl *Nasılsın?* *Nasılsınız?* *Boyun/Boyunuz kaç?*
wie bitte?	efendim?
wie lange	ne kadar
wie viel(e) *wie viele?/wie viel Stück?* *wie viele von ihnen?* *um wie viel Uhr?* *Wie viel wiegst du/wiegen Sie?*	kaç; kaç tane; ne kadar *kaç tane?* *(onların) kaçı?* *saat kaçta?* *Kaç kilosun/kilosunuz?/Kilon/Kilonuz kaç?*
wieder	yine, yeniden
wiederholen	tekrarlamak
wiegen → *Wie viel wiegst du/wiegen Sie?*	 *Kaç kilosun/kilosunuz?* *Kilon/Kilonuz kaç?*
willkommen	hoş geldin(iz) ↔ hoş bulduk *(obligatorische Antwort auf: hoş geldin(iz))*
Windpocken *(Pl.)*	su çiçeği
wir	biz
wirklich	gerçekten
wissen *(Akk.)* *Ich weiß nicht, was ich machen soll.*	bilmek *(İ)* *Ne yapacağım bilemiyorum.*
wo	nerede
Woche *(f)* *die nächste Woche; in der nächsten Woche*	hafta *gelecek hafta*
woher	nereden
wohin	nereye
wohl *Ali ist wohl krank.*	herhalde *Ali herhalde hasta.*
wohnen	oturmak
Wohnung *(f)*	ev
wollen *(Akk.)* *(nicht) wollen (+Infinitiv)*	istemek *(İ)* *-mEk iste(me)mek*
Wort *(n)* *das Sprichwort*	kelime; söz *(Pl.: Worte)* *atasözü*
Wunde *(f)* *eine Wunde/Verletzung, die durch Worte zugefügt wird*	yara *söz yarası*
wunderbar	maşallah *(Ausdruck der Bewunderung; wörtlich: was Gott gewollt hat)*
Wundstarrkrampf *(m)*	tetanoz
Wurst *(f) (die Knoblauchwurst)*	sucuk
x **x** **x**	

y y y	
z z z	
zählen *(Akk.)* *den Puls zählen*	saymak *(İ)* *nabzı saymak*
Zahn *(m)* *der künstliche Zahn, der Stiftzahn* *ein wackelnder Zahn*	diş *takma diş* *sallanan diş*
Zahnarzt *(m)*	diş doktoru, diş hekimi
Zahnbürste *(f)*	diş fırçası
Zahnpasta *(f)*	diş macunu
Zahnschmerzen *(Pl.)*	diş ağrısı
Zäpfchen *(n) (= Suppositorium)*	fitil
zehn	on
zeigen *(Akk.)* *die/seine Zunge zeigen*	göstermek *(İ)* *dilini göstermek*
Zeit *(f)* *innerhalb kurzer Zeit* *in der letzten Zeit* *lange (Zeit)* *zur Zeit*	zaman; vakit, vakt- *kısa sürede* *son zamanlarda* *uzun süre* *şu anda*
Zeitspanne *(f)*	süre
Zentimeter *(m)*	santim
Zentrum *(n)* *das medizinische Zentrum*	merkez *tıp merkezi*
zerbrechen *(intr.)*	kırılmak
zerbrechen *(Akk.)*	kırmak *(İ)*
ziehen *(Akk.)* ... nach oben ziehen	çekmek *(İ)* *... yukarı çekmek (İ)*
ziemlich	bayağı
Zigarette *(f)*	sigara
Zimmer *(n)* *das Untersuchungszimmer* *odayı toplamak* *Kinderzimmer (n)*	oda *muayene odası* *das Zimmer aufräumen* *çocuk odası*
Zirkulation *(f)*	dolaşım
zittern	titremek
Zittern *(n)*	titreme
zubereiten *(Akk.)* *das Frühstück machen/zubereiten*	hazırlamak *(İ)* *kahvaltıyı hazırlamak*
Zucker *(m)*	şeker
Zuckerkranke *(m)*	şeker hastası
Zuckerkrankheit *(f)*	şeker hastalığı
zuerst	önce
zufolge *(Dat.) (Postposition)* *Dem Arzt zufolge ist diese Krankheit sehr*	göre *(E) (Postposition)* *Doktora göre bu hastalık çok tehlikeli.*

gefährlich.	
zufrieden	memnun
zumachen *(Akk.)* *die Tür zumachen*	kapatmak *(İ)* *kapıyı kapatmak*
Zunge *(f)*	dil
zurückziehen, sich	çekilmek
zusammen *zusammen mit den Kindern*	birlikte *çocuklarla birlikte*
zusätzlich	bir de
Zustand *(m)*	durum, hal *(e/i)*
zuvor	daha önce
Zwang *(m)* → *mit Zwang*	 *zorla*
zwanzig	yirmi
zwei	iki

Lösungen

Übung 3:

Diese Buchstaben des türkischen Alphabets kommen im deutschen Alphabet nicht vor:
ı; İ; ç/Ç; ğ/Ğ; ş/Ş

Diese Buchstaben des deutschen Alphabets kommen im türkischen Alphabet nicht vor:
ä/Ä; ß; q/Q; w/W; x/X

Übung 4:

1. /h/ wird am Silbenanfang gesprochen wie in ***H**and, **G**ehirn.*
2. /h/ wird am Wort- und Silbenende, ähnlich gesprochen wie in: *Bru**ch**, schwa**ch**, erbre**ch**en, Knö**ch**el.*

1.	2.
Ay-han	Muh-sin
Bur-han	Ah-sen
Ni-hat	Yah-ya
Ni-hal	Fah-ret-tin
Be-hi-ce	Sa-lih
Cum-hur	Zeh-ra
Or-han	Se-mih
İl-ha-mi	Bah-ri
Ha-ti-ce	Fa-tih
Hüs-nü	İh-san
Er-han	Ab-dul-lah
Hül-ya	Ah-met
İb-ra-him	Meh-met

Übung 7:

Almanya'da, Türkiye'de, Bottrop'ta, İzmit'te, hangi şehirde – in Deutschland, in der Türkei, in Bottrop, in İzmit, in welcher Stadt

Übung 8:

örnek/Beispiel	ince/vorn	kalın/hinten	karışık/gemischt
M**a**hm**u**t (e)		x	
T**u**nc**e**r (e)			x
Ahu (k)		x	
B**ü**l**e**nt (e)	x		
Ali (e)			x
S**e**m**i**h (e)	x		
M**u**h**a**rr**e**m (e/k)			x
G**ö**n**ü**l (k)	x		
T**a**hs**i**n (e)			x
B**i**rt**e**n (k)	x		
N**a**z**ı**m (e)		x	
D**o**ğ**a**n (e)		x	
S**e**vg**i** (k)	x		
S**a**br**i** (e)			x
H**a**s**a**n (e)		x	

Osman (e)		x	
Akın (e)		x	
Burhan (e)		x	
Vasıf (e)		x	
Sevda (k)			x
Ömer (e)	x		
Aynur (k)		x	

Übung 9:

Meline nerede oturuyor?	İstanbul'da oturuyor.
Yılmaz nerede oturuyor?	Zonguldak'ta oturuyor.
Aynur nerede oturuyor?	Sinop'ta oturuyor.
Fatma nerede oturuyor?	Samsun'da oturuyor.
Burhan nerede oturuyor?	Giresun'da oturuyor.
Murat nerede oturuyor?	Trabzon'da oturuyor.
Zerdeşt nerede oturuyor?	Rize'de oturuyor.
Ara nerede oturuyor?	Artvin'de oturuyor.
Feridun nerede oturuyor?	Kars'ta oturuyor.
Dilan nerede oturuyor?	Ağrı'da oturuyor.
Cengiz nerede oturuyor?	Erzurum'da oturuyor.
Meral nerede oturuyor?	Erzincan'da oturuyor.
Nilgün nerede oturuyor?	Yozgat'ta oturuyor.
Tansu nerede oturuyor?	Ankara'da oturuyor.
Nermin nerede oturuyor?	Bursa'da oturuyor.
Sinem nerede oturuyor?	Çanakkale'de oturuyor.
Aylin nerede oturuyor?	İzmir'de oturuyor.
Bekir nerede oturuyor?	Kütahya'da oturuyor.
Füsun nerede oturuyor?	Muğla'da oturuyor.
Hasan nerede oturuyor?	Antalya'da oturuyor.
Hüseyin nerede oturuyor?	Mersin'de oturuyor.
Yeter nerede oturuyor?	Adana'da oturuyor.
Zühtü nerede oturuyor?	Antakya'da oturuyor.
Suphi nerede oturuyor?	Kayseri'de oturuyor.
Tamer nerede oturuyor?	Gaziantep'te oturuyor.
Ruşen nerede oturuyor?	Diyarbakır'da oturuyor.
Sevim nerede oturuyor?	Mardin'de oturuyor.
Beko nerede oturuyor?	Bitlis'te oturuyor.
Berivan nerede oturuyor?	Van'da oturuyor.

Übung 10:

... nerede oturuyor?	.... nerede çalışıyor?	... nerede doğdu?
... Münster'de oturuyor.	... hastanede çalışıyor.	... Bremen'de doğdu.
... Essen'de oturuyor.	... okulda çalışıyor.	... Ankara'da doğdu.
... Samsun'da oturuyor.	... eczanede çalışıyor.	... Adana'da doğdu.
... İstanbul'da oturuyor.	... üniversitede çalışıyor.	... Düsseldorf'ta doğdu.
... Bochum'da oturuyor.	... tiyatroda çalışıyor.	... Muğla'da doğdu.
... Yozgat'ta oturuyor.	... gözlükçüde çalışıyor.	... İzmir'de doğdu.
... Trabzon'da oturuyor.	... fabrikada çalışıyor.	... Edirne'de doğdu.
... Antalya'da oturuyor.	... kütüphanede çalışıyor.	... Dortmund'da doğdu.

Übung 11:

(ben) otur-u-yor-um
(sen) otur-u-yor-sun
(o) otur-u-yor
(biz) otur-u-yor-uz
(siz) otur-u-yor-sunuz
(onlar) otur-u-yor-lar

Übung 12:

Nermin Zonguldak'ta doğdu.
Ayşe İstanbul'da oturuyor.
Cengiz hastanede çalışıyor.
Füsun Antep'te oturuyor.
Hüseyin Mersin'de oturuyor.
Birgitte Köln'de çalışıyor.
Bekir Almanya'da doğdu.
Ayla üniversitede çalışıyor.
Orhan Bottrop'ta oturuyor.
Metin Giresun'da doğdu.

Übung 14:

Burun Almanca ne demek?	- *Burun* Almanca *die Nase* demek.
Göz Almanca ne demek?	- *Göz* Almanca *das Auge* demek.
Kulak Almanca ne demek?	- *Kulak* Almanca *das Ohr* demek.
Karın Almanca ne demek?	- *Karın* Almanca *der Bauch* demek.
Ağız Almanca ne demek?	- *Ağız* Almanca *der Mund* demek.
El Almanca ne demek?	- *El* Almanca *die Hand* demek.
Kol Almanca ne demek?	- *Kol* Almanca *der Arm* demek.
Parmak Almanca ne demek?	- *Parmak* Almanca *der Finger* demek.
Bacak Almanca ne demek?	- *Bacak* Almanca *das Bein* demek.
Ayak Almanca ne demek?	- *Ayak* Almanca *der Fuß* demek.
Diz Almanca ne demek?	- *Diz* Almanca *das Knie* demek.
Dil Almanca ne demek?	- *Dil* Almanca *die Zunge* demek.

Übung 20:

	sen	o	biz	siz	onlar
Türk	Türksün	Türk	Türküz	Türksünüz	Türkler
avukat	avukatsın	avukat	avukatız	avukatsınız	avukatlar
Alman	Almansın	Alman	Almanız	Almansınız	Almanlar
bekar	bekarsın	bekar	bekarız	bekarsınız	bekarlar
dul	dulsun	dul	duluz	dulsunuz	dullar
şoför	şoförsün	şoför	şoförüz	şoförsünüz	şorförler
işsiz	işsizsin	işsiz	işsiziz	işsizsiniz	işsizler

Übung 21:

	sen	o	biz	siz	onlar
hemşire	hemşiresin	hemşire	hemşireyiz	hemşiresiniz	hemşireler
hasta	hastasın	hasta	hastayız	hastasınız	hastalar
iyi	iyisin	iyi	iyiyiz	iyisiniz	iyiler
çocuk doktoru	çocuk doktorusun	çocuk doktoru	çocuk doktoruyuz	çocuk doktorusunuz	çocuk doktorular
öğrenci	öğrencisin	öğrenci	öğrenciyiz	öğrencisiniz	öğrenciler
ev kadını	ev kadınısın	ev kadını	ev kadınıyız	ev kadınısınız	ev kadınılar
tıp öğrencisi	tıp öğrencisisin	tıp öğrencisi	tıp öğrencisiyiz	tıp öğrencisisiniz	tıp öğrencisiler
eczacı	eczacısın	eczacı	eczacıyız	eczacısınız	eczacılar
ebe	ebesin	ebe	ebeyiz	ebesiniz	ebeler
evli	evlisin	evli	evliyiz	evlisiniz	evliler

Übung 22:

Nerede oturuyorsunuz, ...?	Telefon numaranız kaç?	Ne iş yapıyorsunuz?
Syltstraße 17'de.	On iki-kırk dört-seksen yedi.	İşsizim.
Eichnepfad 27'de.	Kırk beş-sıfır-yedi-sıfır-dört.	Hemşireyim.
Hauptstraße 84'te.	Yirmi iki-on bir-yetmiş yedi.	Doktorum.
Bahnstraße 51'de.	Kırk beş-yetmiş sekiz-otuz iki.	Tıp öğrencisiyim.
Lange Straße 73'te.	Doksan yedi-sıfır-üç-yetmiş.	Çocuk doktoruyum.
Inselweg 7'de.	Otuz-sıfır-dokuz-kırk bir.	Ebeyim.
Lindenstraße 66'da.	Yetmiş-altmış iki-sıfır-sekiz.	Eczacıyım.

Übung 23:

Ben Almanım.
Ben Müslümanım.
Ben çocuk hemşiresiyim.
Ben avukatım.
Ben rahatsızım.
Ben yorgunum.
Ben kadın doktoruyum.
Ben çok memnunum.

Ben Türküm.
Ben Hıristiyanım.
Ben diş doktoruyum.
Ben ev kadınıyım.
Ben iyiyim.
Ben nezleyim.
Ben taksi şoförüyüm.
Ben çok hastayım.

Übung 24:

Ben Alman-ım.
Ben Müslüman-ım.

Ben Alman değil-im.
Ben Müslüman değil-im.

Übung 26:

Kaç yaşındasınız, Tuncay Bey? - Altmış iki yaşındayım.
Kaç yaşındasın, Elif? - Dokuz yaşındayım.
Kaç yaşındasınız, Pakize Hanım? - Otuz üç yaşındayım.
Kaç yaşındasın, Güler? - Yirmi dört yaşındayım.
Kaç yaşındasın, Kemal? - On bir yaşındayım.
Kaç yaşındasınız, Nejade Hanım? - Elli altı yaşındayım.
Kaç yaşındasınız, Selçuk Bey? - Otuz yedi yaşındayım.
Kaç yaşındasınız, Süleyman Bey? - Doksan dokuz yaşındayım.
Kaç yaşındasınız, Beyhan Hanım? - Seksen üç yaşındayım.

Kaç yaşındasın, Tülin?	- Yirmi altı yaşındayım.
Kaç yaşındasınız, Salih Bey?	- Yetmiş sekiz yaşındayım.
Kaç yaşındasın, Birol?	- On sekiz yaşındayım.

Übung 27:

otur-mak, çalış-mak, yap-mak, nefes ver-mek, soyun-mak, kork-mak, giyin-mek, nefes al-mak, gel-mek, dur-mak, hareket et-mek

Übung 29:

Alle Formen sind Imperativ, 2. Pers. Singular und identisch mit dem Verbstamm.

Übung 30:

Alle Formen sind Imperativ, 2. Pers. Plural bzw. Siez-Form.

Übung 31:

Kalk!	Kalkın!
Öksür!	Öksürün!
Tekrarla!	Tekrarlayın!
Yumruk yap!	Yumruk yapın!
Sırt üstü yat!	Sırt üstü yatın!
Yüz üstü yat!	Yüz üstü yatın!
Biraz bekle!	Biraz bekleyin!
Sola bak!	Sola bakın!
Sağa bak!	Sağa bakın!
Benimle gel!	Benimle gelin!
Otur!	Oturun!
Giyin!	Giyinin!
Soyun!	Soyunun!
Hareket et!	Hareket **ed**in!
Dön!	Dönün!

Übung 32:

(nefes alıp vermek)	Nefes alıp **ver**me!	Nefes alıp **ver**meyin!
(sağa bakmak)	Sağa **bak**ma!	Sağa **bak**mayın!
(yüz üstü yatmak)	Yüz üstü **yat**ma!	Yüz üstü **yat**mayın!
(çok beklemek)	Çok bek**le**me!	Çok bek**le**meyin!
(sola bakmak)	Sola **bak**ma!	Sola **bak**mayın!
(geç gelmek)	Geç **gel**me!	Geç **gel**meyin!
(oturmak)	**Otur**ma!	**Otur**mayın!
(sırt üstü yatmak)	Sırt üstü **yat**ma!	Sırt üstü **yat**mayın!
(hareket etmek)	Hareket **et**me!	Hareket **et**meyin!
(su içmek)	Su **iç**me!	Su **iç**meyin!

Übung 33:

(ağlamak)	Ağla-ma!	Ağla-ma-y-ın!
(kaşınmak)	Kaşınma!	Kaşınmayın!
(kımıldamak)	Kımıldama!	Kımıldamayın!
(bir şey içmek)	Bir şey içme!	Bir şey içmeyin!
(alkol içmek)	Alkol içme!	Alkol içmeyin!

(sigara içmek)	Sigara içme!	Sigara içmeyin!
(bir şey yemek)	Bir şey yeme!	Bir şey yemeyin!

Übung 35:

İzmir'den Muğla'ya gidiyorlar. Muğla'dan Kütahya'ya gidiyorlar. Kütahya'dan Ankara'ya gidiyorlar. Ankara'dan Antalya'ya gidiyorlar. Antalya'dan Mersin'e gidiyorlar. Mersin'den Yozgat'a gidiyorlar. Yozgat'tan Sinop'a gidiyorlar. Sinop'tan Samsun'a gidiyorlar. Samsun'dan Giresun'a gidiyorlar. Giresun'dan Rize'ye gidiyorlar. Rize'den Erzurum'a gidiyorlar. Erzurum'dan Artvin'e gidiyorlar. Artvin'den Kars'a gidiyorlar. Kars'tan Ağrı'ya gidiyorlar. Ağrı'dan Van'a gidiyorlar. Van'dan Mardin'e gidiyorlar. Mardin'den Kayseri'ye gidiyorlar. Kayseri'den Adana'ya gidiyorlar.

Übung 36:

Endungen nach Konsonanten abstrakt	Endungen nach Vokal abstrakt
- İm	- m
- İn	- n
- İ	- sİ
- İmİz	- mİz
- İnİz	- nİz
- lEr-İ	- lEr-İ

Übung 37:

	Deutsch	mein	dein	Ihr
ad	der Name	adım	adın	adınız
kulak	das Ohr	kulağım	kulağın	kulağınız
kulaklar	die Ohren	kulaklarım	kulakların	kulaklarınız
burun, burn-	die Nase	burnum	burnun	burnunuz
eller	die Hände	ellerim	ellerin	elleriniz
bacak	das Bein	bacağım	bacağın	bacağınız
böbrek	die Niere	böbreğim	böbreğin	böbreğiniz
yumruk	die Faust	yumruğum	yumruğun	yumruğunuz
karın, karn-	der Bauch	karnım	karnın	karnınız
sırt (t)	der Rücken	sırtım	sırtın	sırtınız
boyun, boyn-	der Hals	boynum	boynun	boynunuz
çocuk	das Kind	çocuğum	çocuğun	çocuğunuz
ayak	der Fuß	ayağım	ayağın	ayağınız
alın, aln-	die Stirn	alnım	alnın	alnınız
saç (ç)	das Haar	saçım	saçın	saçınız
memleket (t)	die Heimat	memleketim	memeleketin	memeleketiniz
bademcikler	die Mandeln	bademciklerim	bademciklerin	bademcikleriniz

Übung 38:

(bacak)	Bacağım ağrıyor.
(mide)	Midem ağrıyor.
(sol kol)	Sol kolum ağrıyor.
(sağ kulak)	Sağ kulağım ağrıyor.
(karın, karn-)	Karnım ağrıyor.
(sol göz)	Sol gözüm ağrıyor.
(sırt)	Sırtım ağrıyor.
(diş)	Dişim ağrıyor.
(boyun)	Boynum ağrıyor.
(boğaz)	Boğazım ağrıyor.

Übung 40:

sormak	titremek	yazmak
sor-u-yor-um	titri-yor-um	yaz-ı-yor-um
sor-u-yor-sun	titri-yor-sun	yaz-ı-yor-sun
sor-u-yor	titri-yor	yaz-ı-yor
sor-u-yor-uz	titri-yor-uz	yaz-ı-yor-uz
sor-u-yor-sunuz	titri-yor-sunuz	yaz-ı-yor-sunuz
sor-u-yor-lar	titri-yor-lar	yaz-ı-yor-lar

söylemek	içmek	konuşmak
söylü-yor-um	iç-i-yor-um	konuş-u-yor-um
söylü-yor-sun	iç-i-yor-sun	konuş-u-yor-sun
söylü-yor	iç-i-yor	konuş-u-yor
söylü-yor-uz	iç-i-yor-uz	konuş-u-yor-uz
söylü-yor-sunuz	iç-i-yor-sunuz	konuş-u-yor-sunuz
söylü-yor-lar	iç-i-yor-lar	konuş-u-yor-lar

Übung 41:

yaşar-	**ı**	-yor
sor-	**u**	-yor
konuş-	**u**	-yor
yap-	**ı**	-yor
kalk-	**ı**	-yor
öksür-	**ü**	-yor
iç-	**i**	-yor
yat-	**ı**	-yor
kaşın-	**ı**	-yor
gel-	**i**	-yor
al-	**ı**	-yor
ver-	**i**	-yor
soyun-	**u**	-yor
giyin-	**i**	-yor
tut-	**u**	-yor
dur-	**u**	-yor

Übung 42:

tekrar**lı**		-yor
gi**d**-	**i**	-yor
oyn**u**		-yor
gel-	**i**	-yor
oku		-yor
hareket e**d**-	**i**	-yor
konuş-	**u**	-yor
sor-	**u**	-yor
ağrı		-yor
görüş-	**ü**	-yor
ağl**ı**		-yor
y**i**		-yor
çalış-	**ı**	-yor
otur-	**u**	-yor
e**d**	**i**	-yor
bak-	**ı**	-yor
yan-	**ı**	-yor

Übung 43:

Türkçe kursu (der Türkischkurs)
çocuk hastanesi (das Kinderkrankenhaus)
apandisit ameliyatı (die Blinddarmoperation)
taksi şoförü (der Taxifahrer)
baş ağrısı (der Kopfschmerz / die Kopfschmerzen)
doğum günü (der Geburtstag)
doktor muayenehanesi (die Arztpraxis)
gece hemşiresi (die Nachtschwester)
trafik kazası (der Verkehrsunfall)
kadın doktoru (der Frauenarzt)
şeker hastalığı (die Zuckerkrankheit)
mide ağrısı (der Magenschmerz / die Magenschmerzen)
çocuk hastalığı (die Kinderkrankheit)
şeker hastası (der Diabetiker)
hasta jimnastiği (die Krankengymnastik)
öksürük şurubu (der Hustensaft)
uyku hapı (die Schlaftablette)
diş ağrısı (der Zahnschmerz / die Zahnschmerzen)
domuz gribi (die Schweinegrippe)
doğum kontrol hapı (die Pille)

Übung 44:

Türkçe kurs**ları,** çocuk hastane**leri,** taksi şoför**leri**

Übung 46.

Doğum tarihiniz kaç?	Doğum yeriniz neresi?	Ne iş yapıyorsunuz?/ Mesleğiniz ne ?
24 Aralık bin dokuzyüz yetmiş.	Sivas.	Kadın doktoruyum.
1 Ocak bin dokuzyüz kırksekiz.	Bingöl.	Ev kadınıyım.
13 Mart bin dokuzyüz seksenbir.	Yalova.	Taksi şoförüyüm.
28 Temmuz bin dokuzyüz ellilaltı.	Adıyaman.	Avukatım.
5 Haziran bin dokuzyüz yetmişyedi.	Tokat.	Çocuk hemşiresiyim.
17 Nisan bin dokuzyüz yetmişdört.	Kayseri.	Aşçıyım.
20 Şubat bin dokuzyüz altmışbeş.	Zonguldak.	Madenciyim.
9 Mayıs bin dokuzyüz altmışsekiz.	Yozgat.	Polisim.
22 Ağustos bin dokuzyüz doksanüç.	Bottrop.	Öğrenciyim.
16 Ekim bin dokuzyüz otuzdokuz.	Konya.	İmamım.
11 Kasım bin dokuzyüz yetmişdört.	İstanbul.	Göz doktoruyum.

Übung 49:

(Aydın Akyazılılar / Yozgat)	Aydın Akyazılılar Yozgat'ta oturuyor.
(İlknur Keskin / Mardin)	İlknur Keskin Mardin'de oturuyor.
(Burhan Akmanoğlu / Zonguldak)	Burhan Akmanoğlu Zonguldak'ta oturuyor.
(Yurdakul Demir / Diyabakır)	Yurdakul Demir Diyarbakır'da oturuyor.
(Ahsen Sarıaslan / Giresun)	Ahsen Sarıaslan Giresun'da oturuyor.
(Rıdvan Kardeş / Bitlis)	Rıdvan Kardeş Bitlis'te oturuyor.
(Sabiha Yıldırım / Erzurum)	Sabiha Yıldırım Erzurum'da oturuyor.
(Emine Dağcı / Gaziantep)	Emine Dağcı Gaziantep'te oturuyor.
(Yüksel Kaya / İzmir)	Yüksel Kaya İzmir'de oturuyor.
(Hatun Moğultay / İstanbul)	Hatun Moğultay İstanbul'da oturuyor.
(Nejade Tanrıkulu / Kars)	Nejade Tanrıkulu Kars'ta oturuyor.
(Yıldız Önder / Muğla)	Yıldız Önder Muğla'da oturuyor.

Übung 50:

(Aydın Bey / 1958 - Rize)	Aydın Bey 1958'de Rize'de doğdu.
(İlknur / 2003 - Frankfurt)	İlknur 2003'te Frankfurt'ta doğdu.
(Ahsen Bey / 1924 - Kütahya)	Ahsen Bey 1924'te Kütahya'da doğdu.
(Rıdvan Bey / 1940 - Ağrı)	Rıdvan Bey 1940'ta Ağrı'da doğdu.
(Sabiha Hanım / 1948 - Bursa)	Sabiha Hanım 1948'de Bursa'da doğdu.
(Emine Hanım / 1976 - Çanakkale)	Emine Hanım 1976'da Çanakkale'de doğdu.
(Hantun Hanım / 1919 - Bitlis)	Hatun Hanım 1919'da Bitlis'te doğdu.
(Nejade Hanım / 1965 - Antakya)	Nejade Hanım 1965'te Antakya'da doğdu.
(Aylin / 2002 - Bottrop)	Aylin 2002'de Bottrop'ta doğdu.

Übung 51:

Petra ve Peter pazar günü Almanya'dan İspanya'ya gidiyorlar.
Üç gün İspanya'da kalıyorlar. Perşembe günü İsviçre'ye gidiyorlar.
... günü İsviçre'den Romanya'ya gidiyorlar.
... günü Romanya'dan Finlandiya'ya gidiyorlar.
... günü Finlandiya'dan Belçika'ya gidiyorlar.

... günü Belçika'dan Yunanistan'a gidiyorlar
... günü Yunanistan'dan İsveç'e gidiyorlar.
... günü İsveç'ten Bulgaristan'a gidiyorlar.
... günü Bulgaristan'dan Portekiz'e gidiyorlar.
... günü Portekiz'den Polonya'ya gidiyorlar.
... günü Polonya'dan İrlanda'ya gidiyorlar.
... günü İrlanda'dan İtalya'ya gidiyorlar.
... günü İtalya'dan Norveç'e gidiyorlar.
... günü Norveç'ten Fransa'ya gidiyorlar.
... günü Fransa'dan Avusturya'ya gidiyorlar.

Übung 52:

Nominativ	Lokativ	Ablativ	Dativ
hastane	hastanede	hastaneden	hastaneye
ev	evde	evden	eve
lise	lisede	liseden	liseye
doktor	doktorda	doktordan	doktora
Türkiye	Türkiye'de	Türkiye'den	Türkiye'ye
avukat	avukatta	avukattan	avukata
eczane	eczanede	eczaneden	eczaneye
okul	okulda	okuldan	okula
Frankfurt	Frankfurt'ta	Frankfurt'tan	Frankfurt'a
muayenehane	muayenehanede	muayenehaneden	muayenehaneye
kabine	kabinede	kabineden	kabineye
gözlükçü	gözlükçüde	gözlükçüden	gözlükçüye
memleket	memlekette	memleketten	memlekete
Almanya	Almanya'da	Almanya'dan	Almanya'ya
park	parkta	parktan	parka
Münih	Münih'te	Münih'ten	Münih'e
Rize	Rize'de	Rize'den	Rize'ye
üniversite	üniversitede	üniversiteden	üniversiteye
taksi	takside	taksiden	taksiye

Übung 53:

Nominativ	Lokativ	Ablativ	Dativ
çocuk hastane**si**	çocuk hastanesi**n**de	çocuk hastanesi**n**den	çocuk hastanesi**ne**
gençlik ev**i**	gençlik evi**n**de	gençlik evi**n**den	gençlik evi**ne**
göz doktor**u**	göz doktoru**n**da	göz doktoru**n**dan	göz doktoru**na**
erkek okul**u**	erkek okulu**n**da	erkek okulu**n**dan	erkek okulu**na**
hastane kütüphane**si**	hastane kütüphanesi**n**de	hastane kütüphanesi**n**den	hastane kütüphanesi**ne**
kadın bölüm**ü**	kadın bölümü**n**de	kadın bölümü**n**den	kadın bölümü**ne**
Türkçe kurs**u**	Türkçe kursu'**n**da	Türkçe kursu'**n**dan	Türkçe kursu'**na**
Essen Üniversite**si**	Essen Üniversitesi'**n**de	Essen Üniversitesi'**n**den	Essen Üniversitesi'**ne**
doktor muayenehanesi	doktor muayenehanesi**n**de	doktor muayenehanesi**n**den	doktor muayenehanesi**ne**

Übung 54:

Leyla göz doktoruna gidiyor. *(göz doktoru)*
Sonra gözlükçüye gidiyor. *(gözlükçü)*
Hasan Ankara'da doğdu. *(Ankara)*
Jale hasta. Doktora gidiyor. *(doktor)*
Yasemin kadın doktoruna gidiyor. *(kadın doktoru)*
Zeynel öğretmen. Okulda çalışıyor. *(okul)*
Hilal öğrenci. Kız lisesinde okuyor. *(kız lisesi)*
Tren Essen'den Münih'e gidiyor. *(Essen / Münih)*
Abdullah hastanede çalışıyor. *(hastane)*
Şu anda çocuk bölümünde çalışıyor. *(çocuk bölümü)*
Zülal kadın bölümünde yatıyor. *(kadın bölümü)*
Zeynep Köln Üniversitesi'nde tıp okuyor. *(Köln Üniversitesi)*
Kerim İzmit'te doğdu, Bursa'da yaşıyor. *(İzmit / Bursa)*
Hikmet çarşamba günü Türkiye'ye gidiyor. *(Türkiye)*
Beş gün İstanbul'da kalıyor. *(İstanbul)*
Sonra Ankara'ya gidiyor. *(Ankara)*
Türkiye'den İtalya'ya gidiyor. *(Türkiye / İtalya)*
Otobüs Antakya'dan geliyor, Adana'ya gidiyor. *(Antakya / Adana)*
Peter Türkçe öğrenmek istiyor. Haftada iki kere Türkçe kursuna gidiyor. *(Türkçe kursu)*

Übung 55:

Kaç yaşındalar?	
(Aydın Bey / 44)	Aydın Bey 44 yaşında.
(İlknur / 18)	İlknur 18 yaşında.
(Burhan / 12)	Burhan 12 yaşında.
(Ahsen Bey / 78)	Ahsen Bey 78 yaşında.
(Rıdvan Bey / 62)	Rıdvan Bey 62 yaşında.
(Sabiha Hanım / 54)	Sabiha Hanım 54 yaşında.
(Emine Hanım / 26)	Emine Hanım 26 yaşında.
(Hatun Hanım / 83)	Hatun Hanım 83 yaşında.
(Nejade Hanım / 97)	Nejade Hanım 97 yaşında.
(Aylin / 1)	Aylin 1 yaşında.

Übung 56:

Ne iş yapıyorlar?		
(Hatice Hanım / hemşire)	**Ne iş yapıyorsunuz, Hatice Hanım?**	**Hemşireyim.**
(Macide Hanım / ebe)	..., Macide Hanım?	Ebeyim.
(Ahmet Bey / göz doktoru)	..., Ahmet Bey?	Göz doktoruyum.
(Meral Hanım / avukat)	..., Meral Hanım?	Avukatım.
(Füsun Hanım / anestezist)	..., Füsun Hanım?	Anestezistim.
(Erdal Bey / gözlükçü)	..., Erdal Bey?	Gözlükçüyüm.
(Nilgün / tıp öğrencisi)	..., Nilgün?	Tıp öğrencisiyim.
(Ebru Hanım / ev kadını)	..., Ebru Hanım?	Ev kadınıyım.
(Hasan Bey / taksi şoförü)	..., Hasan Bey?	Taksi şoförüyüm.
(Ayhan Bey / eczacı)	..., Ayhan Bey?	Eczacıyım.
(Nazife / çocuk hemşiresi)	..., Nafize?	Çocuk hemşiresiyim.
(Cumhur / işsiz)	..., Cumhur?	İşsizim.

Übung 58:

ebe	avukat	taksi şoförü
ebeyim	avukatım	taksi şoförüyüm
ebesin	avukatsın	taksi şoförüsün
ebe	avukat	taksi şoförü
ebeyiz	avukatız	taksi şoförüyüz
ebesiniz	avukatsınız	taksi şoförüsünüz
ebeler	avukatlar	taksi şoförüler

Übung 60:

1	baş	7	diz
2	kol	8	ayak
3	omuz	9	boyun
4	diş	10	el
5	karın	11	kulak
6	göz	12	bacak

Übung 61:

diz	parmak	diş
dizim	parmağım	dişim
dizin	parmağın	dişin
dizi	parmağı	dişi
kulak	**göz**	**ayak**
kulağım	gözüm	ayağım
kulağın	gözün	ayağın
kulağı	gözü	ayağı
karın	**omuz**	**boğaz**
karnım	omuzum	boğazım
karnın	omuzun	boğazın
karnı	omuzu	boğazı
ağız	**bacak**	**parmaklar**
ağzım	bacağım	parmaklarım
ağzın	bacağın	parmakların
ağzı	bacağı	parmakları

Übung 66:

(işsiz olmak)	İşsiz misiniz?
(Hıristiyan olmak)	Hıristiyan mısınız?
(Müslüman olmak)	Müslüman mısınız?
(sigara içmek)	Sigara içiyor musunuz?
(bekar olmak)	Bekar mısınız?
(Almanca bilmek)	Almanca biliyor musunuz?
(sigortalı olmak)	Sigortalı mısınız?
(içki içmek)	İçki içiyor musunuz?
(Türkçe öğrenmek istemek)	Türkçe öğrenmek istiyor musunuz?
(okumak)	Okuyor musunuz?
(Alman olmak)	Alman mısınız?
(anlamak)	Anlıyor musunuz?

Übung 67:

Kızlar caddede futbol oynuyor.	Kim caddede futbol oynuyor?
Kızlar caddede futbol oynuyor.	Kızlar nerede futbol oynuyor?
Kızlar caddede futbol oynuyor.	Kızlar caddede ne oynuyor?
Kocası çok içki içiyor.	Kim çok içki içiyor?
Kocası çok içki içiyor.	Kocası ne kadar içki içiyor?
Kocası çok içki içiyor.	Kocası ne içiyor?
Hasan Bochum'da tıp okuyor.	Kim Bochum'da tıp okuyor?
Hasan Bochum'da tıp okuyor.	Hasan nerede tıp okuyor?
Hasan Bochum'da tıp okuyor.	Hasan Bochum'da ne okuyor?

Übung 68:

Türkçe biliyor musunuz?	Evet, biliyorum.	Ben bilmiyorum.
Kahve içiyor musunuz?	Evet, içiyorum.	Ben içmiyorum.
Doktor musunuz?	Evet, doktorum.	Ben doktor değilim.
Müslüman mısınız?	Evet, müslümanım.	Ben müslüman değilim.
Sigara içiyor musunuz?	Evet, içiyorum.	Ben içmiyorum.
Çay içiyor musunuz?	Evet, içiyorum.	Ben içmiyorum.
Türk müsünüz?	Evet, Türküm	Ben Türk değilim.
Sigortalı mısınız?	Evet, sigortalıyım.	Ben sigortalı değilim.
Bekar mısınız?	Evet, bekarım.	Ben bekar değilim.
Okuyor musunuz?	Evet, okuyorum.	Ben okumuyorum.
Anlıyor musunuz?	Evet, anlıyorum.	Ben anlamıyorum.

Übung 69:

	Adın ne? / Adınız ne?	Yaşın kaç ? / Yaşınız kaç?	Boyun kaç ? / Boyunuz kaç?	Kilon kaç ? / Kilonuz kaç ?
(Elif / 14 Jahre / 161 / 52 Kilo)	Elif.	14.	1 metre 61 santim.	52.
(Ayhan Mumcu / 61 Jahre / 168 / 79 Kilo)	Ayhan Mumcu.	61.	1 metre 68 santim.	79.
(Serkan Altıntop / 77 Jahre / 157 / 49 Kilo)	Serkan Altıntop.	77.	1 metre 57 santim.	49.
(Yaman Sezer / 46 Jahre / 174 / 95 Kilo)	Yaman Sezer.	46.	1 metre 74 santim.	95.

Übung 70

Ben Türkçe öğrenmek istiyorum.	**Peter** Türkçe öğrenmek istemiyor.
Ben tıp okumak istiyorum.	Peter tıp okumak istemiyor.
Ben çocuk hastanesinde çalışmak istiyorum.	Peter çocuk hastanesinde çalışmak istemiyor.
Ben Türkiye'ye gitmek istiyorum.	Peter Türkiye'ye gitmek istemiyor.
Ben İstanbul'da kalmak istiyorum.	Peter İstanbul'da kalmak istemiyor.
Ben doktoru çağırmak istiyorum.	Peter doktoru çağırmak istemiyor.

Übung 72:

	oyun oynamak	okula gitmek	yemek yemek	doktora gitmek	kalkmak
Seher	Oyun oynamak istiyor.	Okula gitmek istemiyor.	Yemek yemek istiyor.	Doktora gitmek istemiyor.	Kalkmak istiyor.
Banu	Oyun oynamak istiyor.	Okula gitmek istiyor.	Yemek yemek istiyor.	Doktora gitmek istemiyor.	Kalkmak istemiyor.
Salih	Oyun oynamak istiyor.	Okula gitmek istiyor.	Yemek yemek istemiyor.	Doktora gitmek istiyor.	Kalkmak istiyor.
Ümit	Oyun oynamak istemiyor.	Okula gitmek istemiyor.	Yemek yemek istiyor.	Doktora gitmek istemiyor.	Kalkmak istiyor.
Çınar	Oyun oynamak istemiyor.	Okula gitmek istemiyor.	Yemek yemek istiyor.	Doktora gitmek istemiyor.	Kalkmak istiyor.

Übung 73:

saat 1'de, saat 2'de, saat 3'te, saat 4'te, saat 5'te, saat 6'da, saat 7'de, saat 8'de, saat 9'da, saat 10'da, saat 11'de, saat 12'de

Übung 74:

kız-ı, göz-ü, gözler-i, ben-i, hastane-y-i, oda-y-ı, çocuk odası-n-ı, çocuğ-u, diş doktoru-n-u, telefon numarası-n-ı, biz-i, parmağ-ı, doğum tarihi-n-i, doğum yeri-n-i, sen-i, sol kol-u, ateş-i, siz-i, anne-y-i, sağ ayağ-ı, sol bacağ-ı, karn-ı, ad-ı, ism-i, o-n-u, o-n-lar-ı

Übung 75:

Sevda kapıyı açıyor. *(kapı)*
Profesör öğrencileri selamlıyor. *(öğrenciler)*
Doktor kızı muayene ediyor. *(kız)*
Fikret radyoyu açıyor. *(radyo)*
Öğretmen seni çağırıyor. *(sen)*
Hemşire hastayı çağırıyor. *(hasta)*
Aylin lambayı açıyor. *(lamba)*
Doktor Ayşe'yi selamlıyor. *(Ayşe)*
Ayşe çocuk doktorunu selamlıyor. *(çocuk doktoru)*
Doktor çocuğu muayene ediyor. *(çocuk)*
Selami televizyonu açıyor. *(televizyon)*

Übung 76:

Ayşes Tochter	Ayşe'nin kızı
Bekirs Sohn	Bekir'in oğlu
Eşrefs Wohnung	Eşref'in evi
Remzis Arzt	Remzi'nin doktoru
Naciyes Geschwister	Naciye'nin kardeşleri
Emels ältere Schwester	Emel'in ablası
Osmans älterer Bruder	Osman'ın abisi
Salihs Frau	Salih'in karısı
Neciles Mann	Necile'nin kocası
Yeters Kopf	Yeter'in kafası/başı
Ömers Nase	Ömer'in burnu
Olcays Hals	Olcay'ın boynu
Oyas Bein	Oya'nın bacağı
Canans Arm	Canan'ın kolu

Ahus Rücken	Ahu'nun sırtı
Nesrins Oma	Nesrin'nin ninesi
Aliyes Opa	Aliye'nin dedesi

Übung 77:

der Vater des Mädchens	kızın babası
der ältere Bruder des Ehemannes	kocanın abisi
die ältere Schwester des Mädchens	kızın abisi
die Mutter der Ehefrau	karının annesi
der Vater des Kindes	çocuğun babası
die Mutter der Kinder	çocukların annesi

Übung 78:

3.a. Ali'**nin** gözler**i** yaşarıyor.
3.b. **Onun** gözler**i** yaşarıyor.
3.c. Gözler**i** yaşarıyor.

4.a. Ali'**nin** her taraf**ı** ağrıyor.
4.b. **Onun** her taraf**ı** ağrıyor.
4.c. Her taraf**ı** ağrıyor.

Übung 79:

benim annem, onun / onların babası, onun bacağı, benim kardeşlerim, bizim doktorumuz, onun / onların babaannesi, sizin kocanız, onun karısı, benim başım, senin çocukların, senin kızın, sizin oğlunuz, onun / onların dedesi, senin ablan, bizim abimiz, sizin kolunuz, onun / onların odası, senin ev numaran, senin burnun, bizim oğlumuz, onun / onların çocuğu, senin kitapların, senin doğum yerin, bizim kızlarımız, senin kocan, sizin telefonunuz, senin parmağın, benim ismim, senin soyadın, onun / onların gözleri, senin kulağın, bizim büyükbabamız, onun / onların bacakları

Übung 80:

Attribut	Bezugsphrase
kızın	kardeşleri
Hüseyin'in	karnı
Osman'ın	ablası
çocukların	anneannesi
Emel'in	abisi
doktorun	muayenehanesi
çocuğun	burnu
Elif'in	çocukları
kızın	babası
Ali'nin	odası

Attribut	Bezugsphrase	Attribut
-	die Geschwister	des Mädchens
Hüseyins	Bauch	-
Osmans	ältere Schwester	-
-	die Oma	der Kinder
Emels	älterer Bruder	-
-	die Praxis	des Arztes
-	die Nase	des Kindes
Elifs	Kinder	-
-	der Vater	des Mädchens
Alis	Zimmer	-

Übung 81:

Attribut	Bezugsphrase
ninenin	evi
çocukların	annesi
Ayşe'nin	midesi

Attribut	Bezugsphrase	Attribut
Omas	Wohnung	
-	die Mutter	von den Kindern
Ayşes	Magen	-

Füsun'un	kardeşleri	Füsuns	(jüngere) Geschwister	-
Abdullah'ın	kardeşleri	-	die (jüngeren) Geschwister	von Abdullah
Remzi'nin	karısı	Remzis	Frau	-
hastanın	kocası	-	der Mann	der Patientin
Cemile'nin	ayağı	Cemiles	Fuß	-
Yılmaz'ın	abisi	-	der (ätere) Bruder	von Yılmaz
kızların	anneleri	-	die Mütter	der Mädchen
Akife'nin	odası	Akifes	Zimmer	-
annenin	annesi	-	die Mutter	der Mutter
Sibel'in	abisi	-	der (ätere) Bruder	von Sibel
Gülnaz'ın	ablaları	-	die (äteren) Schwestern	von Gülnaz
Nevriye'nin	kocası	-	der Ehemann	von Nevriye
Yasemin'in	çocukları	-	die Kinder	von Yasemin

Übung 83:

(Ayşe / 5 çocuk / var)	Ayşe'nin 5 çocuğu var.
(Ulya / telefon / yok)	Ulya'nın telefonu yok.
(İsmail / 6 kardeş / var)	İsmail'in 6 kardeşi var.
(Lale / iki abla / var)	Lale'nin iki ablası var.
(Mustafa / üç abi / var)	Mustafa'nın üç abisi var.
(Yücel / çok para / var)	Yücel'in çok parası var.
(Emine / para / yok)	Emine'nin parası yok.
(hemşire / soru / var)	Hemşirenin sorusu var.
(Adnan / iş / var)	Adnan'ın işi var.
(doktor / zaman / yok)	Doktorun zamanı yok.
(Sultan / kardeşler / yok)	Sultan'ın kardeşleri yok.
(Lütfiye / bir problem / var)	Lütfiye'nin bir problemi var.
(Necati / araba / yok)	Necati'nin arabası yok.
(Dursun / kızkardeş / yok)	Dursun'un kızkardeşi yor.

Übung 84:

-Dİ: -di, -dı, -dü, -du, -ti, -tı, -tü, -tu

ölç-tü-nüz mü? →	(2. Pers. Pl., Fragepartikel -mİ)
ölç-tü-k →	(1. Pers. Pl.)
geçir-me-di →	(Negationsendung -mE)
götür-dü-nüz mü? →	(2. Pers. Pl, Fragepartikel -mİ)
götür-me-di-k →	(Negationsendung -mE, 1. Pers. Pl.)

Übung 85:

Infinitiv	Dİ-Perfekt; 3. Person	Übersetzung
geçirmek	geçir-di	er/sie hat durchgemacht
sürmek	sür-dü	es hat gedauert
ölçmek	ölç-tü	er/sie hat gemessen
gelmek	gel-di	er/sie ist gekommen
öksürmek	öksür-dü	er/sie hat gehustet
sormak	sor-du	er/sie hat gefragt

oynamak	oyna-dı	er/sie hat gespielt/getanzt
saymak	say-dı	er/sie hat gezählt
yazmak	yaz-dı	er/sie hat geschrieben
okumak	oku-du	er/sie hat gelesen
içmek	iç-ti	er/sie hat getrunken
yemek	ye-di	er/sie hat gegessen
yutmak	yut-tu	er/sie hat geschluckt
konuşmak	konuş-tu	er/sie hat gesprochen
çalışmak	çalış-tı	er/sie hat gearbeitet
anlamak	anla-dı	er/sie hat verstanden
söylemek	söyle-di	er/sie hat gesagt

Übung 86:

Präsens 3. Person Singular **-(İ)yor**	**Präsens** 3. Person Singular negiert **-mE-(İ)yor**	**Dİ-Perfekt** 3. Person Singular **-Dİ**	**Dİ-Perfekt** 3. Person Singular negiert **-mE-Dİ**
okuyor	okumuyor	okudu	okumadı
gidiyor	gitmiyor	gitti	gitmedi
oynuyor	oynamıyor	oynadı	oynamadı
yutuyor	yutmuyor	yuttu	yutmadı
ölçüyor	ölçmüyor	ölçtü	ölçmedi
bakıyor	bakmıyor	baktı	bakmadı
söylüyor	söylemiyor	söyledi	söylemedi
soruyor	sormuyor	sordu	sormadı
konuşuyor	konuşmuyor	konuştu	konuşmadı
içiyor	içmiyor	içti	içmedi
alıyor	almıyor	aldı	almadı
veriyor	vermiyor	verdi	vermedi
öksürüyor	öksürmüyor	öksürdü	öksürmedi
çağırıyor	çağırmıyor	çağırdı	çağırmadı
kalkıyor	kalmıyor	kalktı	kalkmadı
yazıyor	yazmıyor	yazdı	yazmadı
anlatıyor	anlatmıyor	anlattı	anlatmadı
diyor	demiyor	dedi	demedi
geçiriyor	geçirmiyor	geçirdi	geçirmedi

Übung 87:

içmek	çağırmak	okumak	bakmak
iç-ti-m	çağır-dı-m	oku-du-m	bak-tı-m
iç-ti-n	çağır-dı-n	oku-du-n	bak-tı-n
iç-ti	çağır-dı	oku-du	bak-tı
iç-ti-k	çağır-dı-k	oku-du-k	bak-tı-k
iç-ti-niz	çağır-dı-nız	oku-du-nuz	bak-tı-nız
iç-ti-ler	çağır-dı-lar	oku-du-lar	bak-tı-lar

Übung 88:

	1. Pers. Sing.	2. Pers. Sing.	3. Pers. Sing.	1. Pers. Pl.	2. Pers. Pl.	3. Pers. Pl.
içmek	içtim	içtin	içti	içtik	içtiniz	içtiler
yazmak	yazdım	yazdın	yazdı	yazdık	yazdınız	yazdılar
anlamak	anladım	anladın	anladı	anladık	anladınız	anladılar
okumak	okudum	okudun	okudu	okuduk	okudunuz	okudular
ölçmek	ölçtüm	ölçtün	ölçtü	ölçtük	ölçtünüz	ölçtüler
çağırmak	çağırdım	çağırdın	çağırdı	çağırdık	çağırdınız	çağırdılar
oynamak	oynadım	oynadın	oynadı	oynadık	oynadınız	oynadılar
gitmek	gittim	gittin	gitti	gittik	gittiniz	gittiler
götürmek	götürdüm	götürdün	götürdü	götürdük	götürdünüz	götürdüler
bakmak	baktım	baktın	baktı	baktık	baktınız	baktılar
vermek	verdim	verdin	verdi	verdik	verdiniz	verdiler
almak	aldım	aldın	aldı	aldık	aldınız	aldılar
geçirmek	geçirdim	geçirdin	geçirdi	geçirdik	geçirdiniz	geçirdiler
yemek	yedim	yedin	yedi	yedik	yediniz	yediler
öksürmek	öksürdüm	öksürdün	öksürdü	öksürdük	öksürdünüz	öksürdüler
m. etmek	m. ettim	m. ettin	m. etti	m. ettik	m. ettiniz	m. ettiler

Übung 89:

(kızamık geçirmek)	Kızamık geçirdiniz mi?	Geçirdim	Ben geçirmedim.
(kusmak)	Kustunuz mu?	Kustum.	Ben kusmadım.
(doktora gitmek)	Doktora gittiniz mi?	Gittim.	Ben gitmedim.
(damlayı içmek)	Damlayı içtiniz mi?	İçtim.	Ben içmedim.
(hapı yutmak)	Hapı yuttunuz mu?	Yuttum.	Ben yutmadım.
(doktor çağırmak)	Doktor çağırdınız mı?	Çağırdım.	Ben çağırmadım.
(doktoru çağırmak)	Doktoru çağırdınız mı?	Çağırdım.	Ben çağırmadım.
(kalkmak)	Kalktınız mı?	Kalktım.	Ben kalkmadım.
(hemşireyi anlamak)	Hemşireyi anladınız mı?	Anladım.	Ben anlamadım.
(beni anlamak)	Beni anladınız mı?	Anladım.	Ben anlamadım.
(dün çalışmak)	Dün çalıştınız mı?	Çalıştım.	Ben çalışmadım.
(öksürmek)	Öksürdünüz mü?	Öksürdüm.	Ben öksürmedim.
(bir şey yemek)	Bir şey yediniz mi?	Yedim.	Ben yemedim.
(sigara içmek)	Sigara içtiniz mi?	İçtim.	Ben içmedim.
(çok terlemek)	Çok terlediniz mi?	Terledim.	Ben terlemedim.
(boğmaca geçirmek)	Boğmaca geçirdiniz mi?	Geçirdim.	Ben geçirmedim.

Übung 90:

	Şikayetiniz ne?	**Ne zamandan beri?**
baş – ağrımak / aylar	Başım ağrıyor.	Aylardan beri.
baş – dönmek / 2 saat	Başım dönüyor.	2 saatten beri.
gözler – yaşarmak / bir hafta	Gözlerim yaşarıyor.	Bir haftadan beri.
burun – akmak / 3 gün	Burnum akıyor.	3 günden beri.
kulaklar – ağrımak / 2 hafta	Kulaklarım ağrıyor.	2 haftadan beri.
mide – yanmak / 4-5 ay	Midem yanıyor.	4-5 aydan beri.
sırt – ağrımak / 2 sene	Sırtım ağrıyor.	2 seneden beri.
öksürmek / 3-4 hafta	Öksürüyorum.	3-4 haftadan beri.
gözler – yaşarmak / 2-3 gün	Gözlerim yaşarıyor.	2-3 günden beri.
burun – tıkalı / 2 gün	Burnum tıkalı.	2 günden beri.

Übung 91:

hastanede yatmak / salı günü	Ne zamandan beri hastanede yatıyorsunuz?	Salı gününden beri.
hastanede çalışmak / iki sene	Ne zamandan beri hastanede çalışıyorsunuz?	İki seneden beri.
hasta olmak / şubat ayı	Ne zamandan beri hastasınız?	Şubat ayından beri.
Türkçe öğrenmek / 1994	Ne zamandan beri Türkçe öğreniyorsunuz?	2009'dan beri.
işsiz olmak / 6 ay	Ne zamandan beri işsizsiniz?	6 aydan beri.
sigara içmek / yıllar	Ne zamandan beri sigara içiyorsunuz?	Yıllardan beri.
AOK'ya bağlı olmak / 1979	Ne zamandan beri AOK'ya bağlısınız?	1979'dan beri.
evli olmak / 7 sene	Ne zamandan beri evlisiniz?	7 seneden beri.
okumak / 3 yıl	Ne zamandan beri okuyorsunuz?	3 yıldan beri.
ishal olmak / perşembe günü	Ne zamandan beri ishalsiniz?	Perşembe gününden beri.

Übung 92:

Taş ailesi 1976'dan beri Almanya'da yaşıyor.
Hüseyin Taş 6 ay**dan beri** / 6 ay**dır** emekli.
Fadime Taş 3 hafta**dan beri** / 3 hafta**dır** hasta.
Cumartesi gününden beri hastanede yatıyor.
Sabahtan beri doktoru bekliyor.
Erhat Taş 2 sene**den beri** / 2 sene**dir** Bochum'da tıp okuyor.
Emine Taş-Stein şubat ayından beri evli.
Bir ay**dan beri** / Bir ay**dır** Köln'de oturuyor.
İki ay**dan beri** / İki ay**dır** hamile.
Erkan Taş 6 ay**dan beri** / 6 ay**dır** işsiz.
Küçük Elif iki hafta**dan beri** / iki hafta**dır** hep öksürüyor.
3 gün**den beri** / 3 gün**dür** çok yüksek ateşi var.
Dünden beri başı dönüyor.
Yılmaz Taş 1993'ten beri Fransa'da.

Übung 93:

ocak (ayı)	nisan (ayı)	temmuz (ayı)	ekim (ayı)
şubat (ayı)	mayıs (ayı)	ağustos (ayı)	kasım (ayı)
mart (ayı)	haziran (ayı)	eylül (ayı)	aralık (ayı)

Übung 95:

(kızlar / iki)	kızların ikisi
(oğullarım / üç)	oğullarımın üçü
(öğrencilerim / dört)	öğrencilerimin dör**dü**
(hemşireler / beş)	hemşirelerin beşi
(doktorlar / altı)	doktorların altısı
(hastaneler / yedi)	hastanelerin yedisi
(kelimeler / sekiz)	kelimelerin sekizi
(evler / dokuz)	evlerin dokuzu
(kelimeler / çok)	kelimelerin ço**ğu**
(kadınlar / bazılar)	kadınların bazıları

Übung 96:

(6: 2 kız-4 erkek)	Altı çocuğum var.	İkisi kız, dördü de erkek.
(9: 8 kız-1 erkek)	Dokuz çocuğum var.	Sekizi kız, biri(si) de erkek.
(13: 6 kız-7 erkek)	Onüç çocuğum var.	Altısı kız, yedisi de erkek.
(2: 1 kız-1 erkek)	İki çocuğum var.	Biri(si) kız, biri(si) de erkek.
(5: 5 kız)	Beş çocuğum var.	Beşi de kız.
(3: 3 erkek)	Üç çocuğum var.	Üçü de erkek.
(5: 4 kız-1 erkek)	Beş çocuğum var.	Dördü kız, biri(si) de erkek.
(6: 3 kız-3 erkek)	Altı çocuğum var.	Üçü kız, üçü de erkek.

Übung 97:

	Kardinalzahlen	Ordinalzahlen	Teil-Ganzes-Relation
1	bir	bir-inci	çoçukların biri(si)
2	iki	iki-nci	çocukların ikisi
3	üç	üçüncü	çocukların üçü
4	dört	dördüncü	çocukların dördü
5	beş	beşinci	çocukların beşi
6	altı	altıncı	çocukların altısı
7	yedi	yedinci	çocukların yedisi
8	sekiz	sekizinci	çocukların sekizi
9	dokuz	dokuzuncu	çocukların dokuzu
10	on	onuncu	çocukların onu
20	yirmi	yirminci	çocukların yirmisi
30	otuz	otuzuncu	çocukların otuzu
40	kırk	kırkıncı	çocukların kırkı
50	elli	ellinci	çocukların ellisi
60	altmış	altmışıncı	çocukların altmışı
70	yetmiş	yetmişinci	çocukların yetmişi
80	seksen	sekseninci	çocukların sekseni
90	doksan	doksanıncı	çocukların doksanı
100	yüz	yüzüncü	çocukların yüzü

Übung 98:

als ich (ein) Kind war, als ich schwanger war, als ich schwanger war, als ich krank war, als ich im Krankenhaus war, als ich in der Türkei war, als ich im Kurs war, als ich in der Schule war, ...

Übung 99:

Banu / 16 Jahre alt sein / das erste Mal schwanger werden	B. 16 yaşındayken ilk defa hamile kaldı.
Canan / 24 Jahre alt sein / nach Deutschland kommen	C. 24 yaşındayken Almanya'ya geldi.
Saadet / schwanger sein / nicht zum Arzt gehen	S. hamileyken doktora gitmedi.
Mahmut / im Krankenhaus sein / operiert werden	M. hastanedeyken ameliyat oldu.
Burhan / Kind sein / nach Deutschland kommen	B. çocukken Almanya'ya geldi.
Peter / in der Türkei sein / krank werden	P. Türkiye'deyken hastalandı.
Elif / krank sein / nicht zur Schule gehen	E. hastayken okula gitmedi.
Nevzat / 25 Jahre alt sein / heiraten	N. 25 yaşındayken evlendi.
Oya / 12 Jahre alt sein / das erste Mal die Regel bekommen	O. 12 yaşındayken ilk defa adet oldu.
Suna / 19 Jahre alt sein / das zweite Mal Mutter werden	S. 19 yaşındayken ikinci defa anne oldu.

Übung 100:

(kızamık)	Kızamığa karşı aşı oldunuz mu?
(kızamıkçık)	Kızamıkçığa karşı aşı oldunuz mu?
(kabakulak)	Kabakulağa karşı aşı oldunuz mu?
(boğmaca)	Boğmacaya karşı aşı oldunuz mu?
(difteri)	Difteriye karşı aşı oldunuz mu?
(çocuk felci)	Çocuk felcine karşı aşı oldunuz mu?
(polyo)	Polyoya karşı aşı oldunuz mu?
(grip)	Gribe karşı aşı oldunuz mu?
(hepatit)	Hepatite karşı aşı oldunuz mu?
(sarılık)	Sarılığa karşı aşı oldunuz mu?

Übung 101:

(Tetrasiklin)	Tetrasiklin'e karşı alerjisi var.
(Aspirin)	Aspirin'e karşı alerjisi var.
(Heparin)	Heparin'e karşı alerjisi var.
(İnsulin)	İnsulin'e karşı alerjisi var.
(süt)	Süte karşı alerjisi var.
(inek sütü)	İnek sütüne karşı alerjisi var.
(karides)	Karidese karşı alerjisi var.
(fındık)	Fındığa karşı alerjisi var.
(nikel)	Nikele karşı alerjisi var.
(krom)	Kroma karşı alerjisi var.
(ev tozu)	Ev tozuna karşı alerjisi var.
(kedi tüyü)	Kedi tüyüne karşı alerjisi var.
(polenler)	Polenlere karşı alerjisi var.
(yumurta akı)	Yumurta akına karşı alerjisi var.

Übung 104:

<u>Danışma**da**</u>

danışman:	İyi günler, buyrun.
Zeki:	İyi günler. Adım Zeki Kaçtı. <u>Doktor Müller´**den**</u> geliyorum.
danışman:	Tamam, Zeki Bey. <u>İkinci kat**a**</u> çıkın.

<u>İkinci kat**ta**</u>

Zeki:	İyi günler. Adım Zeki Kaçtı. <u>Doktor Müller´**den**</u> geliyorum.
hemşire:	Tamam. İlk önce <u>kabine**ye**</u> girin. <u>Bel**den** yukarı</u> soyunun ve biraz bekleyin. Doktor Schmitz daha meşgul.
Zeki:	Tamam, hemşire hanım.

<u>Duş**ta**</u>

1´inci hasta:	Aaaay, ne arıyorsunuz <u>bur**da**</u>?
Zeki:	Şey, kabine <u>nere**de**</u>?

1'inci hasta:	Kör müsünüz? Burası duş. Hemen <u>duş**tan**</u> çıkın.

<u>Ameliyat salonun**da**</u>

Zeki:	Affedersiniz, kabine <u>nere**de**</u>?
doktor:	Görmüyor musunuz? Burası ameliyathane. Girmek yasak. Hemen <u>bura**dan**</u> çıkın. <u>Danışma**da**</u> sorun.

<u>Danışma**da**</u>

danışman:	Buyrun
Zeki:	Kabine <u>nere**de**</u>? Bulamadım.
danışman:	Bakın. <u>İkinci kat**a**</u> çıkın. <u>Sol**a**</u> dönün. Kabine, <u>koridor**da**</u> en son oda.
Zeki:	Sağ olun.

Yarım saat sonra

2'inci hasta:	<u>Nere**ye**</u> gidiyorsunuz?
Zeki:	Şey, <u>kabine**ye**</u>.
2'inci hasta:	Sıra <u>ben**de**</u>. <u>Kabine**ye**</u> ben giriyorum.
Zeki:	Hayır, sıra <u>ben**de**</u>.
2'inci hasta:	Hayır, hayır, sıra <u>ben**de**</u>.
Zeki:	Hayıır ...
hemşire:	Maalesef, Zeki Bey. Geç kaldınız. Bugün gidin, yarın bir daha gelin.

Übung 105:

morgen / 10.45 Uhr	Yarın saat 11'e çeyrek kala (on kırkbeşte) bir daha gelin.
am Donnerstag / 7.30 Uhr	Perşembe günü saat 7 buçukta (yedi otuzda) bir daha gelin.
am 24. Juni / 9.00 Uhr	24 Haziran saat 9'da bir daha gelin.
übermorgen / 15.10 Uhr	Öbür gün saat 3'ü 10 geçe (onbeş onda) bir daha gelin.
am 6. Januar / 15.40 Uhr	6 Ocak saat 4'e 20 kala (onbeş kırkta) bir daha gelin.
am Montag / 12.30 Uhr	Pazartesi günü saat yarımda (oniki otuzda) bir daha gelin.
am 17. Oktober / 16.30 Uhr	17 Ekim saat 4 buçukta (onaltı otuzda) bir daha gelin.
am Freitag / 16.45 Uhr	Cuma günü saat 5'e çeyrek kala (onaltı kırkbeşte) bir daha gelin.
am Dienstag / 17.15 Uhr	Salı günü saat 5'i çeyrek geçe (onyedi onbeşte) bir daha gelin.
morgen / 8.20 Uhr	Yarın saat 8'i yirmi geçe (sekiz yirmide) bir daha gelin.
am 3. April / 8.35 Uhr	3 Nisan saat 8 buçuğu 5 geçe (sekiz otuzbeşte) bir daha gelin.
übermorgen / 8.45 Uhr	Öbür gün saat 9'a çeyrek kala (sekiz kırkbeşte) bir daha gelin.
am 30. November / 11.50 Uhr	30 Kasım saat 12'ye 10 kala (onbir ellide) bir daha gelin.
am Mittwoch / 10.10 Uhr	Çarşamba günü saat 10'u 10 geçe (on onda) bir daha gelin.

Übung 106:

gün	saat	... ne zaman tekrar gelsin?
morgen	3.30 Uhr	Zeki Bey yarın saat 3 buçukta tekrar gelsin.
am Dienstag	7.15 Uhr	Şükran Hanım Salı günü saat 7'yi çeyrek geçe tekrar gelsin.
am 19. Februar	7.45 Uhr	Ferhat 19 Şubat saat 8'e çeyrek kala tekrar gelsin.
übermorgen	9.20 Uhr	Sinem öbür gün saat 9'u 20 geçe tekrar gelsin.
am 7. Dezember	9.30 Uhr	Süleyman Bey 7 Aralık saat 9 buçukta tekrar gelsin.
am Mittwoch	9.40 Uhr	Gülnaz Çarşamba günü saat 10'a 20 kala tekrar gelsin.
am 16. Juli	17.15 Uhr	Hülya Hanım 16 Temmuz saat 5'i çeyrek geçe tekrar gelsin.
am Donnerstag	12.30 Uhr	Emine Hanım Perşembe günü saat yarımda tekrar gelsin.

Übung 107:

Infinitiv	Negation Präsens 3. Person Sing.	nicht können Präsens 3. Person Sing.	Negation Dİ-Perfekt 3. Person Sing.	nicht können Dİ-Perfekt 3. Person Sing.
uyumak	uyumuyor	uyuyamıyor	uyumadı	uyuyamadı
beklemek	beklemiyor	bekleyemiyor	beklemedi	bekleyemedi
anlamak	anlamıyor	anlayamıyor	anlamadı	anlayamadı
gitmek	gitmiyor	gidemiyor	gitmedi	gidemedi
çağırmak	çağırmıyor	çağıramıyor	çağırmadı	çağıramadı
sormak	sormuyor	soramıyor	sormadı	soramadı

Übung 108:

Kinderstation *(çocuk bölümü)*	Altıncı katta.
Toilette *(tuvalet)*	Beşinci katta.
Intensivstation *(yoğun bakım)*	İkinci katta.
Verwaltung *(idare / hasta alımı)*	Birinci katta.
Ambulanz *(acil servis / ambulans)*	Birinci katta.
Chirurgie *(cerrahiye)*	İkinci katta.
Neurologie *(nöroloji)*	Altıncı katta.
Bestrahlung *(ışınlama)*	Altıncı katta.
Dermatologie *(cilt hastalıkları bölümü)*	Üçüncü katta.
Innere Abteilung *(iç hastalıkları bölümü)*	Üçüncü katta.
Ultraschall *(sonografi)*	Beşinci katta.
Hals- Nasen- und Ohrenabteilung *(kulak, burun, boğaz bölümü)*	Dördüncü katta.
Computertomographie *(bilgisayarlı tomografi)*	Beşinci katta.
Säuglinszimmer *(bebek odası)*	Yedinci katta.
Urologie *(bevliye)*	Üçüncü katta.
EKG	Beşinci katta.

Übung 109:

Ali'nin annesi	başı ağrıyor, midesi bulanıyor, ishal, iştahı yok
Ali'nin abisi Hayrettin	boğazı ağrıyor, bademcikleri şiş, öksürüyor, üşüyor, gözleri yaşarıyor, burnu tıkalı, yüksek ateşi var
Ali'nin ninesi	halsiz, bacakları ve elleri titriyor, ayakları şiş, başı dönüyor
Ali'nin kızkardeşi Nermin	sol bacağını kırdı, beyin sarsıntısı geçirdi

Ali'nin kedisi Minnoş	halsiz, güçsüz, isteksiz

Übung 110:

Ali'nin babası anlatıyor: Karım kendini iyi hissetmiyor. Başı ağrıyor, midesi bulanıyor, ishal ve iştahı yok.

Ali anlatıyor: Kedim iyi değil. Halsiz, güçsüz. Hep uyumak istiyor. Bütün gün güneşte yatıyor ve canı fare yakalamak istemiyor.

Ali'nin abisi anlatıyor: Kızkardeşim dışarıda oynarken bisikletten düştü ve sol bacağını kırdı. Beyin sarsıntısı geçirdi ve bir dişi kırıldı.

Ali'nin kızkardeşi anlatıyor: Ninem çok yaşlı ve halsiz. Bacakları ve elleri titriyor. Ayakları şiş. Başı dönüyor ve yürüyemiyor.

Übung 111:

Kızınızın / Oğlunuzun adı ne?	Kaç yaşında?	Nesi var?	Hangi çocuk hastalıklarını geçirdi?	Hangi çocuk hastalıklarına karşı aşısı var?	Alerjisi var mı? / Neye karşı alerjisi var?
Bora.	4 yaşında.	Yüksek ateşi var. Kusuyor, sık sık öksürüyor ve nefesi daralıyor.	Kızamık.	Kızamıkcık ve boğmaya karşı. Tetanoz ve çocuk felcine karşı aşı oldu mu, bilmiyorum.	Evet, var. Hayvan tüyüne karşı.
Sibel.	3 yaşında.	Kusuyor, ishal ve sık sık midesi bulanıyor.	Boğmaca.	Tetanoz ve çocuk felcine karşı.	Bilmiyorum.
Can.	6 yaşında.	Ateşi var ve öksürüyor.	Boğmaca. Kızamık ve kızamıkcık geçirdi mi, bilmiyorum.	Çocuk felcine karşı.	Evet, var. Ev tozuna ve polenlere karşı. Hayvan tüyüne karşı alerjisi var mı, bilmiyorum.
Arzu.	7 yaşında.	Yüksek ateşi var. Sık sık kusuyor ve ishal.	Kızamık ve kızamıkçık. Su çiçeği geçirdi mi, bilmiyorum.	Evet, tetanoz ve çocuk felcine karşı.	Evet, var. İnek sütüne karşı.
Dilek.	5 yaşında.	Kabız.	Kabakulak ve su çiçeği. Boğmaca geçirdi mi, bilmiyorum.	Evet, kızamıkçığa ve tetanoza karşı. Çocuk felcine karşı aşısı var mı, bilmiyorum.	Evet, ev tozuna karşı.

Übung 112:

Doktorla konuşayım.	Doktorla konuşalım.
Bakayım.	Bakalım.
Kalkayım.	Kalkalım.
3'üncü kata çıkayım.	3'üncü kata çıkalım.
Gireyim.	Girelim.
Doktora söyleyeyim.	Doktora söyleyelim.
Tekrarlayayım.	Tekrarlayalım.
Sizi jinekologa havale edeyim.	Sizi jinekologa havale edelim.
Bir şey yiyeyim.	Bir şey yiyelim.
Oturayım.	Oturalım.
Yarayı dezenfekte edeyim.	Yarayı dezenfekte edelim.
Yarayı temizleyeyim.	Yarayı temizleyelim.
Biraz kan alayım.	Biraz kan alalım.
Doktoru bekleyeyim.	Doktoru bekleyelim.
Size iğne yapayım.	Size iğne yapalım.
Şimdi sizi muayene edeyim.	Şimdi sizi muayene edelim.
Kalbinizi dinleyeyim.	Kalbinizi dinleyelim.
Nabzınızı sayayım.	Nabzınızı sayalım.
Filminizi çekeyim.	Filminizi çekelim.
Akciğerlerinizi dinleyeyim.	Akciğerlerinizi dinleyelim.

Übung 113:

Von den kleinen Tabletten nehme ich täglich drei mal drei.
Von diesen Tabletten nehme ich täglich zwei mal zwei.
Von den großen Tabletten nehme ich auf nüchternen Magen zwei.
Von den gelben Tabletten nehme ich täglich nach dem Essen drei mal eine.
Von den rosa Tabletten nehme ich vor dem Schlafengehen zwei.

Beyaz haplardan günde dört kere iki tane alıyorum.
Küçük sarı haplardan kahvaltıdan sonra üç tane alıyorum.
Küçük pembe haplardan aç karnına iki tane alıyorum.
Büyük yeşil haplardan yemekten önce bir tane alıyorum.
Mavi haplardan yatmadan önce iki tane alıyorum.

Übung 114:

Fatma Hanım küçük pembe haplardan günde üç kere iki tane alıyor.
Erdoğan Bey büyük yuvarlak haplardan aç karnına bir tane alıyor.
Sabri bu haplardan kahvaltıdan önce iki tane alıyor.
Faruk Bey küçük beyaz haplardan günde iki kere üç tane alıyor.
Yahya sarı haplardan günde beş kere iki tane alıyor.
Rukiye yeşil haplardan yatmadan önce üç tane alıyor.
Hülya mavi haplardan günde altı kere iki tane alıyor.

Übung 115:

1'er	2'şer	3'er	4'er (dörder)	5'er	6'şar	7'şer	8'er	9'ar
10'ar	20'şer	30'ar	40'ar	50'şer	60'ar	70'er	80'er	90'ar

Übung 116:

(sigorta kartı)	Sigorta kartınız yanınızda mı? (a) Evet, yanımda. (b) Hayır, maalesef yanımda değil.	
(havale kağıdı)	Havale kağıdınız yanınızda mı?	- ...
(aşı defteri)	Aşı defteriniz yanınızda mı?	- ...
(ehliyet)	Ehliyetiniz yanınızda mı?	- ...
(evlilik cüzdanı)	Evlilik cüzdanınız yanınızda mı?	- ...
(kimlik kartı)	Kimlik kartınız yanınızda mı?	- ...
(filmler)	Filmleriniz yanınızda mı?	- ...

Übung 117:

Yanınızda sabahlık var mı?
... gecelik var mı?
... bornoz var mı?
... külot var mı?
... pijama var mı?
... sabun var mı ?
... diş macunu var mı ?
... tarak var mı ?
... diş fırçası var mı ?
... eşofman var mı ?
... terlik var mı ?
... havlu var mı ?

Übung 118 :

küçük	*(klein)*	daha küçük	en küçük
iyi	*(gut)*	daha iyi	en iyi
kötü	*(schlecht)*	daha kötü	en kötü
zor	*(schwer)*	daha zor	en zor
kolay	*(leicht)*	daha kolay	en kolay
zengin	*(reich)*	daha zengin	en zengin
fakir	*(arm)*	daha fakir	en fakir
genç	*(jung)*	daha genç	en genç
yaşlı	*(alt)*	daha yaşlı	en yaşlı
yüksek	*(hoch)*	daha yüksek	en yüksek
yavaş	*(langsam)*	daha yavaş	en yavaş
pahalı	*(teuer)*	daha pahalı	en pahalı

Übung 119:

İstanbul, Hamburg'dan (daha) büyük.
Emine, Can'dan (daha) genç.
Türkçe, Almanca'dan (daha) kolay.
Ağa, Fakir'den (daha) zengin.
Mevlüt, Baran'dan (daha) yaşlı.

Übung 120:

gelmek	okumak	söylemek
geleceğim	okuyacağım	söyleyeceğim
geleceksin	okuyacaksın	söyleyeceksin
gelecek	okuyacak	söyleyecek
geleceğiz	okuyacağız	söyleyeceğiz
geleceksiniz	okuyacaksınız	söyleyeceksiniz
gelecekler	okuyacaklar	söyleyecekler

Übung 121:

Infinitiv	Übersetzung	Futur/3. Pers. Sing.
almak	nehmen/kaufen	alacak
gitmek (!)	gehen	gi**d**ecek
ağlamak	weinen	ağlayacak
muayene etmek (!)	untersuchen	muayene e**d**ecek
vermek	geben	verecek
ağrımak	schmerzen	ağrıyacak
tekrarlamak	wiederholen	tekrarlayacak
geçmek	vorbeigehen	geçecek
çalışmak	arbeiten	çalışacak
yatmak	schlafen	yatacak
olmak	sein/werden	olacak
kalkmak	aufstehen	kalkacak
ölçmek	messen	ölçecek
istirahat etmek (!)	sich ausruhen	istirahat e**d**ecek
hatırlamak	sich erinnern	hatırlayacak
getirmek	bringen	getirecek
söylemek	sagen	söyleyecek
bakmak	schauen	bakacak
düşmek	fallen	düşecek
çıkmak	rausgehen	çıkacak
girmek	hineingehen	girecek

Übung 122:

Şimdi size iğne yapacağım.
Biraz ağrıyacak.
Biraz sonra ağrınız azalacak.
Ateşinizi ölçeceğim.
Bebeğinizi getireceğim.
Nabzınızı sayacağım.
Kalbinizi dinleyeceğim.
Salı günü ameliyat olacaksınız.
Sizi röntgene götüreceğim.
Sırtınıza merhem süreceğim.
Akciğerlerinizi dinleyeceğim.
Hemen içecek bir şey getireceğim.
Sizi tuvalete götüreceğim.
Dr. Meyer sizi muayene edecek.
Yarın taburcu olacaksınız.
Sizi göz doktoruna havale edeceğim.
Parmak ucunuzdan biraz kan alacağım.

Übung 123:

Bu haptan günde üç kere bir tane alın.	Bu haptan günde üç kere bir tane alacaksınız.
Perşembe kontrole gelin.	Perşembe kontrole geleceksiniz.
Alkol içmeyin.	Alkol içmeyeceksiniz.
Hiç bir şey yemeyin ve içmeyin.	Hiç bir şey yemeyecek ve içmeyeceksiniz.
Günde üç kere ateşinizi ölçün.	Günde üç kere ateşinizi ölçeceksiniz.
Gelecek sefere sigorta kartınızı getirin.	Gelecek sefere sigorta kartınızı getireceksiniz.
Yarın telefon edin.	Yarın telefon edeceksiniz.
Durumunuzu telefonla bildirin.	Durumunuzu telefonla bildireceksiniz.
Yarın biraz idrar getirin.	Yarın biraz idrar getireceksiniz.
Yaraya merhem sürün.	Yaraya merhem süreceksiniz.
Şu haplardan günde iki kere üç tane alın.	Şu haplardan günde iki kere üç tane alacaksınız.
Haplardan yemekten sonra üçer tane için.	Haplardan yemekten sonra üçer tane içeceksiniz.
Hapları düzenli alın.	Hapları düzenli alacaksınız.
Bu hapı tam saat 5'te alın.	Bu hapı tam saat 5'te alacaksınız.
Varis çoraplarını her zaman giyin.	Varis çoraplarını her zaman giyeceksiniz.
Yarın filmlerinizi getirin.	Yarın filmlerinizi getireceksiniz.

Übung 124:

Nomen	Pl.	Poss.	Kas.	
hastane	+	1. Pl.	Lok.	→ hastane-ler-imiz-de
hastane	-	1. Pl.	Lok.	→ hastane-miz-de
hastane	-	-	Dat.	→ hastane-de
hap	+	-	Akk.	→ hap-lar-ı
isim	-	3. Sing.	Akk.	→ ism-i-n-i
isim	+	3. Pl.	-	→ isim-ler-i
anne	-	2. Sing.	-	→ anne-n
anne	-	3. Sing.	Abl.	→ anne-si-n-den
ilaç	+	1. Sing.	-	→ ilaç-lar-ım
ilaç	-	-	Akk.	→ ila**c**-ı
sigorta kartı	-	3. Sing.	-	→ sigorta kart-ı
sigorta kartı	-	3. Sing.	Akk.	→ sigorta kart-ı-n-ı
karı	-	3. Sing.	-	→ karı-sı
karı	-	3. Sing.	Akk.	→ karı-sı-n-ı
diş doktoru	+	-	-	→ diş doktor-lar-ı
diş doktoru	-	-	Abl.	→ diş doktoru-n-dan
diş doktoru	-	1.Pl.	Lok.	→ diş doktoru-muz-da
kol	-	2. Pl.	-	→ kol-unuz
kol	-	2. Pl.	Akk.	→ kol-unuz-u
oğul	-	1. Sing.	-	→ oğl-um
oğul	+	1. Sing.	-	→ oğul-lar-ım
oğul	-	3. Pl.	-	→ oğul-lar-ı
kız	-	2. Pl.	-	→ kız-ınız
kız	-	2. Sing.	Akk.	→ kız-ın-ı
kız	-	3. Sing.	Akk.	→ kız-ı-n-ı

Übung 125:

merhem - günde iki kere - yaraya sürmek	Merhemi günde iki kere yaraya sürün! / süreceksiniz!
şu form - imzalamak	Şu formu imzalayın! / imzalayacaksınız!
şu kağıt - imzalamak	Şu kağıdı imzalayın! / imzalayacaksınız!
hap - çignememek / yutmak	Hapı çiğnemeyin yutun! / çiğnemeyeceksiniz yutacaksınız!
hap - yutmamak / çiğnemek	Hapı yutmayın, çiğneyin! / yutmayacaksınız çiğneyeceksiniz!
haplar - düzenli olarak almak	Hapları düzenli olarak alın! / alacaksınız!
hap - emmek	Hapı emin! / emeceksiniz!
çoraplar - giymek	Çorapları giyin! / giyeceksiniz!
ameliyat çorapları - giymek	Ameliyat çoraplarını giyin! / giyeceksiniz!
öksürük şurubu - yemekten önce almak	Öksürük şurubunu yemekten önce alın! / alacaksınız!
doktor - çağırmak	Doktor çağırın! / çağıracaksınız!
varis çorapları - her zaman giymek	Varis çoraplarını her zaman giyin! / giyeceksiniz!

Übung 126:

Yaraya günde üç kere <u>merhem</u> sürün.
Günde üç kere yaraya <u>merhem</u> sürün.
<u>Alkol</u> içmeyin.
<u>Bir şey</u> yemeyin içmeyin.
Yarın biraz <u>idrar</u> getirin.
Salı günü <u>idrar numunesi</u> getirin.
Yarın sabah <u>dışkı numunesi</u> getirin.
Gelecek hafta <u>büyük abdest numunesi</u> getirin.

Übung 127:

ağız, ağz- / açmak	Ağzını aç!	Ağzınızı açın!
ad / şu kağıda yazmak	Adını şu kağıda yaz!	Adınızı şu kağıda yazın!
isim / tekrarlamak	İsmini tekrarla!	İsminizi tekrarlayın!
ateş / ölçmek	Ateşini ölç!	Ateşinizi ölçün!
bacaklar / kaldırmak	Bacaklarını kaldır!	Bacaklarınızı kaldırın!
sol bacak / kaldırmak	Sol bacağını kaldır!	Sol bacağınızı kaldırın!
gömlek / biraz yukarı çekmek	Gömleğini baraz yukarı çek!	Gömleğinizi biraz yukarı çekin!
sutyen / yukarı çekmek	Sutyenini yukarı çek!	Sutyeninizi yukarı çekin!
pantolon / aşağı indirmek	Pantolonunu aşağı indir!	Pantolonunuzu aşağı indirin!
parmaklar / oynatmak	Parmaklarını oynat!	Parmaklarınızı oynatın!
baş / sola döndürmek	Başını sola döndür!	Başınızı sola döndürün!
ayakkabılar / çıkarmak	Ayakkabılarını çıkar!	Ayakkabılarınızı çıkarın!
iç çamaşır / çıkarmak	İç çamaşırını çıkar!	İç çamaşırınızı çıkarın!
ağrı / tarif etmek	Ağrını tarif et!	Ağrınızı tarif edin!
ağrılar / anlatmak	Ağrılarını anlat!	Ağrılarınızı anlatın!
el / yine açmak	Elini yine aç!	Elinizi yine açın!
aşı defteri / getirmek	Aşı defterini getir!	Aşı defterinizi getirin!
sigorta kartı / bana vermek	Sigorta kartını bana ver!	Sigorta kartınızı bana verin!
röntgen filmleri / göstermek	Röntgen filmlerini göster!	Röntgen filmlerinizi gösterin!
diş fırçası / unutmamak	Diş fırçanı unutma!	Diş fırçanızı unutmayın!
işitme cihazı / çıkarmak	İşitme cihazını çıkar!	İşitme cihazınızı çıkarın!
işitme cihazı / yine takmak	İşitme cihazını yine tak!	İşitme cihazınızı yine takın!
çay / içmek	Çayını iç!	Çayınızı için!
haplar / almak	Haplarını al!	Haplarınızı alın!
çoraplar / giymek	Çoraplarını giy!	Çoraplarınızı giyin!

gözlük / çıkarmak	Gözlüğünü çıkar!	Gözlüğünüzü çıkarın!
protez / yine takmak	Protezini yine tak!	Protezinizi yine takın!
ilaç / içmek	İlacını iç!	İlacınızı için!

Übung 128:

1.	narkoz doktoru
2.	uyku hapı
3.	narkoz ilacı
4.	nefes borunuza
5.	yutkunma zorluğu
6.	narkoz etkisi
7.	baş dönmesi

Übung 129:

die Speiseröhre	yemek borusu
die Einverständniserklärung	kabul beyanı
die Atemwege	solunum yolları
die Lungenentzündung	akciğer iltihabı
die Blutransfusion	kan nakli
der Fragebogen	soru kağıdı
die Niereninsuffizienz	böbrek yetmezliği
der Blutkreislauf	kan dolaşımı

Übung 130:

1.	ameliyat ol-acak-sınız
2.	narkoz yap-ıl-acak
3.	ol-acak
4.	ver-il-ecek
5.	yeme-y-ecek-siniz
6.	içme-y-ecek-siniz
7.	götür-ül-ecek-siniz
8.	ölç-ül-ecek
9.	kontrol ed-il-ecek
10.	uykuya dal-acak-sınız
11.	hiss-et-me-y-ecek-siniz
12.	sal-ın-acak
13.	çıkar-ıl-acak
14.	sür-ecek

Übung 131:

Infinitiv/Aktiv	Infinitiv/Passiv	Bedeutung/Passiv
içmek	iç-il-mek	getrunken werden
açmak	aç-ıl-mak	geöffnet werden
konuşmak	konuş-ul-mak	gesprochen werden
anlatmak	anlat-ıl-mak	erzählt werden
yutmak	yut-ul-mak	geschluckt werden
saymak	say-ıl-mak	gezählt werden
getirmek	getir-il-mek	gebracht werden
göstermek	göster-il-mek	gezeigt werden
öğrenmek	öğren-il-mek	gelernt werden

dezenfekte etmek	dezenfekte ed-il-mek	desinfiziert werden
kesmek	kes-il-mek	geschnitten werden
görmek	gör-ül-mek	gesehen werden
pişirmek	pişir-il-mek	gekocht werden

Infinitiv/Aktiv	Infinitiv/Passiv	Bedeutung/Passiv
ye-mek	ye-n-mek	gegessen werden
oku-mak	oku-n-mak	gelesen werden
temizle-mek	temizle-n-mek	gesäubert werden
söyle-mek	söyle-n-mek	gesagt werden
de-mek	de-n-mek	gesagt werden
tekrarla-mak	tekrarla-n-mak	wiederholt werden
hazırla-mak	hazırla-n-mak	vorbereitet werden
yıka-mak	yıka-n-mak	gewaschen werden

Infinitiv/Aktiv	Infinitiv/Passiv	Bedeutung/Passiv
sal-mak	sal-ın-mak	eingeführt werden
al-mak	al-ın-mak	gekauft/genommen werden
bul-mak	bul-un-mak	gefunden werden
çal-mak	çal-ın-mak	gestohlen werden

Übung 132:

Passivstamm	Präsens 3. Pers. Sing.	Dİ-Perfekt 3. Pers. Sing.	Futur 3. Pers. Sing.
temizle-n-mek	temizle-n-iyor	temize-n-di	temizle-n-ecek
bul-un-mak	bul-un-uyor	bul-un-du	bul-un-acak
yaz-ıl-mak	yaz-ıl-ıyor	yaz-ıl-dı	yaz-ıl-acak
aç-ıl-mak	aç-ıl-ıyor	aç-ıl-dı	aç-ıl-acak
oku-n-mak	oku-n-uyor	oku-n-du	oku-n-acak
al-ın-mak	al-ın-ıyor	al-ın-dı	al-ın-acak

Übung 133:

Passivsatz	**Aktivsatz**
Muayene tekrarlandı. (doktor)	Doktor muayeneyi tekrarladı.
Belge imzalandı. (hasta)	Hasta belgeyi imzaladı.
Yara tekrar açılacak. (doktor)	Doktor yarayı tekrar açacak.
Doktor çağrılacak. (arkadaşlar)	Arkadaşlar doktor/doktoru çağıracaklar.
Tansiyonunuz bütün ameliyat boyunca kontrol edilecek. (biz)	Biz tansiyonunuzu bütün ameliyat boyunca kontrol edeceğiz.
Tansiyonunuz ölçülecek. (doktor)	Doktor tansiyonunuzu ölçecek.
Hasta yarın ameliyat olacak. (doktor)	Doktor yarın hastayı ameliyat edecek.
Hortum ameliyattan sonra çıkarılacak. (doktor)	Doktor hortumu ameliyattan sonra çıkaracak.

Übung 134:

Muayene doktor **tarafından** tekrarlandı.
Belge hasta **tarafından** imzalandı.
Yara doktor **tarafından** tekrar açıldı.
Doktor arkadaşlar **tarafından** çağrıldı.
Tansiyonunuz bizim **tarafımızdan** bütün ameliyat boyunca kontrol edilecek.
Tansiyonunuz hemşire **tarafından** ölçülecek.
Hasta yarın doktor Yılmaz **tarafından** ameliyat olacak.
Hortum ameliyattan sonra anestezist **tarafından** çıkarılacak.

Übung 135:

unanalysierte Form	**Stamm**	**Aorisendung**
girer	gir-	-er/-Er
alır	al-	-ır/-İr
yemez	ye-?	?
içmez	iç-?	?
verilir	ver-il (Pass.)	-ir/-İr
götürülür	götür-ül (Pass.)	-ür/-İr
ölçülür	ölç-ül (Pass.)	-ür/-İr
kontrol edilir	kontrol ed-il (Pass.)	-ir/-İr
dalar	dal	-ar/-Er
salınır	sal-ın (Pass.)	-ır/-İr
önler	önle	-r/-r
çıkarılır	çıkar-ıl (Pass.)	-ır/-İr
çekebilir	çek-ebil (-Ebil=können)	-ir/-İr
ağrıyabilir	ağrı-y-abil (-Ebil=können)	-ir/-İr
olabilir	ol-abil (-Ebil=können)	-ir/-İr
verilebilir	ver-il-ebil (Pass. und -Ebil)	-ir/-İr

Übung 136:

/-r/: der Verbstamm geht auf einen **Vokal** aus	**/-İr/:** der Verbstamm ist **mehrsilbig** und geht auf einen **Konsonanten** aus	**/-İr/ oder /-Er/:** der Verbstamm ist **einsilbig** und geht auf einen **Konsonanten** aus
önle-r	kald-ır	gir-er
	veril-ir	al-ır
	götürül-ür	dal-ar
	ölçül-ür	
	kontrol edil-ir	
	salın-ır	
	çıkarıl-ır	
	çekebil-ir	
	ağrıyabil-ir	
	olabil-ir	
	verilebil-ir	

Übung 138:

Stämme auf Vokal: /-**r**/	mehrsilbige Stämme auf Konsonant: /-**İr**/	einsilbige Stämme auf Konsonant: /-**İr**/ oder /-**Er**/
temizle-r	götür-ür	ver-ir
bekle-r	çıkar-ır	ölç-er
ye-r	konuş-ur	kontrol e**d**-er
oku-r	içil-ir	bil-ir
söyle-r	açıl-ır	ol-ur
de-r		yap-ar
		yaz-ar
		iç-er
		aç-ar
		yut-ar
		çal-ar

Übung 139:

gelmek	gelmez
vermek	vermez
verilmek	verilmez
okumak	okumaz
açmak	açmaz
açılmak	açılmaz
olmak	olmaz
konuşmak	konuşmaz
konuşulmak	konuşulmaz
söylemek	söylemez
yazmak	yazmaz
bilmek	bilmez
beklemek	beklemez

Übung 140:

Infinitiv	**/-Ebil-/**	**/-EmE-/**
yapmak	yapabilir	yapamaz
okumak	okuyabilir	okuyamaz
konuşmak	konuşabilir	konuşamaz
olmak	olabilir	olamaz
gitmek	gidebilir	gidemez
içmek	içebilir	içemez
yemek	yiyebilir	yiyemez
öğrenmek	öğrenebilir	öğrenemez
kesmek	kesebilir	kesemez
göstermek	gösterebilir	gösteremez

Übung 141:

Yanıma gelir misiniz?
Formu imzalar mısınız?
Adresinizi tekrarlar mısınız?
Ameliyat yerini gösterir misiniz?
Bir daha söyler misiniz?
Yolu tarif eder misiniz?
İçecek bir şey getirir misiniz?
Dışarıda bekler misiniz?
Şuraya oturur musunuz?
Ayağa kalkar mısınız?
Zile basar mısınız?
Pencereyi açar mısınız?
Kapıyı kapatır mısınız?
Aileme haber verir misiniz?
Pijamanızı biraz aşağıya doğru çeker misiniz?

Übung 142:

Eczaneye gittim ve ilaç aldım.	Eczaneye gidip ilaç aldım.
Kaza geçirdi ve hastaneye yatırıldı.	Kaza geçirip hastaneye yatırıldı.
Hasta uyandı ve zile bastı.	Hasta uyanıp zile bastı.
Muayenehaneye telefon edin ve termin alın.	Muayenehaneye telefon edip termin alın.
Pijamanızı çıkarın ve bunu giyin.	Pijamanızı çıkarıp bunu giyin.
Yüzüğünüzü ve saatinizi çıkarın ve bana verin.	Yüzüğünüzü ve saatinizi çıkarıp bana verin.
Dönün ve pijamanızı biraz aşağıya doğru çekin.	Dönüp pijamanızı biraz aşağıya doğru çekin.
Yatağa yattı ve hemen uykuya daldı.	Yatağa yatıp hemen uykuya daldı.
Hasta zile bastı ve hemşireyi çağırdı.	Hasta zile basıp hemşireyi çağırdı.

Übung 143:

Protezinizi takın.
Atletinizi çıkarın.
Pijamanızı giyin.
Geceliğinizi giyin.
Saatinizi çıkarın.
Ayakkabılarınızı çıkarın.
Sutyeninizi çıkarın.
Pantolonunuzu çıkarın.
Çoraplarınızı giyin.
Külotunuzu giyin.
Yüzüğünüzü çıkarın.
Terliklerinizi giyin.

Grammatischer Anhang

1. Laut und Schrift

Bis 1928 wurde das Türkische mit arabischen Buchstaben geschrieben; seit 1928 wird es mit lateinischen Buchstaben geschrieben.

Türkisch	Deutsch
A - a	A - a
	(Ä - ä)
B - b	B - b
C - c	C - c
Ç - ç	
D - d	D - d
E - e	E - e
F - f	F - f
G - g	G - g
Ğ - ğ	
H - h	H - h
I - ı	I - –
İ - i	– - i
J - j	J - j
K - k	K - k
L - l	L - l
M - m	M - m
N - n	N - n
O - o	O - o
Ö - ö	(Ö - ö)
P - p	P - p
	Q - q
R - r	R - r
S - s	S - s
Ş - ş	
T - t	T - t
U - u	U - u
Ü - ü	(Ü - ü)
V - v	V - v
	W - w
	X - x
Y - y	Y - y
Z - z	Z - z
	(– - ß)

Das türkische Alphabet hat 21 Buchstaben/Grapheme für Konsonanten und 8 Buchstaben/Grapheme für Vokale. Alle 29 Grapheme sind in die alphabetische Reihenfolge integriert. Das einfache Zeichen steht jeweils vor dem komplexeren Zeichen. Also: c-ç, g-ğ, ı-i, o-ö, s-ş, u-ü.
Im Deutschen sind die Grapheme ä, ö, ü und ß nicht in die alphabetische Reihenfolge integriert.
Unterschiede im Graphembestand sind die folgenden:
Im Türkischen gibt es nicht: Ä/ä, Q/q, W/w, X/x, ß.
Im Deutschen gibt es nicht: Ç/ç, Ğ/ğ, ı (klein, ohne Punkt), İ (groß, mit Punkt), Ş/ş.
Anders als das Deutsche hat das Türkische eine sehr einfache Rechtschreibung: In nahezu allen Fällen entspricht ein Buchstabe einem Laut und ein Laut einem Buchstaben.
Allerdings ist die Zuordnung von Lauten zu Buchstaben nicht immer so, wie man sie aus der Sicht des Deutschen erwarten würde. Siehe dazu die Übersicht auf der folgenden Seite.

Rechtschreibung:
Groß geschrieben werden im Türkischen nur Satzanfänge und Eigennamen.

Überblick über das türkische Alphabet

Buchstabe	Lautwert (Annäherung)	Beispiel
a A	normalerweise wie in: *satt*, *kalt*; in Fremdwörtern auch wie in: *Nase*	Akın (♂)
b B		Bülent (♂)
c C	*joggen*, engl: *John*	Cafer (♂)
ç Ç	*Quetschung*	Çetin (♂)
d D		Dursun (♀, ♂)
e E	immer wie in: *Bett*, *Embolie*; nie wie in: *Esel*; *Nase*	Emel (♀)
f F		Fikret (♂)
g G		Güneş (♀)
ğ Ğ	(Erklärung im grammatischen Anhang)	Doğan (♂)
h H	am Silbenanfang wie in: *Hand*, *Gehirn*. am Wort- und Silbenende ähnlich wie in: *Bruch*, *schwach*, *erbrechen*, *Knöchel* (Reibung deutlich schwächer als im Deutschen).	Hasan (♂) Zehra (♀) Salih (♂) Mahmut (♂) Fettah (♂)
ı I	(kein Vorbild im Deutschen)	Işıl (♀)
i İ	*Kiefer*, *Niere* (aber kürzer)	İpek (♀)
j J	*Gelatine*, *Bandage*	Jale (♀)
k K		Kemal (♂)
l L		Lale (♀)
m M		Metin (♂)
n N		Nilgün (♀)
o O	*Operation*, *Verstopfung*	Osman (♂)
ö Ö	*Knöchel*, *röcheln*	Özgür (♀, ♂)
p P		Pınar (♀)
r R	(Zungenspitzen - **r**)	Remzi (♂)
s S	stimmloses /s/ wie in: *Durst*, *Gefäß*	Sevgi (♀)
ş Ş	/sch/ wie in: *Schwester*, *waschen*	Şahin (♂)
t T		Turgut (♂)
u U	*Blut*, *Husten* (aber kürzer)	Ufuk (k,e)
ü Ü	*Verhütung*, *kühlen* (aber kürzer)	Ümit (♂)
v V	*Vegetarier*, *Wehe*	Vasıf (♂)
y Y	*jucken*, *Jod*	Yüksel (♀, ♂)
z Z	stimmhaftes /s/ wie in: *saugen*, *Nase*	Zühre (♀)

2. Lautregeln

2.1. Die Vokalharmonie

Im Türkischen gibt es 8 Vokale. Diese Vokale lassen sich aufteilen in 4 vordere und 4 hintere Vokale.
Vordere (helle/palatale) **Vokale** sind Vokale, bei denen die Zunge ihre höchste Hebung vorn im Mund hat (**i, e, ü, ö**); **hintere** (dunkle/velare) **Vokale** sind Vokale, bei denen die Zunge die höchste Hebung hinten im Mund hat (**ı, a, u, o**).

vorn	hinten
i e ü ö	ı a u o

Relevant ist darüber hinaus die Aufteilung der Vokale in **gerundete** und **ungerundete Vokale** und die Aufteilung in **enge** und **weite Vokale**. Gerundete Vokale werden mit gerundeten Lippen, ungerundete Vokale mit ungerundeten Lippen artikuliert. Bei weiten Vokalen ist der Mund weit geöffnet, der Kieferabstand ist groß. Bei engen Vokalen ist der Kieferabstand gering.

ungerundet sind: i, ı, e, a
gerundet sind: ü, u, ö, o

eng sind: i, ı, ü, u
weit sind: e, a, ö, o

Vokalharmonie bedeutet: Vordere und hintere Vokale dürfen in einem Wort nicht miteinander vermischt werden. Kommen in einem Wort gegen diese Regel vordere und hintere Vokale gemischt vor, kann das zwei Gründe haben:

- Es handelt sich um ein Fremdwort: ***tiyatro*** *– das Theater* (aus dem Französischen), ***kitap*** *– das Buch* (aus dem Arabischen), ***polis*** *– die Polizei, der Polizist* (aus dem Griechischen).
- Es handelt sich um ein zusammengesetztes Wort mit zwei (oder mehr) Wortstämmen, die nicht den gleichen Vokaltypus enthalten (***başşehir*** *– die Hauptstadt*, aus: *baş – der Kopf, Haupt-* und *şehir – die Stadt*).

Einige wenige türkische Wörter verstoßen gegen die o.g. Regel und enthalten vordere und hintere Vokale gemischt: *elma – der Apfel*. (Zu Ausnahmen von der Vokalharmonie in Endungen s. 2.1.3.)

2.1.1. Die Vokalharmonie in Endungen

Wenn Endungen Vokale enthalten, müssen diese sich an den letzten vorhergehenden Vokal anpassen. Jede Endung, die überhaupt einen Vokal enthält, muss wenigstens einen vorderen und einen hinteren Vokal zur Auswahl bieten, damit an Wörter mit vorderem Vokal eine Endung mit vorderem Vokal und an Wörter mit hinterem Vokal eine Endung mit hinterem Vokal angehängt werden kann.

2.1.1.1. Die Vokalharmonie in Endungen mit weitem Vokal

Bei dem ersten Endungstyp steht /**e**/ in der Endung nach den vier vorderen Vokalen und /**a**/ in der Endung nach den vier hinteren Vokalen:

vorn	hinten
i [e] ü ö	ı [a] u o

/**e**/ steht in der Endung nach den vorderen Vokalen **i, e, ü, ö**
/**a**/ steht in der Endung nach den hinteren Vokalen **ı, a, u, o**

Nach dieser Regel werden die Lokativendung, die Ablativendung, die Dativendung, die Pluralendung und weitere Endungen gebildet. In der Literatur findet sich für diesen Endungstyp die Bezeichnung „zweiförmige Endungen", für die Lautregel die Bezeichnung „kleine Vokalharmonie".

2.1.1.2. Die Vokalharmonie in Endungen mit engem Vokal

In einer anderen Gruppe von Endungen – Akkusativendung, Genitivendung, Personalendungen, Possessivendungen und weitere – stehen die Vokale /**i**/, /**ü**/, /**ı**/ oder /**u**/. Dabei stehen wieder vordere Vokale (i, ü) nach vorderen Vokalen (i, e, ü, ö) und hintere Vokale (ı, u) nach hinteren Vokalen (ı, a, u, o).

Ob /**i**/ oder /**ü**/ bzw. /**ı**/ oder /**u**/ ausgewählt werden muss, entscheidet sich folgendermaßen: Bei diesem Endungstyp dürfen nicht nur vordere und hintere Vokale, sondern auch gerundete und ungerundete Vokale nicht vermischt werden.

	vorn	hinten
ungerundet	i e	ı a
gerundet	ü ö	u o

/**i**/ in der Endung nach /**i**/ und /**e**/ (vorn/ungerundet)
/**ı**/ in der Endung nach /**ı**/ und /**a**/ (hinten/ungerundet)
/**ü**/ in der Endung nach /**ü**/ und /**ö**/ (vorn/gerundet)
/**u**/ in der Endung nach /**u**/ und /**o**/ (hinten/gerundet)

In der Literatur findet sich für diesen Endungstyp die Bezeichnung „vierförmige Endungen“, für die Lautregel die Bezeichnung „große Vokalharmonie“.

2.1.2. Endungstypen und ihre Schreibweise

Es gibt also im Türkischen **zwei Endungstypen**:
Endungen mit einem der weiten Vokale /e/ oder /a/.
Endungen mit einem der engen Vokale /i/, /ü/, /ı/ oder /u/.

Da die Endungen jeweils mehrere konkrete Formen annehmen können, schreiben wir aus ökonomischen Gründen abstrakt /**E**/ für /e/ und /a/; abstrakt /**İ**/ für /i/, /ü/, /ı/ und /u/.
Die Pluralendung -**lEr** ist konkret: -ler, -lar.
Die Kopulaendung -**İm** *(ich bin)* ist konkret: -im, -üm, -ım, -um.

Zu welcher Gruppe eine bestimmte Endung gehört, kann man nicht ableiten, man muss es lernen!

2.1.3. Endungen, die nicht der Vokalharmonie unterliegen

Neben den Endungen, in denen die Vokalharmonie beachtet werden muss, gibt es einige wenige Endungen, die nicht der Vokalharmonie unterliegen. Dazu gehört u.a. die Präsensendung /-yor/.

2.1.4. Beispiele

Endungen mit weitem Vokal: /E/

	e	ebe-ler
	i	işsiz-ler
e		
	ü	Türk-ler
	ö	şoför-ler

	a	avukat-lar
	ı	eczacı-lar
a		
	u	Rus-lar
	o	doktor-lar

Endungen mit engem Vokal: /İ/

	e	ebe-y-im
i		
	i	işsiz-im

	a	avukat-ım
ı		
	ı	eczacı-y-ım

	ü	Türk-üm
ü		
	ö	şoför-üm

	u	Rus-um
u		
	o	doktor-um

(avukat – der Anwalt; doktor – der Arzt; ebe – die Hebamme; eczacı – der Apotheker; işsiz – der Arbeitslose, arbeitslos; Rus – der Russe; şoför – der Fahrer; Türk – der Türke)

2.1.5. Die Vokalharmonie in Endungen – Ausnahmen

Einige Wörter verhalten sich anders, als es nach den Regeln der Vokalharmonie zu erwarten wäre. Sie haben im Wortstamm als letzten Vokal einen hinteren weiten Vokal (/a/ oder /o/); die angehängten Endungen enthalten nicht hintere, sondern die entsprechenden vorderen Vokale:

nach /a/: /**i** / bzw. /**e**/ (statt /ı/ bzw. /a/)
nach /o/: /**ü**/ bzw. /**e**/ (statt /u/ bzw. /a/)

*sa**at**-**im** (meine Uhr); sa**at**-l**e**r (die Uhren)*
*alk**ol**-**ü** (den Alkohol); alk**ol**-d**e** (im Alkohol)*

Die Zahl der Wörter, die sich so verhalten, ist nicht sehr groß. Man muss sie sich als Ausnahmen merken. In den Vokabeln notieren wir sie folgendermaßen:

sa**at** *(i/e) – (die Uhr, die Stunde)*
alk**ol** *(ü/e) – (der Alkohol)*

2.2. Gleitlaut

Im Türkischen dürfen nicht zwei Vokale aufeinanderstoßen. Wörter, bei denen das trotzdem der Fall ist, sind aus anderen Sprachen – in der Regel dem Arabischen – übernommen. Die beiden Vokale gehören dann immer unterschiedlichen Silben an: *saat (= sa-at) – die Uhr, die Stunde; muayene (= mu-a-ye-ne) – die Untersuchung.*

Wenn ein Wort auf einen Vokal endet und eine Endung mit einem Vokal beginnt, muss /**y**/ als Gleitlaut eingeschoben werden: *ebe – eb**e-y-i**m* (*die Hebamme – ich bin Hebamme*); *hastane – hastan**e-y-e*** (*das Krankenhaus – ins Krankenhaus*)

In anderen Fällen haben Endungen nach Vokal und nach Konsonant unterschiedliche Varianten; s. dazu die Erklärungen bei den einzelnen Endungen.

2.3. Konsonantenassimilation

Im Türkischen gibt es Endungen, die manchmal mit /d/ anlauten, manchmal mit /t/. Ob /d/ oder /t/ gewählt werden muss, hängt davon ab, ob der vorhergehende Laut stimmhaft oder stimmlos ist.

Stimmhaft sind alle Vokale und der größere Teil der Konsonanten. **8 Konsonanten** sind **stimmlos**. Es sind dies: **ç, f, h, k, p, s, ş, t.** Diese 8 Konsonanten sind alle in dem folgenden Merksatz enthalten:

E-f-e P-a-ş-a ç-o-k- h-a-s-t-a.

General Efe ist sehr krank.

Betroffen von dieser Regel sind z.B. die Lokativ- und die Ablativendung (3.3.2.) und die Tempusendung des Dİ-Perfekts (6.5.1.). Sie beginnen nach stimmhaften Lauten mit dem ebenfalls stimmhaften /**d**/, nach stimmlosen Lauten mit dem ebenfalls stimmlosen /**t**/; wir schreiben abstrakt: **-DE** (für den Lokativ), **-DEn** (für den Ablativ), **-Dİ** für die Tempusendung des Dİ-Perfekts.

Beispiele:
Lokativ: - DE (*dokto**r-da** – beim Arzt; kita**p-ta** – im Buch*)
Ablativ: -DEn (*arab**a-dan** – aus dem Auto; otobü**s-ten** – aus dem Bus*)
Dİ-Perfekt: -Dİ (*ge**l-di**, ya**z-dı**, gü**l-dü**, so**r-du**, gi**t-ti**, ya**p-tı**, dü**ş-tü**, oku**t-tu***)

(*düşmek – fallen; gelmek – kommen; gitmek – gehen; gülmek – lachen; okutmak – besprechen lassen; sormak – fragen; yapmak – machen; yazmak – schreiben*)

2.4. Auslautverhärtung

Gehen türkische Substantive auf die stimmlosen Konsonanten **/ç/**, **/k/** und **/p/** aus, wird vor vokalisch anlautenden Endungen wieder sichtbar, ob es sich hier eigentlich um stimmhafte Konsonanten handelt, die lediglich am Wortende (und vor Konsonanten) ihre Stimmhaftigkeit verloren haben. Hinter dem stimmlosen **/ç/** verbirgt sich in der Regel das stimmhafte /**c**/, hinter /**k**/ das /**ğ**/ – in einigen wenigen Fällen auch /**g**/; hinter /**p**/ verbirgt sich /**b**/: *ila**ç** – ila**c**ım; böbre**k** – böbre**ğ**im; ren**k** – ren**g**im; şuru**p** – şuru**b**um.*

(*böbrek – die Niere; renk – die Farbe; ilaç – das Medikament; şurup – der Sirup*)

Ein entsprechendes Phänomen gibt es übrigens auch im Deutschen. In den Wörtern *Kalb, Feld, Weg, aktiv* etc. werden die Konsonanten am Wortende stimmlos ausgesprochen: *Kal**b*** mit /p/, Fel**d** mit /t/; *We**g*** mit /k/, akti**v** mit /f/. Folgt diesen Konsonanten ein Vokal, werden sie stimmhaft ausgesprochen: *Käl**b**er* mit /b/, *Fel**d**er* mit /d/, *We**g**e* mit /g/, *Akti**v**ität* mit /v/. In der Rechtschreibung verfahren die beiden Sprachen allerdings unterschiedlich: Im Türkischen werden die Wörter so geschrieben, wie sie ausgesprochen werden – d.h. die Auslautverhärtung spiegelt sich auch in der Rechtschreibung wider. Im Deutschen wird die Auslautverhärtung in der Rechtschreibung nicht berücksichtigt.

Es gibt im Türkischen aber auch einige Substantive, die auf /ç/, /k/ und /p/ ausgehen und wo der stimmlose Konsonant auch vor Vokal erhalten bleibt. Meist handelt es sich dabei um einsilbige Wörter: *sa**ç** – sa**ç**ım, par**k** – par**k**ım, ha**p** – ha**p**ım.* Bei welchen Wörtern dies der Fall ist, muss man lernen.

Bei dem Lautpaar /t/ und /d/ liegen die Verhältnisse etwas anders. /t/ geht zwar in einem Teil der Fälle auf /d/ zurück, bleibt sehr häufig aber auch erhalten: *vücu**t** – vücu**d**um, avuka**t** – avuka**t**ım.*

In den Vokabeln kennzeichnen wir Wörter auf /ç/, /k/ und /p/ nur, wenn im Ausnahmefall der stimmlose Konsonant erhalten bleibt, also: *saç (ç)* etc. Bei Wörtern auf **/t/** geben wir immer an, ob das /t/ vor Vokal in /d/ verwandelt werden muss oder nicht – also: *vücut (d), avukat (t)*. Verbirgt sich ausnahmsweise hinter einen /k/ ein /g/ und nicht ein /ğ/, wird das ebenfalls angegeben, also: *renk* (*g*).

*ila**ç*** *ila**c**ım*	*böbre**k*** *böbre**ğ**im*	*ren**k** (g)* *ren**g**im*	*şuru**p*** *şuru**b**um*	*vücu**t** (d)* *vücu**d**um*
*sa**ç** (ç)* *sa**ç**ım*	*par**k** (k)* *par**k**ım*		*ha**p** (p)* *ha**p**ım*	*avuva**t** (t)* *avuka**t**ım*

(*avukat* (t) – *der Anwalt*; *böbrek – die Niere*; *hap* (p) – *die Tablette*; *park* (k) – *der Park*; *saç* (ç) – *das Haar*; *şurup – der Sirup*; *vücut* (t) – *der Körper*)

2.4.1. Auslautverhärtung bei Eigennamen

Eigennamen werden in ihrer Schreibweise nicht verändert, d.h. ein stimmloser Endkonsonant bleibt in der Schrift erhalten, auch wenn er vor einer vokalisch anlautenden Endung stimmhaft ausgesprochen wird:

Zonguldak'a (man spricht: *Zonguldağa*)

Wie bei den Nicht-Eigennamen gibt es auch bei den Eigennamen Wörter, die nicht der Auslautverhärtung unterlegen haben:

Norveç (ç); İsveç (ç)

Auch bei Personennamen müssen diese Verhältnisse berücksichtigt werden:

Ufuk'a	sprich: *Ufuğa*
Zeynep'e	sprich: *Zeynebe*
Sevinç'e	sprich: *Sevince*
Ahmet'e	sprich: *Ahmede*
Rıfat'a	sprich: *Rıfata*

Leider findet man hierzu in der Regel keine Angaben in Wörterbüchern und Grammatiken.

2.5. Silbenstruktur

Im Türkischen sind zwei und mehr Konsonanten am Silbenanfang grundsätzlich verboten. Ausnahmen gibt es nur in Fremdwörtern: *spor – der Sport; grup – die Gruppe; tren – der Zug; ...* Am Silbenende sind maximal zwei Konsonanten erlaubt, allerdings sind bereits solche Fälle selten und die möglichen Konsonantenkombinationen sehr begrenzt: *dört – vier, kırk – vierzig, ...*

Aus diesem Grund bereiten deutsche Wörter mit Konsonantenhäufungen türkischen Muttersprachlern erhebliche Ausspracheprobleme. Sie tendieren dazu, die Konsonantenhäufungen aufzubrechen, indem sie zusätzliche Vokale – sog. Sprossvokale – einschieben: *Bulume, Şıtadt, Pılan, Şıvesta, ...*

2.6. Sprossvokal

Einige Wörter im Türkischen enthalten in ihrer Grundform einen Sprossvokal, der wieder wegfällt, wenn eine vokalisch anlautende Endung angefügt wird und damit eine neue Silbe entsteht, die einen Konsonanten an sich bindet: *isim – ism-im (der Name – mein Name); burun – burn-um (die Nase – meine Nase).* Ob ein Wort einen solchen eingeschobenen Vokal enthält oder nicht, kann man ihm nicht ansehen. Wir schreiben in den Vokabeln: *isim, ism-; burun, burun-, ...*

2.7. Konsonantenverdoppelung vor Vokal

Einige Wörter (arabischer Herkunft) verdoppeln vor einer vokalisch anlautenden Endung ihren Endkonsonanten. Auch diese Wörter muss man sich als Ausnahmen merken. Wir schreiben: *tıp, tıbb- – die Medizin (das Fach); his, hiss- – die Empfindung; ...*

3. Formen des Nomens

3.1. Genus – bestimmter Artikel

Das Türkische hat kein grammatisches Geschlecht. Es verfügt auch nicht über einen bestimmten Artikel.

3.2. Numerus

Der Plural aller Nomen wird im Türkischen durch das Anhängen der Endung **/-lEr/** gebildet. Im Unterschied zum Deutschen wird nach Zahlen über eins das Substantiv nicht in den Plural gesetzt.

Singular	Plural	drei ...
kelime – das Wort	*kelim**e**-l**e**r*	*üç kelime*
öğrenci – der Schüler	*öğrenc**i**-l**e**r*	*üç öğrenci*
gün – der Tag	*g**ü**n-l**e**r*	*üç gün*
şoför – der Fahrer	*şof**ö**r-l**e**r*	*üç şoför*
akşam – der Abend	*akş**a**m-l**a**r*	*üç akşam*
kadın – die Frau	*kad**ı**n-l**a**r*	*üç kadın*
çocuk – das Kind	*çoc**u**k-l**a**r*	*üç çocuk*
doktor – der Arzt	*dokt**o**r-l**a**r*	*üç doktor*

Lautregeln:

Die Pluralendung ist eine Endung mit weitem Vokal; s. 2.1.1.
Konkret ist die Endung /-ler/ oder /-lar/.

3.3. Kasus

Das Türkische hat **6 Kasus**: Nominativ, Akkusativ, Lokativ, Ablativ, Dativ und Genitiv.

3.3.1. Nominativ

Der Nominativ ist endungslos.

3.3.2. Lokativendung, Ablativendung, Dativendung

Lokativ, Ablativ und Dativ haben im Türkischen eine lokale Grundbedeutung. Der Lokativ antwortet auf die Frage *nerede/wo,* der Ablativ auf die Frage *nereden/woher* und der Dativ auf die Frage *nereye/wohin.*

Lokativendung -DE	Ablativendung -DEn	Dativendung -(y)E
	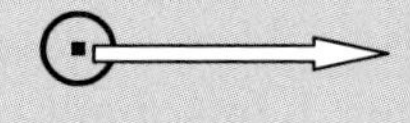	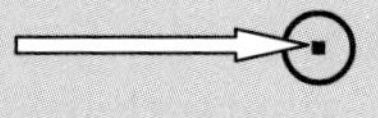

Laut- und Rechtschreibregeln beim Lokativ und Dativ:

Die **Lokativendung** und die **Dativendung** sind Endungen mit weitem Vokal; s. 2.1.1.
Sie unterliegen der Konsonantenassimilation; s. 2.3.
Konkret sind die Endungen: /-de/, /-da/, /-te/, /-ta/; /-den/, /-dan/, /-ten/, /-tan/.

Die **Dativendung** ist ebenfalls eine Endung mit weitem Vokal; s. 2.1.1.
Endet ein Wort auf Vokal, muss /-y-/ als Gleitlaut eingeschoben werden; s. 2.2.
Konkret sind die Endungen: -(y)e, -(y)a.
Ein Sprossvokal (s. 2.6.) fällt aus, wenn an ein Wort eine Dativendung angefügt wird: *şeh**i**r, şehr- – şehre* (*die Stadt – in die Stadt*).
Ein auslautverhärteter stimmloser Konsonant ist vor der Dativendung stimmhaft: *yatak – yatağa* (*das Bett – ins Bett*); s. 2.4.

Lokativ, Ablativ und Dativ nach Possessivendung: s. 3.6.

Nach Eigennamen werden Kasusendungen in der Rechtschreibung durch ein Apostroph getrennt.

Nom.	*Paris*	*ev*	*Bingöl*	*gözlükçü*
Lok.	*Paris'**te***	*ev**de***	*Bingöl'**de***	*gözlükçü**de***
Abl.	*Paris'**ten***	*ev**den***	*Bingöl'**den***	*gözlükçü**den***
Dat.	*Paris'**e***	*ev**e***	*Bingöl'**e***	*gözlükçü**ye***

Nom.	*Ağrı*	*fabrika*	*Tarsus*	*tiyatro*
Lok.	*Ağrı'**da***	*fabrika**da***	*Tarsus'**ta***	*tiyatro**da***
Abl.	*Ağrı'**dan***	*fabrika**dan***	*Tarsus'**tan***	*tiyatro**dan***
Dat.	*Ağrı'**ya***	*fabrika**ya***	*Tarsus'**a***	*tiyatro**ya***

(*Ağrı, Bingöl, Tarsus – Städte in der Türkei; ev – das Haus, die Wohnung; gözlükçü – der Optiker; fabrika – die Fabrik; tiyatro – das Theater*)

3.3.3. Akkusativendung

Die Akkusativendung ist eine Endung mit engem Vokal; s. 2.1.1.2. Sie besteht lediglich aus einem Vokal: **/-İ/**. Damit unterscheidet sie sich von der Dativendung nur dadurch, dass sie mit engem und nicht mit weitem Vokal gebildet wird.
Endet ein Wort auf Vokal, muss /-y-/ als Gleitlaut eingeschoben werden; s. 2.2.
Konkret ist die Endung: -(y)i, -(y)ı, -(y)ü, -(y)u.
Ein Sprossvokal (s. 2.5.) fällt aus, wenn an ein Wort eine Akkusativendung angefügt wird: *ağız, ağz- – ağzı (der Mund – den Mund).*
Ein auslautverhärteter stimmloser Konsonant ist vor der Akkusativendung stimmhaft: a*ya**k** – aya**ğ**ı (der Fuß – den Fuß)*; s. 2.4.

Die Akkusativendung nach Possessivendung: s. 3.6.

Nach Eigennamen werden Kasusendungen durch Apostroph abgetrennt.

Nom.	*ev*	*göz*	*gözlükçü*	*kapı*
Akk.	*ev**i***	*göz**ü***	*gözlükçü**yü***	*kapı**yı***

Nom.	*kitap*	*çocuk*	*İnci*	*oğul*
Akk.	*kita**bı***	*çocu**ğu***	*İnci'**yi***	*oğ**lu***

(çocuk – das Kind; ev – das Haus, die Wohnung; göz – das Auge; İnci – (ein Mädchenname); gözlükçü – der Optiker; kapı – die Tür; kitap – das Buch; oğul, oğl- – der Sohn)

3.3.3.1. Bestimmter und unbestimmter Akkusativ

In einem Teil der Fälle bleibt der Akkusativ im Türkischen endungslos. Man unterscheidet zwischen dem bestimmten, mit einer Endung versehenen und dem unbestimmten, endungslosen Akkusativ. Der endungslose Akkusativ ist in der Form mit dem Nominativ identisch (s. auch 7.3.):

Anne <u>doktor</u> çağırıyor. (= unbest. Akk.)
Die Mutter ruft einen [beliebigen] Arzt.

Doktor geliyor. (= Nom.)
Der Arzt kommt.

Anne <u>doktoru</u> çağırıyor. (= best. Akk.)
Die Mutter ruft den [einen betimmten, bekannten] Arzt.

3.3.4. Genitivendung

Der Genitiv kommt im Türkischen nur für die Formulierung von Attributen, nicht für die Formulierung von Objekten infrage. Deshalb muss er immer zusammen mit einem Wort auftreten, auf das er sich bezieht; s. 7.4.

Die Genitivendung ist eine Endung mit engem Vokal; s. 2.1.1.2. Sie hat nach Konsonant und nach Vokal eine etwas unterschiedliche Form. **Nach Konsonant** ist sie **/-İn/, nach Vokal** ist sie **/-nİn/**. Ein Gleitlaut wie nach vokalisch auslautenden Wörtern im Dativ und Akkusativ tritt hier also nicht auf.
Konkret ist die Endung: -in, -ın, -ün, -un; -nin, -nın, -nün, -nun.
Ein Sprossvokal (s. 2.6.) fällt aus, wenn an ein Wort eine Genitivendung angefügt wird: *oğ**u**l, oğl- – oğlun (der Sohn – des Sohnes).*
Ein auslautverhärteter stimmloser Konsonant ist vor der Genitivendung stimmhaft: *çocu**k** – çocu**ğ**un (das Kind – des Kindes)*; s. 2.4.

Die Genitivendung nach Possessivendung: s. 3.6.

Nach Eigennamen werden Kasusendungen durch Apostroph abgetrennt.

Nom.	*ev*	*göz*	*gözlükçü*	*kapı*
Gen.	*ev**in** ...*	*göz**ün** ...*	*gözlükçü**nün** ...*	*kapı**nın** ...*

Nom.	*kitap*	*çocuk*	*İnci*	*oğul*
Gen.	*kitab**ın** ...*	*çocuğ**un** ...*	*İnci'**nin** ...*	*oğl**un** ...*

(çocuk – das Kind; ev – das Haus, die Wohnung; göz – das Auge; İnci – (ein Mädchenname); gözlükçü – der Optiker; kapı – die Tür; kitap – das Buch; oğul, oğl- – der Sohn)

3.4. Übersicht über die Kasusformen

3.4.1. Die Kasusformen des Nomens

Nom.	*ev*	*Ülkü*	*çocuk*	*burun*
Akk.	*ev**i***	*Ülkü'**yü***	*çocuğ**u***	*burn**u***
Lok.	*ev**de***	*Ülkü'**de***	*çocuk**ta***	*burun**da***
Abl.	*ev**den***	*Ülkü'**den***	*çocuk**tan***	*burun**dan***
Dat.	*ev**e***	*Ülkü'**ye***	*çocuğ**a***	*burn**a***
Gen.	*ev**in** ...*	*Ülkü'**nün** ...*	*çocuğ**un** ...*	*burn**un** ...*

(burun – die Nase; ev – das Haus, die Wohnung; çocuk – das Kind; oğul, oğl- – der Sohn; Ülkü – (Mädchenname))

3.4.2. Die Kasusformen des Personalpronomens

Die Personalpronomen werden überwiegend regelmäßig gebildet. Unregelmäßig ist die Bildung der Personalpronomen in folgenden Fällen: Bei dem Pronomen *o* wird vor der Kasusendung und der Pluralendung in allen Fällen ein /-n-/ eingeschoben. Der Dativ von *ben* und *sen* lautet *bana* und *sana* (nicht: *bene* und *sene*). Die 1. Pers. Sing. und Pl. des Genitivs haben die Endung /-im/ (und nicht /-in/). – In der Tabelle sind die unregelmäßig gebildeten Formen grau hervorgehoben:

Nom.	*ben*	*sen*	*o*	*biz*	*siz*	*onlar*
Akk.	*beni*	*seni*	*onu*	*bizi*	*sizi*	*onları*
Lok.	*bende*	*sende*	*onda*	*bizde*	*sizde*	*onlarda*
Abl.	*benden*	*senden*	*ondan*	*bizden*	*sizden*	*onlardan*
Dat.	*bana*	*sana*	*ona*	*bize*	*size*	*onlara*
Gen.	*benim*	*senin*	*onun*	*bizim*	*sizin*	*onların*

3.4.3. Die Kasusformen des Fragepronomens

Fragt man nach einer Person, lauten die Fragepronomen: *kim* (Nom.), *kimi* (Akk.), *kimde* (Lok.), *kimden* (Abl.), *kime* (Dat.), *kimin* (Gen.).
Fragt man nach einer Sache, lauten die Fragepronomen *ne* (Nom.), *neyi* (Akk.), *neyin* (Gen.).
Fragt man nach einem Ort, werden die Fragepronomen nicht auf der Basis von *ne*, sondern auf der Basis von *nere-* gebildet. Sie lauten *nerede* (Lok.), *nereden* (Abl.), *nereye* (Dat.).

3.5. Possessivendungen / Bezeichnung der Zugehörigkeit

Zugehörigkeit/Besitz wird im Deutschen durch Possessivpronomen (besitzanzeigende Fürwörter) gekennzeichnet. Es heißt: ***mein*** *Auge,* ***dein*** *Auge* etc. Am Wort *Auge* selbst kann man nicht erkennen, um wessen Auge es sich handelt.
Im Türkischen ist das anders. Hier muss an das fragliche Substantiv eine Endung angehängt werden, die den Besitzer (im weitesten Sinne) kenntlich macht (*Auge-mein*, *Auge-dein* etc.). Man nennt diese Endungen Possessivendungen.

Die Possessivendungen haben eine etwas unterschiedliche Form, je nachdem, ob das Wort, an das sie angehängt werden, auf Konsonant oder auf Vokal endet. Der Gleitlaut /-y-/ tritt hier daher nicht auf.

Endungen nach Konsonant	Endungen nach Konsonant	Endungen nach Vokal	Endungen nach Vokal
-İm	*ev-im*	-m	*anne-m*
-İn	*ev-in*	-n	*anne-n*
-İ	*ev-i*	-sİ	*anne-si*
-İmİz	*ev-imiz*	-mİz	*anne-miz*
-İnİz	*ev-iniz*	-nİz	*anne-niz*
-lEr-İ	*ev-ler-i*	-lEr-İ	*anne-ler-i*

(*ev – das Haus, die Wohnung; anne – die Mutter*)

Die Possessivendungen sind Endungen mit einem engen Vokal (s. 2.1.1.2.); in der 3. Pers. Pl. wird zunächst die Pluralendung /-lEr/ (mit weitem Vokal, s. 3.2.) und dann ein enger Vokal angefügt.

Ein Sprossvokal (s. 2.6.) fällt aus, wenn die Endung mit einem Vokal beginnt, also immer außer in der 3. Pers. Pl.: *oğ**u**l, oğl- – oğlum (der Sohn – mein Sohn)* etc. Ein auslautverhärteter stimmloser Konsonant ist vor den vokalisch anlautenden Possessivendungen stimmhaft (s. 2.4.): *çocu**k** – çocu**ğ**um (das Kind – mein Kind)* etc.

Endungen nach Konsonant Wörter	Wörter mit auslautverhärtetem Endkonsonanten	Wörter mit Sprossvokal
	*çocu**k***	*oğ**u**l, oğl-*
-İm	*çocu**ğ**-**um***	*oğl-um*
-İn	*çocu**ğ**-**un***	*oğl-un*
-İ	*çocu**ğ**-**u***	*oğl-un*
-İmİz	*çocu**ğ**-**umuz***	*oğl-umuz*
-İnİz	*çocu**ğ**-**unuz***	*oğl-unuz*
-lEr-İ	*çocu**k**-**lar**-ı*	*oğ**u**l-lar -ı*

3.6. Possessivendungen mit folgender Kasusendung

Nach den vokalisch auslautenden Possessivendungen der 3. Pers. Sing. und Pl. wird ein /-**n**-/ eingeschoben, wenn der Possessivendung eine Kasusendung folgt.

Beachten Sie, dass es sich bei diesem /-n-/ nicht um einen Gleitlaut handelt. Es tritt nicht nur zwischen Vokalen (Akk. und Dat.), sondern auch zwischen Vokal und Konsonant (Lok., Abl., Dat.) auf.
Das /-n-/ tritt auch auf, wenn eine Kasusendung an ein zusammengesetztes Nomen vom Typ N N-Poss. angefügt wird; s. 3.8.2.

Nom.:	*çocuğ-u*	*çocuk-lar-ı*
Akk.:	*çocuğ-u-**n**-u*	*çocuk-lar-ı-**n**-ı*
Lok.:	*çocuğ-u-**n**-da*	*çocuk-lar-ı-**n**-da*
Abl.:	*çocuğ-u-**n**-dan*	*çocuk-lar-ı-**n**-dan*
Dat.:	*çocuğ-u-**n**-a*	*çocuk-lar-ı-**n**-a*
Gen.:	*çocuğ-u-**n**-un ...*	*çocuk-lar-ı-**n**-ın ...*

3.7. Agglutination

Das **Türkische** ist eine **agglutinierende (= anklebende) Sprache**. Das meint, dass grammatische Funktionen durch je eine (eindeutige) Endung ausgedrückt werden und diese Endungen in festgelegter Reihenfolge „aneinander geklebt“ werden.

Das **Deutsche** ist eine **flektierende Sprache**, eine Sprache, in der grammatische Endungen häufig mehrere Bedeutungen tragen. So ist *-en* gleichzeitig Infinitivendung und Endung für die 1. und 3. Pers. Pl*: geh-en, wir geh-en, sie geh-en*). Dass *wir gehen, sie gehen* Präsens ist, wird nicht durch eine eigene Endung zum Ausdruck gebracht. Wortstämme können sich aus grammatischen Gründen ändern: *H**au**s* → *H**äu**ser; schl**a**fen* → *schl**ie**f*. Im Türkischen ist das grundsätzlich nicht möglich.
Als **isolierend** bezeichnet man Sprachen, in denen die Wörter unveränderlich sind und grammatische Beziehungen durch Stellung oder Hilfswörter ausgedrückt werden. So ist z.B das Englische eine Sprache, die viele Eigenschaften einer isolierenden Sprache aufweist.

3.7.1. Die Reihenfolge der Endungen am Nomen

Hat ein Substantiv mehrere Endungen, ist die Reihenfolge festgelegt:

Substantiv (Plural) (Possessiv) (Kasus)

Also z.B.:

Substantiv	Plural	Poss.	Kasus	
hastane	+	-	-	→ *hastane-ler*
hastane	-	+	-	→ *hastane-miz*
hastane	-	-	+	→ *hastane-de*
hastane	+	+	-	→ *hastane-ler-imiz*
hastane	+	-	+	→ *hastane-ler-de*
hastane	-	+	+	→ *hastane-miz-de*
hastane	+	+	+	→ *hastane-ler-imiz-de*

3.7.2. Kombinationsmöglichkeiten der Endungen am Nomen

Aus der Kombinierbarkeit der Endungen ergeben sich folgende Möglichkeiten:

<table>
<tr><th>N</th><th>Pl.</th><th>Poss.endung</th><th>Akk.</th><th>Lok.</th><th>Abl.</th><th>Dat.</th><th>Gen.</th></tr>
<tr><td rowspan="6"></td><td rowspan="6">-lEr-</td><td>-(İ)m</td><td rowspan="6">-(y)-İ</td><td rowspan="6">-DE</td><td rowspan="6">-DEn</td><td rowspan="6">-(y)-E</td><td rowspan="6">-(n)İn</td></tr>
<tr><td>-(İ)n</td></tr>
<tr><td>-İ-n- / -sİ-n-</td></tr>
<tr><td>-(İ)mİz</td></tr>
<tr><td>-(İ)nİz</td></tr>
<tr><td>-(lEr)-İ-n-</td></tr>
</table>

Dabei ist Folgendes zu beachten:

Die Possessivendungen haben unterschiedliche Varianten nach Vokal und nach Konsonant. Sie sind nach Konsonant: -İm, -İn, -İ, -İmİz, -İnİz, -lEr-İ. Sie sind nach Vokal: -m, -n, -sİ, -mİz, -nİz, -lEr-İ.

Die Possessivendungen der 3. Pers. Sing. und Pl. enden auf Vokal. Folgt ihnen noch eine Kasusendung, muss in allen Fällen zwischen Possessivendung und Kasusendung ein /-n-/ eingefügt werden.

Im Falle der vokalisch anlautenden Kasusendungen für den Akk. und Dat. muss der Gleitlaut /-y-/ eingeschoben werden, wenn sie an ein Wort angefügt werden, das auf Vokal ausgeht. Folgen Sie auf eine Possessivendung der 3. Pers., muss zunächst /-n-/ eingefügt werden. Die Notwendigkeit für den Gleitlaut entfällt damit.

Die Genitivendung hat nach Konsonant und Vokal unterschiedliche Formen. Steht ein Wort im Plural und die Possessivendung der 3. Pers. Pl. (-lEr-İ) wird angehängt, müssten eigentlich zwei Pluralendungen aufeinander folgen. Hier entfällt jedoch eine der Endungen, da zwei gleiche Endungen nicht aneinander gehängt werden dürfen. In der Konsequenz bedeutet das, dass isolierte Formen vom Typ *ev-ler-i, çocuk-lar-ı* etc. **dreideutig** sind. Sie können bedeuten: (a) Besitzer im Singular/Besitz im Plural: *evleri – seine/ihre Häuser*; (b) Besitzer im Plural/Besitz im Singular: *evleri – ihr (Pl.) Haus;* (c) Besitzer im Plural/Besitz im Plural: *evleri – ihre (Pl.) Häuser.*

ev + Possessivendungen: *evim, evin, evi, evimiz, eviniz,* ***evleri***
evler + Possessivendungen: *evlerim, evlerin,* ***evleri****, evlerimiz, evleriniz,* ***evleri***

3.8. Zusammengesetzte Nomen

Aus zwei Nomen zusammengesetzte Nomen werden im Türkischen gebildet, indem an das zweite Nomen eine **Wortbildungsendung** angehängt wird, die mit der Possessivendung der 3. Person identisch ist.
Die Endung ist also: /- İ/ nach Konsonant, /-**s** İ/ nach Vokal:

*çocuk felc-**i***	*die Kinderlähmung*
*ev kadın-**ı***	*die Hausfrau*
*kadın bölüm-**ü***	*die Frauenabteilung*
*kan grub-**u***	*die Blutgruppe*
*tıp öğrenci-**si***	*der Medizinstudent*
*telefon numara-**sı***	*die Telefonnummer*
*çocuk öykü-**sü***	*die Kindergeschichte*
*nefes boru-**su***	*die Luftröhre*

Die Reihenfolge der beiden Nomen entspricht der im Deutschen. In beiden Sprachen steht das Bestimmungswort (Determinans) vor dem Grundwort (Determinatum):

çocuk doktoru	*der Kinderarzt*
telefon numarası	*die Telefonnummer*

etc.

Anders als im Deutschen werden die zusammengesetzten Nomen im Türkischen meist getrennt geschrieben. Es gibt aber auch einige Fälle von Zusammenschreibung:

soyadı	*der Nachname*
buzdolabı	*der Kühlschrank*

3.8.1. Der Plural der zusammengesetzten Substantive

Der Plural von zusammengesetzten Substantiven wird gebildet, indem die Pluralendung /-lEr/ **vor** der (mit der Possessivendung identischen) Wortbildungsendung eingefügt wird. Als Endung kommt jetzt wegen des vorhergehenden Vokals nur noch /-İ/ infrage. Die Possessivendung wird dem durch /-lEr/ geschaffenen neuen lautlichen Kontext angepasst, d.h. auf /-ler/ folgt /-i/, auf /-lar/ folgt /-ı/:

*kadın bölüm-**ü***	*kadın bölüm-**ler-i***
*çocuk öykü-**sü***	*çocuk öykü-**ler-i***
*çocuk doktor-**u***	*çocuk doktor-**lar-ı***
*telefon numara-**sı***	*telefon numara-**lar-ı***

3.8.2. Zusammengesetzte Substantive mit folgender Possessivendung

Soll ein Besitz- oder Zugehörigkeitsverhältnis ausgedrückt werden, muss man im Fall zusammengesetzter Substantive Folgendes beachten: Die Possessivendung, die auf den Besitzer verweist, darf nicht gemeinsam mit der Wortbildungsendung, die ja ursprünglich auch eine Possessivendung ist, auftreten. Die Possessivendung verdrängt die Wortbildungsendung.

Beispiel: Das 2. Nomen endet auf Vokal

telefon	numara-~~sı~~	*-m*	*(meine Telefonnummer)*
telefon	numara-~~sı~~	*-n*	*(deine Telefonnummer)*
telefon	numara-~~sı~~	*-sı*	*(seine/ihre Telefonnummer)*
telefon	numara-~~sı~~	*-mız*	*(unsere Telefonnummer)*
telefon	numara-~~sı~~	*-nız*	*(eure Telefonnummer)*
telefon	numara-~~sı~~	*-lar-ı*	*(ihre Telefonnummer)*

Beispiel: Das 2. Nomen endet auf Konsonant

Türkçe	*kurs-~~u~~*	*-um*	*(mein Türkischkurs)*
Türkçe	*kurs-~~u~~*	*-un*	*(dein Türkischkurs)*
Türkçe	*kurs-~~u~~*	*-u*	*(sein/ihr Türkischkurs)*
Türkçe	*kurs-~~u~~*	*-umuz*	*(unser Türkischkurs)*
Türkçe	*kurs-~~u~~*	*-unuz*	*(euer Türkischkurs)*
Türkçe	*kurs-~~u~~*	*-lar-ı*	*(ihr Türkischkurs)*

Die Formen der 3. Pers. Sing. und Pl. sind damit mit der Grundform identisch: *telefon numarası* heißt sowohl *die Telefonummer* als auch *seine/ihre Telefonnummer*; *telefon numaraları* heißt sowohl *die Telefonnummern* als auch *ihre Telefonnummern*.

3.8.3. Zusammengesetzte Nomen mit folgender Kasusendung

Folgt bei einem zusammengesetzten Nomen der Wortbildungsendung eine Kasusendung, wird in allen Fällen ein /-n-/ eingeschoben. Das entspricht den Verhältnissen bei den auf Vokal auslautenden Possessivendungen der 3. Pers. Sing. und Pl.

Nom.: *çocuk bölüm-ü*
Akk.: *çocuk bölüm-ü-**n**-ü*
Lok. : *çocuk bölüm-ü-**n**-de*
Abl.: *çocuk bölüm-ü-**n**-den*
Dat.: *çocuk bölüm-ü-**n**-e*
Gen.: *çocuk bölüm-ü-**n**-ün ...*

Nom.: *Türkçe kurs-lar-ı*
Akk.: *Türkçe kurs-lar-ı-**n**-ı*
Lok.: *Türkçe kurs-lar-ı-**n**-da*
Abl.: *Türkçe kurs-lar-ı-**n**-dan*
Dat.: *Türkçe kurs-lar-ı-**n**-a*
Gen.: *Türkçe kurs-lar-ı-**n**-ın ...*

4. Adjektive

Adjektive bleiben im Türkischen in attributiver Form undekliniert, d.h. sie verändern ihre Form nicht. Im Deutschen passsen sie sich in Genus, Numerus und Kasus an das Nomen an, auf das sie sich beziehen.

yeni	***neu***
***yeni** doktor*	*der neu**e** Arzt*
***yeni** doktorlar*	*die neu**en** Ärzte*
***yeni** doktoru*	*den neu**en** Arzt*
***yeni** doktorları*	*die neu**en** Ärzte*

yeni *doktorda*	*bei dem neu**en** Arzt*
yeni *doktorlarda*	*bei den neu**en** Ärzten*
yeni *doktordan*	*von dem neu**en** Arzt*
yeni *doktorlardan*	*von den neu**en** Ärzten*
yeni *doktora*	*dem neu**en** Arzt*
yeni *doktolara*	*den neu**en** Ärzten*
yeni *doktorun ...*	*... des neu**en** Arztes*
yeni *doktorların ...*	*... der neu**en** Ärzte*

In prädikativer Funktion bleiben Adjektive in beiden Sprachen undekliniert.

4.1. Komparation des Adjektivs

Komparativ und Superlativ werden im Türkischen sehr einfach gebildet, – der **Komparativ** durch vorangestelltes ***daha***, der **Superlativ** durch vorangestelltes ***en***. Die betroffenen Adjektive selbst bleiben unverändert. Unregelmäßige Steigerungen wie im Deutschen bei *gut – besser – am besten* mit unterschiedlichen Stämmen und Veränderungen im Wortstamm wie bei *groß – größer – am größten* gibt es im Türkischen nicht.

küçük	***daha*** *küçük*	***en*** *küçük*	*(klein, klein**er**, **am** klein**sten**)*
büyük	***daha*** *büyük*	***en*** *büyük*	*(groß, gr**ö**ß**er**, **am** gr**ö**ß**ten**)*
iyi	***daha*** *iyi*	***en*** *iyi*	*(gut, **besser**, **am besten**)*

5. Numerale

5.1. Ordinalzahlen

Die Ordinalzahlen werden im Türkischen durch Anhängen der Endung **/-İncİ/** nach Konsonant und **/-ncİ/** nach Vokal gebildet: *bir-**inci**, iki-**nci**, üç-**üncü**, dörd-**üncü*** etc. Das /t/ in *dört* wird vor Vokal zu /d/. Statt *birinci* wird in manchen Kontexten auch *ilk* verwendet.

5.2. Distributivzahlen

Im Türkischen haben neben den Ordinalzahlen auch die Distributivzahlen eine eigene Form. Sie haben nach Konsonant die Endung **/-Er/**, nach Vokal die Endung **/-şEr/**: *bir-**er** iki-**şer** üç-**er** dörd-**er*** etc. Im Deutschen formuliert man hier mit *je* + Kardinalzahl: *je zwei, je drei* etc.

6. Die Formen des Verbs

6.1. Der Infinitiv

Die Infinitive aller Verben im Türkischen enden auf **/-mEk/**. Sie bestehen aus dem Verbstamm und der Infinitivendung (mit weitem Vokal – s. 2.1.1.1.): *gel-mek (kommen); git-mek (gehen); otur-mak (sitzen, wohnen); sor-mak (fragen).*

6.1.1. Der negierte Infinitiv

Der negierte Infinitiv wird gebildet, indem an den Verbstamm die Negationsendung /-**mE**/ angefügt wird. Die Negationsendung ist eine Endung mit weitem Vokal (s. 2.1.1.1.): *gel-**me**-mek (nicht kommen), git-**me**-mek (nicht gehen), otur-**ma**-mak (nicht sitzen, nicht wohnen), sor-**ma**-mak (nicht fragen)*. Auf der Silbe vor der Negationsendung liegt eine deutliche Betonung: ***gel**-me-mek, o-**tur**-ma-mak* etc.

6.2. Der Imperativ

Der **Imperativ der 2. Pers. Sing.** besteht aus dem einfachen Verbstamm: *gel* (*komm*), *otur* (*setz dich*). Der **Imperativ der 2. Pers. Pl.** wird gebildet, indem an den Verbstamm die Endung **/-İn/** (mit engem Vokal – s. 2.1.1.2.) angehängt wird. Die **Pluralform** des Imperativs ist gleichzeitig die **Höflichkeitsform**: *gelin (kommt, kommen Sie), oturun (setzt euch, setzen Sie sich)*. Die Imperativendung ist unbetont. Endet der Verbstamm auf Vokal, muss zwischen Stamm und Endung /-y-/ als Gleitlaut eingeschoben werden (s. 2.2.): *bekle**-y-in*** (*wartet, warten Sie*), *tekrarl**a-y-ın*** (*wiederholt, wiederholen Sie*). Die konkreten Endungen sind: -(y)in, -(y)ın, -(y)ün, -(y)un.

6.2.1. Der negierte Imperativ

Der **negierte Imperativ** wird gebildet, indem an den Verbstamm die Negationsendung **/-mE/** (mit weitem Vokal – s. 2.1.1.1.) angehängt wird. Sie steht unmittelbar hinter dem Verbstamm. Bei den negierten Imperativformen liegt eine deutliche Betonung vor der Negationsendung. Geht die Negationsendung voraus, ist die Imperativ-Plural-Endung auf die Formen /-in/ nach /-me/ und /-ın/ nach /-ma/ eingeschränkt. Da die Negationsendung auf Vokal ausgeht und die Imperativ-Plural-Endung mit einem Vokal beginnt, muss zwischen diese beiden Endungen immer /-y-/ als Gleitlaut (s. 2.2.) eingeschoben werden. Die konkreten Endungen sind: -me-y-in, -ma-y-ın.

Infinitiv	Imp. 2. Pers. Sing.	neg. Imp. 2. Pers. Sing.	Imp. 2. Pers. Pl./Höflichkeitsform	neg. Imp. 2. Pers. Pl./Höflichkeitsform
içmek	*iç*	*iç**me***	*iç**in***	*iç**meyin***
ıkınmak	*ıkın*	*ıkın**ma***	*ıkın**ın***	*ıkın**mayın***
vermek	*ver*	*ver**me***	*ver**in***	*ver**meyin***
beklemek	*bekle*	*bekle**me***	*bekle**yin***	*bekle**meyin***
kalkmak	*kalk*	*kalk**ma***	*kalk**ın***	*kalk**mayın***
tekrarlamak	*tekrarla*	*tekrarla**ma***	*terkrarla**yın***	*terkrarla**mayın***
gülmek	*gül*	*gül**me***	*gül**ün***	*gül**meyin***

oturmak	*otur*	*otur**ma***	*otur**un***	*otur**mayın***
dönmek	*dön*	*dön**me***	*dön**ün***	*dön**meyin***
soyunmak	*soyun*	*soyun**ma***	*soyun**un***	*soyun**mayın***

(*beklemek – warten; dönmek – zurückkehren, sich umdrehen; ıkınmak – pressen; içmek – trinken; kalkmak – aufstehen; oturmak – sitzen, wohnen; soyunmak – sich ausziehen; tekrarlamak – wiederholen; vermek – geben*)

6.3. Das yor-Präsens

Verben werden im Präsens konjugiert, indem sie (a) mit der **Präsensendung /-yor/** und (b) mit den **personenkennzeichnenden Endungen**, die mit den Kopulaendungen identisch sind, versehen werden (s. auch 6.4.).

/-yor/ ist **unveränderlich** und damit eine der wenigen Endungen im Türkischen, die nicht der Vokalharmonie unterliegen. Aus diesem Grund haben auch die /-yor/ folgenden personenkennzeichnenden Endungen immer die gleiche Form:

1. Pers. Sing.	-yor-um	*çalışı**yorum***	*oturu**yorum***
2. Pers. Sing.	-yor-sun	*çalışı**yorsun***	*oturu**yorsun***
3. Pers. Sing.	-yor-ø	*çalışı**yor***	*oturu**yor***
1. Pers. Pl.	-yor-uz	*çalışı**yoruz***	*oturu**yoruz***
2. Pers. Pl.	-yor-sunuz	*çalışı**yorsunuz***	*oturu**yorsunuz***
3. Pers. Pl.	-yor-lar-ø	*çalışı**yorlar***	*oturu**yorlar***

(*çalışmak – arbeiten; oturmak – sitzen, wohnen*)

Ein Problem besteht allerdings darin, dass /**yor**/ in den meisten Fällen nicht einfach an den Verbstamm angehängt werden kann. Hier ist eine Lautregel zu beachten: vor **/-yor/** muss immer ein enger Vokal (s. 2.1.1.2.) stehen: **-(İ)yor**.

6.3.1. Verbstämme, die auf engen Vokal ausgehen

Geht ein Verbstamm auf einen engen Vokal aus (selten), kann /-**yor**/ einfach angehängt werden.

*ağr**ı**-*	*yor*
*uy**u**-*	*yor*
*ok**u**-*	*yor*
*üş**ü**-*	*yor*
*büy**ü**-*	*yor*

(*ağrımak – schmerzen; büyümek – aufwachsen, groß werden; okumak – lesen, studieren; uyumak – schlafen; üşümek – frieren*)

6.3.2. Verbstämme, die auf Konsonant ausgehen

Geht der Verbstamm auf einen Konsonanten aus (der häufigste Fall), muss zwischen /-yor/ und Verbstamm ein enger Vokal (s. 2.1.1.2.) eingeschoben werden. Der eingeschobene Vokal richtet sich nach dem letzten vorhergehenden Vokal:

gel-	***i***	*-yor*
dön-	***ü***	*-yor*
yan-	***ı***	*-yor*
kork-	***u***	*-yor*

(dönmek – zurückkehren, sich umdrehen; gelmek – kommen; korkmak – sich fürchten, Angst haben; yanmak – brennen)

6.3.3. Verbstämme, die auf weiten Vokal ausgehen

Der unangenehmste Fall ist der, wo der Verbstamm auf einen weiten Vokal (nur /e/ und /a/ kommen vor) ausgeht. Hier muss nämlich dieser weite Vokal in einen engen Vokal umgewandelt werden. Er richtet sich dabei nach dem Vokal, der ihm vorausgeht.

e → i	nach **i/e**	(ungerundetem vorderem Vokal)
e → ü	nach **ü/ö**	(gerundetem vorderem Vokal)
a → ı	nach **ı /a**	(ungerundetem hinterem Vokal)
a → u	nach **u/o**	(gerundetem hinterem Vokal)

*tit**re**-mek*	*tit**ri**-*	*yor*
*bek**le**-mek*	*bek**li**-*	*yor*
*ü**tüle**-mek*	*ü**tülü**-*	*yor*
*s**öyle**-mek*	*s**öylü**-*	*yor*
***anla**-mak*	***anlı**-*	*yor*
*kımıl**da**-mak*	*kımıl**dı**-*	*yor*
*s**ula**-mak*	*s**ulu**-*	*yor*
***o**yn**a**-mak*	***o**yn**u**-*	*yor*

(anlamak – verstehen; beklemek – warten; kımıldamak – sich bewegen; oynamak – spielen; söylemek – sagen; sulamak – wässern; titremek – zittern; ütülemek – bügeln)

Die beiden einsilbigen Verben ***yemek*** *(essen)* und ***demek*** *(sagen)* werden zu ***yiyor*** und ***diyor***.

In konjugierten Formen ist es nicht möglich zu erkennen, ob ein enger Vokal zum Verbstamm gehört oder ob er vor /-yor/ geengt worden ist: *ağrıyor* geht zurück auf *ağrımak*, der enge Vokal gehört zum Verbstamm; *anlıyor* geht zurück auf *anlamak*, das /a/ ist vor /-yor/ geengt worden.

6.3.4. *gitmek* und *etmek*

Bei den beiden Verben *gitmek (gehen)*, *etmek (machen)* und allen Zusammensetzungen mit *etmek* wie *kontrol etmek (kontrollieren); katletmek (ermorden)* etc. wird das /**t**/, auf das der Stamm auslautet, vor Vokal zu /**d**/. Also: *gitmek*, aber: *gi**di**yorum, gi**di**yorsun, gi**di**yor, gi**di**yoruz, gi**di**yorsunuz, gi**di**yorlar; e**t**mek,* aber *e**di**yorum* etc. Es handelt sich hier um eine Ausnahme, die für andere Verben, deren Stamm auf /t/ ausgeht, nicht gilt: *ya**t**mak (sich hinlegen) – ya**t**ıyo*r.

6.3.5. Die Negation der Verben im yor-Präsens

Die Negation erfolgt durch eine Negationsendung, die an den Verbstamm angefügt wird. Die Negationsendung ist /**-mE**/. Vor /-yor/ muss der in ihr enthaltene weite Vokal geengt werden. Das entspricht den Verhältnissen bei den auf /e/ oder /a/ ausgehenden Verbstämmen, wo ja auch der weite Vokal in einen engen Vokal umgewandelt werden muss (s. 6.3.3.). Beachten Sie, dass im Fall der Negation ein weiter Vokal, auf den ein Verbstamm ausgeht, erhalten bleibt; geengt wird der /-yor/ unmittelbar vorausgehende Vokal, hier also der Vokal der Negationsendung.

Infinitiv	Präsens 3. Pers. Sing.	Präsens 3. Pers. Sing. neg.
***i**çmek*	*iç**i**yor*	***i**çm**i**yor*
*bekl**e**mek*	*bekl**i**yor*	*bekl**e**m**i**yor*
*ı**k**ınmak*	*ıkın**ı**yor*	*ı**k**ınm**ı**yor*
*oyn**a**mak*	*oyn**u**yor*	*oyn**a**m**ı**yor*
*g**ü**lmek*	*gül**ü**yor*	*g**ü**lm**ü**yor*
*d**ö**nmek*	*dön**ü**yor*	*d**ö**nm**ü**yor*
*k**u**smak*	*kus**u**yor*	*k**u**sm**u**yor*
*s**o**rmak*	*sor**u**yor*	*s**o**rm**u**yor*

(beklemek – warten; dönmek – sich umdrehen, zurückkehren; gülmek – lachen; ıkınmak – pressen; içmek – trinken; kusmak – sich übergeben; oynamak – spielen, tanzen; sormak – fragen)

6.4. Die Kopula im Präsens

Die Kopula ist das Verb *sein* in Sätzen, die kein weiteres Verb enthalten: *Ich <u>bin</u> krank. / Ali <u>ist</u> nicht zu Hause. / Er <u>ist</u> Italiener*. etc. Im Türkischen ist die Kopula (im Präsens) kein eigenständiges Wort, sondern eine Endung. Die Vokale in der Kopulaendung sind enge Vokale (s. 2.1.1.2.). In der dritten Person ist die Kopulaendung eine Nullendung; die dritte Person Plural wird durch Anhängen der Pluralendung /-lEr/ (s. 3.2.) gebildet. Kopulasätze in der dritten Person haben also oberflächlich kein Verb. Stoßen in der 1. Pers. Sing.

oder Pl. zwei Vokale aufeinander, muss /-y-/ als Gleitlaut eingeschoben werden (s. 2.2.).

Die Kopulaendungen sind identisch mit den Personalendungen, die im yor-Präsens (und den meisten anderen Tempora) zur Kennzeichnung der Person dienen. Da die Endungen im yor-Präsens immer dem unveränderlichen /-yor/ folgen, haben sie dort bei allen Verben die gleiche Form. Werden sie an ein Adjektiv, Substantiv oder eine Ortsangabe angehängt, müssen sie gemäß der Vokalharmonie angepasst werden: *hast**a**-y-ım – ich bin krank; dokt**o**r-**um** – ich bin Arzt; evd**e**-y-**im** – ich bin zuhause.*

Da die Kopula keinen eigenen Infinitiv hat, greift man hier hilfsweise auf das Verb *olmak* (*sein, werden*) zurück: *Müslüman* ***olmak*** (*Moslem sein*), *hemşire* ***olmak*** *(Krankenschwester sein). olmak* verschwindet in den konjugierten Formen wieder.

çalış-mak	***Müslüman ol-mak***	***hemşire ol-mak***	Kop.edg.
*çalış-ı-yor-**um***	*Müslüman-**ım***	*hemşire-**y-im***	-(y)İm
*çalış-ı-yor-**sun***	*Müslüman-**sın***	*hemşire-**sin***	-sİn
çalış-ı-yor	*Müslüman*	*hemşire*	-∅
*çalış-ı-yor-**uz***	*Müslüman-**ız***	*hemşire-**y-iz***	-(y)İz
*çalış-ı-yor-**sunuz***	*Müslüman-**sınız***	*hemşire-**siniz***	-sİnİz
*çalış-ı-yor-**lar***	*Müslüman-**lar***	*hemşire-**ler***	-lEr-∅

(*çalışmak – arbeiten; Müslüman – der Moslem; hemşire – die Krankenschwester*)

6.4.1. Die Negation der Kopula

Vollverben werden durch die Negationsendung /-**mE**/ verneint, die unmittelbar hinter dem Verbstamm steht. Die Kopula wird durch das Wort ***değil*** verneint, die Kopulaendungen werden an *değil* angehängt. Vollverben und Kopula werden also unterschiedlich verneint. Da *değil* als eigenständiges Wort unveränderlich ist, haben die nachfolgenden Kopulaendungen hier immer die gleiche Form.

*çalış-**ma**-mak*	*Müslüman ol-**ma**-mak*	*hemşire ol-**ma**-mak*
*çalış-**mı**-yor-um*	*Müslüman **değil**-im*	*hemşire **değil**-im*
*çalış-**mı**-yor-sun*	*Müslüman **değil**-sin*	*hemşire **değil**-sin*
*çalış-**mı**-yor*	*Müslüman **değil***	*hemşire **değil***
*çalış-**mı**-yor-uz*	*Müslüman **değil**-iz*	*hemşire **değil**-iz*
*çalış-**mı**-yor-sunuz*	*Müslüman **değil**-siniz*	*hemşire **değil**-siniz*
*çalış-**mı**-yor-lar*	*Müslüman **değil**-ler*	*hemşire **değil**-ler*

6.4.2. Zur Unterscheidung von Kopula- und Possessivendungen

Kopulaendungen und Possessivendungen ähneln sich, in einem Fall sind sie sogar identisch (1. Pers. Sing. Kopula und Possessiv der Wörter, die auf Konsonant ausgehen). Sie können daher leicht miteinander verwechselt werden. Wichtige Unterschiede: Die Kopulaformen beginnen in der 2. Pers. Sing. und Pl. mit einem /s/, die Possessivendungen nicht. Die Kopulaformen haben in der 3. Pers. keine Endung, die Possessivformen haben eine Endung.

Zwischen den Endungen besteht ein massiver Betonungsunterschied: Die Kopulaendungen sind unbetont, die Possessivendungen sind betont.

Kopula	**Kopula**	**Possessiv**	**Possessiv**
ich bin Arzt etc.	*ich bin Hebamme* etc.	*mein Arzt* etc.	*meine Hebamme* etc.
doktor-um (!)	*ebe-y-im*	*doktor-um* (!)	*ebe-m*
doktor-sun	*ebe-sin*	*doktor-un*	*ebe-n*
doktor	*ebe*	*doktor-u*	*ebe-si*
doktor-uz	*ebe-y-iz*	*doktor-umuz*	*ebe-miz*
doktor-sunuz	*ebe-siniz*	*doktor-unuz*	*ebe-niz*
doktor-lar	*ebe-ler*	*doktor-lar-ı*	*ebe-ler-i*

(*doktor – der Arzt; ebe – die Hebamme*)

6.4. 3. Die Frageform des yor-Präsens und der Kopula

Die Frageform des yor-Präsens und der Kopula werden gebildet, indem **vor** den personenkennzeichnenden Kopulaendungen die Fragepartikel **/mİ/** (mit engem Vokal – s. 2.1.3) eingefügt wird. Die Fragepartikel kann allerdings auch noch eine andere Stellung haben (s. 7.8.3.).

In der 3. Pers. Pl. steht die Fragepartikel /mİ/ hinter /-lEr/. Das liegt darin begründet, dass es sich bei /-lEr/ nicht um eine personenkennzeichnende Endung, sondern um die Pluralendung handelt.

Die Fragepartikel hat damit im Falle der Verben mit Ausnahme der 3. Pers. Pl. immer die Form /mu/; in der 3. Pers. Pl. steht sie nach der Pluralendung /-lar/ und hat dann die Form /mı/. Im Falle der Kopula nimmt sie – abhängig vom vorhergehenden Vokal – eine der vier Formen /mi/, /mı/, /mü/ oder /mu/ an.

Die Fragepartikel wird getrennt von dem Wort geschrieben, auf das sie sich bezieht, die personenkennzeichnende Kopulaendung wird an die Fragepartikel angehängt:

bilmek?	***evli olmak?***	***Türk olmak?***
*biliyor **mu**-y-um?*	*evli **mi**-y-im?*	*Türk **mü**-y-üm?*
*biliyor **mu**-sun?*	*evli **mi**-sin?*	*Türk **mü**-sün?*

*biliyor **mu**?*	*evli **mi**?*	*Türk **mü**?*
*biliyor **mu**-y-uz?*	*evli **mi**-y-iz?*	*Türk **mü**-y-üz?*
*biliyor **mu**-sunuz?*	*evli **mi**-siniz?*	*Türk **mü**-sünüz?*
*biliyorlar **mı**?*	*evliler **mi**?*	*Türkler **mi**?*

(bilmek – wissen, können; evli olmak – verheiratet sein; Türk olmak – Türke sein)

6.5. Das Dİ-Perfekt

Mit dem Dİ-Perfekt bezeichnet man abgeschlossene Ereignisse in der Vergangenheit. Es entspricht damit häufig dem deutschen Perfekt (*er hat gemacht, er ist gelaufen*), teilweise auch dem Imperfekt (*er lief, er machte*).

6.5.1. Die Tempusendung des Dİ-Perfekts

Die Tempusendung des Dİ-Perfekts ist **/-Dİ/**. Zwei Lautregeln beeinflussen die Endung: das /D/ muss nach stimmhaften Lauten als /d/ und nach stimmlosen Lauten als /t/ konkretisiert werden (s. 2.3.); das /İ/ muss nach den Regeln der Vokalharmonie (enger Vokal) als /i/, /ı/, /ü/ oder /u/ konkretisiert werden (s. 2.1.1.2). Die Tempusendung hat damit 8 mögliche konkrete Formen:

-di *(söyle-di)*	**-ti** *(geç-ti)*
-dı *(hastalan-dı)*	**-tı** *(çalış-tı)*
-dü *(öksür-dü)*	**-tü** *(ölç-tü)*
-du *(sor-du)*	**-tu** *(kus-tu)*

(çalışmak – arbeiten; geçmek – vorbeigehen; hastalanmak – krank werden; kusmak – erbrechen; öksürmek – husten; ölçmek – messen; sormak – fragen; söylemek – sagen)

6.5.2. Die Personalformen des Dİ-Perfekts

Die Personalendungen im yor-Präsens und die Kopulaendungen (*ich bin ..., du bist ...* etc.) sind identisch. Die Personalendungen im Dİ-Perfekt unterscheiden sich davon. Sie lauten: **-m, -n, -ø, -k, -nİz, -lEr-ø**. Wir nennen sie kurze Personalendungen. Die Endung für die 2. Pers. Pl. enthält einen engen Vokal (s. 2.1.1.2.), in der 3. Pers. Pl. wird /-lEr/ angefügt (s. 3.2.), die Personalendung selbst ist eine Nullendung.

yor-Präsens Kopulaendungen	**Kopula** Kopulaendungen		**Dİ-Perfekt** kurze Personalendungen	
ölç-ü-yor-um	*hasta-y-ım*	**(y)-İm**	*ölç-tü-m*	**-m**
ölç-ü-yor-sun	*hasta-sın*	**-sİn**	*ölç-tü-n*	**-n**
ölç-ü-yor	*hasta*	**-ø**	*ölç-tü*	**-ø**
ölç-ü-yor-uz	*hasta-y-ız*	**(y)-İz**	*ölç-tü-k*	**-k**
ölç-ü-yor-sunuz	*hasta-sınız*	**-sİnİz**	*ölç-tü-nüz*	**-nİz**
ölç-ü-yor-lar	*hasta-lar*	**-lEr-ø**	*ölç-tü-ler*	**-lEr-ø**

Weitere personenkennzeichnende Endungen an Verben gibt es im Türkischen nicht; d.h. alle Tempora werden entweder mit den Kopulaendungen oder mit den kurzen Personalendungen gebildet.

6.5.3. Die Negation des Dİ-Perfekts

Die Negationsendung ist **/-mE/**. Sie tritt unmittelbar hinter den Verbstamm und steht damit vor der Tempusendung. Anders als vor der Präsensendung /-yor/ wird der weite Vokal der Negationsendung vor **/-Dİ/** nicht geengt, so dass sie im konkreten Fall /-me/ oder /-ma/ ist und nicht /-mi/, /-mı/, /-mü/, /-mu/ wie im yor-Präsens. Das /D/ in der Tempusendung wird hier wegen des vorhergehenden Vokals immer als /d/ realisiert.

Dİ-Perfekt	**yor-Präsens**
*geç-**me**-di*	*geç-**mi**-yor*
*çalış-**ma**-dı*	*çalış-**mı**-yor*
*öksür-**me**-di*	*öksür-**mü**-yor*
*sor-**ma**-dı*	*sor-**mu**-yor*

(çalışmak – arbeiten; geçmek – vorbeigehen; öksürmek – husten; sormak – fragen)

Wie beim negierten Infinitiv und beim yor-Präsens liegt auch im Dİ-Perfekt eine deutlich hörbare Betonung vor der Negationsendung.

6.5.4. Die Bildung der Frage beim Dİ-Perfekt

Auch bei der Bildung der Frage gibt es Unterschiede zwischen dem yor-Präsens und der Kopula einerseits und dem Di-Perfekt andererseits. Im ersten Fall steht die Fragepartikel /mİ/ vor den personenkennzeichnenden Endungen, im zweiten Fall hinter ihnen. In beiden Fällen wird sie allerdings abgetrennt geschrieben.

Die Stellung der Fragepartikel ist gekoppelt an die Auswahl der personenkennzeichnenden Endungen: Die Fragepartikel steht **vor** den Kopulaendungen und **hinter** den kurzen Personalendungen. Sie kann auch noch eine andere Stellung haben (s. 7.8.3.).

gitmek **(yor-Präsens)**	***hasta olmak*** **(Kopula/Präsens)**	***gitmek*** **(Dİ-Perfekt)**
*gidiyor **mu**yum?*	*hasta **mı**yım?*	*gittim **mi**?*
*gidiyor **mu**sun?*	*hasta **mı**sın?*	*gittin **mi**?*
*gidiyor **mu**?*	*hasta **mı**?*	*gitti **mi**?*
*gidiyor **mu**yuz?*	*hasta **mı**yız?*	*gittik **mi**?*

*gidiyor **mu**sunuz?*	*hasta **mısınız**?*	*gittiniz **mi**?*
*gidiyorlar **mı**?*	*hastalar **mı**?*	*gittiler **mi**?*

(gitmek – gehen; hasta olmak – krank sein)

6.6. Das Futur

Eine Funktion des Futurs ist es, **Zukünftiges** anzukündigen. Im Deutschen verwendet man hier in der Regel statt des Futurs das Präsens und entnimmt dem Kontext, dass Zukünftiges gemeint ist. Im Türkischen ist das Ersetzen des Futurs durch das Präsens nicht im gleichen Umfang erlaubt wie im Deutschen.

*Sizi hemen **çağıracağız**.*
*Wir **rufen** Sie gleich. / Wir **werden** sie gleich **rufen**.*

*Doktor saat 6'da **gelecek**.*
*Der Arzt **kommt** um 6 Uhr. / Der Arzt **wird** um 6 Uhr **kommen**.*

Im Türkischen werden im Futur auch strikte Anweisungen durch Autoritätspersonen formuliert. Das Futur ist hier eine Formulierungsalternative zum Imperativ (s. 6.2.). Es wird gesagt, was unbedingt getan werden muss.

*Birkaç gün istirahat **edeceksiniz**.*
Sie werden / müssen sich einige Tage ausruhen.

*Bu haptan günde üç kere bir tane **alacaksınız**.*
Von diesen Tabletten werden / müssen sie 3-mal am Tag eine nehmen.

6.6.1. Die Bildung des Futurs: Tempus- und Personenkennzeichnung

Tempuszeichen für das Futur ist **/-EcEK/**; das /E/ muss nach den Regeln der Vokalharmonie als /e/ oder /a/ konkretisiert werden (2.1.1.1.); das /K/ ist vor Konsonant und am Wortende /k/, vor Vokal /ğ/ (s. 2.4.). Stoßen Vokale aufeinander, muss zwischen Verbstamm und Futurendung /-y-/ als Gleitlaut eingeschoben werden. Konkret sind die Endungen: -(y)ecek, -(y)acak, -(y)eceğ, -(y)acağ. Die personenkennzeichnenden Endungen beim Futur sind die Kopulaendungen und damit die gleichen wie beim yor-Präsens. Bei den Verben *yemek* (*essen*) und *demek* (*sagen*) wird der Stamm vor der Futurendung zu *yi-* bzw. *di-*.

çağır-mak	***ağla-mak***	***bekle-mek***	***ye-mek***
*çağır-**acağ-ım***	*ağla-y-**acağ-ım***	*bekle-y-**eceğ-im***	*yi-y-**eceğ-im***
*çağır-**acak-sın***	*ağla-y-**acak-sın***	*bekle-y-**ecek-sin***	*yi-y-**ecek-sin***
*çağır-**acak***	*ağla-y-**acak***	*bekle-y-**ecek***	*yi-y-**ecek***
*çağır-**acağ-ız***	*ağla-y-**acağ**-ız*	*bekle-y-**eceğ-iz***	*yi-y-**eceğ-iz***

*çağır-***acak-sınız**	*ağla-y-***acak-sınız**	*bekle-y-***ecek-siniz**	*yi-y-***ecek-siniz**
*çağır-***acak-lar**	*ağla-y-***acak-lar**	*bekle-y-***ecek-ler**	*yi-y-***ecek-ler**

(*ağlamak – weinen; beklemek – warten; çağırmak – (herbei)rufen; yemek – essen*)

Ein weiter Vokal vor /-y-EcEK-/ wird in der mündlichen Sprache in der Regel geengt, nicht aber gerundet. Geschriebenes /a/ wird /ı/ gesprochen, geschriebenes /e/ wird /i/ gesprochen. Man sagt: *ağl***ı***-y-acak* statt *ağl***a***-y-acak*; *bekl***i***-y-ecek* statt *bekl***e***-y-ecek*; *oyn***ı***-y-acak* statt *oyn***a***-y-acak*; *söyl***i***-y-ecek* statt *söyl***e***-y-ecek* etc. Bei den Verben *ye-mek* und *de-mek* wird diese Verengung auch geschrieben (s. oben). Es handelt sich hierbei um einen Einfluss des Gleitlautes /-y-/.

(*oynamak – spielen, tanzen; söylemek – sagen*)

6.6.2. Die Negation des Futurs

Die Negationsendung **/-mE/** wird – wie in allen anderen Tempora auch – unmittelbar hinter dem Verbstamm eingefügt. Im Falle des Futurs bedeutet das, dass zwischen Negations- und Futurendung immer ein /-y-/ als Gleitlaut eingefügt werden muss (s. 2.2.):

çağır-mak	***bekle-mek***	***ye-mek***
*çağır-***ma***-y-acağ-ım*	*bekle-***me***-y-eceğ-im*	*ye-***me***-y-eceğ-im*
*çağır-***ma***-y-acak-sın*	*bekle-***me***-y-ecek-sin*	*ye-***me***-y-ecek-sin*
*çağır-***ma***-y-acak*	*bekle-***me***-y-ecek*	*ye-***me***-y-ecek*
*çağır-***ma***-y-acağ-ız*	*bekle-***me***-y-eceğ-iz*	*ye-***me***-y-eceğ-iz*
*çağır-***ma***-y-acak-sınız*	*bekle-***me***-y-ecek-siniz*	*ye-***me***-y-ecek-siniz*
*çağır-***ma***-y-acak-lar*	*bekle-***me***-y-ecek-ler*	*ye-***me***-y-ecek-ler*

Der Gleitlaut zwischen Negations- und Futurendung führt dazu, dass in der mündlichen Sprache der vorhergehende, zur Negationsendung gehörende Vokal häufig geengt wird. Das entspricht den Verhältnissen bei den positiven Formen für den Fall, wo der Verbstamm auf einen weiten Vokal ausgeht. Man spricht also: *çağır-m***ı***-y-acak* statt *çağır-m***a***-y-acak*; *bekle-m***i***-y-ecek* statt *bekle-m***e***-y-ecek*; *ye-m***i***-y-ecek* statt *ye-m***e***-y-ecek* etc.

6.6.3. Die Frage beim Futur

Die Fragepartikel /**mİ**/ steht – wie in allen anderen Fällen auch – vor den personenkennzeichnenden Kopulaendungen, aber hinter der Pluralendung /-lEr/ in der 3. Pers. Pl. Die Fragepartikel wird abgetrennt geschrieben, die Kopulaendungen werden angehängt.

çağır-mak	*bekle-mek*	*ye-mek*
çağır-acak ***mı****-y-ım?*	*bekle-y-ecek* ***mi****-y-im?*	*yi-y-ecek* ***mi****-y-im?*
çağır-acak ***mı****-sın?*	*bekle-y-ecek* ***mi****-sin?*	*yi-y-ecek* ***mi****-sin?*
çağır-acak ***mı****?*	*bekle-y-ecek* ***mi****?*	*yi-y-ecek* ***mi****?*
çağır-acak ***mı****-y-ız?*	*bekle-y-ecek* ***mi****-y-iz?*	*yi-y-ecek* ***mi****-y-iz?*
çağır-acak ***mı****-sınız?*	*bekle-y-ecek* ***mi****-siniz?*	*yi-y-ecek* ***mi****-siniz?*
çağır-acak-lar ***mı****?*	*bekle-y-ecek-ler* ***mi****?*	*yi-y-ecek-ler* ***mi****?*

Die Fragepartikel kann auch eine andere Stellung haben (s. 7.8.3.).

6.7. Der Aorist

Für den **Aorist** finden sich in der Literatur auch die Bezeichnungen **r-Präsens** und – in türkischen Büchern – **geniş zaman** „weite Zeit". Im Deutschen hat der Aorist keine formale Entsprechung. Er ist – sowohl was seine Bildung als auch was seine Verwendung angeht – ein kompliziertes Tempus. Es gibt unterschiedliche Gründe, warum er gewählt werden muss. Hier werden nur die Verwendungsweisen „Allgemeingültigkeit" und „höfliche Bitte" behandelt. Zunächst wird aber erklärt, wie die Aoristformen gebildet werden.

6.7.1. Die Tempusendung des Aorists

Bei der Bildung der Tempusform des Aorist muss man zwischen **drei Fällen** unterscheiden:

a) der Verbstamm geht auf einen **Vokal** aus,
die Aoristendung ist /-**r**/:
*bekl****e-r****, tekrarl****a-r****, oyn****a-r****, ağl****a-r****, y****e-r****, d****e-r***
b) der Verbstamm ist **mehrsilbig** und geht auf einen **Konsonanten** aus,
die Aoristendung ist /-**İr**/ (mit engem Vokal, s. 2.1.1.2.):
*ko-nu****ş-ur****, öğ-re****n-ir****, gö-tü****r-ür****, ve-ri****l-ir****, ya-pı****l-ır***
c) der Verbstamm ist **einsilbig** und geht auf einen **Konsonanten** aus,
die Aoristendung ist /-**İr**/ oder /-**Er**/ (mit engem oder weitem Vokal: s. 2.1.1.1. / 2.1.1.2.):
*ve****r-ir****, ya****p-ar****, ge****l-ir****, ya****z-ar****, öl****ç-er***

(ağlamak – weinen; beklemek – warten; gelmek – kommen; götürmek – bringen; konuşmak – sprechen; oynamak – tanzen, spielen; öğrenmek – lernen; ölçmek – messen; tekrarlamak – wiederholen; verilmek – gegeben werden; vermek – geben; yapılmak – gemacht werden; yapmak – machen; yazmak – schreiben; yemek – essen)

Der dritte Fall ist unangenehm, da man die Form der Endung hier nicht – wie das sonst im Türkischen in aller Regel der Fall ist – ableiten kann. Man muss wissen, ob sie mit engem oder weitem Vokal gebildet wird oder man muss sie nachschlagen. Gute Wörterbücher geben an, wie hier die Aoristform zu bilden ist (*yapmak, -ar; vermek, -ir* etc.).

6.7.2. Die Personalendungen des Aorists

Die Personalendungen im Aorist sind die Kopulaendungen (s. 6.4.). Die Bildung ist völlig regelmäßig, wenn die Tempusendung gefunden worden ist:

götür-mek	***bekle-mek***	***ölç-mek***	***ver-mek***
*götür-ür-**üm***	*bekle-r-**im***	*ölç-er-**im***	*ver-ir-**im***
*götür-ür-**sün***	*bekle-r-**sin***	*ölç-er-**sin***	*ver-ir-**sin***
götür-ür	*bekle-r*	*ölç-er*	*ver-ir*
*götür-ür-**üz***	*bekle-r-**iz***	*ölç-er-**iz***	*ver-ir-**iz***
*götür-ür-**sünüz***	*bekle-r-**siniz***	*ölç-er-**siniz***	*ver-ir-**siniz***
*götür-ür-**ler***	*bekle-r-**ler***	*ölç-er-**ler***	*ver-ir-**ler***

6.7.3. Die Negation des Aorists

Die negierten Formen des Aorists werden anders gebildet, als das im Türkischen sonst üblich ist. Zu erwarten wäre, dass die Negationsendung und die Aoristendung aneinandergefügt werden. Tatsächlich verschwindet die Aoristendung. Die Negationsendung im Aorist ist in der 2. und 3. Pers. /-**mEz**/, in der 1. Pers. nur /-**mE**/. Bei dem Vokal in der Endung handelt es sich um einen weiten Vokal (s. 2.1.1.1.).

Als Personalendungen werden die Kopulaendungen (s. 6.4.) an die Negationsendung angefügt. Dabei wird die Endung in der 1. Pers. Sing. auf /-m/ verkürzt, in der 1. Pers. Pl. wird zwischen Negationsendung und Personalendung /-y-/ als Gleitlaut eingefügt (s. 2.2.).

götür-mek	***bekle-mek***	***ağla-mak***	***yap-mak***
*götür-**me**-m*	*bekle-**me**-m*	*ağla-**ma**-m*	*yap-**ma**-m*
*götür-**mez**-sin*	*bekle-**mez**-sin*	*ağla-**maz**-sın*	*yap-**maz**-sın*
*götür-**mez***	*bekle-**mez***	*ağla-**maz***	*yap-**maz***
*götür-**me**-y-iz*	*bekle-**me**-y-iz*	*ağla-**ma**-y-ız*	*yap-**ma**-y-ız*
*götür-**mez**-siniz*	*bekle-**mez**-siniz*	*ağla-**maz**-sınız*	*yap-**maz**-sınız*
*götür-**mez**-ler*	*bekle-**mez**-ler*	*ağla-**maz**-lar*	*yap-**maz**-lar*

(ağlamak – weinen; beklemek – warten; götürmek – bringen; yapmak – machen)

6.7.4. Die Frage im Aorist

Die Frageformen im Aorist werden regelmäßig gebildet. Die Fragepartikel ist /mİ/ (mit engem Vokal, s. 2.1.1.2.). Sie steht hinter der Tempus- und vor der Personalendung und wird abgetrennt geschrieben.

götür-mek	***bekle-mek***	***yap-mak***
*götür-ür **mü**-y-üm?*	*bekle-r **mi**-y-im*	*yap-ar **mı**-y-ım?*
*götür-ür **mü**-sün?*	*bekle-r **mi**-sin?*	*yap-ar **mı**-sın*

*götür-ür **mü**?*	*bekle-r **mi** ?*	*yap-ar **mı**?*
*götür-ür **mü**-y-üz?*	*bekle-r **mi**-y-iz?*	*yap-ar **mı**-y-ız*
*götür-ür **mü**-sünüz?*	*bekle-r **mi**-siniz*	*yap-ar **mı**-sınız?*
*götür-ür-ler **mi**?*	*bekle-r-ler **mi**?*	*yap-ar-lar **mı**?*

Die Fragepartikel kann auch eine andere Stellung haben (s. 7.8.3.).

6.7.5. Allgemeingültigkeit

Der Aorist wird gewählt, wenn die getroffenen Aussagen Allgemeingültigkeit haben, also unabhängig von einem konkreten Fall gelten. Wissenschaftliche Texte, in denen allgemeingültige oder verallgemeinernde Aussagen getroffen werden, stehen in der Regel im Aorist – z.B. Aussagen zu Ursachen und Verläufen von Krankheiten, zur Entstehung von Gewittern, Verhalten von Materialien unter extremen Bedingungen etc. Ein Textbeispiel s. 6.7.5.2.

6.7.5.1. Die Kopula in Texten mit allgemeingültigem Inhalt

Die Kopula im Präsens ist in der 3. Pers. Sing. in der Regel durch eine Nullendung gekennzeichnet:

Hasan hasta.
*Hasan **ist** krank.*

Hasan doktor.
*Hasan **ist** Arzt.*

Hasan hastanede.
*Hasan **ist** im Krankenhaus.*

Hastanede sigara içmek yasak.
*Im Krankenhaus **ist** es verboten zu rauchen.*

In Texten, in denen die Vollverben im Aorist stehen, erhält die Kopula die Endung **/-Dİr/**. **/-Dİr/** ist eine Endung mit engem Vokal (s. 2.1.1.2.); außerdem passt sich /D/ bezüglich der Stimmhaftigkeit an den vorhergehenden Laut an (s. 2.3.). Die Endung hat damit 8 konkrete Formen: -dir, -dır, -dür, -dur; -tir, -tır, -tür, -tur.

*Bu tehlikeli**dir**.*
*Das **ist** gefährlich.*

*Hastalık bulaşıcı**dır**.*
*Die Krankheit **ist** ansteckend.*

*Hastalık bulaşıcı değil**dir**.*
*Die Krankheit **ist** nicht ansteckend.*

*Bu hastalık çok bulaşıcı bir virüs hastalığı**dır**.*
*Diese Krankheit **ist** eine sehr ansteckende Viruserkrankung.*

Bedenken Sie allerdings, dass nicht die isolierte Form richtig oder falsch ist, sondern dass der Kontext für die Auswahl des Tempus ausschlaggebend ist.

6.7.5.2. Textbeispiel: Allgemeingültigkeit

İkizler: *İkizler, annelerinin dölyatağında birlikte geliş**ir** ve aynı zamanda art arda doğ**ar**lar. Az sayıda ikiz tek yumurta ikizi, yani birbirinin tıpatıp aynı**dır**. İkizlerin çoğu çift yumurta ikizi**dir**, yani birbirine tıpatıp benze**mez**ler.*

(Bei *tek yumurta ikizi* in der 2. Textzeile ist die Endung -Dİr eingespart; sie tritt in dem Satz nur einmal an *aynıdır* auf.)

(Susan Mededith, Kate Needham, Mike Unwin: Vücudunuz ve siz. Ankara 2002, S. 89)

Übersetzung: *Zwillinge: Zwillinge entwickeln sich gemeinsam in der Gebärmutter ihrer Mutter und werden zur gleichen Zeit nacheinander geboren. Nur wenige Zwillinge sind eineiige Zwillinge, d.h. dass sie genau gleich sind. Die meisten Zwillinge sind zweieiige Zwillinge, d.h. sie gleichen einander nicht genau.*

6.7.6. Höfliche Bitten

Höfliche Bitten formuliert man im Türkischen mit der Frageform des Aorists:

*Bir **bakar mısınız**?/ Bir **bakar mısın**?*
Könnten Sie einmal schauen? / Könntest du einmal schauen?

*Bana içecek bir şey **verir misiniz**?/ Bana içecek bir şey **verir misin**?*
Könnten Sie mir etwas zu trinken geben? / Könntest du ...

*Saatimi ve yüzüğümü **getirir misiniz**?/ Saatimi ve yüzüğümü **getirir misin**?*
Könnten Sie mir meine Uhr und meinen Ring bringen? / Könntest du ...

6.8. Die Höflichkeitsform – alle Tempora

Für die Höflichkeitsform wird – anders als im Deutschen – auf die **2. Person Plural** zurückgegriffen. Dies gilt für alle Tempora:

*Nerede **oturuyorsunuz**?*	*Wo **wohnen Sie**?*
*Ne zaman Almanya'ya **geldiniz**?*	*Wann **sind Sie** nach Deutschland **gekommen**?*
*Ne zaman ameliyat **olacaksınız**?*	*Wann **werden Sie operiert (werden)**?*
*Bana **yardım eder misiniz**?*	*Könnten **Sie** mir bitte **helfen**?*

6.9. Übersicht über die bekannten Verbformen

Kopula		
positive Form	**negierte Form**	**Frage**
Türk-üm	*Türk değil-im*	*Türk mü-y-üm?*
Türk-sün	*Türk değil-sin*	*Türk mü-sün?*
Türk	*Türk değil*	*Türk mü?*
Türk-üz	*Türk değil-iz*	*Türk mü-y-üz?*
Türk-sünüz	*Türk değil-siniz*	*Türk mü-sünüz?*
Türk-ler	*Türk değil-ler*	*Türk'ler mi?*

yor-Präsens		
ölç-ü-yor-um	*ölç-mü-yor-um*	*ölç-ü-yor mu-y-um?*
ölç-ü-yor-sun	*ölç-mü-yor-sun*	*ölç-ü-yor mu-sun?*
ölç-ü-yor	*ölç-mü-yor*	*ölç-ü-yor mu?*
ölç-ü-yor-uz	*ölç-mü-yor-uz*	*ölç-ü-yor mu-y-uz?*
ölç-ü-yor-sunuz	*ölç-mü-yor-sunuz*	*ölç-ü-yor mu-sunuz?*
ölç-ü-yor-lar	*ölç-mü-yor-lar*	*ölç-ü-yor-lar mı?*

Dİ-Perfekt		
ölç-tü-m	*ölç-me-di-m*	*ölç-tü-m mü?*
ölç-tü-n	*ölç-me-di-n*	*ölç-tü-n mü?*
ölç-tü	*ölç-me-di*	*ölç-tü mü?*
ölç-tü-k	*ölç-me-di-k*	*ölç-tü-k mü?*
ölç-tü-nüz	*ölç-me-di-niz*	*ölç-tü-nüz mü?*
ölç-tü-ler	*ölç-me-di-ler*	*ölç-tü-ler mi?*

Futur		
ölç-eceğ-im	*ölç-me-y-eceğ-im*	*ölç-ecek mi-y-im?*
ölç-ecek-sin	*ölç-me- y-ecek-sin*	*ölç- ecek mi-sin?*
ölç-ecek	*ölç-me- y-ecek*	*ölç- ecek mi?*
ölç-eceğ-iz	*ölç-me- y-eceğ-iz*	*ölç- ecek mi-y-iz?*
ölç-ecek-siniz	*ölç-me- y-ecek-siniz*	*ölç- ecek mi-siniz?*
ölç-ecek-ler	*ölç-me- y-ecek-ler*	*ölç- ecek-ler mi?*

Aorist		
ölç-er-im	*ölç-me-m*	*ölç-er mi-y-im?*
ölç-er-sin	*ölç-mez-sin*	*ölç-er mi-sin?*
ölç-er	*ölç-mez*	*ölç-er mi?*
ölç-er-iz	*ölç-me-y-iz*	*ölç-er mi-y-iz?*
ölç-er-siniz	*ölç-mez-siniz*	*ölç-er mi-siniz?*
ölç-er-ler	*ölç-mez-ler*	*ölç-er-ler mi?*

(*ölçmek – messen)*

6.10. Das Passiv

Das Passiv wird im Türkischen nicht wie im Deutschen mit einem Hilfsverb (*machen – gemacht werden, geben - gegeben werden* etc.) gebildet, sondern mit einer **Passivendung**, die an den Verbstamm des Aktivverbs angehängt wird. Von Verben, die passivfähig sind, gibt es daher sowohl einen Aktiv-Infinitiv als auch einen Passiv-Infinitiv.

6.10.1. Die Passivendung

Die Passivendung ist **/-n/** nach Vokal, **/-İn/** nach dem Konsonanten **/l/** und **/-İl/** nach allen anderen Konsonanten:

Aktiv	**Passiv**	
*y**e**-mek*	→ *y**e-n**-mek*	*(essen – gegessen werden)*
*söyl**e**-mek*	→ *söyl**e-n**-mek*	*(sagen – gesagt werden)*
*temizl**e**-mek*	→ *temizl**e-n**-mek*	*(säubern – gesäubert werden)*
*a**l**-mak*	→ *a**l-ın**-mak*	*(nehmen – genommen werden)*
*bu**l**-mak*	→ *bu**l-un**-mak*	*(finden – gefunden werden)*
*ça**l**-mak*	→ *ça**l-ın**-mak*	*(stehlen – gestohlen werden)*
*ya**p**-mak*	→ *ya**p-ıl**-mak*	*(machen – gemacht werden)*
*ve**r**-mek*	→ *ve**r-il**-mek*	*(geben – gegeben werden)*
*kontrol e**t**-mek*	→ *kontrol e**d-il**-mek*	*(kontrollieren – kontrolliert werden)*

6.10.2. Passiv und Tempus

Ist von einem Verb der Passivstamm gebildet worden, kann dieser – wie jeder andere Verbstamm auch – in die verschiedenen Tempora gesetzt werden:

Passiv-stamm	**Präsens 3. Pers. Sing.**	**Dİ-Perfekt 3. Pers. Sing.**	**Futur 3. Pers. Sing.**	**Aorist 3. Pers. Sing.**
*söyle-**n**-*	*söyle-**n-iyor***	*söyle-**n-di***	*söyle-**n-ecek***	*söyle-**n-ir***
*bul-**un**-*	*bul-**un-uyor***	*bul-**un-du***	*bul-**un-acak***	*bul-**un-ur***
*yap-**ıl**-*	*yap-**ıl-ıyor***	*yap-**ıl-dı***	*yap-**ıl-acak***	*yap-**ıl-ır***

6.11. *können*: /-Ebil-/

Die Verbendung **/-Ebil-/** drückt die **Möglichkeit** aus. Sie ist damit der positive Gegenpart zu der Endung /-**EmE**/ (s. 6.12.). /-Ebil/ wird an den Stamm des Verbs – ggf. den Passivstamm – angehängt, dann folgt die Infinitiv- oder eine Tempusendung. Die Endung **/-Ebil/** besteht aus dem Element /E/ und dem Stamm des Verbs *bilmek*. /E/ passt sich nach den Regeln der Vokalharmonie an (2.1.1.1.), /bil/ bleibt unverändert, weil es nicht als

Endung, sondern als eigenständiges Wort gewertet wird. Ggf. muss zwischen Stamm und /-Ebil-/ /-y-/ als Gleitlaut eingefügt werden (s. 2.2.).

Infinitiv	*gör-**e-bil**-mek*	*uyu-y-**a-bil**-mek*	*yap-ıl-**a-bil**-mek*
yor-Präsens	*gör-**e-bil**-i-yor*	*uyu-y-**a-bil**-i-yor*	*yap-ıl-**a-bil**-i-yor*
Dİ-Perfekt	*gör-**e-bil**-di*	*uyu-y-**a-bil**-di*	*yap-ıl-**a-bil**-di*
Futur	*gör-**e-bil**-ecek*	*uyu-y-**a-bil**-ecek*	*yap-ıl-**a-bil**-ecek*
Aorist	*gör-**e-bil**-ir*	*uyu-y-**a-bil**-ir*	*yap-ıl-**a-bil**-ir*

Im Prinzip ist /-Ebil-/ mit allen Tempusendungen verbindbar, aus semantischen Gründen ist die Verbindung mit dem Aorist besonders häufig.

*Hasta yutkunma zorluğu çek-**ebil**-ir.*
Der Patient kann Schluckbeschwerden haben.

*Ameliyat yeri ağrı-y-**abil**-ir.*
Die OP-Wunde kann schmerzen.

*Mideniz bulan-**abil**-ir.*
Ihnen kann übel werden.

*Baş dönmesi ol-**abil**-ir.*
Es können Kopfschmerzen auftreten.

6.12. *nicht können*: /-EmE-/

Will man im Türkischen *nicht können* ausdrücken, wird die Negationsendung um ein /E/ erweitert: **/-E-mE-/**. /-EmE-/ wird an den Stamm des Verbs – ggf. den Passivstamm – angehängt, dann folgt die Infinitiv- oder eine Tempusendung. Bei der Bildung der Formen müssen die bekannten Lautregeln beachtet werden: /-EmE-/ enthält zwei weite Vokale (s. 2.1.1.1.), vor und hinter /-EmE-/ muss ggf. /-y-/ als Gleitlaut eingefügt werden (2.2.), vor der Präsensendung wird der Vokal, der /-yor/ vorausgeht, geengt (6.3.3.).

Infinitiv	*gör-**e-me**-mek*	*uyu-y-**a-ma**-mak*	*yap-ıl-**a-ma**-mak*
yor-Präsens	*gör-**e-mi**-i-yor*	*uyu-y-**a-mı**-yor*	*yap-ıl-**a-mı**-yor*
Dİ-Perfekt	*gör-**e-me**-di*	*uyu-y-**a-ma**-dı*	*yap-ıl-**a-ma**-dı*
Futur	*gör-**e-me**-y-ecek*	*uyu-y-**a-ma**-y-acak*	*yap-ıl-**a-ma**-y-acak*
Aorist	*gör-**e-mez***	*uyu-y-**a-maz***	*yap-ıl-**a-maz***

Die Form auf /-EmE-/ wird im Türkischen breiter verwendet als *nicht können* im Deutschen. Der Sprecher kann zum Ausdruck bringen, dass etwas unmöglich ist:

Hasta kalkamıyor.	*Der Patient kann nicht aufstehen.*
Kazadan sonra birkaç gün konuşamadım.	*Nach dem Unfall konnte ich einige Tage nicht sprechen.*

Er kann aber auch zum Ausdruck bringen, dass er sich bemüht hat und für das *nicht können* nicht verantwortlich ist:

*Anlay**ama**dım.*	*Ich habe nicht verstanden.*
*Ameliyathaneyi bul**ama**dım.*	*Ich habe den OP nicht gefunden.*

6.13. Die Endungen /-Eyİm/ und /-Elİm/

Im Türkischen können Formen mit den Endungen /-**Eyİm/** (1. Pers. Sing.) und **/-Elİm**/ (1. Pers. Pl.) am Verbstamm gebildet werden. Es handelt sich dabei um eine Art Selbstaufforderung bzw. eine Ankündigung, was der Sprecher – ggf. unter Einbeziehung seines Kommunikationspartners – zu tun gedenkt. Die Handlung steht dabei unmittelbar bevor.

Gehen Verbstämme auf die weiten Vokale /e/ oder /a/ aus, werden diese in der Schrift zwar beibehalten, mündlich in der Regel jedoch geengt. Man spricht /i/ statt /e/ und /ı/ statt /a/. Es handelt sich dabei um eine Auswirkung des Gleitlautes /-y-/.

Bei den Verben *yemek* und *demek* wird der weite Vokal, auf den der Stamm ausgeht, auch in der Schrift geengt: *yiyeyim, yiyelim; diyeyim, diyelim.*

içmek (trinken)	***başlamak (anfangen)***	***gitmek (gehen)***	***yemek (essen)***
*iç-**eyim***	*başl**a**-y-**ayım*** *başl**ı**-y-**ayım***	*gid-**eyim***	*y**i**-y-**eyim***
*iç-**elim***	*başl**a**-y-**alım*** *başl**ı**-y-**alım***	*gid-**elim***	*y**i**-y-**elim***

*Bir çay iç-**eyim**.*	*Ich will **mal** einen Tee trinken.* *Ich trinke **mal** einen Tee.*
*Bir çay iç-**elim**.*	***Lasst uns mal** einen Tee trinken.* *Trinken wir **mal** einen Tee.*
*Önce sizden başla-**y-alım**.*	*Fangen wir zunächst **einmal** bei Ihnen an.* *Lassen Sie uns **bei Ihnen anfangen.***
*Ateşinizi bir ölç-**eyim.***	*Ich messe **mal** bei Ihnen Fieber.* ***Ich will mal** bei Ihnen Fieber messen.*

6.14. Agglutination im Bereich des Verbs

Verben können die folgenden Endungen haben:

Verb-stamm	(Passiv)	(Neg.) (nicht können) (können)	(Temp.)	(Frage)	(Kop.)	(kurze Pers. edg.)	(Frage)
	-İl/-İn/-n	-mE -EmE -Ebil	-(İ)yor -Dİ -EcEK -r/-İr/-Er	mİ	-İm -sİn -∅ -İz -sİnİz -ler-∅	-m -n -∅ -k -nİz -ler-∅	mİ

Beachten Sie dabei, dass die kurzen Personalendungen und die Kopula nicht gemeinsam, sondern alternativ auftreten: yor-Präsens, Futur und Aorist haben als personenkennzeichnende Endungen die Kopula, das Dİ-Perfekt die kurzen Personalendungen. Gekoppelt daran ist die Stellung der Fragepartikel /mİ/ – sie steht vor den Kopulaendungen, aber hinter den kurzen Personalendungen.

6.15. /-İp/

Stehen zwei Handlungen in enger Beziehung zueinander und erfolgen gleichzeitig oder kurz nacheinander, können im Türkischen die betroffenen Verben folgendermaßen miteinander verbunden werden: Nur das zweite Verb hat eine Tempus- und eine Personalendung bzw. eine Imperativendung. Das erste Verb hat die Endung **/-İp/**, Tempus- und Personalendung des zweiten Verbs sind auch für das erste Verb gültig. Im Deutschen hat man hier nur die Möglichkeit, mit *und* zu formulieren.

Biraz sonra gece hemşiresi gelip (=gelecek ve) size uyku hapı verecek.	*Gleich kommt die Nachtschwester und gibt Ihnen eine Schlaftablette.*
Ama ben zaten biraz sonra tekrar gelip (=geleceğim ve) size bakacağım.	*Aber ich komme sowieso gleich wieder und schaue nach Ihnen.*
Hemşire biraz sonra tekrar gelip (=geldi ve) hastaya baktı.	*Die Schwester kam kurz darauf wieder und schaute nach dem Patienten.*

7. Syntax

7.1. Die Verbstellung

Im Türkischen steht das Verb immer am Ende des Satzes. Eine Veränderung des Satztyps durch Umstellung des Verbs (wie im Deutschen z.B. zwischen Aussagesatz und Fragesatz) ist nicht möglich.

7.2. Verdecktes Subjekt

Ist das Subjekt eines türkischen Satzes ein unbetontes Pronomen, wird dieses weggelassen:

Köln'den geliyorum.	*Ich komme aus Köln.*
Köln'den geliyorsun.	*Du kommst aus Köln.*
Köln'den geliyor.	*Er kommt aus Köln.*
Köln'den geliyoruz.	*Wir kommen aus Köln.*
Köln'den geliyorsunuz.	*Ihr kommt aus Köln.*
Köln'den geliyorlar.	*Sie kommen aus Köln.*

Dass die türkischen Sätze trotzdem eindeutig interpretierbar sind, liegt daran, dass das Subjekt zweifelsfrei aus der Verbform erschlossen werden kann. Im Deutschen wäre das nicht möglich. So sind z.B. im Präsens die Verbformen *kommt* und *kommen* jeweils doppeldeutig: *kommt* (3. Pers. Sing./2. Pers. Pl.), *kommen* (1. Pers. Pl./3. Pers. Pl.).

7.3. Bestimmter und unbestimmter Akkusativ

Der Akkusativ hat im Türkischen die Endung **/-İ/** , in einem Teil der Fälle bleibt er aber auch endungslos (s. 3.3.3.). Man spricht hier von dem bestimmten, mit einer Endung versehenen und dem unbestimmten, endungslosen Akkusativ. Der endungslose Akkusativ ist in der Form mit dem Nominativ identisch.

Bestimmtheit liegt dann vor, wenn der Sprecher davon ausgeht, dass der genannte Gegenstand/die genannte Person dem Hörer bekannt ist. Ist in einem Text von einem Gegenstand/einer Person bereits einmal die Rede gewesen, wird er/sie als bekannt/identifiziert vorausgesetzt. Handelt es sich um einen Eigennamen oder ist ein Wort bereits mit einer Possessivendung versehen, gilt es grundsätzlich als bestimmt und muss mit der Akkusativendung versehen werden:

Anne doktor çağırıyor. *Die Mutter ruft einen Arzt.*	(unbestimmter Akkusativ)
Anne doktor**u** *çağırıyor.* *Die Mutter ruft den Arzt.*	(bestimmter Akkusativ; der Arzt wird als bekannt vorausgesetzt.)

*Anne doktor**umuzu** çağırıyor.* *Die Mutter ruft unseren Arzt.*	(bestimmter Akkusativ nach Possessivendung)
*Anne **Hasan'ı** çağırıyor.* *Die Mutter ruft Hasan.*	(bestimmter Akkusativ nach einem Eigennamen)
Doktor geliyor. *Der Arzt kommt.*	(Subjekt)

7.4. Die Genitiv-Possessiv-Konstruktion

Will man im Deutschen ein Besitz- oder Zugehörigkeitsverhältnis formulieren, steht der „Besitzer" in einem Genitivattribut oder in einer Phrase mit *von* ... Das Genitivattribut steht bei Eigennamen und in einigen anderen Fällen vor seiner Bezugsphrase, in allen anderen Fällen ist es nachgestellt. Die Phrase mit *von* ... ist der Bezugsphrase immer nachgestellt.

Alis Auto
Omas Auto
Frankreichs Hauptstadt
das Auto des Polizeipräsidenten
das Auto von Ali
das Auto von Oma
die Hauptstadt von Frankreich

Im Türkischen kommt nur die Formulierung mit Genitivattribut infrage; das Genitivattribut steht (wie alle anderen Attribute auch) immer vor seiner Bezugsphrase.

Der „Besitzer" steht dabei im Genitiv (s. 3.3.4.). Anders als im Deutschen erhält im Türkischen aber auch der „Besitz" eine Endung, und zwar die dem im Genitiv stehenden Besitzer entsprechende Possessivendung (s. 3.5.). Wir sprechen hier von einer Genitiv-Possessiv-Konstruktion. Man sagt im Türkischen so etwas wie: *Alis Auto-**seins**, des Vaters Auto-**seins*** etc.

*Ali'**nin** araba**sı***	*Ali**s** Auto*
*Fransa'**nın** başkent**i***	*Frankreich**s** Hauptstadt*
*doktor**un** kız**ı***	*die Tochter **des** Arzt**es***
*hemşiren**in** soru**su***	*die Frage **der** Krankenschwester*
*o**nun** oğl**u***	***sein** Sohn*

Unbetonte Pronomen fallen im Türkischen weg (s. 7.2.). Das gilt auch für die im Genitiv stehenden Pronomen in einer Genitiv-Possessiv-Konstruktion. Der Besitzer wird dann über die auf ihn zurückverweisende Endung an der Bezugsphrase ermittelt. – Im Deutschen wäre der Besitzer nach Fortfall des Pronomens nicht mehr ermittelbar: ***mein** Vater – Vater*; aber: ***benim** baba**m** – baba**m***.

anne	***kız***	***çocuk***	***oğul, oğl-***
*anne-**m***	*kız-**ım***	*çocuğ-**um***	*oğl-**um***
*anne-**n***	*kız-**ın***	*çocuğ-**un***	*oğl-**un***
*anne-**si***	*kız-**ı***	*çocuğ-**u***	*oğl-**u***
*anne-**miz***	*kız-**ımız***	*çocuğ-**umuz***	*oğl-**umuz***
*anne-**niz***	*kız-**ınız***	*çocuğ-**unuz***	*oğl-**unuz***
*anne-**ler-i***	*kız-**lar-ı***	*çocuk-**lar-ı***	*oğul-**lar-ı***

(*anne – die Mutter; çocuk – das Kind; kız – die Tochter; oğul, oğl- – der Sohn*)

Steht der „Besitz“ im Plural, wird zunächst die Plural- und dann die Possessivendung angehängt. In der 3. Pers. Pl. müsste jetzt eigentlich /-lEr/ 2-mal stehen. Da zwei identische Endungen aber nicht aufeinander folgen dürfen, sind isolierte Formen wie *kız-lar-ı*, *çocuk-lar-ı* etc. dreideutig: *kızları* bedeutet *ihre Tocher* (mehrere „Besitzer“, eine Tochter); *seine/ihre Töchter* (ein „Besitzer“, mehrere Töchter); *ihre Töchter* (mehrere „Besitzer“, mehrere Töchter). In der Praxis macht diese Mehrdeutigkeit kaum Probleme; sie wird durch den Kontext aufgelöst.

kız	***kız-lar***
*kız-**ım***	*kız-**lar-ım***
*kız-**ın***	*kız-**lar-ın***
*kız-**ı***	*kız-**lar-ı***
*kız-**ımız***	*kız-**lar-ımız***
*kız-**ınız***	*kız-**lar-ınız***
*kız-**lar-ı***	*kız-**lar-ı***

Sind die Pronomen im Genitiv nicht weggefallen, löst sich die Mehrdeutigkeit wie folgt auf:

kız		***kız-lar***	
benim	*kız-**ım***	*benim*	*kız-**lar-ım***
senin	*kız-**ın***	*senin*	*kız-**lar-ın***
onun	*kız-**ı***	*onun*	*kız-**lar-ı***
bizim	*kız-**ımız***	*bizim*	*kız-**lar-ımız***
sizin	*kız-**ınız***	*sizin*	*kız-**lar-ınız***
onların	*kız-**ı***	*onların*	*kız-**lar-ı***

7.5. Die Teil-Ganzes-Relation

Im Deutschen verwendet man Genitivattribute bzw. die Ersatzform mit *von* ..., um eine Teil-Ganzes-Relation zum Ausdruck zu bringen:

> *Wie viele Ihrer Kinder sind Mädchen, wie viele sind Jungen?*
> *Wie viele von Ihren Kindern sind Mädchen, wie viele sind Jungen?*

Zwei meiner Kinder sind Jungen, eins ist ein Mädchen.
Zwei von meinen Kindern sind Jungen, eins ist ein Mädchen.

Im Türkischen wird hier auf die Genitiv-Possessiv-Konstruktion zurückgegriffen:

*Çocuklarınız**ın** kaç**ı** kız, kaç**ı** erkek?*
*Çocuklarım**ın** iki**si** kız, bir**i**/bir**isi** de erkek.*

Die Possessivendung wird im Türkischen völlig regelmäßig an die Zahlen angehängt. Eine Sonderform gibt es lediglich bei *bir* – hier werden gleichbedeutend nebeneinander die Formen *biri* und *birisi* gebildet. Bei *dört* müssen Sie beachten, dass das /t/ vor Vokal zu /d/ wird: *dördü.*

Das ***de*** steht in dem Satz *İkisi erkek, biri **de** kız.*, um zum Ausdruck zu bringen, dass die Gesamtzahl der Kinder drei beträgt, d.h. dass die zweite Teilmenge die Gesamtmenge abschließt.

An Stelle von Zahlen können auch andere Mengenbegriffe auftreten z.B.: *çocuklar**ın** bazılar**ı** – einige von den Kindern; çocuklar**ın** çoğ**u** – die meisten von den Kindern.*

Auch hier ist wieder die Elision eines unbetonten Pronomens möglich (7.2.): *Üç çocuğum var. İki**si** kız, bir**i**/bir**isi** de erkek. – Ich habe drei Kinder. Zwei (von ihnen) sind Mädchen, eins ist ein Junge.*

7.6. Die haben-Konstruktion

Im Türkischen gibt es kein Verb *haben*. Vom Deutschen her würde man hier die folgende Konstruktion erwarten: das Verb *haben* mit dem „Besitzer" im Subjekt und dem „Besitz" im Akkusativobjekt:

Ali (= Subjekt) *hat ein Auto* (= Akkusativobjekt).
Ali (= Subjekt) *hat Fieber* (= Akkusativobjekt).

Im Türkischen wird hier auf eine Genitiv-Possessiv-Konstruktion zurückgegriffen. Man sagt so etwas wie: *Alis Auto-seins ist vorhanden. / Alis Fieberseins ist vorhanden* etc.

Ali'nin arabası var.	*Ali hat ein Auto.*
Ali'nin ateşi var.	*Ali hat Fieber.*

Die Sätze sind folgendermaßen zu analysieren:

Ali'nin	(„Besitzer" – im Genitiv)	} Subjekt des Satzes
araba-sı / ateş-i	(„Besitz" – mit Possessivendung)	
var.	(„existent / vorhanden")	

Besitzer und Besitz/Zugeordnetes stehen also gemeinsam im Subjekt des Satzes. Dabei steht der „Besitzer" in einem Genitivattribut zum Besitz / Zugeordneten. Ein Akkusativobjekt wie im Deutschen tritt nicht auf. *var* ist kein Verb, sondern eine Art Adjektiv mit der Bedeutung *existent/vorhanden*.

Auch in der haben-Konstruktion fällt das Pronomen, wenn es unbetont ist, weg:

*Ali'**nin** arabası / ateş**i** var.*	*Ali hat ein Auto / Fieber.*
***Onun** arabası / ateş**i** var.*	*Er hat ein Auto / Fieber.*
*Arabası / Ateş**i** var.*	*Er hat ein Auto / Fieber.*

In der **Frage** wird die Fragepartikel /mİ/ hinter *var* gestellt:

*Ali'nin arabası / ateşi var **mı?***	*Hat Ali ein Auto / Fieber?*
*Onun arabası / ateşi var **mı?***	*Hat er ein Auto / Fieber?*
*Arabası / Ateşi var **mı?***	*Hat er ein Auto / Fieber?*

Verneint wird ***var*** durch ***yok**:*

*Ali'nin arabası / ateşi **yok.***	*Ali hat kein Auto / Fieber.*
*Onun arabası / ateşi **yok.***	*Er hat kein Auto / Fieber.*
***Arabası / Ateşi** yok.*	*Er hat kein Auto / Fieber.*

7.7. Vergleiche

Ist im Komparativ der **Vergleichsgegenstand** genannt, wird im Deutschen mit ***als*** angeschlossen; im Türkischen steht das entsprechende Wort im **Ablativ** (s. 3.3.2.); *daha* kann dann stehen oder fehlen:

*Beyaz haplar **pahalı**.*	*Die weißen Tabletten sind teuer.*
*Pembe haplar **daha pahalı**.*	*Die rosa Tabletten sind teurer.*
*Mavi haplar **en pahalı hap**.*	*Die blauen T. sind die teuersten.*
*Pembe haplar **beyaz haplardan (daha) pahalı**.*	*Die rosa Tableten sind **teurer als** die weißen Tabletten.*
*Türkçe **Almanca'dan (daha) kolay**.*	*Türkisch ist **leichter als** Deutsch.*

7.8. Fragesätze

Grundsätzlich hat man zwischen zwei Arten von Fragen zu unterscheiden. (1) Fragen, die dem Angesprochenen eine Entscheidung (*ja/nein*) abverlangen. Diese Fragen nennt man **Ja-Nein-Fragen** oder **Entscheidungsfragen**. (2) Fragen, die ein Fragepronomen enthalten. Durch diese Fragepronomen wird eine Informationslücke gekennzeichnet, deren Schließung der Fragende erreichen möchte. Solche Fragen nennt man **Ergänzungsfragen**.

7.8.1. Entscheidungsfragen

Entscheidungsfragen werden im Deutschen gebildet, indem das konjugierte/finite Verb an den Satzanfang gerückt wird. Hinzu kommt die typische Frageintonation. Es ist auch möglich, eine Entscheidungsfrage nur durch die entsprechende Intonation zum Ausdruck zu bringen.

Der Arzt ist gekommen.
Ist der Arzt gekommen?
Der Arzt ist gekommen?

Im Türkischen kommt eine Umstellung des Verbs nicht infrage. Das Verb steht unter allen Umständen am Ende des Satzes. Entscheidungsfragen werden durch die Fragepartikel /mİ/ plus Frageintonation gekennzeichnet. Eine Kennzeichnung der Frage nur durch Intonation ist begrenzt möglich, unterliegt aber sehr viel engeren Restriktionen als im Deutschen.

Doktor geldi mi?	*Ist der Arzt gekommen? (Der Arzt ist gekommen?)*
Türkçe biliyor musun?	*Kannst du Türkisch? (Du kannst Türkisch?)*
Ali hasta mı?	*Ist Ali krank? (Ali ist krank?)*
İyi misin?	*Geht es dir gut? (Dir geht es gut?)*
Ali'nin arabası var mı?	*Hat Ali ein Auto? (Ali hat ein Auto?)*
Senin araban var mı?	*Hast du ein Auto? (Du hast ein Auto?)*

7.8.2. Ergänzungsfragen

Ergänzungsfragen werden im Deutschen wie im Türkischen mit **Fragepronomen** gebildet. Im Deutschen steht das Fragepronomen obligatorisch am Satzanfang, im Türkischen steht es dort, wo der erfragte Satzteil auch im Aussagesatz stehen würde:

Der Arzt kam um 16.00 Uhr.	***Doktor saat 16.00'da geldi.***
Wer kam um 16.00?	*Kim saat 16.00'da geldi?*
Wann kam der Arzt?	*Doktor saat kaçta geldi?*
Ali studiert in Bochum Medizin.	***Ali Bochum'da tıp okuyor.***
Wer studiert in Bochum Medizin?	*Kim Bochum'da tıp okuyor?*
Wo studiert Ali Medizin?	*Ali nerede tıp okuyor?*
Was studiert Ali in Bochum?	*Ali Bochum'da ne okuyor?*

Fragepronomen:

kim *(wer) – kimi, kimde, kimden, kime, kimin*
ne *(was) – neyi, – neyin/nen var, nesi var – adınız/isminiz ne – ne iş yapıyorsunuz – şikayetiniz ne*
ne zaman *(wann)*

ne kadar *(wie viel, in welchem Ausmaß) – boyunuz ne kadar*
neden *(warum)*
nerede *(wo),* ***nereden*** *(woher),* ***nereye*** *(wohin)*
nasıl *(wie) – nasılsınız*
kaç *(wie viel) – kaç yaşındasınız / yaşınız kaç – saat kaç – saat kaçta – çocukların kaçı – boyunuz kaç / kaç santim – kaç kilosunuz – telefon numaranız kaç*
hangi *(welcher, -e, -es)*

7.8.3. Satzteilentscheidungsfragen

Die Fragepartikel kann auch eine andere Stellung haben als die innerhalb der Verbform vor oder hinter den personenkennzeichnenden Endungen. Dies ist dann der Fall, wenn der Fragende schon eine mögliche Antwort/Hypothese im Kopf hat und zu dieser Hypothese eine Bestätigung oder Ablehnung erwartet. Wenn man z.B. fragt *Wohnen Sie in Essen?*, soll *in Essen* bestätigt oder abgelehnt werden, nicht der ganze Satz. In solchen Fällen steht die Fragepartikel hinter dem Satzteil, auf den die Hypothese sich bezieht. Im Deutschen liegt eine deutliche Betonung auf dem Satzteil, der erfragt werden soll:

Essen'de mi oturuyorsunuz?	*Wohnen Sie in Essen?*
Tıp mı okuyorsunuz?	*Studieren Sie Medizin?*
Çay mı istiyorsunuz?	*Möchten Sie Tee?*
Siz mi hastasınız?	*Sind Sie krank?/* *Sind Sie es, der krank ist?*

Wir nennen diese Fragen **Satzteilentscheidungsfragen**. In einem konkreten Satz kann man mehrere Teile auf diese Weise erfragen:

Şule Hanım salı günü doktora gidiyor.
Şule geht am Dienstag zum Arzt.

Şule Hanım mı salı günü doktora gidiyor?
Şule Hanım salı günü mü doktora gidiyor?
Şule Hanım salı günü doktora mı gidiyor?

7.9. Zum Satzbau in Aktiv- und Passivsätzen

Nicht alle Verben können ins Passiv gesetzt werden. Voraussetzung ist, dass sie ein Akkusativobjekt bei sich haben, d.h. dass sie transitive Verben sind.

Das Akkusativobjekt des Aktivsatzes wird im Passivsatz zum Subjekt, das Subjekt des Aktivsatzes – und damit der „Täter", der Träger der Handlung – braucht im Passivsatz nicht ausgedrückt zu werden. Wird der „Täter", (= die Agensphrase) im Passivsatz doch genannt, formuliert man im Deutschen mit *von ...*, im Türkischen mit *... tarafından*:

Die Schwester (Subj.) *bringt* ***den Patienten*** (Akk. Okbj.) *nach der OP in sein Zimmer.*
Hemşire (Subj.) ***hastayı*** (Akk.Obj.) *ameliyattan sonra odasına getiriyor.*

Der Patient (Subj.) *wird nach der OP* ***von der Schwester*** (Agensphrase) *in sein Zimmer gebracht.*
Hasta (Subj.) *ameliyattan sonra* ***hemşire tarafından*** (Agensphrase) *odasına getiriliyor.*

Im Türkischen kann man auch von intransitiven Verben Passivformen bilden. Man übersetzt in diesem Fall mit dem unpersönlichen *man* ins Deutsche:

*İstasyona nasıl gid**il**ir? – Wie geht/kommt* ***man*** *zum Bahnhof?*
*Buna gül**ün**mez. – Darüber lacht* ***man*** *nicht.*

7.10. Die Rektion der Verben und Adjektive

Verben und Adjektive (und Nomen) haben eine Rektion, d.h. sie legen die grammatische Form der Satzteile fest, mit denen sie stehen.

Im Deutschen steht:
lesen (+ Akkusativ)
helfen (+ Dativ)
sich schämen (+ Genitiv)
nachdenken (über + Akk.)
warten (auf + Akk.)
träumen (von + Dat.)
wegnehmen (Dat./Akk.)
aufmerksam machen (Akk./auf + Akk.)

stolz (auf + Akk.)
treu (+ Dat.)
ausschlaggebend (für + Akk.)
etc.

Auch im Türkischen haben Verben und Adjektive (und Nomen) eine Rektion. Leider kann man sich nicht darauf verlassen, dass diese in beiden Sprachen gleich ist. In manchen Fällen ist das so, in vielen Fällen gibt es aber auch Unterschiede. Das ist zwangsläufig da so, wo die beiden Sprachen unterschiedliche grammtische Mittel zur Verfügung haben. Im Türkischen können Verben und Adjektive mit dem Lokativ oder Ablativ stehen, im Deutschen gibt es diese beiden Kasus nicht. Im Deutschen können Verben mit dem Genitiv stehen, im Türkischen ist das nicht möglich, da mit dem Genitiv nur Attribute, aber keine Objekte formuliert werden. Im Deutschen stehen viele Verben mit Präpositionen; im Türkischen ist das nicht möglich, da das Türkische über keine Präpositionen verfügt.

Man muss daher die Rektion der Verben und Adjektive kennen, wenn man korrekte Sätze bilden will.

Wir geben in den Vokabeln die Rektion mit an und benutzen dafür die abstrakte Schreibweise für die Kasusendungen (/İ/ für den Akkusativ, /E/ für den Dativ, /DE/ für den Lokativ, /DEn/ für den Ablativ). Darüber hinaus führen wir häufig Verwendungsbeispiele auf. Auch gute Wörterbücher enthalten die entsprechenden Angaben:

yazmak (İ)	*schreiben* (Akk.)	gleich
beklemek (İ)	*warten* (auf + Akk.)	unterschiedlich
haber vermek (E)	*benachrichtigen* (Akk.)	unterschiedlich
	Nachricht geben (Dat.)	gleich
telefon etmek (E)	*anrufen* (Akk.)	unterschiedlich
havale etmek (İ E)	*überweisen* (Akk./zu + Dat.)	gleich / unterschiedlich
gülmek (E)	*lachen* (über + Akk.)	unterschiedlich
korkmak (DEn)	*sich fürchten* (vor + Dat.)	unterschiedlich
evlenmek (ile)	*heiraten* (Akk.)	unterschiedlich
zararlı (E)	*schädlich* (für + Dat.)	unterschiedlich
meşhur (ile)	*berühmt* (für + Akk.)	unterschiedlich
memnun (DEn)	*zufrieden* (mit + Dat.)	unterschiedlich

7.11. Verben und Adjektive mit dem Infinitiv

Das Verb *istemek* entspricht (weitgehend) dem deutschen Modalverb *wollen/ mögen*. Wie *wollen/mögen* steht *istemek* mit dem Infinitiv eines Vollverbs:

kalkmak iste(me)mek	*(nicht) aufstehen wollen/mögen*
oyun oynamak iste(me)mek	*(nicht) spielen wollen/mögen*
konuşmak iste(me)mek	*(nicht) sprechen wollen/mögen*
gülmek iste(me)mek	*(nicht) lachen wollen/mögen*

Mit dem Infinitiv stehen neben dem Verb *istemek* auch die Adjektive *tehlikeli*, *önemli*, *yasak* und *zararlı:*

Sigara içmek zararlı.	*Rauchen ist schädlich.*
Burada sigara içmek yasak.	*Es ist verboten, hier zu rauchen.*
Burada sigara içmek tehlikeli.	*Es ist gefährlich, hier zu rauchen.*
Türkçe bilmek önemli.	*Es ist wichtig, Türkisch zu können.*

7.12. /-ken/

Die Endung **/-ken/** hat temporale Bedeutung. Im Deutschen entspricht ihr *während, als, bei*. Sie kann an Verben, Nomen, Adjektive und lokale

Ausdrücke angefügt werden. Wenn sie an ein vokalisch auslautendes Wort angefügt wird, hat sie die Form /-yken/. /-ken/ gehört zu den wenigen Endungen, die – wie /-yor/ – nicht der Vokalharmonie unterliegen.

çocuk → *çocukken (als ... ein Kind war, als Kind)*
hamile → *hamileyken (als ... schwanger war)*
hastanede → *hastanedeyken (als ... im Krankenhaus war)*
10 yaşında → *10 yaşındayken (als ... 10 Jahre alt war)*

/-ken/ kann auch an Verben angefügt werden:

bahçede oynamak → *bahçede oyna-r-ken (als ... im Garten spielte)*

Die Form *oynarken* enthält neben dem Verbstamm und der Endung /-ken/ noch das Tempuselement /r/ für den Aorist.

Die Person kann man an einer mit /-ken/ gebildeten Form nicht erkennen. Sie muss dem Kontext entnommen werden.

Ben Almanya'ya ***çocukken*** *geldim.* *Ich bin als Kind nach Deutschland gekommen.*
Biz Almanya'ya ***çocukken*** *geldik.* *Wir sind als Kinder nach D. gekommen.*
Ali Almanya'ya ***çocukken*** *geldi.* *Ali ist als Kind nach D. gekommen.*

7.13. Postpositionen

Im Deutschen gibt es Präpositionen (dem Bezugswort vorangestellte Wörter), Postpositionen (dem Bezugswort nachgestellte Wörter) und Zirkumpositionen (eine Kombination von Präposition und Postposition). Präpositionen sind dabei am häufigsten. Präpositionen, Postpositionen und Zirkumpositionen legen fest, in welchem Kasus die von ihnen abhängige Phrase steht:

seit ... (Präposition mit Dativ)
gegen ... (Präposition mit Akkusativ)
in ... (Präposition mit Akkusativ oder Dativ)
... halber (Postposition mit Genitiv)
wegen ... / ... wegen (Präpos. mit Genitiv oder Dativ; Postpos. mit Genitiv)
um ... willen (Zirkumposition mit Genitiv)
von ... an (Zirkumposition mit Dativ)

Im Türkischen gibt es nur Postpositionen. Auch ihre Zahl ist nicht besonders groß. Viele Dinge, die im Deutschen mit Hilfe von Präpositionen, Postpositionen und Zirkumpositionen ausgedrückt werden, werden im Türkischen von reinen Kasus übernommen: ***in*** *Deutschland – Almanya'**da**,* ***nach*** *Deutschland – Almanya'**ya**;* ***aus*** *Deutschland – Almanya'**dan*** etc.

Die Postposition *karşı* bedeutet *gegen*; sie steht mit dem Dativ:

*Kızamığ**a** **karşı** aşı oldu.*	*Er ist gegen Masern geimpft worden.*
*Doktor ateş**e** **karşı** ilaç yazdı.*	*Der Arzt hat ein Medikament gegen das Fieber verschrieben.*

Die Postposition *beri* bedeutet *seit*; sie steht mit dem Ablativ:

*Ali iki gün**den** **beri** hasta.*	*Ali ist seit zwei Tagen krank.*
*Bir hafta**dan** **beri** öksürüyor.*	*Er hustet seit einer Woche.*

7.14. Temporalbestimmungen

7.14.1. Der Zeitpunkt

Die Frage nach dem Zeitpunkt lautet allgemein *ne zaman (wann)* oder spezifischer *hangi senede (in welchem Jahr), hangi yılda (in welchem Jahr), hangi ayda (in welchem Monat), hangi günde (an welchem Tag), saat kaçta (um wieviel Uhr).* Zur Angabe der Uhrzeit s. auch 7.15.1.

Zeitangaben stehen teilweise im Lokativ, teilweise ohne Endung:

1999'da geldi.	*Er ist 1999 gekommen.*
Saat 1'de geldi.	*Er ist um 1 Uhr gekommen.*
Kasımda / Kasım ayında geldi.	*Er ist im November gekommen.*
Cuma günü geldi.	*Er ist am Freitag gekommen.*
Geçen sene geldi.	*Er ist im vergangenen Jahr gekommen.*

7.14.2. Der Anfangspunkt

Die Frage nach dem zeitlichen Anfangspunkt lautet allgemein *ne zamandan beri (seit wann).* Neben der allgemeinen Frage *ne zamandan beri* sind auch spezifischere Fragen möglich: *kaç saattir? / kaç saatten beri? (seit wie vielen Stunden) kaç gündür?/kaç günden beri? (seit wie vielen Tagen), kaç aydır? / kaç aydan beri? (seit wie vielen Monaten), kaç senedir? / kaç seneden beri? / kaç yıldır? / kaç yıldan beri (seit wie vielen Jahren).*

Der Anfangspunkt wird angegeben, indem an einen Zeitbegriff ***-DEn beri*** (= Ablativ plus die Postposition *beri*) angehängt wird:

*Ne zaman**dan** **beri** öksürüyor?*	*Seit wann hustet er?*
→ *Günler**den** **beri** öksürüyor.*	→ *Er hustet seit Tagen.*
→ *İki gün**den** **beri** öksürüyor.*	→ *Er hustet seit zwei Tagen.*
→ *Dün**den** **beri** öksürüyor.*	→ *Er hustet seit gestern.*
→ *Salı günün**den** **beri** öksürüyor.*	→ *Er hustet seit Dienstag.*

In einer zweiten Konstruktion wird an einen Zeitbegriff **/-Dİr/** (konkret: -dir, -dır, -dür, -dur; -tir, -tır, -tür, -tur) als Endung angehängt. Die Formulierung mit **/-Dİr/** kann allerdings nur dann gewählt werden, wenn es sich um eine **Zeitspanne** handelt, die in die Vergangenheit zurückreicht (*vor 5 Jahren, vor zwei Wochen, vor einer Stunde, ...*). Ist ein **Zeitpunkt** in der Vergangenheit angegeben (*Dienstag, 1994, Abdurrahmans Geburtstag, 14 Uhr*, ...), kommt **nur** die Formulierung mit **/-DEn beri/** infrage. /-DEn beri/ kann also immer gewählt werden, /-Dİr/ nur eingeschränkt.

*Ne zaman**dan beri** öksürüyor?*
→ *Günler**dir** öksürüyor.*
→ *İki gün**dür** öksürüyor.*
→ ** Dün**dür** öksürüyor.*
→ ** Salı günü**dür** öksürüyor.*

(Mit /*/ gekennzeinete Formen sind falsch.)

7.15. Uhrzeit und Zeitangaben

7.15.1. Die Uhrzeit: Wie spät ist es?

Nach der Uhrzeit fragt man: *Saat kaç? (Wie spät ist es?).*

Die Angaben für volle Stunden sehen wie folgt aus: *Saat bir. (Es ist ein Uhr), Saat iki. (Es ist zwei Uhr.)* etc.

Halbe Stunden werden folgendermaßen angegeben: Man verwendet <u>*yarım*</u> für <u>*0.30 Uhr*</u> und <u>*halb 1*</u>, <u>*buçuk*</u> in allen anderen Fällen: *saat yarım, saat bir buçuk, saat iki buçuk* etc. Hier kann es leicht zu einem Missverständnis kommen. Die Formulierung mit *buçuk* bedeutet immer die volle plus eine halbe Stunde. Im Deutschen verwendet man *halb*, um auszudrücken, dass bis zur nächsten vollen Stunde noch eine halbe Stunde fehlt: *Saat <u>sekiz</u> buçuk. (Es ist halb <u>neun</u>.)*

Die Uhrzeit bis zu einer halben Stunde nach der vollen Stunde wird mit dem Verb *geçiyor* (von *geçmek – vorübergehen/vorbeigehen*) und dem <u>Akkusativ</u> gebildet: *saat biri 10 (dakika) geçiyor, saat ikiyi 15 (dakika) geçiyor, saat üçü 20 (dakika) geçiyor* etc. Für *15 Minuten nach ...* kann man auch *Viertel nach* sagen: *saat dördü çeyrek geçiyor, saat beşi çeyrek geçiyor* etc.

Die Uhrzeit bis zu einer halben Stunde vor einer vollen Stunde wird mit *var* und dem Dativ formuliert. Man sagt also so etwas wie: *Bis .... existieren noch/ sind es noch ... Minuten. Saat altıya 10 var, saat yediye 15/çeyrek var, saat sekize 5 var.* etc.

In etwas formellerem Sprachgebrauch sagt man auch: *saat dokuz, saat dokuz sıfır beş, saat dokuz yirmi, saat dokuz otuz, saat dokuz otuz beş, saat dokuz kırk beş* etc.

7.15.2. Die Uhrzeit: Wann?

Den Zeitpunkt erfragt man entweder allgemein mit: *Ne zaman? (Wann?)* oder spezifischer mit: *Saat kaçta? (Um wie viel Uhr?)*

Volle und halbe Stunden erhalten bei der Zeitangabe eine Lokativendung: *saat yarımda, saat birde, saat bir buçukta, saat ikide* etc.

Die Zeitangabe bis zu einer halben Stunde nach der vollen Stunde wird mit der von dem Verb *geçmek* (*vorübergehen/vorbeigehen*) abgeleiteten Form *geçe* und dem Akkusativ gebildet: *saat biri 10 (dakika) geçe, saat ikiyi 15 (dakika) geçe, saat üçü 20 (dakika) geçe* etc. Für *15 Minuten nach ...* kann man auch *Viertel nach* sagen: *saat dördü çeyrek geçe, saat beşi çeyrek geçe* etc.

Die Uhrzeit bis zu einer halben Stunde vor einer vollen Stunde wird mit der von dem Verb *kalmak* (*bleiben, verbleiben*) abgeleiteten Form *kala* und dem Dativ formuliert. Man sagt also so etwas wie: *Bis .... existieren noch/sind es noch ... Minuten: Saat altıya 10 var, saat yediye 15/çeyrek var, saat sekize 5 var* etc.

saat kaç?		**saat kaçta?**
	volle Stunden	
saat 1 saat 2 saat 3 etc.		saat 1'de saat 2'de saat 3'te etc.
	halbe Stunden	
saat yarım saat 1 buçuk saat 2 buçuk saat 3 buçuk		saat yarımda saat 1 buçukta saat 2 buçukta saat 3 buçukta
	nach	
saat 1'i çeyrek geçiyor saat 2'yi çeyrek geçiyor saat 3'ü çeyrek geçiyor saat 1'i 5 geçiyor saat 1'i 10 geçiyor saat 1'i 20 geçiyor		saat 1'i çeyrek geçe saat 2'yi çeyrek geçe saat 3'ü çeyrek geçe saat 1'i 5 geçe saat 1'i 10 geçe saat 1'i 20 geçe
	vor	
saat 1'e çeyrek var saat 2'ye çeyrek var saat 3'e çeyrek var saat 2'ye 5 var saat 2'ye 10 var saat 2'ye 20 var		saat 1'e çeyrek kala saat 2'ye çeyrek kala saat 3'e çeyrek kala saat 2'ye 5 kala saat 2'ye 10 kala saat 2'ye 20 kala

In etwas formellerem Sprachgebrauch kann man in allen Fällen mit dem Lokativ formulieren: *saat dokuzda, saat dokuz sıfır beşte, saat dokuz yirmide, saat dokuz otuzda, saat dokuz otuz beşte, saat dokuz kırk beşte* etc.

Index